Development Report of
China's Securities Industry (2019)

中国证券业发展报告

2019

中国证券业协会◎著

中国财经出版传媒集团
中国财政经济出版社

图书在版编目（CIP）数据

中国证券业发展报告.2019 / 中国证券业协会著.—北京：中国财政经济出版社，2019.7

ISBN 978－7－5095－9090－4

Ⅰ.①中… Ⅱ.①中… Ⅲ.①证券业－经济发展－研究报告－中国－2019 Ⅳ.①F832.51

中国版本图书馆CIP数据核字（2019）第135734号

责任编辑：郁东敏 贾延平　　　　责任校对：徐艳丽

封面设计：孙俪铭

中国财政经济出版社 出版

URL：http：//www.cfeph.cn

E－mail：cfeph @ cfeph.cn

社址：北京市海淀区阜成路甲28号 邮政编码：100142

营销中心电话：010－88191537 北京财经书店电话：64033436 84041336

中煤（北京）印务有限公司印刷 各地新华书店经销

787×1092毫米 16开 21.5印张 458 000字

2019年7月第1版 2019年7月北京第1次印刷

定价：70.00元

ISBN 978－7－5095－9090－4

（图书出现印装问题，本社负责调换）

本社质量投诉电话：010－88190744

打击盗版举报热线：010－88191661 QQ：2242791300

《中国证券业发展报告（2019）》

编 委 会

《中国证券业发展报告（2019）》

编写人员名单

（按照姓氏笔画排序）

丁耀武	于子豪	马致远	马　敏	王　旭	王国强
王建业	王泉锐	王晓慧	王凌苇	王烨伟	王海航
王媛媛	王　慧	毛兆瑞	邓博文	史纪明	兰　兰
朱志雄	朱　蕾	乔光豪	刘世欣	刘　洋	刘　硕
刘　锋	许　霄	孙　云	孙　媛	杜洪波	李天娇
李亦博	李怀军	李劭琛	李　贤	李明亮	李　隽
李海涛	杨　涛	杨菁菁	肖　丹	吴一萍	何苗苗
汪　丽	宋令臣	宋　娜	张凯慧	张　玲	张　晗
陈久红	陈东东	陈诣辉	陈显泉	陈韵杨	陈　福
陈　橙	周洪荣	周　赟	单　熙	赵智松	姜婧一
姜　斓	袁宇泽	贾文瑾	贾　颖	贾　新	殷军军
高鹏飞	谈志琦	黄关伟	曹永强	龚　芳	常丽娟
崔冬冬	商　田	屠晓东	董策舟	董　鑫	蒋健蓉
韩云从	韩　朔	檀　星			

前　言

中国证券业协会党委书记、执行副会长　安青松

《中国证券业发展报告》是行业年度报告，展示了对中国证券行业的系统总结、客观分析和发展展望。《中国证券业发展报告（2019）》是该系列年度报告的第17册，由1个总报告、6个分报告、10个专题报告组成，立足于从行业宏观视角和业务发展的维度，全面、深入、客观地反映2018年行业的发展状况、行业特色和发展趋势。

2018年是改革开放40周年，是决胜全面建成小康社会、实施“十三五”规划承上启下的关键一年。中国资本市场伴随着改革开放的伟大历史进程，从小到大、由弱变强，实现了历史性变革和跨越式发展，为完善我国现代金融体系、建设现代化经济体系做出了重要贡献，成为国家重要核心竞争力的组成部分。证券行业乘势而发，始终坚持改革创新、锐意进取，为资本市场的发展壮大发挥了重要作用，行业自身在实践中逐步走向成熟。近年来，证券行业总体运行平稳，未发生系统性风险，资本实力和盈利能力不断增强，业务结构多元化格局初步形成，合规风控水平显著提升，跨境业务布局逐步展开，行业履行社会责任形象全面树立。截至2018年底，131家证券公司总资产6.27万亿元，净资产1.89万亿元，实现营业收入2 662.87亿元，实现净利润666.20亿元。

2018年，在中国证监会的坚强领导和会员单位的大力支持下，中国证券业协会以习近平新时代中国特色社会主义思想为指导，深入学习贯彻党的十九大和中央经济工作会议精神，坚持稳中求进工作总基调，紧紧围绕贯彻落实“三大任务”“三大攻坚战”，持续秉承“自律、服务、传导”的职能定位，进一步引导行业回归本源、优化结构，加强投资银行功能建设，推动绿色证券业务、跨境业务发展，推动探索金融科技应用，提升行业服务实体经济高质量发展和落实创新驱动发展战略的能力；进一步强化风险防控，推动行业积极化解民营企业股票质押风险，支持民营企业发债纾困，防范债券业务风险，加强行业系统风险评估，坚决打好防范化解资本市场重大风险攻坚战；进一步落实新发展

理念，引导证券公司认真履行社会责任，结对帮扶国家级贫困县，积极参与打好脱贫攻坚战。

“所当乘者势也，不可失者时也。”当前世界面临百年未有之大变局，我国经济在向高质量发展过程中面临着诸多机遇和挑战。习近平总书记提出，金融活，经济活；金融稳，经济稳。经济兴，金融兴；经济强、金融强。一方面，我们要深刻意识到，我国发展仍处于并将长期处于重要战略机遇期，拥有足够的韧性、巨大的潜力和不断迸发的创新活力。证券行业应坚持法制化、市场化、国际化发展取向，坚持守正创新，发挥好投资银行资本中介功能和投融资枢纽作用，支持打造一个规范、透明、开放、有活力、有韧性的资本市场，加快推动实体经济高质量发展。另一方面，金融风险是金融市场的内在属性，证券行业应高度重视金融市场特有的三大属性：脆弱性（信用）、放大性（杠杆）和危机传染性（错配），严防风险外溢，坚决守住不发生系统性金融风险的底线。坚持底线思维，健全风险防控机制，强化对信用风险、流动性风险、回购风险、道德风险以及违规操作等风险的监测，既要警惕“黑天鹅”，也要防范“灰犀牛”。

展望未来，围绕建设现代化经济体系的战略目标，站在新时代新的历史方位，证券行业要把握好五大机遇：

一是把握加快经济结构优化升级的机遇，加强投资银行能力建设，全面提升核心业务能力和综合服务功能。证券公司应回归资本中介的本质属性，不断优化结构，进一步加强风险经营能力、投资交易能力、产品设计能力、金融科技能力、研究分析能力等核心能力建设，通过IPO、并购重组、债转股等方式，为深化国企改革、促进“僵尸企业”退出、化解过剩产能等提供专业服务，推动产业结构转型升级，为实体经济发展和满足人民群众需要提供更高质量、更有效率的服务。

二是把握提升科技创新能力的机遇，深化科技运用，促进证券业与金融科技的深度融合。证券行业需要从战略发展高度，深刻理解金融科技、技术进步对经济生态、人文生态、金融生态的深远影响，紧紧抓住以大数据、云计算、人工智能和区块链为代表的新一轮信息技术变革的机遇，积极开发运用证券科技，提高证券科技应用水平，推动传统业务转型，创新业务模式，提高管理效率，形成创新驱动发展新格局。另外，科技创新本身具有很大的不确定性，加上资本市场也有风险，要注意防范科技创新与资本市场形成叠加共振风险。

三是把握深化改革开放的机遇，提升证券业国际化水平。经济全球化是不可逆转的时代潮流，新时代的对外开放是更高水平、更广范围、更多形式的对外开放。证券行业不仅需要练好内功，积极应对境外优质金融机构进入对行业竞争格局的影响；更要有效利用国内、国际两个市场、两种资源，让更多业务规范、专业能力强的证券公司“走出去”，开展跨境并购、融资等跨境金融服务，助力国家“一带一路”建设，在全球范围优化资源配置，进一步提高全球竞争力，提高开放条件下经济金融管理能力和防控风险能力，实现更大、更深、更远的发展。

四是把握加快绿色发展的机遇，大力发展绿色金融，切实服务实体经济。绿色发展具有资本密集、中长期运作的特点，依赖高度发达的绿色金融的支持。证券行业应深入贯彻新发展理念，借助市场力量和行业力量，充分发挥资本市场枢纽功能，积极支持符合条件的绿色企业上市、发行绿色债券融资，为绿色发展提供多元化的资金来源；注重发挥投行组织交易、集合资源、风险管理的专业能力，深入参与绿色证券业务，提升绿色业务能力，增强绿色投资意识，提供精准绿色金融服务，助力构建风险投资、银行信贷、债券市场、股票市场等全方位、多层次金融支持服务体系，大力支持绿色产业和绿色金融发展，切实服务实体经济。

五是把握参与全球经济治理体系变革的机遇，推动建设一流投资银行，增强国际影响力。参与并推动全球治理体系变革，是实现我国经济可持续发展的必然要求，迫切需要与国家综合实力相匹配的一流投资银行。众所周知，国际一流投行的规模体量大、核心竞争力强、有强大的适应和发展能力，在国家经济金融发展中发挥了不可替代的作用，是具有系统重要性的金融中介机构。与其相比，国内证券公司仍存在较大差距。在当前历史机遇下，需要一大批证券公司对标国际一流投行，注重专业化经营、差异化竞争、精细化管理、高质量发展，不断提升核心竞争力，成为深化服务国家战略、提高参与国际金融治理能力的先行军和主力部队。

《中国证券业发展报告（2019）》力求将2018年中国证券业的发展全貌展现给读者，为中国证券业的发展留下真实可靠的历史资料。同时，该报告对未来行业发展提出了一些展望和建议，旨在促进读者更加深入地思考，共同推动证券行业高质量发展。

2019年6月

目 录

总 报 告

2018 年中国证券业发展回顾与展望

分 报 告

分报告之一：2018 年中国证券经纪业务发展回顾与展望

分报告之二：2018 年中国投资银行业务发展回顾与展望

分报告之三：2018 年中国证券公司资产管理业务发展回顾与展望

分报告之四：2018 年中国证券公司融资类业务发展回顾与展望

分报告之五：2018 年中国证券公司投资业务发展回顾与展望

分报告之六：2018 年中国证券市场资信评级业务发展回顾与展望

专题报告

专题报告之一：2018 年中国证券公司合规管理发展综述

专题报告之二：2018 年中国证券公司风险管理发展综述

专题报告之三：2018 年证券行业履行脱贫攻坚社会责任综述

专题报告之四：2018 年证券公司投资者保护工作发展综述

专题报告之五：2018 年中国证券业信息技术与服务发展综述

专题报告之六：2018 年中国证券公司国际业务发展综述

专题报告之七：2018 年证券公司固定收益业务发展综述

专题报告之八：2018 年区域性股权市场和柜台市场发展综述

专题报告之九：2018 年机构间私募产品报价与服务系统发展综述

专题报告之十：2018 年中国证券投资咨询公司发展综述

总报告

2018 年中国证券业发展回顾与展望

2018 年是中国改革开放 40 周年，也是资本市场发展 28 周年。中国证券行业坚持贯彻落实党的十九大精神和全国中央经济工作会议精神，牢牢守住不发生系统性金融风险的底线思维，坚持全面依法从严监管，不断优化上市、再融资、大股东减持、并购重组、退市和信息披露等各项基础制度，持续深化多层次资本市场改革，进一步扩大资本市场和证券行业双向开放，继续强化对金融科技的运用和融合，充分发挥资本市场枢纽功能，在支持民营企业和实体经济高质量发展、服务国家绿色发展、创新驱动发展、脱贫攻坚战略和“一带一路”建设等方面取得了进展。

2019 年是中华人民共和国成立 70 周年，也是全面建成小康社会的关键之年。中国证券行业将深入贯彻中央经济工作会议精神，按照“打造一个规范、透明、开放、有活力、有韧性的资本市场”的总体要求，继续坚持稳中求进的工作总基调，坚持新发展理念，以供给侧结构性改革为主线，深化改革、扩大开放，充分释放市场活力，中国资本市场和证券行业的发展动力将更加强劲，服务实体经济的能力将继续提升。

第一章
2018 年中国证券业发展现状

一、证券行业总体情况

（一）证券公司发展情况

截至 2018 年底，全国共有证券公司 131 家，和 2017 年一致。2018 年证券公司的上市步伐依然保持较快增速，新增 A 股上市证券公司 5 家，在沪、深证券交易所上市的证券公司总数增至 34 家；同时，在香港联交所上市的证券公司增加至 14 家，与 2017 年持平。上市证券公司队伍不断扩大，实力不断增强；在全国股权转让系统挂牌的证券公司有 3 家，较 2017 年减少了 4 家。中外合资证券公司共 13 家（见图总 1－1）。

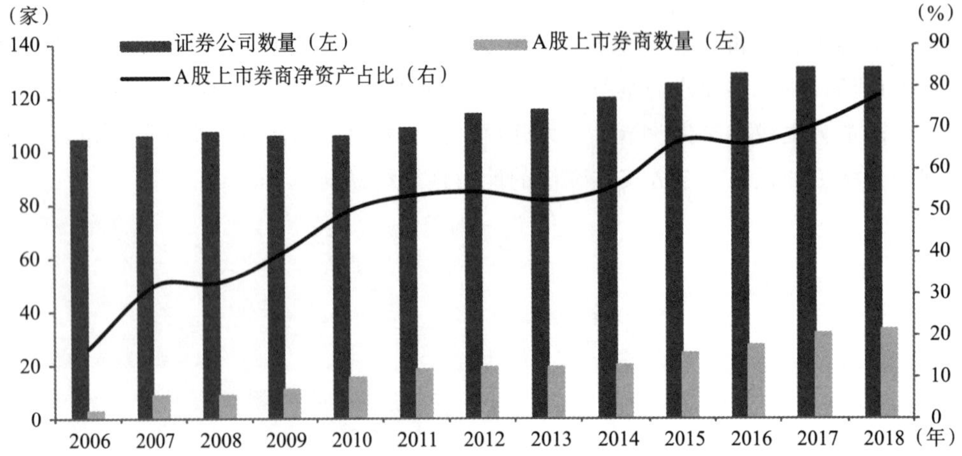

图总 1－1　2006—2018 年证券公司数量及上市券商净资产占比变化

资料来源：中国证券业协会网站，Wind，上市证券公司 2018 年第三季度报告。

1. 证券公司资产规模

截至 2018 年 12 月 31 日，证券公司总资产为 6.26 万亿元，净资产为 1.89 万亿元，净资本为 1.57 万亿元，客户交易结算资金余额（含信用交易资金）9 378.91 亿元，托管证券市值 32.62 万亿元，受托管理资金本金总额 14.11 万亿元（见图总 1－2）。

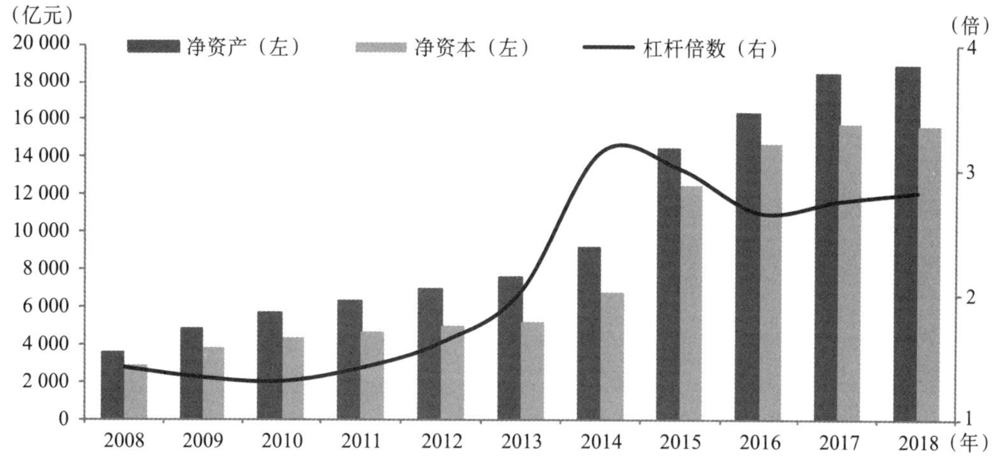

图总 1－2　2008—2018 年证券公司资本规模情况

注：杠杆倍数＝（总资产－客户交易结算资金）÷净资产

资料来源：中国证券业协会网站，Wind。证券公司经营数据由未经审计财务报表统计而得。

2018 年证券公司总资产增长 1.95%，净资产增长 2.16%，杠杆率近三年基本保持稳定，为 2.82 倍。2018 年末证券公司客户交易结算资金余额 9 378.91 亿元，较 2017 年减少 11.52%。2018 年托管证券市值 32.62 万亿元，较 2017 年减少 19.12%，股票质押随市场波动缩水较明显。2018 年受托管理资金本金总额 14.11 万亿元，较 2017 年减少 18.25%，资产管理的通道类和嵌套类业务规模继续压缩，资产管理业务面临向主动管理转型。融资融券余额从 2018 年初的 10 298 亿元减少至 2018 年末的 7 557 亿元，融资融券业务规模降低明显，市场行情波动对证券公司融资融券业务影响明显。

2018 年证券公司总资产、净资产和净资本集中度指标没有显著变化。总资产集中度略有抬升，净资产和净资本集中度保持平稳，龙头公司优势集中的倾向不突出，也显示出行业竞争仍然比较激烈。2018 年总资产、净资产、净资本前 5 家证券公司的集中率度（CR5）分别为 39.26%、31.44% 和 22.63%（见图总 1－3）。

2. 证券公司业务利润变动和收入结构情况

2018 年证券公司全年实现营业收入 2 662.87 亿元，同比下降 14.47%；实现净利润 666.20 亿元，同比下降 41.04%，盈利连续两年下降；净利率为 25.02%，较 2017 年迅速滑落 14.63 个百分点，经营状况下降明显；行业净资产收益率（ROE）为 3.52%，同比下降 2.58 个百分点。从收入和净利润的集中度来看，前 5 家证券公司集中度率分别为 43.22% 和 48.80%，盈利的集中度要优于净资产和净资本，反映出龙头券商的经营优势。

2018 年证券公司经营状况较 2017 年有明显下降，市场波动幅度较大是主要原因，各项业务都有一定程度的收缩。从净收入贡献的角度来看，证券经纪业务和投行业务的下滑是拖

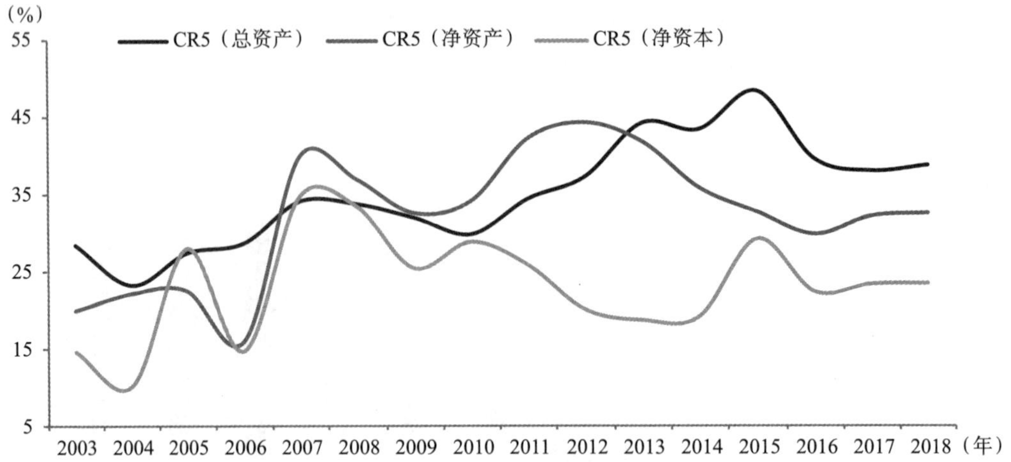

图总 1－3　2003—2018 年证券公司规模集中度变化情况

资料来源：中国证券业协会网站，Wind。各公司数据取自 2018 年年报。

累整体营收水平下滑的主因，两者较 2017 年降幅分别为 24.06% 和 32.74%。资产管理业务基本持平，受影响不明显，该项业务与行情表现有一定滞后性。自营业务和市场基本同步。除上述因素外，利息支出增加 180.41 亿元，增幅 14.99%，融资成本上升导致利息支出增加也是主要原因之一（见表总 1－1）。

表总 1－1　　2018 年证券公司利润和收入情况

项　　目	2018 年上半年	2018 年全年	2017 年
营业收入（亿元）	1 265.72	2 662.87	3 113.28
代办买卖证券业务净收入占比（%）	28.74	23.41	26.37
投资咨询业务净收入占比（%）	1.15	1.18	1.09
证券承销与保荐业务净收入占比（%）	9.23	9.71	12.34
财务顾问业务净收入占比（%）	3.57	4.19	4.03
受托客户资产管理业务净收入占比（%）	10.97	10.33	9.96
证券投资净收益占比（%）	23.35	30.05	27.66
融资融券业务利息净收入占比（%）	8.92	8.07	11.18
其他业务占比（%）	14.07	13.06	7.37
净利润（亿元）	328.61	666.20	1 129.95
净利率（%）	25.96	25.02	39.65

注：净利率 = 净利润 ÷ 营业收入 ×100%。

资料来源：中国证券业协会。证券公司经营数据由未经审计财务报表统计而得。

除了市场环境较弱的因素导致证券公司的盈利能力下降之外，其他方面的因素也值得关注，股票质押计提坏账减值就是削弱盈利的一个重要因素。中国证券登记结算公司数据显示，2018 年初质押股数为 5 681.14 亿股，市值为 61 501.93 亿元，到 2018 年底质押股数增加到 6 345.12 亿股，但市值缩水至 42 336.11 亿元。已有多家上市证券公司公告计提大额减值准备，相对来说，规模较小的券商受其影响较龙头券商要更严重（见图总 1－4）。

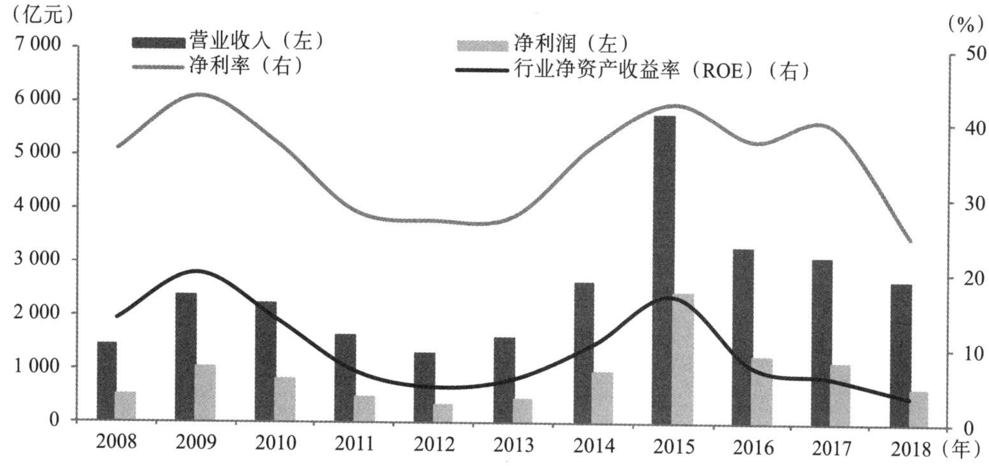

图总 1－4　2008—2018 年证券公司盈利情况

资料来源：中国证券业协会网站，Wind。

3. 证券公司营业网络分布情况

2018 年底证券公司营业部共 11 468 家，较 2017 年增加 5.47%，增加了 595 家。近年来，营业网点加速扩张的势头开始放缓，市场行情对证券公司网点扩张的意愿有一定影响，广东、浙江、江苏、上海、山东、北京、福建是新增网点的主要地区，占增量营业部的 62%。证券公司在沿海地区密集布局，一方面是出于吸引资本的主动意愿，另一方面也是出于其他金融机构竞争压力的被动驱使。在金融业和资本市场的改革开放的力度不断加大的情况下，沿海金融发达地区的领先优势将有望继续吸引证券公司，估计在近一两年内这种状况仍将延续（见表总 1－2）。

表总 1－2　　2012—2018 年证券公司营业部辖区分布　　（单位：家）

地区	2012 年	2013 年	2014 年	2015 年	2016 年	2017 年	2018 年
广东	703	769	934	1 063	1 252	1 446	1 529
浙江	381	436	581	676	799	973	1 045
江苏	363	445	603	681	790	919	986
上海	489	501	575	640	709	783	825
山东	280	315	403	453	517	602	636
北京	265	287	338	390	456	553	579
福建	237	256	316	350	412	479	522
四川	219	242	301	329	380	443	462
湖北	177	209	243	299	333	403	421
湖南	190	204	249	288	351	393	411
辽宁	215	228	283	312	348	383	386
河南	117	124	235	260	316	378	400

续表

地区	2012 年	2013 年	2014 年	2015 年	2016 年	2017 年	2018 年
江西	145	170	229	268	294	325	345
安徽	158	165	211	232	263	308	334
陕西	119	140	168	196	224	273	282
河北	165	175	199	216	234	272	277
重庆	111	119	163	176	195	222	229
广西	122	130	146	157	182	202	211
山西	121	122	140	154	173	199	212
黑龙江	103	108	128	148	168	181	189
天津	98	101	127	158	160	175	182
云南	74	101	121	136	152	174	179
吉林	96	104	120	129	140	157	161
贵州	48	54	66	79	98	118	124
内蒙古	61	66	85	91	105	116	118
新疆	62	62	64	73	89	111	121
甘肃	63	66	71	89	97	106	111
海南	40	40	44	52	62	72	79
宁夏	23	24	29	37	44	52	56
青海	13	16	17	23	25	29	31
西藏	5	6	10	15	17	26	25
合计	5 263	5 785	7 199	8 170	9 385	10 873	11 468

资料来源：上海证券交易所网站。

在证券营业网络的持续扩张以及市场交易量下降的双重作用下，2018 年单个证券营业部年均交易量持续两年下滑，至 78 亿元/家的水平，较 2017 年下降 24%，已逼近 2007 年以来的低位水平。证券经纪业务竞争加剧的趋势将持续，网点设置的功能性需加强，且与总部的协同也要优化，才能更好地发挥网点布局的优势（见图总 1－5）。

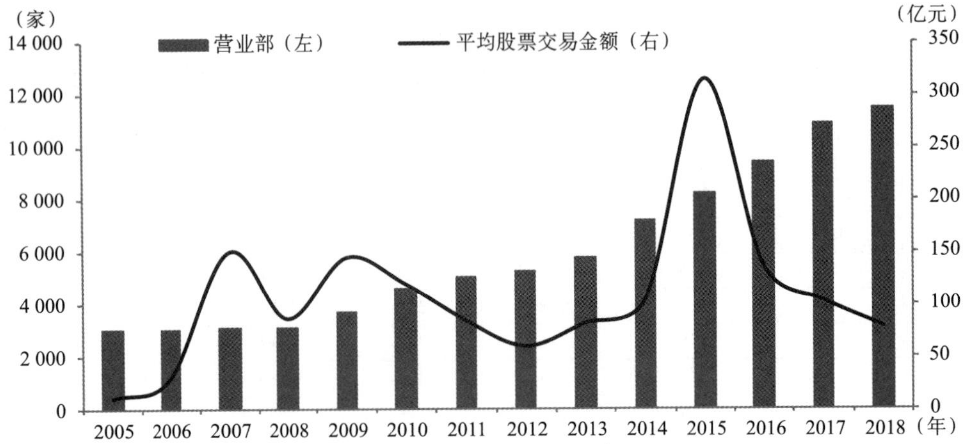

图总 1－5　2005—2018 年证券公司营业网络发展情况

资料来源：上海证券交易所网站，Wind。

4. 证券行业从业人员

2018年证券行业已注册从业人员34.43万人，较2017年下降6 321人，虽然降幅微弱，但这是近年来的首次下降。其中，一般从业人员20.35万人，证券经纪人8.30万人，证券投资咨询业务（投资顾问）4.73万人，证券投资咨询业务（分析师）3 093人，保荐代表人3 682人，投资主办人2 152人，证券经纪业务营销人员1 163人。

2018年证券从业人员队伍结束了数年来的扩张态势，首度下降，但各类人员的增减不一，结构变化比较显著。证券从业人员下降主要集中在一般证券业务人员、证券经纪人这两类，分别减少4 259人和7 393人，这两类人员也是近年来增幅最快的，这与证券公司人员结构调整有关，分支机构人数占母公司人数比重在逐年下降。近年来，证券投资咨询业务（投资顾问）、证券投资咨询业务（分析师）及保荐代表人都保持着稳定的增幅，前二者基本上维持10%以上的增幅，后者增幅略低，但也有5%以上。

2018年整体从业减少的格局下，人员结构也发生了明显变化。基础性从业人员减少，而“含金量”高的岗位在继续稳定增加，说明证券公司前些年普遍使用的“人海战术”告一段落，随着科技的进步、人工智能对证券行业的渗透和冲击，证券行业的转型倒逼着从业人员队伍结构的优化（见表总1－3）。

表总1－3　　2018年证券行业从业人员规模及结构　　（单位：人）

机构类型	已注册人员	一般证券业务	证券投资咨询业务（其他）	证券经纪业务营销	证券经纪人	证券投资咨询业务（分析师）	证券投资咨询业务（投资顾问）	保荐代表人	投资主办人
证券公司	334 402	196 704	0	1 163	82 991	2 934	45 133	3 682	1 795
证券资产管理公司	1 698	1 341	0	0	0	0	0	0	357
证券投资咨询机构	7 754	5 445	0	0	0	159	2 150	0	0
证券市场资信评级机构	477	0	477	0	0	0	0	0	0
合　计	344 331	203 490	477	1 163	82 991	3 093	47 283	3 682	2 152

资料来源：中国证券业协会。

（二）证券投资咨询公司发展状况

截至2018年底，证券投资咨询公司共84家，近年来一直保持稳定。2018年证券投资咨询机构的注册证券从业人员7 754人，较2017年增加1 400人，增幅达22.03%，从业人员在继续扩张。其中，注册证券投资咨询业务（分析师）159人，较2017年增加20人，连续两年增加；注册证券投资咨询业务（投资顾问）2 150人，较2017年增加15人；一般证券业务5 445人，较2017年增加1 365人。近年来，一般证券业务人员保持扩张态势，也是证券投资咨询从业人员队伍扩张的主要动力。

证券投资咨询行业以投资咨询业务为主，私募基金管理、基金销售、财务顾问业务等新业务有待突破。证券投资咨询行业的发展面临转型的较大压力，人才、科技、差异化竞争等问题将日益突出。

（三）证券市场资信评级机构发展状况

截至2018年底，国内共有11家公司可以从事证券市场资信评级业务，较2017年增加2家。根据2018年中国证券业协会专项调查统计，7家发行人付费的证券资信评级机构2018年的总资产、营业收入、利润总额分别为23.17亿元、12.91亿元、3.76亿元，较2017年分别减少9.08%、2.97%、12.74%。其中，交易所债券评级业务收入6.57亿元，较2017年增长4.66%，占总收入的50.86%。2018年信用评级行业整体业务收入有所下降，盈利能力明显下滑。

2018年资信评级机构出具首次评级报告4 665份，定期跟踪评级项目为4 460个，不定期跟踪评级项目为1 468个，终止/撤销评级项目达到265个。

二、证券公司各项业务开展情况

（一）证券经纪业务

1. 市场规模、交易及收入情况

截至2018年底，境内上市公司（A、B股）数量达到3 666家，同比增加181家；上市公司总市值和流通市值分别同比缩减23.31%和21.26%，达到43.49万亿元和35.38万亿元，流通市值占比约为81.34%，同比提升2.11个百分点。

2018年股票和基金市场交易活跃度继续下降，全年共实现100.57万亿元股票和基金交易额，同比减少17.98%。其中，全年全市场累计成交股票90.30万亿元，较2017年减少19.95%；累计成交基金10.27万亿元，同比增加4.69%。2018年交易所债券市场实现237.22万亿元的交易额，同比下降8.21%，但该成交规模是股票、基金成交额的两倍多（见表总1－4）。

表总1－4　　2017—2018年市场规模和交易情况

年份	上市公司数量（家）	退市公司数量（家）	股本（万亿股）		市值（万亿元）		股票成交额（万亿元）	基金成交额（万亿元）	交易所债券成交额（万亿元）
			总股本	流通股本	总市值	流通市值			
2018年	3 666	6	5.76	4.90	43.49	35.38	90.30	10.27	237.22
2017年	3 485	5	5.37	4.50	56.71	44.93	112.81	9.81	258.45

资料来源：上海证券交易所，深圳证券交易所，Wind。

2018 年，证券行业平均佣金率有所降低，全年平均为 0.376‰，相较 2017 年的 0.378‰基本维持稳定。证券公司经纪业务与证券市场交易活跃状况和佣金率水平密切相关。2018 年随着股票和基金交易规模持续下降，佣金率水平持续下滑，证券公司经纪业务净收入为 623.42 亿元，同比降低 24.06%。

2. 投资者情况

截至 2018 年底，沪、深两市投资者数量（投资者数量指持有未注销、未休眠的 A 股、B 股、信用账户、衍生品合约账户的一码通账户数量）达到 14 650.44 万人，其中自然人 14 615.11 万人，非自然人 35.33 万人。自然人投资者中，约 99.55% 的投资者开立 A 股账户，1.63% 的投资者开立 B 股账户；非自然人投资者中，约 93.60% 的投资者开立 A 股账户，6.45% 的投资者开立 B 股账户。

（二）证券投资咨询业务

证券投资咨询业务包括证券投资顾问业务和发布研究报告这两种基本的服务形式。2018 年全年，证券投资咨询业务实现净收入 31.52 亿元，同比减少 7.18%。

1. 证券投资顾问业务

2018 年中国证券业协会专项调查统计显示，截至 2018 年底，在参与调研的 100 家证券公司中，共有 90 家已开展投资顾问业务。其中，72 家设立了专门从事及管理投资顾问业务的独立部门。2018 年共有 23 家证券公司成立一级部门来从事投资顾问业务，其余 59 家多在经纪业务总部、零售业务部和财富管理部等一级部门下开展此项业务。2018 年不少公司的投资顾问业务开始转型，将从事投资顾问业务的部门定位于管理与盈利相结合；有 76 家公司的投资顾问业务创造收入，业务收入主要源于差别佣金和投资顾问费用。

证券公司投资顾问业务的组织形式基本以总部和分支机构分工协作为主；总部主要负责投资顾问业务规章制度、投研体系、风控体系的构建，以及业务的组织、推广、培训、指导及系统支持等，分支机构则负责投资顾问业务的具体开展。

根据调查统计显示，投资顾问业务的产品类型较为丰富。根据投资者的风险偏好，设立了稳健型、平衡型、进取型产品；根据投资标的，设立了权益类、固定收益类、杠杆类、资产配置类产品；根据服务对象，设立了标准化产品和定制产品；根据服务方式，设立了基础服务产品、终端服务产品、投资顾问服务产品、短信服务产品、线上投资顾问服务产品及资讯服务产品；根据收费方式，设立了基础服务产品、固定收费产品和浮动佣金产品。总体来说，2018 年证券公司投资顾问业务呈现精细化发展的新特征：

第一，加强线上服务与线下服务的融合，通过线上引流、线下创收，建立了深层次的客户－投资顾问关系；第二，投资顾问资源进一步整合发展，为客户提供了标准化的投资顾问产品，提高了投资顾问业务的广度和深度；第三，继续强化交易 APP 的线上投资顾问服务生态圈，丰富客户服务方式，如咨询服务、在线交流、视频录播等；第四，一些公司成功推出智能化投资顾问产品，在微信、APP 等工具端进行智能服务；第五，增强投资顾问系统建设，加强人员培训，提高投资顾问业务水平。

2. 发布研究报告业务

2018 年，证券公司发布研究报告显示，证券业务环境发生重要变化。在 2018 年“新财富最佳分析师评选”活动中，出现不正当竞争和负面舆情，严重影响了评选活动的严肃性、公平性和专业性。30 家证券公司决定退出“新财富分析师”评选活动。继 2018 年 6 月中国证监会发布《证券期货经营机构及其工作人员廉洁从业规定》后，2018 年 9 月 3 日中国证券业协会发布了《关于加强对证券分析师参加有关评选活动的管理的通知》，要求证券公司加强对证券分析师参加评选活动的管理，强化分析师职业道德建设，不断提升证券分析师执业水平，共同维护分析师职业声誉。

为发挥首席经济学家行业智库作用，2018 年 10 月，经中国证券业协会第六届常务理事会第七次理事会审议通过，协会证券分析师与投资顾问委员会更名为证券分析师、投资顾问与首席经济学家委员会，增加证券、基金行业首席经济学家为委员会成员。同时，中国证券业协会建立首席经济学家例会制度，按季度组织首席经济学家就国内国际经济金融形势进行分析，及时反映市场关切与行业呼声，探讨金融热点问题，通过市场各方的对话交流，搭建政府与市场之间的沟通渠道。为发挥好首席经济学家的影响力和公信力，维护行业声誉，全体证券基金行业首席经济学家签署了“首席经济学家自律倡议书”。

2018 年中国证券业协会专项调查统计显示，在参与调研的 101 家证券公司中，设有研究所（部、子公司）的有 89 家证券公司。从研究广度看，研究范围主要包括宏观研究、策略研究、行业与公司研究、金融工程研究、金融产品研究、债券及固定收益研究、买方研究、大宗商品研究、中小市值研究、新三板研究、海外市场研究等。

研究报告依然是证券研究的主要产品形式。2018 年共有 85 家证券公司的研究所（部、子公司）发布研究报告，全年共计发布研究报告 18.03 万篇，同比增加 9.96%，该项业务竞争更为剧烈，其中，深度报告 18 752 篇，约占研究报告总数的 10.40%。

证券研究服务对象包括本公司内外部服务。在开展证券研究的 89 家证券公司中，69 家开展了对机构客户的产品推广及服务工作，71 家开展了对公司分支机构的服务，77 家开展了对公司其他部门的服务，其中，42 家证券公司的研究服务以外部服务为主，比 2017 年增加 6 家。从具体的服务形式看，外部服务对象包括公募基金、保险公司、社保基金、私募基金、产业资本、资产管理公司、证券公司资产管理部门、证券公司自营部门、QFII、QDII、海外客户、高净值客户等，服务形式以提供研究报告、路演、策略会、联合调研、培训、电话会议为主；对公司分支机构的服务形式主要包括研究报告、策略报告会、产品销售支持、研究培训等；对公司其他部门的服务形式主要包括提供定制化研究咨询、产品评估、定价报告、研究培训等。

2018 年，证券研究部门适应市场变化，加强研究业务创新：（1）研究对象上，拓展海外研究，尤其加强港股研究；（2）研究方法上，继续加强行业一体化及产业链协同研究，同时以市场热点为抓手，协调宏观、行业、量化等各领域资源，成立专题小组，着力系列化的深度研究；（3）服务方式上，以客户需求为导向，综合应用金融科技，提升工作效率、提高研究质量，同时扩展研究报告的新媒体发布渠道；（4）继续加强研究报告和相关产品的质量审核，完善信息化管理流程。

根据2018年中国证券业协会的不完全调查统计，从事发布研究报告业务的人员数量显著增加，89家证券公司研究所（部、子公司）的全部员工总数为5 088人，同比增加1 014人，其中，具有5年及以上从业经验的员工有1 758人，约占34.55%；具有博士及以上学历的员工有487人，比2017年增加5人。

（三）证券承销与发行业务

1. 股票发行与承销业务

2018年证券公司共完成首次公开发行（IPO）103家，共募集资金1 374.88亿元。2018年没有公开增发项目；再融资定向增发项目（不含重组配套融资）募集资金2 988.85亿元，与并购重组相关的配套融资项目筹集资金398.14亿元[①]；配股项目募集资金188.79亿元；优先股项目募集资金150.00亿元。

2. 债券发行与承销业务

2018年交易所债券发行市场快速发展，证券公司在交易所市场承销债券总额达56 877.71亿元，是2017年的1.45倍。其中，公司债券（仅包含公开发行公司债券和非公开发行公司债券，不含可交换债、可转债等股债结合产品）募集资金21 003.34亿元，同比增加25.00%；可转换公司债券全年发行67只，发行规模为787.49亿元，与2017年规模相当；可交换公司债券全年发行19只，发行规模为409.70亿元；地方政府债券全年发行527只，发行规模为25 567.99亿元；政策性银行债券全年发行7只，发行规模为240亿元。

2018年，交易所债券市场创新推出纾困公司债券，鼓励符合资质的企业发行公司债券用于纾解民营融资困境和股权质押风险。据Wind数据显示，全年共发行8单纾困公司债券，合计募集资金98亿元。其他创新品种方面，2018年共发行155单可续期公司债券，合计募集资金2 246.60亿元，同比分别增加198.08%和151.04%；共发行34单绿色公司债券，合计募集资金388.89亿元，较2017年分别增加30.77%和62.61%；共发行20单创新创业公司债券，合计募集资金39.65亿元，基本与2017年相当；共发行10单“一带一路”公司债券，合计募集资金76亿元，募集资金用于“一带一路”项目建设；扶贫债券发行人所在贫困地区已覆盖湖北、贵州、安徽、云南、四川、重庆等省/直辖市，募集资金用途涵盖异地扶贫搬迁、产业扶贫、生态扶贫等领域。

3. 证券公司参与全国中小企业股份转让系统业务

（1）挂牌公司情况。根据全国中小企业股份转让系统统计数据，截至2018年底，全国中小企业股份挂牌公司数量达到10 691家。其中，创新层914家，占挂牌公司数量的

---

① 根据Wind数据整理。

8.55%；基础层 9 777 家，占挂牌公司数量的 91.45%。全年市场成交金额 888.01 亿元，集合竞价转让成交规模占比上升，约占 66.28%。

（2）定向增发融资情况。2018 年共进行 1 402 次定向增发，合计发行股份 123.83 亿股，募集资金 604.43 亿元（见图总 1－6）。

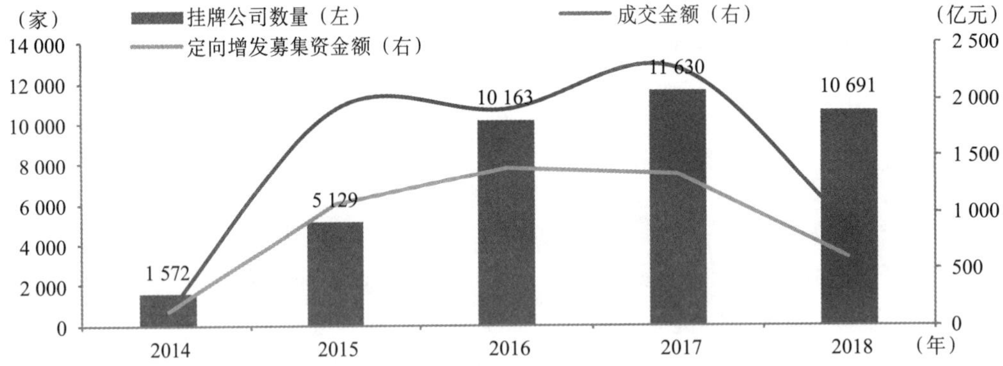

图总 1－6　2014—2018 年新三板市场发展情况

资料来源：全国中小企业股份转让系统。

4. 证券承销与发行业务收入情况

2018 年证券公司证券承销业务收入继续缩减，该业务行业总收入达 258.46 亿元，同比减少 32.73%（见图总 1－7）。

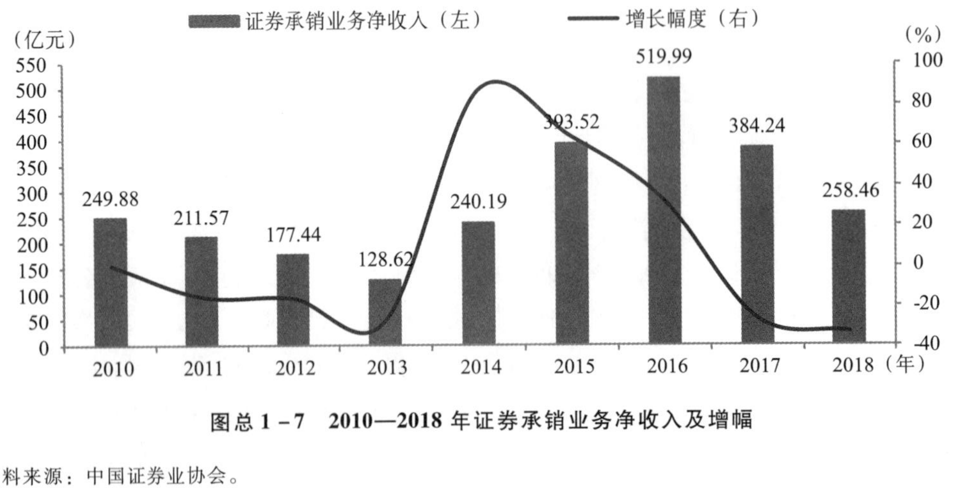

图总 1－7　2010—2018 年证券承销业务净收入及增幅

资料来源：中国证券业协会。

5. 市场集中度情况

2018 年证券公司承销业务市场格局更为集中，头部效应显现。根据 Wind 数据显示，股票承销金额和家数前 10 家的集中度分别为 74.65% 和 56.22%，较 2017 年分别上升 13.73 和 4.65 个百分点；债券承销金额和家数前 10 家的集中度分别为 62.66% 和 52.13%，较 2017 年分别上升 5.07 个和 0.89 个百分点。

（四）财务顾问业务

2016年以来，由于并购重组监管力度的加强和宏观经济下行压力的加大，上市公司重大资产重组交易规模出现回落。根据Wind数据显示，2018年首次披露重大资产重组的交易数量为233单，交易规模8 489亿元，较2017年分别下降3.32%和1.71%；中国证监会并购重组委审核通过的重大资产重组有123家，其中，上海证券交易所40家，比2017年增加3家，深圳证券交易所83家，比2017年减少41家。

2018年财务顾问业务在国有企业深化改革、“一带一路”建设、国家脱贫攻坚战略及国防科技工业发展中发挥了重要作用。重组委审核通过的并购重组项目中，国有控股上市公司有42单、交易金额3 198.62亿元，最终目标公司位于境外的有16单，涉及交易金额约1 591.66亿元，新疆、甘肃、贵州等西部12省区上市公司项目12单，交易金额合计259.72亿元，军民融合领域并购重组共9单，交易金额约51.21亿元。

2018年，证券公司财务顾问业务累计实现收入111.50亿元，同比减少11.06%，财务顾问业务在行业总收入的比重为4.19%，比2017年增加0.16个百分点（见图总1－8）。

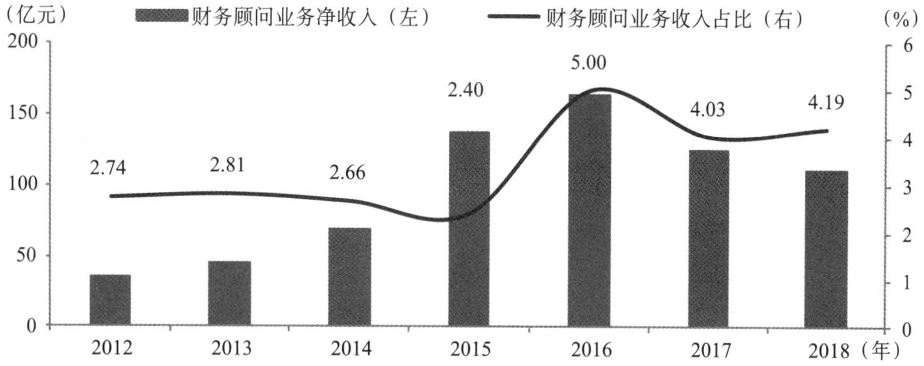

图总1－8　2012—2018年财务顾问业务净收入及其业务比重

资料来源：中国证券业协会。

（五）资产管理业务

截至2018年底，国内证券公司受托管理资金总计14.11万亿元，相较于2017年收缩18.25%。2018年证券公司资产管理业务收入规模略有减少，全年净收入达275.00亿元，同比减少11.35%；资产管理业务在行业总收入中的比重仍持续提升，首次突破10%，约为10.33%（见图总1－9）。

（六）证券自营业务

截至2018年底，证券公司进行金融产品投资的资金规模达2.61万亿元，同比增加29.62%。其中，债券资产的比重持续提升，由2017年的60.28%上升至2018年的68.20%；

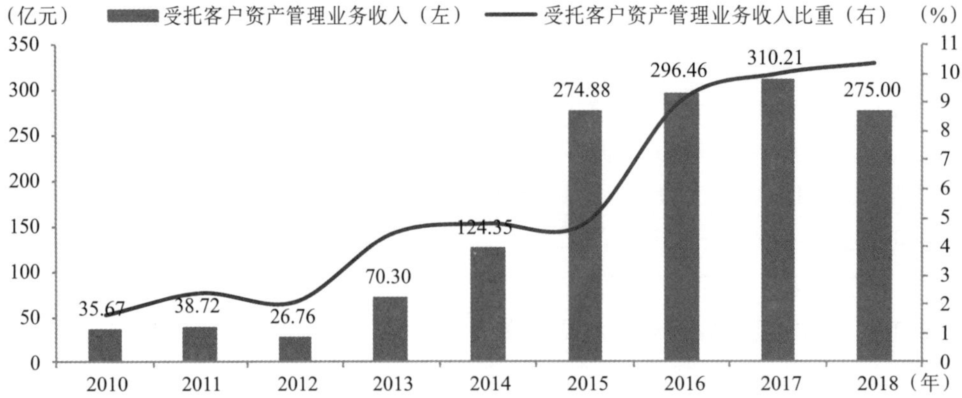

图总 1-9　2010—2018 年资产管理业务净收入及其业务比重

资料来源:中国证券业协会。

股票资产的比重明显下降,由 2017 年的 13.57% 降至 2018 年的 6.66%;基金资产投资比重与 2017 年基本保持一致,约为 8.98%(见表总 1-5)。

表总 1-5　2017—2018 年证券公司金融产品投资配置情况

时间	投资规模(亿元)	股票(%)	基金(%)	债券(%)	其他证券产品(%)
2018 年	26 102.04	6.66	8.98	68.20	16.16
2017 年	20 137.19	13.57	8.71	60.28	17.43

资料来源:中国证券业协会。

2018 年证券公司含公允价值变动的证券投资收益达 800.27 亿元,较 2017 年减少 7.05%;自营业务占收入的比重由 2017 年的 27.7% 提升至 32.33%。

(七)融资类业务

1. 融资融券业务

(1)融资融券交易情况。2018 年融资融券余额规模呈现逐渐下降态势。根据中国证券金融股份有限公司的数据,截至 2018 年底,融资融券余额 7 557.75 亿元,比 2017 年末减少 26.35%;其中,融资余额 7 489.89 亿元,约占融资融券余额的 99.10%;融券余额 67.86 亿元,约占 0.90%,融券余额占比持续三年提升,2018 年末同比提高 0.46 个百分点。

从整个 A 股市场来看,融资融券交易是股票市场流动性的重要组成部分。截至 2018 年底,融资融券余额约占 A 股市场流通市值的 2.14%,比 2017 年底的 2.28% 降低 0.14 个百分点;全年累计融资买入交易额约占 A 股交易总额的 8.44%,比 2017 年底的 9.29% 降低 0.85 个百分点(见图总 1-10 和图总 1-11)。

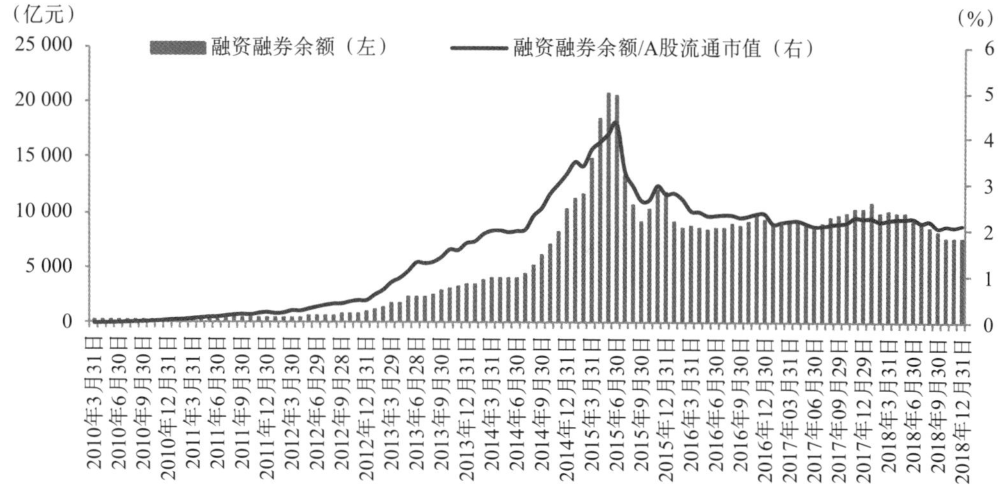

图总 1－10　融资融券业务开展以来规模发展情况

资料来源：中国证券金融股份有限公司。

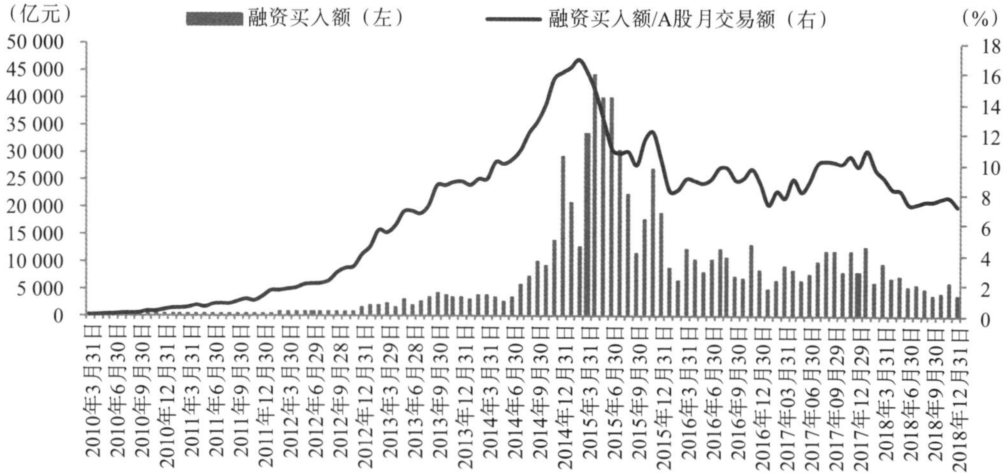

图总 1－11　融资融券业务开展以来交易情况

资料来源：中国证券金融股份有限公司。

（2）转融通交易情况。截至 2018 年底，转融通余额 517.22 亿元，其中，转融资余额 511.06 亿元，转融券余额 6.16 亿元，余量 0.61 亿股。转融资业务累计向市场融出资金 1 740.58 亿元，日均余额 789 亿元，同比上涨 19.67%；转融券业务累计向市场融出证券 16.61 亿股，累计成交 164.56 亿元。截至 2018 年底，共有 92 家证券公司开通了转融通业务，56 家证券公司实际参与转融资交易，基本涵盖大中小型等不同类型的证券公司；33 家证券公司实际参与转融券交易，融出转融通标的股票数量从 155 只增加至 229 只，进一步满足了投资者需求（见图总 1－12）。

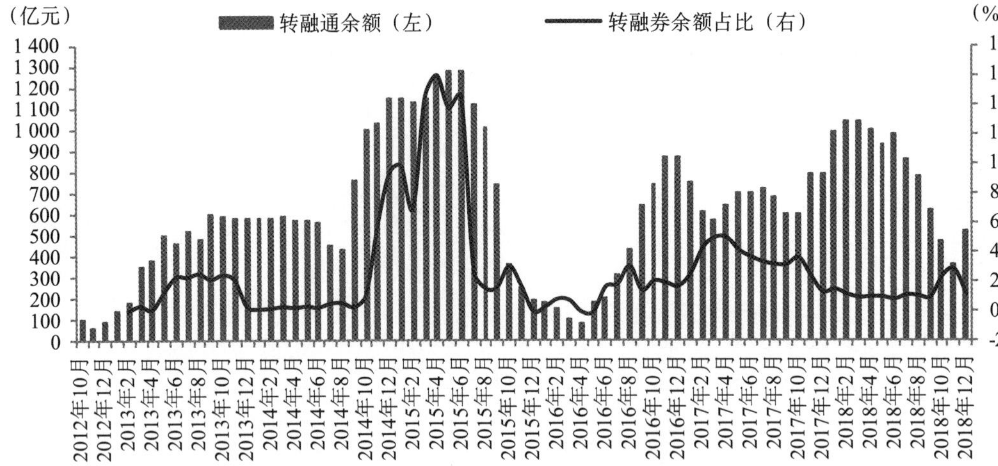

图总1－12　转融通业务开展以来规模情况

资料来源：中国证券金融股份有限公司。

（3）融资融券投资者情况。2018年参与融资融券业务的投资者数量继续保持增长趋势。中国证券金融股份有限公司数据显示，截至2018年末，融资融券信用账户开户数为939.82万户①，比2017年底增加3.74%；2018年平均每月新增3.37万个信用账户，比2017年月均增量减少39.40%。

2. 股票质押式回购交易业务

根据上海证券交易所和深圳证券交易所专项统计数据，2018年股票质押式回购业务规模明显收缩。截至2018年底，共96家证券公司开通了股票质押回购业务权限并发生交易，两市待购回初始交易金额12 826.63亿元，同比减少21.07%。2018年全年初始交易金额合计3 425.49亿元，同比减少71.77%。2018年全年购回交易金额6 638.33亿元，同比减少23.93%。

标的证券股份性质方面，质押标的证券为流通股的待购回初始交易金额9 165.28亿元，占比71.46%；质押标的证券为限售股的待购回初始交易金额3 661.36亿元，占比28.54%。

资金融出方类别方面，证券公司自有资金出资的待购回初始交易金额7 251.81亿元，占比56.54%；证券公司资产管理计划出资的待购回初始交易金额5 431.35亿元，占比42.34%；其他融出方出资的待购回初始交易金额143.47亿元，占比1.12%。

3. 约定购回式证券交易业务

根据上海证券交易所和深圳证券交易所专项统计数据，截至2018年底，共82家证券公司开通了约定购回业务权限，其中79家发生交易，两市待购回初始交易金额29.99亿元，同比减少49.35%。2018年全年初始交易金额合计46.14亿元，同比减少39.45%。

① 一般而言，当前投资者参与融资融券业务需同时开立信用证券账户和信用资金账户，即投资者数量是信用账户数量的1/2。根据中证金融公司数据统计，截至2018年底，开立信用账户的融资融券投资者数量为478万名。

（八）证券公司私募基金投资子公司业务

截至 2018 年 12 月 31 日，证券公司私募基金子公司发起设立的私募投资基金可分为五类，即股权投资基金、创业投资基金、并购基金、夹层基金和债权基金（见表总 1－6）。五类投资基金总数共计 910 只，其中，股权投资基金最多，达 686 只，占比 75.38%；次之是创业投资基金 98 只，占总数量比的 10.77%。从私募投资基金的实缴金额来看，2018 年私募投资基金实缴金额共计 4 839.07 亿元，其中，最多的是股权投资基金，达 3 809.75 亿元，占比 78.73%，次之是债权基金，实缴金额 439.29 亿元，占比 9.08%。

表总 1－6　　2018 年证券公司私募投资基金子公司（原直投业务）情况

基金类型	数量（只）	数量占比（%）	认缴金额（亿元）	认缴金额占比（%）	实缴金额（亿元）	实缴金额占比（%）
股权投资基金	686	75.38	6 369.4	79.01	3 809.75	78.73
创业投资基金	98	10.77	237.83	2.95	168.77	3.49
并购基金	35	3.85	745.06	9.24	348.7	7.21
夹层基金	18	1.98	88.05	1.09	72.56	1.50
债权基金	73	8.02	621.26	7.71	439.29	9.08
合　计	910	100.00	8 061.6	100.00	4 839.07	100.00

资料来源：中国证券投资基金业协会。

（九）国际化业务

2018 年中国资本市场的开放程度不断加大，国内市场与国际市场进一步接轨，证券公司国际化发展继续提速。2018 年中国证券行业国际化发展呈现出新的特征。一是对外开放进程提速，国际化业务重要性持续提升。中国证监会 2018 年 9 月出台《证券公司和证券投资基金管理公司境外设立、收购、参股经营机构管理办法》。放宽外资持股比例限制，首家外资控股证券公司获批。2018 年 3 月，原油期货在上海国际能源交易中心挂牌交易，成为我国首个对境外投资者开放的期货品种；5 月铁矿石期货也引入境外交易者。2018 年 9 月，富时罗素宣布将 A 股纳入其全球股票指数体系，首批纳入于 2019 年 6 月启动。二是证券公司国际化战略布局稳步推进，业务模式持续丰富。据 Wind 数据显示，2018 年上半年，13 家上市证券公司海外业务收入共计 90.8 亿元，同比上升 0.2%，占内地上市证券公司总营收比重的 6.9%，较 2017 上半年增长 0.4 个百分点。截至 2018 年底，共有 9 家证券公司获批跨境业务资格，允许公司开展境外自营业务，与境内外交易对手进行金融产品和衍生品交易。三是海外业务渗透率快速提升。据 Bloomberg 数据显示，2018 年全球股票承销市场中，9 家位列前 50 的国内证券公司合计市场份额为 10.07%，提高 6 个百分点。具体到中国香港市场，前 50 名承销商中有 14 家为境内证券公司，总市场份额占比 21.3%，同比增长 3 个百分点；并购业务前 50 位中有 4 家中资证券公司入围，合计市场份额为 15.6%，同比增长近

11 个百分点。四是海外业务风险多变。2018 年国际贸易形势复杂多变，保护主义显现苗头，全球经济复苏步伐不确定性增强，中资证券公司开展海外业务风险主要体现为市场风险加剧、经营环境多变和跨境并购限制增多。

（十）其他业务

1. 交易所衍生品业务

中国期货业协会数据显示，2018 年全年上证 50 股指期货累计成交 451.73 万手，成交金额达 35 243.28 亿元，分别同比增长 84.85% 和 85.45%；沪深 300 股指期货累计成交 748.68 万手，成交金额 78 277.77 亿元，分别同比增长 82.56% 和 73.59%；中证 500 股指期货累计成交 434.02 万手，成交金额 43 882.65 亿元，分别同比增长 32.29% 和 7.1%；10 年期国债期货累计成交 898.87 万手，成交金额 85 175.79 亿元，分别同比下降 24.77% 和 24.84%；5 年期国债期货累计成交 184.3 万手，成交金额 17 965.14 亿元，分别同比减少 34.68% 和 34.72%。

2. 场外衍生品业务

证券公司场外衍生品交易业务主要包括中证机构间报价系统与证券公司柜台两个部分，目前以柜台市场为主。中证机构间报价系统数据显示，证券公司场外衍生品交易 2018 年全年累计新增初始名义本金规模 8 772.06 亿元，同比增长 17.13%，场外衍生品存续交易名义本金 3 466.71 亿元，同比下降 5.42%。按照业务类别统计，收益互换业务 2018 年全年累计新增初始名义本金规模 2 053.76 亿元，较 2017 年下降 17.12%，场外期权业务全年累计新增初始名义本金规模 6 718.31 亿元，同比增长 34.06%，收益互换业务未了结初始名义本金规模 703.89 亿元，较 2017 年同期下降 50.67%，本金规模 2 762.81 亿元，同比增长 23.41%。

三、证券行业制度建设情况

2018 年证券制度建设主要包括：适应资本市场扩大开放需要，制定修改相关规章制度；积极完善上市公司各项基础制度，健全多层次资本市场制度体系；进一步强化证券期货行业机构监管，加强证券期货经营机构行业制度建设；加强资本市场诚信制度建设；发布实施监管科技总体建设方案。

（一）适应我国资本市场扩大开放需求，制定和修改多项相关制度

根据党中央、国务院关于进一步扩大金融业对外开放的决策部署，2018 年资本市场将全面深化资本市场改革和扩大开放、推动资本市场平稳健康发展作为资本市场制度建设的重点内容之一。

在开放国内资本市场方面，2018 年 4 月 28 日，中国证监会发布《外商投资证券公司管

理办法》。该办法主要对五方面内容进行了修改：允许外资控股合资证券公司；逐步放开合资证券公司业务范围；统一外资持有上市和非上市两类证券公司股权的比例；完善境外股东条件；明确境内股东的实际控制人身份变更导致内资证券公司性质变更。2018年8月24日，中国证监会发布《外商投资期货公司管理办法》，细化境外股东条件，规范间接持股，对高级管理人员履职进行了明确规范。

在鼓励国内证券投资机构积极"走出去"参与国际竞争方面，中国证监会于2018年9月25日发布《证券公司和证券投资基金管理公司境外设立、收购、参股经营机构管理办法》，对证券机构开展海外业务进行规范，保持证券机构"走出去"的适当门槛要求，强化证券基金经营机构对境外子公司的管理责任，规范业务范围与组织架构。

在交易市场互联共通方面，2018年6月6日，中国证监会发布《存托凭证发行与交易管理办法（试行）》，为创新企业在境内发行股票或存托凭证做好了制度安排，在完善资本市场结构、健全资本市场机制的同时，也为沪伦通的实施提供了良好的基础功能建设。2018年10月12日，中国证监会发布《上海证券交易所与伦敦证券交易所互联互通存托凭证业务的监管规定》，对参与沪伦通的相关市场主体和行为提出了具体规范性要求。

（二）积极完善上市公司相关基础制度

2018年资本市场积极完善上市公司相关的各项基础制度，对上市发行融资、并购重组、股份减持和回购以及上市公司治理等方面进行了详细规范。2018年3月1日，中国证监会发布《上市公司创业投资基金股东减持股份的特别规定》，明确对专注于长期投资和价值投资的创业投资基金减持其持有的上市公司首次公开发行前股份，给予差异化政策支持。此项政策是落实《国务院关于促进创业投资持续健康发展的若干意见》的重要举措，有利于调动创业投资基金进行长期投资和价值投资的积极性，有利于投资退出和形成再投资良性循环，有利于更好地促进早期中小企业和高新技术企业资本形成。

国有上市公司具有国有企业和公众公司的双重特性，在股权管理和转让上存在不同于一般上市公司的特殊要求，一直受到市场的关注。为了规范国有上市公司的股权管理，2018年5月16日，国务院、财政部、中国证监会联合发布《上市公司国有股权监督管理办法》，对上市公司国有股权变化进行了详细规范。该管理办法对原有散落在不同文件中的国有资产股权管理的相关法规进行整合、规范、补充，形成统一法规，提高了制度的系统性、集中性和权威性，便于管理部门、国有企业以及相关市场主体依照执行。

为进一步提高上市公司质量，健全资本市场内生稳定机制，促进资本市场长期健康发展，根据《全国人民代表大会常务委员会关于修改〈中华人民共和国公司法〉的决定》的规定，2018年11月9日，中国证监会、财政部、国资委联合发布《上市公司回购股份的意见》，拓宽回购资金来源，适当简化实施程序，引导完善治理安排，鼓励各类上市公司实施股权激励或员工持股计划，强化激励约束，促进公司夯实估值基础，提升公司管理风险能力，提高上市公司质量。

在规范市场再融资方面，2018 年 11 月 9 日，中国证监会发布《发行监管问答——关于引导规范上市公司融资行为的监管要求》，对上市公司再融资的审核进行了详细说明，引导上市公司理性融资。

（三）不断健全多层次资本市场制度体系

建立健全多层次资本市场，满足实体经济多层次的融资需求是资本市场发展的重要内容。场外市场是多层次资本市场的重要组成部分，场外交易系统是开展场外证券业务的重要基础设施。2018 年 1 月 18 日，中国证监会发布《证券期货业场外市场交易系统接口》相关规定，规范场外交易系统与证券公司柜台系统机构之间进行行情、订单及结算等数据交换接口的系统标准。规范标准的推出有利于扩展及完善场外交易系统和柜台交易系统的功能，提升证券公司柜台市场互联互通的对接效率，实现对证券公司柜台市场业务的统一监管。2018 年 2 月 12 日，中国证监会发布《区域性股权市场信息报送指引（试行）》，共包括 19 条规则及 6 张附表，对报送内容、报送方式、报送要求、监督管理等主要内容进行了规范。

（四）进一步强化证券期货经营机构行业制度建设

2018 年 2 月，中国证监会发布实施《养老目标证券投资基金指引（试行）》，满足了养老资金理财需求，规范了养老目标证券投资基金的运作，保护投资人的合法权益。

2018 年 6 月，中国证监会发布《证券期货经营机构及其工作人员廉洁从业规定》和《关于加强证券公司在投资银行类业务中聘请第三方等廉洁从业风险防控的意见》，以促进资本市场健康发展，净化资本市场生态环境，保护投资者合法权益，切实加强对证券期货经营机构及其工作人员廉洁从业的监督管理，完善廉洁从业监管规则体系。

2018 年 7 月 1 日，中国证监会实施《证券公司投资银行类业务内部控制指引》，指导证券公司建立健全投资银行类业务的内部控制，完善自我约束机制，提高风险防范能力，要求证券公司健全完善其投资银行类业务经营管理和执业活动过程中的风险识别、评价和管理的制度安排、组织体系和控制措施。

为推动证券期货经营机构私募资产管理业务规范健康发展，促进统一资产管理产品监管标准，有效防范金融风险，2018 年 10 月，中国证监会发布实施了《证券期货经营机构私募资产管理业务管理办法》和《证券期货经营机构私募资产管理计划运作管理规定》（合称“资管细则”）。这利于统一监管规则，消除监管套利，促进公平竞争；有利于加强风险防控，规制关联交易，防范利益输送，压实经营机构主体责任等，完善了制度体系。

（五）加强资本市场诚信制度建设，投资者保护工作迈上新台阶

为了加强证券期货市场诚信建设，保护投资者合法权益，维护证券期货市场秩序，促进证券期货市场健康稳定发展，2018 年 7 月，中国证监会实施《证券期货市场诚信监督管理办法》，在鼓励、支持诚实信用的公民、法人或者其他组织从事证券期货市场活动的同时，

对其实施诚信约束、激励与引导，禁止欺诈、内幕交易、操纵市场以及其他损害投资者合法权益的不诚实信用行为。

2018年3月，中国证监会发布并实施《证券期货投资者教育基地监管指引》，进一步规范证券期货投资者教育基地监管工作，充分发挥其功能，提高投资者教育服务水平。

2018年，中国证监会积极探索失信联合惩戒新型机制与渠道，会同铁路总公司和民航局，对相关当事人、责任人采取为期一年的限制乘坐火车高级别席位、民用航空器措施（简称“限乘限飞”），向铁路总公司、民航局报送证券期货市场特定严重失信人95人，分7批在“信用中国”网站进行公示，这有效促进了监管公信力、执法威慑力与市场诚信度的提升。

（六）加强监管科技建设，推进资本市场信息化制度建设

2018年9月，中国证监会印发《中国证监会监管科技总体建设方案》，该监管科技建设遵循“科技引领、需求驱动；共建共享、多方协同；统筹规划、持续推进；提升能力、创新机制”的总体原则，立足于我国资本市场的实际情况，在加强电子化、网络化监管的基础上，通过大数据、云计算、人工智能等科技手段，为中国证监会提供了全面、精准的数据和分析服务，充分发挥科技在监管工作中的作用，有效提升资本市场监管效能，防范系统性金融风险，切实保护投资者合法权益。

2018年9月，中国证监会发布《证券期货业数据分类分级指引》《证券期货业机构内部企业服务总线实施规范》《期货市场客户开户数据接口》《证券发行人行为信息内容格式》等四项金融行业标准，推进资本市场信息化建设，降低行业信息系统运行的风险，增强基础标准化建设，不断提升行业标准化水平。

第二章
2018 年中国证券业发展特点

2018 年，证券行业坚持贯彻落实党的十九大精神和全国中央经济工作会议精神，牢牢守住不发生系统性金融风险的底线，不断完善和优化各项基础制度建设，持续深化多层次资本市场改革，进一步强化对金融科技的运用与融合，在充分发挥资本市场枢纽功能，推动实体经济高质量发展，服务国家绿色发展、创新驱动发展、脱贫攻坚战略、粤港澳大亚湾规划和“一带一路”建设等方面取得了新进展。与 2017 年相比，2018 年证券行业发展呈现如下特点。

一、多层次资本市场发展稳中求进，服务实体经济高质量发展

习近平总书记在 2018 年中央经济工作会议上明确指出，资本市场在金融运行中具有牵一发而动全身的作用，要通过深化改革，打造一个规范、透明、开放、有活力、有韧性的资本市场，这表明多层次资本市场必将在我国金融系统中扮演更加重要的角色。2018 年，立足于服务实体经济，支持民营企业发展，助推国家创新驱动发展战略，证券行业和资本市场稳中求进，进一步完善上市、交易、退市、再融资和信息披露等各项基础制度，着力提升上市公司质量，为促进我国现代化经济体系建设和经济高质量发展做出了重要贡献。

在交易所市场，年内注册制试点和科创板筹备工作加快推进，上市公司并购重组、信息披露、交易停牌、退市、股份减持和回购等各项基础制度进一步完善，培育高新科技产业和服务创新驱动发展战略取得了新进展。2018 年，中国证监会共核准 105 家企业首次公开发行，完成融资 1 378 亿元；上市公司再融资约 1 万亿元。与此同时，在防风险、稳杠杆的基调下，债券市场发展进一步规范，对实体经济尤其是民营企业创新融资的支持力度有所增强，纾困公司债、信用保护工具、扶贫专项公司债、“一带一路”公司债券业务试点相继推出，资本市场尤其是债券市场支持民营企业的融资环境明显改善，服务国家脱贫攻坚战略、“一带一路”建设和绿色发展的综合能力明显提升。2018 年内交易所市场发行各类债券近 5.69 万亿元，其中，公司债（含可转债和可交换债）发行 2.22 万亿元，同比增长 19.08%。在创新债券市场方面，据 Wind 数据显示，2018 年共发行 155 单可续期公司债，共募集资金

2 246.60 亿元，同比分别增长 198.08% 和 151.04%，绿色公司债券发行量稳步增长，发行单数和规模较2017 年分别增加30.77% 和62.61%，2018 年还分别完成8 单纾困公司债和10 单“一带一路”公司债，分别实现资金募集 98 亿元和 76 亿元。

作为服务创新型、创业型、成长型中小微企业的重要平台，2018 年全国中小企业股份转让系统继续深化改革，包括信息披露、市场分层、做市交易、转板机制、再融资和投资者适当性管理等各项制度进一步完善，在服务民营经济，促进创新创业、结构优化和存量盘活以及激发经济增长活力方面发挥了重要作用。根据全国中小企业股份转让系统披露的数据显示，截至2018 年底，全国中小企业股份转让系统共有挂牌公司10 691 家，总市值34 487.26 亿元，其中，高新技术企业占比将近 2/3；2018 年 1 402 次定向发行共实现融资 604.43 亿元。

2018 年，区域性股权市场定位更加精准，制度建设更加规范，服务实体经济和创新驱动发展战略的能力更强。年内，中国证券业协会区域性股权市场委员会正式成立，《区域性股权市场信息报送指引（试行）》和《区域性股权市场自律管理与服务规范（试行）》相继发布，区域性股权市场规范、协同发展迈入新阶段。作为多层次资本市场的“塔基”，区域性股权市场主要服务地方小微企业，着力提升挂牌公司治理和发挥普惠金融功能，为支持民营企业健康发展和激活地方经济活力做出了重要贡献。截至 2018 年底，全国 34 家区域性股权市场共有挂牌企业 24 808 家，展示企业 98 647 家，纯托管企业 6 809 家，累计为各类小微企业实现融资 9 063 亿元。

作为多层次资本市场的重要组成部分，2018 年证券公司柜台市场平稳发展，各项基础制度进一步完善，合规和风控管理进一步强化，有效推动了资本市场深化改革和证券公司高质量发展。2018 年初，中国证监会发布《证券期货业场外市场交易系统接口》相关规定，进一步细化了场外交易系统与证券公司柜台系统机构之间进行行情、订单及结算等数据交换接口的系统标准，证券公司柜台市场互联互通效率得到明显提升。根据中证机构间报价系统提供的数据显示，全年柜台市场共实现投资者净开户 359 万户；柜台市场和报价系统年内累计发行收益凭证 3.35 万只，为证券公司融资 7 492 亿元；报价系统年内累计接收完成非公开发行公司债券备案 580 只，实现融资 6 845 亿元。与此同时，2018 年中国证券业协会下发了《关于进一步加强证券公司场外期权业务自律管理的通知》，将证券公司划分为一级交易商和二级交易商，证券公司场外期权业务自律管理更加规范，全年累计新增场外衍生品交易名义本金 8 772.06 亿元，较 2017 年同期增长 17.13%。

二、防范化解重大风险，支持民营企业发展力度进一步增强

2018 年第三季度以来，随着经济压力进一步加大，资本市场持续低迷，为了有效防范和化解金融风险，一系列稳定资本市场和鼓励服务民营经济的举措相继出台，并购重组和再融资等多项规则也针对性放宽，证券公司风险资本计提标准灵活调整，信用保护工具业务试

点及时启动，为纾解民营企业股票质押风险和支持民营企业创新债券融资提供了重要支撑。与此同时，证券公司进一步加大对民营企业的金融支持力度，积极采取市场化、多样化、个性化的方式服务民营经济，包括设立专项资管计划、纾困并购基金以及发行专项纾困债券和信用保护工具等，主动纾解股票质押风险，改善民营企业股权流动性，缓释民营企业债券违约风险，有效降低民营企业融资成本，进一步激发民营企业的经营活力，确保资本市场和证券行业平稳健康发展。根据中国证券业协会数据显示，截至2018年12月14日，已有28家证券公司成立了31只系列资管计划和3只子计划，出资规模总计417.11亿元，切实化解民营企业风险，支持民营经济高质量发展。

三、坚持依法合规经营，落实全面风险管理

2018年，中国证券行业立足于服务实体经济高质量发展，积极贯彻落实党的十九大精神，顺应加强合规和全面风险管理的趋势，把防范化解金融风险放在突出位置，坚持回归本源，着力提升治理水平，为资本市场和证券行业健康发展保驾护航。

2018年，证券公司积极落实《证券公司和证券投资基金管理公司合规管理办法》和《证券公司合规管理实施指引》，秉承“全员合规”和“合规创造价值”的理念，进一步优化完善合规管理体系，着力防范、关注和化解合规风险，重点提升合规管理效能。根据中国证券业协会专项调研结果显示，截至2018年底，88.03%的证券公司设立了专职合规部门，同比提高了3.82个百分点，远高于将合规部门和风险管理部门合并设置的公司（占比11.97%）。在合规部门岗位划分和人员配置方面，64.1%的公司选择按合规业务条线划分岗位，将近六成的公司合规部门人员同比有所增长，合规人员素质明显提升，合规管理的有效性得到增强。

2018年，在复杂多变的国内外局势下，股票质押和公司债券违约风险有所上升，证券公司不断深化落实全面风险管理体系的建设工作，继续建立健全经营过程中各环节的风险控制机制，从风险管理组织架构、政策和机制、系统和数据等多个方面予以完善，证券行业整体风险管理水平进一步提高。根据中国证券行业协会专项调研结果显示，截至2018年末，超过九成的证券公司设立了独立风险管理部，占比较2017年提高约5%，64%的证券公司扩充了风险管理部门人员配置，证券行业风险管理的精细化程度明显提升。与此同时，为了落实《证券公司投资银行类业务内部控制指引》，多数证券公司根据自身投行业务的展业情况进行了相应的组织架构和职能调整，76%的证券公司都在风险管理部门中新增了与投行相关的风控岗位及人员。

四、坚持依法全面从严监管，继续强化制度建设

2018年是国内资本市场改革全面提速的一年。在市场制度建设方面，筹备设立科创板

和试点注册制工作稳步推进，发行上市制度持续完善，新股审核更趋严格，并购重组监管机制更加优化，《公司法》修订工作顺利完成，上市公司股份减持和股份回购制度进一步规范，退市约束进一步强化。在加强行业合规管理和风险控制方面，投行业务内控标准不断强化落实，股票质押规则持续调整优化，资产管理业务规则进一步明确和细化，投资者教育和保护长效机制进一步夯实，从业人员执业规范进一步强化，行业合规和风控管理能力明显提升。在加快双向开放和国际化进程方面，年内 A 股正式纳入 MSCI 新兴市场指数，存托凭证发行和交易管理办法及相关业务配套细则相继发布，沪伦通筹备工作有序推进，QFII 和 RQFII 额度进一步扩容，外商投资国内证券公司和期货公司的相关限制进一步放宽，国内证券公司开展境外业务进一步规范，资本市场海外吸引力稳步提升，支持“一带一路”建设取得新进展。

2018 年，监管部门持续深化全面依法从严监管，立足于服务实体经济、防范风险和整治市场乱象的工作要求，继续保持稽查执法高压态势，着力强化监管执法效能，抑制跨界监管套利行为，重点打击严重积聚市场风险、严重损害上市公司利益、严重破坏公平交易规则和严重扰乱信息传播秩序等市场乱象。2018 年中国证监会做出行政处罚决定 310 件，罚没款金额 106.41 亿元，同比分别增长 38.39% 和 42.28%，市场禁入 50 人，同比增长 13.64%，为资本市场健康发展和投资者利益保护提供了有力保障。

五、传统中介业务营收占比下降，行业转型加速，集中度明显提升

2018 年，国内证券行业面临整体业绩下滑、经营转型加速和全面开放的新格局。年内随着经济下行压力加大和资本市场持续低迷，证券公司主动谋求业务转型，重点提升核心业务综合竞争力，传统中介型业务营收占比明显下降，行业集中度明显提升。

对于传统的中介业务，尤其是证券经纪业务和承销业务，2018 年两者合计占行业总营收的 33.12%，比 2017 年下降 5.59 个百分点。对于前者，由于年内证券交易活跃度下滑，平均佣金率持续下降，证券公司经纪业务净收入为 623.42 亿元，同比减少 24.06%，这迫使各家公司加快业务转型升级步伐，机构经纪业务的重要性日渐提升，多家证券公司尤其是大型综合性证券公司纷纷展开组织架构调整，经纪业务向财富管理转型逐步推进，与互联网证券业务和信息技术建设融合度进一步提升。对于后者，受年内 IPO 审核趋严、合规风控成本上升和市场竞争激烈的影响，证券公司承销和保荐业务收入 258.46 亿元，同比下降 32.73%。同样受到市场行情不利影响的还有融资融券业务和股票质押业务，2018 年内融资融券余额持续下降，股票质押业务规模明显收缩，经营风险和减值压力凸显，再叠加融资结构和融资成本上升的影响，利息净收入规模及占比显著下降。

与中介业务有所不同，2018 年证券公司证券投资净收益 800.27 亿元，同比下降 7.05%，占全行业总营收的比重达到 30.05%，同比高出 2.4 个百分点，这在一定程度上归因于年内股票、债券类资产的表现大相径庭，导致证券公司主动提升固定收益资产配置比

例。与此同时，由于受到资产管理业务规则调整的影响，2018 年证券公司资产管理业务延续“去通道、控杠杆、防嵌套、谋转型”，据中国证券投资基金业协会数据显示，行业主动资产管理规模占比为 31.5%，主动管理占比较 2017 年高出 3.9 个百分点，加快主动型资产管理业务和提高资产管理能力，成为各家证券公司争夺市场份额的关键。

另外，2018 年证券行业竞争更趋激烈，市场集中度明显上升。一方面，尽管从总资产、净资产和净资本三个指标来看，排名前 5（CR5）的占比并未明显提升，但年内大型证券公司的相对盈利能力明显更强。根据 Wind 数据显示，2018 年营收最高的前 5 家和 10 家证券公司占行业总营收的比重分别为 26.39% 和 42.14%，分别比 2017 年高出 1.26 和 1.8 个百分点，而在净利润集中度方面，行业前 5 家和前 10 家证券公司的占比分别达到 46.2% 和 69%，分别比 2017 年高出 13.34 个和 19.47 个百分点。另一方面，2018 年大型证券公司业务竞争力有所增强，市场份额明显提升。以 IPO 业务为例，全年仅有 45 家证券公司揽得承销项目，承销规模排名前 5 和前 10 的证券公司的市场份额分别达到 65.56% 和 77.67%，分别比 2017 年增加了 29.78 个和 20.09 个百分点。

六、资本市场双向开放加速推进，证券行业国际化打开新局面

随着资本市场双向开放不断深化，中国证券行业国际化进程加速推进，在支持粤港澳大湾区和“一带一路”建设方面取得新突破。2018 年，沪港通、深港通和债券通运行良好，A 股市场与国际成熟市场深度融合迈入新阶段，沪伦通筹备工作取得新进展，QFII 和 RQFII 规则更加优化，CDR 业务规则正式出台，在纳入明晟指数后，A 股进一步入选富时罗素指数，境外投资者投资 A 股限制进一步放宽，交易所债券市场对外开放进一步扩大，原油期货正式上市，外商投资国内证券公司持股比例上限进一步放宽，首家外资控股证券公司正式获批，中国资本市场的全球影响力和国际竞争力进一步增强。

为了加快落实十九大关于进一步扩大对外开放战略部署，2018 年国内证券公司跨境业务试点工作快速推进，对境外子公司的管控进一步加强，跨界业务模式持续丰富，国际化业务的重要性明显提升，部分具有领先优势的证券公司已经从网络布局、业务拓展阶段迈入资源整合、转型升级阶段。在中国香港市场上，2018 年内资证券公司竞争力明显增强，市场份额显著提升。根据 Bloomberg 终端数据显示，16 家内资证券公司跻身中国香港股票市场承销前 50 名，合计市场份额为 21.3%，同比增长了 3.02 个百分点，尤其是在 IPO 市场，内资证券公司包揽了承销榜单的前 3 名。在并购市场上，有两家内资证券公司排名前十，内资证券公司市场份额比 2017 年增加了近 11 个百分点。此外，年内多家证券公司继续加快全球资源整合和国际网络布局，并在某些细分市场领域取得了新突破，比如中金公司承销了首单登陆法兰克福证券交易所和中欧国际交易所的中国非金融企业境外债券，海通国际完成了首单美国 IPO 项目。

七、证券公司深化科技运用，促进行业与金融科技加速融合

党的十九大报告提出要“推动互联网、大数据、人工智能和实体经济深度融合”，随着新一代信息网络技术高速发展和移动互联终端的快速普及，大数据、云计算、区块链和人工智能等金融科技与证券行业的融合不断深化，并推动资本市场生态环境向智能化、定制化、虚拟化和全球化发展。

2018 年，证券行业继续加强信息技术建设，服务实体经济高质量发展的手段更加多元化和智能化。一方面，金融科技在证券业务中的前端应用不断深化和拓展，尤其是在人工智能领域，随着大数据、云计算、生物识别、神经网络和智能硬件等技术快速发展，金融科技驱动证券业务从早期的线上导流向精准营销、智能客服和智能投研等领域纵深发展，证券公司在与外部技术运营商合作的同时，利用金融科技进行自主开发的能力逐步增强。另一方面，证券公司深化运用金融科技还从前端向中后台延展，其对证券公司组织构建和运营模式的影响正在逐渐凸显。一是越来越多的证券公司开始利用金融科技来实现向智慧运营的转型，通过云计算技术来搭建计算、存储、服务器和网络资源池，实现集团内基础资源共享和自动化管理，提高开发、测试、部署、应用及运维的管理效率。二是通过大数据技术，证券公司能够高效收集和分析公司内外部各类数据及其来源、特征、演变趋势和潜在影响，加强在管理决策、业务办理、营销服务、风控合规等各领域的深化应用，充分发挥数据价值并驱动运营。三是通过人工智能技术，证券公司建设公司级统一的人工智能云平台，依托大数据优化算法交易，持续推出多领域人工智能产品，权衡满足客户在各场景的个性化需求，同时为公司各类业务提供智能化应用服务。四是区块链技术正以其公开透明、不可篡改、易于追踪等特点，为证券行业的数据安全、信用验证等痛点提供了新的解决问题的思路，部分证券公司已开始探索研究。

此外，随着金融科技在证券行业和资本市场的渗透不断加强，针对由此伴生的复杂技术风险和金融跨界、跨市场、跨行业风险，国内智能监管的进程也明显加快。2018 年，中国证监会发布了《中国证监会监管科技总体建设方案》，这表明我国监管科技建设工作的顶层设计工作业已完成并已进入全面实施阶段。基于“科技引领、需求驱动；共建共享、多方协同；统筹规划、持续推进；提升能力、创新机制”的总体原则，立足于当前国内证券行业和资本市场的实际情况，在进一步加强电子、网络化监管的基础上，充分发挥新科技在监管工作中的作用，着力提升资本市场监管效能，有效防范系统性金融风险，切实保护投资者合法权益。

与此同时，年内证券行业进一步增强对数据治理的重视，从数据治理架构、数据管理机制、数据质量控制、数据安全管控和数据价值实现等多个方面展开积极探索，充分发挥数据价值，切实驱动证券行业数据化转型。

八、深化精准扶贫，履行社会责任，进一步提升证券行业形象

2018 年，中国证监会和中国证券业协会牢固树立“四个意识”，把服务国家脱贫攻坚战略作为引导行业履行社会责任的第一要务，进一步建立健全资本市场支持扶贫开发工作长效机制，持续引导行业深化精准脱贫工作，广泛动员和凝聚行业力量参与定点扶贫，扎实推进深度贫困地区脱贫攻坚，全行业合力扶贫、合力攻坚的良好态势基本形成，脱贫工作取得显著成效。

一方面，在中国证监会和中国证券业协会的倡导下，证券公司主动响应，迅速行动，积极发挥资本市场中介服务功能，帮助贫困地区企业规范公司治理，改善融资状况，并因地制宜探索现代产业竞争扶贫新模式，提升贫困地区“造血”能力，培育贫困地区特色产业，形成聚集效应和乘数效应。截至 2018 年底，已有 100 家证券公司结对帮扶 278 个国家级贫困县，已覆盖全国 1/3 的国家级贫困县，其中 78 家证券公司主动增加帮扶对象，从“一司一县”增至“一司多县”，有效推动更多的金融资源流向贫困地区。另一方面，为了提升行业扶贫积极性和进一步落实扶贫工作实效，中国证券业协会 2018 年多次组织行业精准扶贫经验交流会，并持续优化完善证券公司社会责任专项评价指标体系，同时进一步强化中国金融扶贫综合服务平台功能，充分发挥金融扶贫综合服务平台的信息汇集和交流功能，提升平台服务质量和效能。

第三章
2019 年中国证券业发展展望

2019 年是新中国成立 70 周年，也是全面建成小康社会的关键之年。中国证券行业将深入贯彻中央经济工作会议精神，按照“打造一个规范、透明、开放、有活力、有韧性的资本市场”的总体要求，继续坚持稳中求进的工作总基调，坚持新发展理念，以供给侧结构性改革为主线，深化改革、扩大开放，充分释放市场活力，推动行业高质量发展。新的一年，中国资本市场和证券行业的发展动力将更加强劲，服务实体经济的能力将继续提升。

一、坚持市场化、法制化的方向，推动在上交所设立科创板并试点注册制尽快落地，推进资本市场供给侧结构性改革

习近平总书记在主持中共中央政治局第十三次集体学习时强调，要深化金融供给侧结构性改革、增强金融服务实体经济能力。作为中国资本市场改革的突破口和发力点，在上交所设立科创板并试点注册制将在 2019 年引领资本市场持续改革，并在增量改革的基础上积累经验。这是实施创新驱动发展战略、深化资本市场改革的重要举措。一方面，增强资本市场对科技创新企业的包容性，支持关键核心技术创新，提高服务实体经济的能力。另一方面，坚持市场化、法制化的方向，稳步试点注册制，统筹推进发行、上市、信息披露、交易、退市等基础制度改革，建立健全以信息披露为中心的股票发行上市制度。

二、全力服务国家战略，在支持区域一体化和“一带一路”建设、坚持绿色发展、助力脱贫攻坚等方面发挥积极作用

2019 年，资本市场和证券行业服务国家战略的意识和能力将进一步提升。证券行业将继续践行高质量发展理念，积极履行社会责任，在支持区域一体化和“一带一路”建设、绿色发展、脱贫攻坚等各个战略方向发挥积极作用。加快推进金融开放创新、持续拓展直接融资渠道，推进跨境业务布局、深化境内资本市场的国际化进程，全力服务粤港澳大湾区建设、长三角区域一体化发展和“一带一路”建设。持续拓展绿色金融业务，利用绿色债券、

碳金融等金融工具，为绿色环保企业和环保事业提供一系列金融服务。坚持精准扶贫、精准脱贫的基本方略，持续开展结对帮扶工作、搭建金融扶贫综合服务平台，加强金融扶贫力度、提高脱贫质量，为服务实体经济、打赢脱贫攻坚战增添新动力。

三、积极支持民营经济发展，提升资本市场服务实体经济的能力

民营经济是社会主义市场经济发展的重要成果，是推动社会主义市场经济发展的重要力量。2019 年，资本市场和证券行业将从制度和工具等多方面积极支持民营企业发展。一方面，积极支持民营企业拓宽融资渠道。在首发上市、再融资、并购重组等方面，适当考虑民营企业的合理诉求；推动债券品种创新，支持民营企业债券发行；健全多层次市场体系，规范发展区域性股权市场，构建多元融资、多层细分的股权融资市场，为创新型民营中小微企业拓展融资渠道。另一方面，精准支持民营企业纾困，尤其是符合国家产业发展方向、主业相对集中于实体经济、技术先进、产品有市场、暂时遇到困难的民营企业。聚合行业协会、交易所、市场机构等多方力量，着力化解流动性风险并切实维护企业合法权益；提升证券行业股权质押融资业务风险管理水平，支持民营经济高质量发展。

四、在推动高质量发展中，防范化解资本市场的重大风险，牢守不发生系统性风险的底线

防范化解金融风险特别是防止发生系统性金融风险，是金融工作的根本性任务。2019 年，资本市场和证券行业将坚持在高质量发展中防范化解风险，重点做好股票质押、债券违约、私募基金等重点领域风险防范处置，牢牢守住不发生系统性金融风险的底线。化解民营上市公司股票质押等流动性风险，支持具备发展前景的民营企业走出困境，持续健康发展；全面加强公司债券市场风险防控和应对体系建设，持续关注违约风险较高的发债主体，促进交易所债券市场健康稳定发展；对私募基金运作中的违法违规行为从严打击，推动私募管理人提升主动管理能力、风险控制能力和法律合规水平，更好地服务实体经济。

五、资本市场改革深化，证券公司迎来高质量发展的新机遇

2019 年，资本市场的改革创新不断深化，证券公司作为资本市场的核心中介，组织结构面临调整，战略转型不断深入，行业迎来高质量发展的新机遇。证券经纪业务方面，激烈的行业竞争将继续推动其向财富管理转型升级，财富管理业务的模式也将从现有的以产品销售为主向资产配置转变。投行业务方面，设立科创板并试行注册制的重大举措、拓宽直接融资渠道的各项政策，都将带动投行业务的大发展。国际化发展方面，在坚持金融开放的背景下，证券公司的国际化步伐将再次加快，而粤港澳大湾区建设、“一带一路”建设等更是为

行业的国际化布局提供了新的切入点。机构业务方面，随着境内外长期资金的入市，机构业务的规模也将快速增长，服务内容进一步多元化、个性化。

六、坚持金融开放，形成资本市场高水平双向开放的新格局

近年来，在党中央、国务院关于金融业对外开放的总体部署下，资本市场和证券行业对外开放的步伐显著加快，境内、境外市场的联系更加紧密。2019 年，资本市场和证券行业将迈上对外开放的新台阶，不断巩固在发展中开放、在扩大开放中更稳健发展的新格局。推动资本市场的全面对外开放，优化完善沪深港通，扎实稳妥地推进沪伦通；不断引进境外长期资金和机构投资者，大力支持外资资管机构在境内设立法人机构，从事包括股票等权益型资产在内的资管业务；进一步扩大衍生品品种，借鉴境外市场经验，完善衍生品市场交易机制。推动资本市场在更广的范围内发挥资源配置作用，有力促进更高层次开放型经济发展。

七、金融科技和业务结合更加紧密，数据治理加快推进落实

2019 年，证券行业将主动适应创新驱动发展的要求，持续推动金融科技的开发和应用，不断提升资本市场资源配置的效率和服务实体经济的能力。科创板相关的技术改造快速推进。人工智能、大数据、云计算等新技术在智能客服、智能资讯、量化交易、风险管理、公司运营、安全运维等领域的应用更加深入，语音语义识别、机器视觉、自然语言处理等技术的应用更加广泛，成熟度进一步提升。金融科技带来的能力也会被越来越多的投资者所使用。利用云计算，资源配置会更加优化和高效，系统运行更加安全稳定，数据库云、容器云、人工智能云平台等不同层面、不同类型的云应用领域更加细分、更加专业。数据治理将更加受到重视，高质量数据对业务的支持将更加强大，随之而来的数据和个人隐私保护也会日益被重视。对金融科技的掌握和应用能力将越来越成为证券公司的核心竞争力。

分报告

分报告之一：
2018 年中国证券经纪业务发展回顾与展望

第一章
2018 年中国证券经纪业务的总体情况

第一节　2018 年中国证券经纪业务的市场环境

一、市场总体情况和证券经纪业务规模

（一）两市指数震荡下跌，全年降幅较大

2018 年，股票二级市场整体震荡下跌，股指第二、第三季度下跌明显，第四季度达到全年最低点后保持低位震荡。

上证综合指数从上年收盘的 3307.17 点，最高到 3587.03 点，最低达 2449.20 点，收盘 2493.90 点，全年指数下跌 24.59%；深证综合指数从上年收盘的 1899.34 点，最高到 1966.15点，最低达 1212.23 点，收盘 1267.87 点，全年指数下降 33.25%。

中小板指数从上年收盘的 7554.86 点，最高到 7793.31 点，最低达 4664.40 点，收盘

4703.03 点，全年指数下降 37.75%。创业板指数从上年收盘的 1752.65 点，最高到1918.22 点，最低达 1184.91 点，收盘 1250.53 点，全年指数下降 28.65%（见表分 1－1）。

表分 1－1　　2017—2018 年板块指数变化情况

指数	上证指数（000001）	深证综指（399106）	中小板指数（399005）	创业板指数（399006）
2017 年收盘点位	3307.17	1899.34	7554.86	1752.65
2018 年收盘点位	2493.9	1267.87	4703.03	1250.53
变化幅度（%）	－24.59	－33.25	－37.75	－28.65

资料来源：上海证券交易所，深圳证券交易所。

（二）市场继续扩容，市值减少，市盈率下降

2018 年市场持续发行新股。截至 2018 年底，境内上市公司数（A、B 股）合计 3 584 家，较 2017 年年底 3 485 家增加了 99 家，增幅为 2.84%。

尽管市场新股扩容，但因指数明显下行，沪、深两市总市值减少。2018 年底，沪、深两市股票市价总值为 43.49 万亿元，较 2017 年的 56.75 万亿元下降 23.36%。其中，流通市值从 2017 年的 44.91 万亿元减少到 2018 年底的 35.38 万亿元，降幅达 21.22%。

市场平均静态市盈率降幅较大。截至 2018 年底，沪市平均静态市盈率为 12.49 倍，较 2017 年底的 19.67 倍下降 36.50%；深市平均静态市盈率为 20.00 倍，较 2017 年底的 39.53 倍下降了 49.41%（见表分 1－2）。

表分 1－2　　2018 年证券市场概况统计表

项目	2017 年底	2018 年底	变化幅度（%）
境内上市公司数（A、B 股，家）	3 485	3 584	2.84
境内上市外资股（B 股，家）	100	99	－1.00
股票市价总值（A、B 股，亿元）	567 475.37	434 924.03	－23.36
其中：股票流通市值（亿元）	449 105.31	353 794.20	－21.22
股票成交金额（亿元）	1 128 097.8	901 748.4	－19.79
日均股票成交金额（亿元）	4 623.35	3 715.88	－19.63
上证综合指数（收盘）	3 307.17	2 493.9	－24.59
深证综合指数（收盘）	1 899.34	1 319.97	－30.50
平均市盈率（静态）			
其中：上海	19.67	12.49	－36.50
深圳	39.53	20.00	－49.41

资料来源：中国证监会，上海证券交易所，深圳证券交易所，中国证券登记结算有限责任公司。

（三）股票、债券①交易量下降，基金交易量有所增长

2018 年，沪、深两市股票合计成交 90.17 万亿元，较 2017 年的 112.81 万亿元减少 19.79%；股票日均交易额从 2017 年的 4 623.35 亿元下降到 2018 年的 3 715.88 亿元，降幅为 19.63%。基金成交方面，2018 年两市基金成交金额 10.27 万亿元，较 2017 年的 9.81 万亿元增长了 4.75%。债券成交方面，在连续 4 年增长后出现下降，2018 年债券合计成交 237.22 万亿元，较 2017 年 258.45 万亿元下降 8.21%（见图分 1－1）。

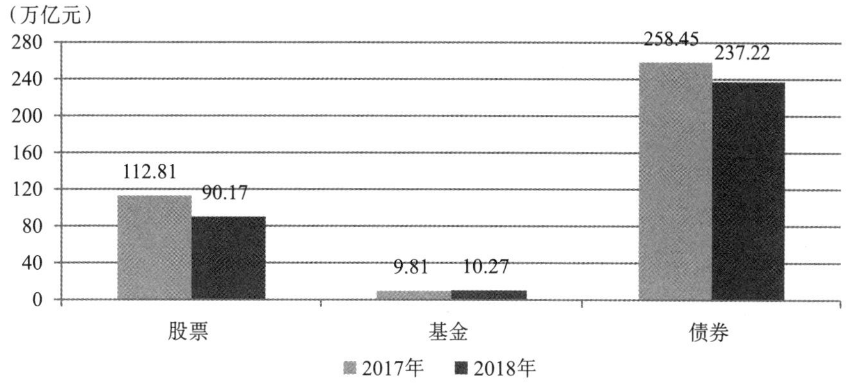

图分 1－1　2017 年和 2018 年各品种交易量变化对比图

资料来源：上海证券交易所，深圳证券交易所。

股基②总交易量有所下降。根据沪、深两市交易所的统计数据，2018 年两市股票基金总成交 100.57 万亿元，较 2017 年的 122.62 万亿元减少 22.05 万亿元，降幅 17.98%。其中，上海证券交易所股基交易金额 47.48 万亿元，深圳证券交易所股基交易金额 53.08 万亿元，分别较 2017 年下降 19.44% 和 16.63%。日均成交量方面，2018 年成交天数为 243 日，比 2017 年 244 个交易日少一天，2018 年两市日均股基交易量为 4 138.53 亿元，较 2017 年下降 17.64%。

（四）融资融券交易有所下降，融资交易下降，融券交易上升

2018 年，融资融券整体交易呈现下降态势，“两融”业务余额由 2017 年末的 10 261.00 亿元下降到 7 557.04 亿元，降幅为 26.35%（见表分 1－3 和图分 1－2）。

融资交易规模下降。截至 2018 年底，融资余额 7 489.81 亿元，期间买入额 75 693.94 亿元，偿还额 78 421.71 亿元，而 2017 年同期对应的三项指标分别为 10 215.92 亿元、103 825.84 亿元及 102 965.96 亿元；变化幅度分别为－26.68%、－27.09%及－23.84%。

① 本文的债券交易特指深圳证券交易所和上海证券交易所的债券交易。

② “股基”指股票和基金。其中，股票包括主板 A 股、中小板、创业板和主板 B 股；基金包括 ETF、LOF、分级基金和封闭基金。

融券交易规模有所上升，2018 年期间卖出额 1 902.66 亿元，较上年增幅为 1.6%。

表分 1－3　　2014—2018 年融资融券业务发展数据

年份	融资			融券		融资融券余额（亿元）
	截止日余额（亿元）	期间买入额（亿元）	期间偿还额（亿元）	截止日余额（亿元）	期间卖出量（亿股）	
2014 年	10 173.73	95 065.59	88 326.56	82.83	2 026.73	10 256.56
2015 年	11 713.07	318 296.01	316 756.67	29.60	2 552.32	11 742.67
2016 年	9 356.25	114 738.01	117 093.38	34.85	125.46	9 391.11
2017 年	10 215.92	103 825.84	102 965.96	45.08	241.38	10 261.00
2018 年	7 489.81	75 693.94	78 421.71	67.23	258.36	7 557.04
2018 年相比 2017 年的变化幅度（%）	－26.68	－27.09	－23.84	49.13	7.03	－26.35

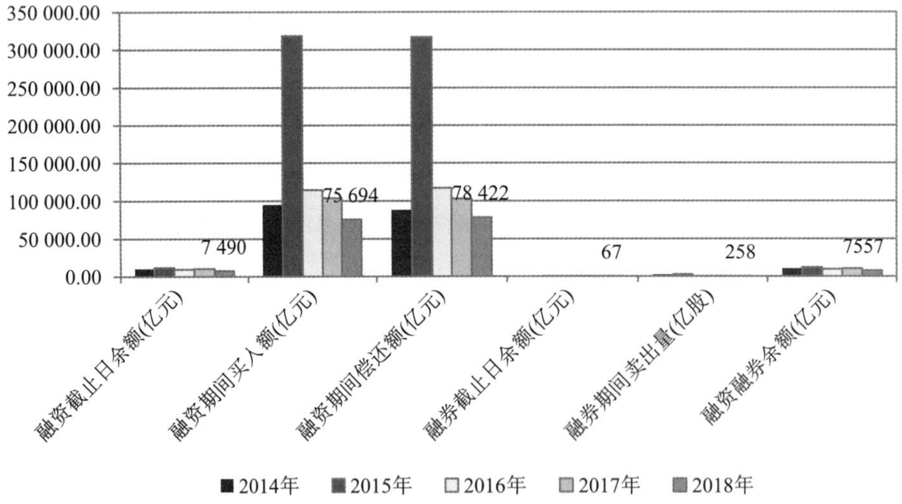

图分 1－2　2014—2018 年融资融券业务发展数据

资料来源：Wind。

二、市场参与主体

2018 年末，沪、深两市共有投资者 14 650.44 万户，较 2017 年度增长 9.35%（见表分 1－4）。

表分 1－4　　2015—2018 年沪深两市投资者数量

项目	2015 年	2016 年	2017 年	2018 年
沪深两市投资者数量（万户）	9 910.53	11 811.04	13 398.30	14 650.44
较上年增长（%）		19.18	13.44	9.35

资料来源：中国证券登记结算有限责任公司。

（一）具有创业板功能投资者数持续增加

截至2018年底，具有创业板功能投资者数为4 454.01万户，较上年增长3.26%，占全部投资者数的30.40%（见表分1－5）。

表分1－5　　2015—2018年具有创业板功能账户数

项目	2015年	2016年	2017年	2018年
期末具有创业板功能投资者数（万户）	3 559.71	4 005.02	4 313.39	4 454.01
较上年增长（%）		12.51	7.70	3.26

资料来源：中国证券登记结算有限责任公司。

（二）开立信用证券账户投资者数保持增长

截至2018年末，开立信用证券账户的投资者数为4 724 164个。其中，个人投资者4 706 993个，较上年增长3.65%；机构投资者17 171个，较上年增长21.42%（见表分1－6）。

表分1－6　　2015—2018年信用证券投资者数　　（单位：个）

项目	2015年	2016年	2017年	2018年
期末信用证券账户	3 976 932	4 248 943	4 555 259	4 724 164
其中：个人	3 969 249	4 238 700	4 541 117	4 706 993
机构	7 683	10 243	14 142	17 171

资料来源：中国证券登记结算有限责任公司。

第二节　2018年中国证券经纪业务的发展情况

一、行业代理买卖证券业务净收入明显下降

根据中国证券业协会统计，全行业131家证券公司（与上年相同）2018年实现营业收入2 662.87亿元，较2017年的3 113.28亿元下降14.47%；净利润为666.2亿元，较上年的1 129.95亿元下降了41.04%。

具体到经纪业务收入方面，行业代理买卖证券业务净收入为623.42亿元，较2017年的820.92亿元下降24.06%；从收入结构来看，代理买卖证券业务净收入占营业收入的比重从26.37%下降到23.41%，低于证券投资收益占比和融资融券业务利息收入占比（见表分1－7、表分1－8）。

表分1-7　　2017—2018年证券行业主要经营数据对比

项　目	2017年	占比（%）	2018年	占比（%）
营业收入（亿元）	3 113.28		2 662.87	
代理买卖证券业务净收入（亿元）	820.92	26.37	623.42	23.41
证券承销与保荐业务净收入（亿元）	384.24	12.34	258.46	9.71
财务顾问业务净收入（亿元）	125.37	4.03	111.50	4.19
投资咨询业务净收入（亿元）	33.96	1.09	31.52	1.18
资产管理业务净收入（亿元）	310.21	9.96	275.00	10.33
证券投资收益（含公允价值变动）（亿元）	860.98	27.66	800.27	30.05
融资融券业务利息收入（亿元）	1 175.03	37.74	672.12	25.24
净利润（亿元）	1 129.95		666.20	
证券公司盈利家数（家）	120	91.60	106	80.92

资料来源：中国证券业协会。

表分1-8　　2017—2018年证券行业主要财务指标对比

项　目	2017年	2018年	增减值	增减幅度（%）
证券公司数量（家）	131	131	0	0.00
总资产（万亿元）	6.14	6.26	0.12	1.95
净资产（亿元）	18 491	18 903	442	2.40
净资本（亿元）	15 769	15 735	-4	-0.03
客户交易结算资金余额（万亿元）	1.06	0.94	-0.12	-11.52
受托管理资金本金总额（万亿元）	17.26	14.11	-3.15	-18.25

资料来源：中国证券业协会。

二、证券营业网点数量持续增加

截至2018年底，证券公司营业部数量达11 468家，相比2017年的10 873家，增加了595家，增幅为5.47%。

从营业部数量排名靠前的证券公司比较来看，2018年，中国银河增加了23家，营业部数量保持行业第一位；安信证券增加了17家，营业部数量排名行业第二位；中泰证券营业部数量增加14家（见表分1-9）。

表分1-9　　网点数量排名靠前的证券公司2017—2018年营业部数量　　（单位：家）

会员名称	2017年营业部数量	2018年营业部数量	增加数量
中国银河证券	472	495	23
安信证券	356	373	17

续表

会员名称	2017年营业部数量	2018年营业部数量	增加数量
国泰君安证券	358	362	4
中泰证券	300	314	14
中信建投证券	302	302	0
海通证券	291	291	0
长江证券	275	282	7
广发证券	271	271	0
华泰证券	269	268	-1
国盛证券		264	

资料来源：上海证券交易所。

三、从业人员总量有所下降

根据中国证券业协会统计数据，2018年证券公司登记的证券从业人员数有所下降。截至2018年底，登记的证券从业人数为344 331人，人员总量相较2017年下降了6 321人，降幅为1.80%。其中，一般从业人员203 490人，证券经纪业务营销人员数1 163人，证券经纪人人员数82 991人，证券投资咨询业务（投资顾问）47 283人，证券投资咨询业务（分析师）3 093人，保荐代表人3 682人，投资主办人2 152人。

从证券从业人员结构来看，一般从业人员占比59.10%，相较2017年略有下滑；证券经纪业务营销人员、证券经纪人占比下降，人数较2017年减少；证券投资咨询业务（分析师）、证券投资咨询业务（投资顾问）、保荐代表人、投资主办人占比上升，人数增加（见表分1-10和图分1-3）。

表分1-10　　2017—2018年证券从业人员结构

年　份	2017年（人）	2017年占比（%）	2018年（人）	人数变化（人）	变化幅度（%）	2018年占比（%）
一般证券业务	207 749	59.25	203 490	-4 259	-2.05	59.10
证券经纪业务营销	1 490	0.42	1 163	-327	-21.95	0.34
证券经纪人	90 384	25.78	82 991	-7 393	-8.18	24.10
证券投资咨询业务（分析师）	2 728	0.78	3 093	365	13.38	0.90
证券投资咨询业务（投资顾问）	42 379	12.09	47 283	4 904	11.57	13.73
保荐代表人	3 489	1.00	3 682	193	5.53	1.07
投资主办人	2 055	0.59	2 152	97	4.72	0.62
已注册的从业人员总数	350 652	100.00	344 331	-6 321	-1.80	100.00

资料来源：中国证券业协会。

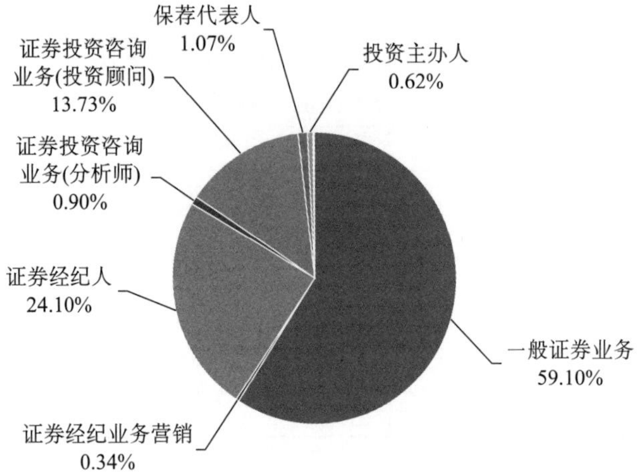

图分 1－3　2018 年证券从业人员结构

资料来源：中国证券业协会。

第二章 2018 年中国证券经纪业务面临的问题及 2019 年前景展望

第一节 2018 年中国证券经纪业务面临的问题

一、价格竞争暂缓，但收入贡献度呈下滑趋势

2018 年，行业平均净佣金率降至历史最低的 3.76‰[①]，相较 2017 年的 3.78‰基本维持稳定。证券经纪业务价格竞争得以缓和的主要原因有两点：一是自然人投资者交易不活跃，价格敏感度降低，证券公司进一步加剧价格竞争得不偿失；二是证券公司主营业务收入多呈下滑态势，整体营收压力加大，维持证券经纪业务价格竞争难免力不从心。

尽管价格竞争暂缓，但是受市场交易萎缩影响（见图分 1－4），2018 年证券行业经纪业务收入仍然出现较大滑坡，代理买卖证券业务净收入（含席位租赁）贡献度为 23.41%，相较 2017 年下降 2.96 个百分点。

2018 年，证券行业多项主营业务的收入受市场影响出现不同程度下滑，而证券经纪业务贡献度在行业平均净佣金率微降的情况下持续走低。这一方面说明相比其他主营业务，证券经纪业务的市场行情依赖度较高；另一方面也意味着行业平均净佣金率维持低位的大环境下，证券经纪业务贡献度下滑趋势难以逆转。证券公司，特别是经纪业务收入占比相对较高的证券公司，对此须有充分认识并加速经纪业务转型升级。

---

① 中国证券业协会测算；净佣金率＝当期代理买卖证券业务净收入/当期股基交易额。

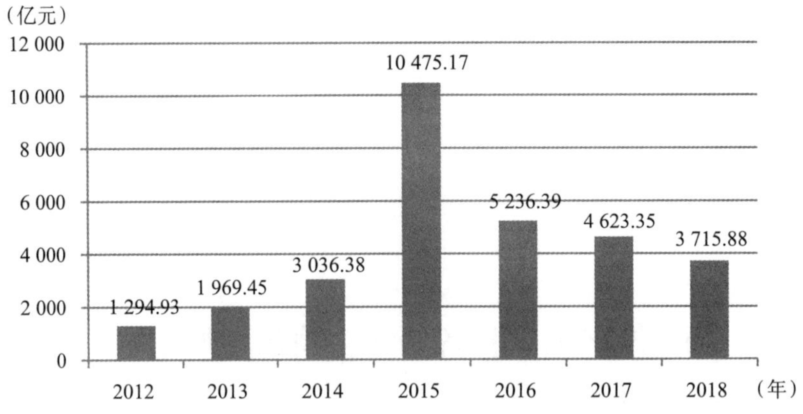

图分 1－4　2012—2018 年股票日均交易额

资料来源：根据上海证券交易所、深圳证券交易所及国泰君安证券数据整理。

二、自然人投资者数量增速放缓，零售经纪业务陷入“存量竞争”

据中国证券登记结算有限公司统计，2018 年末自然人投资者数量①为 14 615.11 万人，较 2017 年末新增 1 252.9 万人，增长率为 9.38%，增速比上年放缓（见表分 1－11）。

表分 1－11　　2015—2018 年期末自然人投资者数量统计

项目	2015 年	2016 年	2017 年	2018 年
期末自然人投资者数量（万人）	9 882.15	11 778.42	13 362.21	14 615.11
较上年末增长率（%）	—	19.19	13.45	9.38

资料来源：根据中国证券登记结算有限公司及国泰君安证券数据整理。

近年来，自然人投资者增速逐年下滑，零售经纪业务日益陷入“存量竞争”，叠加行业平均净佣金率降至历史低点等因素，势必对零售经纪业务发展产生深远影响。一方面，零售经纪价格竞争的边际效应不断降低，如何更好地服务存量客户、提供更多更优附加价值、建立差异化优势，将成为推动零售经纪发展和转型的关键要素；另一方面，零售经纪市场分化加剧，头部证券公司和领先的互联网证券公司久经价格竞争洗礼，并借助持续的金融科技投入，逐步建立了经纪业务的成本优势和客户资源优势，有望巩固“强者恒强”态势；相反，部分中小证券公司的相对价格优势不断削弱，未来难以在零售经纪业务领域有突破，转型压力也将进一步增大。

三、投资顾问数量有限，投顾队伍建设亟待加强

投资顾问在服务客户交易、推动财富管理业务发展过程中至关重要。2018 年末，行业

① 期末投资者数量指持有未注销、未休眠的 A 股、B 股、信用账户、衍生品合约账户的一码通账户数量。

投资顾问规模为 45 831 人，相较 2017 年的 40 277 人，增加 5 554 人，增长率 13.79%。尽管人数规模有了较明显的增长，但是面向财富管理业务发展需求，投顾队伍建设仍有发展空间。

第一，投顾数量相对庞大的财富管理市场仍显不足。如前所述，2018 年末自然人投资者数量为 14 615.11 万人，即便保守估计其中只有 5% 需要财富管理有关服务，也是 2018 年行业投资顾问数量的 160 倍。这意味着，在金融科技赋能行业财富管理出现重大突破前，现有投顾数量仍难以完全匹配客户日益旺盛的财富管理需求。

第二，投顾队伍的专业能力仍待进一步提升。从国内外实践经验来看，财富管理业务逻辑是以客户为中心进行“资产配置”，帮助客户稳健、有效地实现财富保值增值。而投资顾问前期侧重于向交易客户提供股票投资建议或推介金融产品，服务思维和服务技能向综合资产配置转型不会一蹴而就，还须经过系统培养和历练。为此，证券公司亟须从四个方面提升投顾队伍服务能力：一是提升服务交易客户专业水平，同时强化有关“资产配置”的专业技能培训；二是强化财富管理相关产品体系的建立和完善；三是强化金融科技对投顾展业的工具支持；四是强化适应财富管理业务模式的投顾管理及考核激励机制优化。

第二节　2019 年中国证券经纪业务发展前景展望

一、平均净佣金率延续稳中有降态势

2018 年，行业平均净佣金率下滑至 3.76‱，虽然距离行业成本线仍有一定空间，但是预计 2019 年经纪业务价格竞争重启的可能性较小，行业平均净佣金率大概率延续稳中有降态势。

究其原因，主要有三点：一是 2018 年代理买卖证券业务净收入锐减为行业敲响警钟，证券公司对经纪业务价格竞争的负面影响有了更深刻的认识，加速经纪业务转型的动力超过价格竞争；二是市场份额领先的大型证券公司前期参与价格竞争的同时，向金融科技领域投入大量资源，在保证交易安全和效率、服务差异化等方面已建立一定优势，主动发起价格竞争的可能性低，应对价格竞争的手段则更加多元，有利于行业总体价格的稳定；三是经过多年价格竞争，存量客户的“降佣需求”基本得以满足，证券公司“降佣揽客”的效用有限。

但是，根据中国证券登记结算有限责任公司印发的《关于进一步规范证券账户销户业务的通知》，2019 年 3 月 1 日起，证券公司针对非现场开户（见证开户和网上开户）的投资者，“应当至少提供与开户方式一致的非现场销户（见证销户和网上销户）服务”，届时非现场开户的经纪客户，其销户成本更低、议价能力更高。此外，如果 2019 年市场回暖、交

易活跃度明显上升，不排除尚有降价空间的证券公司继续下调佣金率，以争取或挽留价格敏感型的零售经纪客户，也不排除有证券公司采用价格竞争方式争夺两融客户和机构经纪客户。综上，部分证券公司仍存在下调佣金率的可能，但是行业整体再度出现全面、大幅降佣的可能性小。

二、代理买卖证券业务净收入大概率企稳回升

展望2019年，股票市场回暖可期，叠加平均净佣金率大幅下滑可能性小等因素，行业代理买卖证券业务净收入大概率得以企稳回升。

2019年股票市场存在较多积极因素：一是“融资功能完备、基础制度扎实、市场监管有效、投资者合法权益得到有效保护的多层次资本市场体系”建设提档加速，设立科创板并试点注册制等有利于资本市场长期健康发展的重大改革举措相继出台并发挥效用，A股市场对境内外增量资金的吸引力不断增强。二是我国资本市场进一步加强国际互联互通，沪港通、深港通额度扩大，沪伦通加快推进，QFII、RQFII制度持续完善，MSCI扩容在即，境外资金有望持续流入。三是“房住不炒”政策深化，资管新规打破刚兑，权益类资产配置的重要性和性价比凸显，加上2018年A股估值趋近历史底部，股票市场对境内资金的吸引力不断提升。四是我国经济长期稳中向好的基本面和韧性好、潜力足、回旋余地大的基本特质没有变，A股市场风险偏好有望回升，交易有望再度活跃。五是2018年A股市场的股票质押风险、商誉减值风险等平稳释放并得到有效控制，投资者信心显著增强。

综上，2019年行业代理买卖证券业务净收入的下滑势头大概率得以遏止，为专注经纪业务转型升级的证券公司提供缓冲期。但是也应该看到，现阶段宏观环境错综复杂，经济运行仍然存在不少困难和问题，外部经济环境总体趋紧，国内经济存在下行压力，内外压力交互作用仍会对市场预期和避险情绪产生影响，资本市场难免出现波动，继而制约2019年代理买卖证券业务净收入的增长空间。

三、营业部数量快速增长暂告段落

截至2018年底，行业各类型营业部共有11 468家，较2017年末增加595家，增长率为5.47%，增速明显放缓（见表分1－12）。

表分1－12　　2013—2018年行业各类型营业部数量统计

项目	2013年	2014年	2015年	2016年	2017年	2018年
期末营业部数量（个）	5 785	7 199	8 170	9 385	10 873	11 468
较上年末增长率（%）	—	24.44	13.49	14.87	15.86	5.47

资料来源：上海证券交易所。

营业部是证券经纪业务当前发展和未来转型升级的重要载体，2018 年末行业各类型营业部增速明显下滑，其背后原因主要有两点：一是经过近年来的“跑马圈地”，行业营业部数量尤其是轻型营业部数量快速增长，部分区域逐步接近饱和；二是新设营业部盈利需要时间，2018 年行业代理买卖证券业务净收入和整体营收双双下滑，证券公司继续大规模增设网点力不从心。

预计 2019 年行业营业部总数量将告别快速增长，除了部分资本金较为充裕、区域布局亟须完善的证券公司有可能保持较高的网点增速以外，多数证券公司将由“跑马圈地”转向精细化管理。一方面，完善存量营业部建设，推动线上线下协同，提升一线人员服务水平，增强营业部经纪业务的创收能力；另一方面，强化重点区域布局，在人口集中、经济发达、战略地位突出的城市群和地区加大营业部建设的支持力度，为经纪业务发展、转型升级奠定基础。此外，部分证券公司有可能通过市场化并购整合营业部资源，弥补区域网点短板。

四、围绕零售经纪客户的财富管理业务发展提档加速

2018 年，行业几家大型证券公司将沿用多年的“经纪业务”总部单位更名为“财富管理”总部，组织架构同步按照业务发展需要进行战略调整，充分彰显了推动财富管理业务发展的决心。预计 2019 年，在内外因素共同作用下，行业财富管理业务发展步伐将进一步加快。

外部因素方面，一是本土财富管理服务需求旺盛，但是市场竞争日趋激烈，证券公司从容发展财富管理业务的时间窗口不断缩窄；二是监管机构积极引导和支持行业回归主业、健康发展。近年来有关政策陆续出台，对证券公司发展财富管理业务的推进效用逐步释放，随着相关政策、制度不断完善和落实，将为行业财富管理业务发展去除障碍。

内部因素方面，长期以来，同质化的交易服务模式和价格竞争不断压缩零售经纪业务利润空间，2018 年的市场环境更是对证券公司造成了前所未有的经营压力。如果说证券公司之前尚能等待市场转暖时零售经纪业务收益出现大幅回升，那么当前市场环境的深刻变化已让证券公司普遍认识到，必须主动作为、围绕零售经纪客户需求加快推动财富管理业务发展。

综上，预计 2019 年将有更多证券公司加入财富管理业务发展阵营，转型坚决、行动迅速的证券公司有望取得实质突破。

五、机构经纪业务竞争步入关键阶段

2018 年，资本市场的机构投资者力量逐步增强。预计 2019 年，机构经纪的竞争将步入关键阶段，主要原因在于三个方面。

一是机构经纪市场规模庞大，但市场格局尚未定型，中小证券公司存在弯道超车的可能。2018 年职工基本养老保险基金累计结余近 5 万亿元，委托投资运营的资金规模占总结余比重在 10% 左右，仍有巨大增长空间；银行理财子公司资金、保险资金、城乡居民养老金、职业年金等有望加快入市，机构投资者种类、数量将与日俱增；市场投资品种专业度提升，促进个人投资者将更多资金交由专业机构代为配置，进而壮大机构投资者资金规模。与大型证券公司牢牢占据零售经纪业务排名前列不同，近年来一些中小型证券公司多次跻身公募基金分仓收入前 10 位，为后续机构经纪业务竞争留下了想象空间。

二是新设公募基金管理人证券交易模式转换为机构经纪业务发展打开新空间。2018 年，国融基金、恒越基金、东方阿尔法基金、凯石基金、博道基金、青松基金等 6 家新成立的基金公司试点公募基金证券公司结算方式，明确"通过证券经纪机构进行的交易由证券经纪机构作为结算参与人代理结算"。新的结算模式下，原来公募基金托管行的托管职能不变，但是结算转到证券公司。由于部分证券公司已具有公募托管资格，新设公募证券交易模式转换由试点转入常规后，能够增强这些证券公司的公募基金综合服务效能，进而提高机构经纪业务优势。

三是行业投研服务加速回归本源，有利于构筑证券公司与机构经纪客户的健康合作关系。近年来，部分证券公司培养和引进了一批优秀的证券分析师团队，积极服务机构经纪客户，分仓收入快速提升。2018 年，不少证券公司主动推动面向机构经纪客户的投研服务，加速回归本源，并配套优化投研服务的考核激励机制，有望进一步增强机构经纪客户的服务水平。

综上，预计 2019 年，集交易、结算、托管、研究等一体化服务优势于一身的证券公司，将在机构经纪竞争中脱颖而出。

六、金融科技赋能证券经纪业务有望取得新突破

尽管 2018 年证券行业普遍面临经营压力，但是证券经纪业务领域的金融科技创新与应用并未因此停滞。相反，不少证券公司持续加大投入，力图在金融科技赋能证券经纪业务方面取得更大突破。总体而言，行业经纪业务领域的金融科技创新与应用呈现"从发散到聚焦"的态势，利用大数据、人工智能等技术推动零售经纪业务转型升级成为多家证券公司的战略重心，以客户画像、精准营销、智能化资产配置、智能客服等为代表的金融科技创新与应用迈上新台阶，经纪业务整体服务质量、运营安全和效率也在不断提升。

预计 2019 年，在内外因素共同促进下，金融科技赋能行业经纪业务转型升级有望取得新的突破。一方面，在佣金率下滑和海量客户财富管理需求与日俱增背景下，证券公司亟须依托"网络化、数字化、智能化、协同化"的线上线下服务体系，提高零售经纪客户服务能力，把握财富管理业务机遇。另一方面，行业金融科技的创新与发展持续获得政策支持，2018 年出台的《证券基金经营机构信息技术管理办法》，鼓励并指导证券基金经营机构充分

利用现代信息技术手段完善客户服务体系、改进业务运营模式、提升内部管理水平、增强合规风控能力，持续强化现代信息技术对证券基金业务活动的支撑作用。系列政策相继出台和落实，将形成强大合力，进一步推动金融科技赋能证券经纪业务发展。

同时，鉴于金融科技的投入产出难以立竿见影，不同证券公司资源禀赋差异明显，因此预计金融科技赋能经纪业务的具体路径在 2019 年将进一步分化。其中，大型证券公司资本实力雄厚，有望在持续加码自主研发力度的同时，采用并购等方式提高金融科技水平和赋能成效；中小证券公司资本实力有限，或会采用招聘、培养兼具金融科技与业务背景的复合型人才，以及非核心系统外包等方式，在提高金融科技赋能的同时节约成本。

分报告之二：
2018 年中国投资银行业务发展回顾与展望

第一章
2018 年中国投资银行业务的总体情况

2018 年，在国内外经济下行压力较大、资本市场面临挑战较多的客观形势下，我国投资银行业务规模有所下降，但随着服务实体经济导向和金融监管进一步深化，投资银行业务的发展态势保持良好，服务科技创新和经济高质量发展的能力显著强化。一方面，上海证券交易所设立科创板并试点注册制及一系列改革；另一方面，传统首次公开发行（IPO）保持常态化，发行家数和融资规模虽有下降，但高新技术企业占比明显提升，涌现出一批战略新兴产业头部企业，市场资金被引导向具有自主创新能力的高科技企业集聚；上市公司再融资和并购重组业务也呈现出相同的发展趋势。

境内交易所市场证券承销总额为 6.20 万亿元。其中，股权融资业务（包括 IPO、公开增发、融资性非公开发行股票、配股、优先股）全年承销总额为 5 100.66 亿元，同比减少 52.39%；交易所市场债券发行总额为 56 877.71 亿元，其中公司债券（包括公开发行公司债券、非公开发行公司债券、可转换公司债券和可交换公司债券）为 22 200.53 亿元，同比增长了 19.08%。

上市公司重大资产重组方面，2018 年首次披露交易 233 起，涉及金额 8 489 亿元，较 2017 年分别减少 3.32% 和 1.71%。在“忽悠式重组”和“炒壳”“炒差”等不良行为得到进一步遏制的同时，资本市场支持企业优化资源配置、推动产业升级的作用日益突出，政策支持和市场资金日益向战略新兴产业、关键核心技术企业、产业升级并购重组项目集聚。

全国中小企业股份转让系统（以下简称“全国股转系统”）2018 年平稳发展。2018 年底挂牌公司总量为 10 691 家，维持在万家以上，总市值 3.45 万亿元，全年完成融资 604.43 亿元；同时，与挂牌、发行、重组业务相关的一系列规范的发布，进一步夯实了市场基础。

第一节　股权融资业务情况①

一、股权融资发行情况

2018 年，我国证券市场 A 股股权融资金额和主承销项目家数与 2017 年相比均出现了较大幅度的下滑（见图分 2－1）。全年股权融资（包括 IPO、公开增发、融资性非公开发行股票、配股、优先股）募集资金共 5 100.66 亿元，较 2017 年的 10 712.82 亿元减少 52.39%；主承销家数共 258 家，较 2017 年的 775 家减少 66.71%。

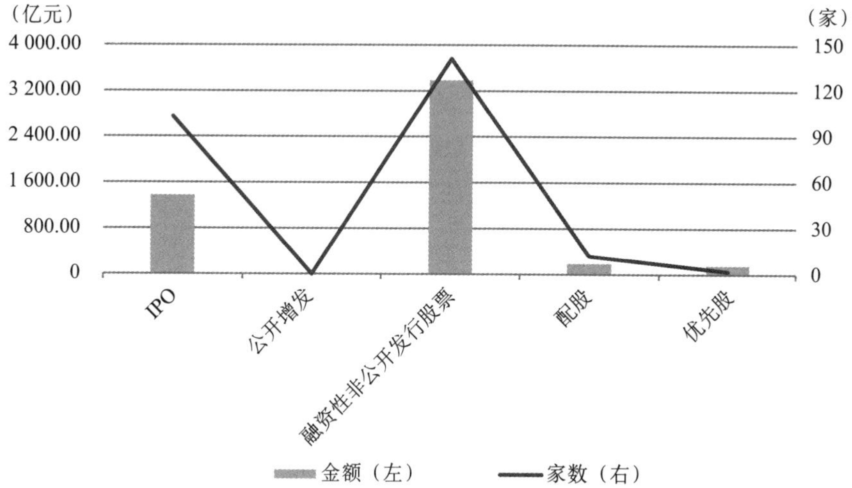

图分 2－1　2018 年 A 股股权融资情况

资料来源：中国证监会，Wind。

① 资料来源：本节数据若无特殊说明，均取自 Wind。

（一）首次公开发行（IPO）

2018 年共有 103 家企业完成首次公开发行，合计募集资金 1 374.88 亿元[①]，平均融资规模 13.35 亿元。其中，1 家企业在 IPO 的同时实施了老股转让，老股转让金额为 8.47 亿元。

（二）公开增发

2018 年没有公开增发项目。

（三）定向增发

2018 年，上市公司以再融资为目的非公开发行股票 95 家次，共募集资金 2 988.85 亿元[②]，平均融资规模 31.46 亿元。

除因再融资非公开发行股票外，上市公司进行重大资产重组也会涉及非公开发行股票，包括由资产收购、实际控制人资产注入等原因触发的发行股份购买资产和募集配套资金。2018 年，与并购重组相关的发行股份购买资产项目 112 个，涉及资产认购规模 4 130.85 亿元；配套融资项目 46 个，募集资金 398.14 亿元。合计融资性非公开发行股票 141 家，募集资金 3 386.99 亿元，平均融资规模 24.02 亿元。

（四）配股

2018 年共有 12 家上市公司实施配股，合计募集资金 188.79 亿元[③]，平均融资规模 15.73 亿元。与 2017 年相比增加 2 家次，募集资金减少 6.61%。

（五）优先股

2018 年共有 2 家公司完成优先股发行，合计募集资金 150.00 亿元。[④]与 2017 年相比减少 4 家次，募集资金减少 89.28%。

二、股权融资发行特点

（一）创新试点不断加强，在上海证券交易所设立科创板并试点注册制，完善多层次资本市场体系

2018 年，中国证监会继续牢牢把握服务实体经济的根本方向，坚持改革开放创新的主线，不断加强创新试点，完善直接融资机制和多层次市场体系，积极支持具有自主创新能力和关键核心技术的战略新兴产业企业在境内上市融资。

---

①②③④ 资料来源：中国证监会。

2018 年，宁德时代、迈瑞医疗、药明康德、工业富联等一批代表性企业顺利完成 A 股 IPO，战略新兴产业企业逐步形成了规模效应，既展现了 A 股市场的活力和将市场资金向战略新兴产业集聚的引导力，也显示了优质企业对 A 股市场的高度认可和强大信心。

2018 年 11 月，习近平主席在中国国际进口博览会上宣布在上海证券交易所设立科创板并试点注册制。随后，科创板的准备工作以及发行、上市、信息披露、交易、退市、投资者适当性管理等一系列基础制度的改革工作稳步推进。与此同时，创业板和新三板改革、上市公司再融资制度优化、并购重组市场化改革等工作也在加速推进。不断完善的多层次资本市场体系将有力促进我国关键核心技术创新能力提高，促进高新技术产业和战略新兴产业的发展，最终实现经济高质量发展。

（二）IPO 发行和严审常态化，融资总额下降，企业质量提升，平均融资规模增加

2018 年，IPO 发行继续保持常态化，但发行数量较 2017 年大幅减少，平均每月发行不足 9 家，较 2017 年平均每月发行 35 家降幅较大；2018 年募集资金总额较 2017 年减少 811.21 亿元，降幅为 37.11%。

发行数量和融资总额的减少与不断趋严的审核环境密切相关。自第十七届发审委上任以来，对于拟上市企业的持续盈利能力、财务规范性、内控有效性等各方面都提出了更高要求。2018 年共审核 172 家 IPO 上会企业，其中过会 111 家，否决 59 家，暂缓表决 2 家，通过率为 64.53%。[①] 与此同时，在严格的审核环境下，暂不符合 IPO 要求的企业出现了集中撤回申报情形。严审理念的常态化，解决了 IPO“堰塞湖”问题，也在源头切实提高了上市企业质量，有利于增强资本市场的效率和稳定。

2018 年单笔 IPO 平均融资金额为 13.35 亿元，较 2017 年增加 8.13 亿元，增幅达 155.75%。受益于 IPO 严审的优胜劣汰效应，过会企业的盈利能力和投资价值凸显，融资规模大幅提升。2018 年融资规模前五大 IPO 项目是：工业富联（271.20 亿元）、中国人保（60.12 亿元）、迈瑞医疗（59.34 亿元）、宁德时代（54.62 亿元）、华西证券（49.67 亿元），合计募集资金 494.95 亿元，是 2017 年前五大 IPO 项目合计融资规模的 2.81 倍。

（三）股权再融资规模有所下降

2018 年股权再融资（包括公开增发、融资性非公开发行股票、配股、优先股）总额为 3 725.78 亿元，较 2017 年减少 4 800.98 亿元，降幅达 56.30%。

2017 年发布的《上市公司非公开发行股票实施细则》《上市公司股东、董监高减持股份的若干规定》和 2018 年发布的《关于规范金融机构资产管理业务的指导意见》对发行定价、发行比例、减持周期、投资者认购资质等方面都作出了具体规定。2018 年非公开发行

① 未包括取消审核企业，二次上会以最终结果为准。

股票市场活跃度有所降低，全年非公开发行股票共 95 家次，募集资金总额 2 988.85 亿元，分别较 2017 年下降 54.98% 和 45.25%；其他再融资品种配股、优先股总体发行家数和规模占比均较小，其融资规模较 2017 年分别下降 13.36 亿元和 1 249.76 亿元。

第二节　公司债券业务情况[①]

一、公司债券发行情况[②]

2018 年随着市场利率在波动中大幅下行，交易所市场公司债券（包括公开发行公司债券、非公开发行公司债券、可转换公司债券和可交换公司债券）的发行规模明显回升（见图分 2－2）全年共发行 1 799 单，合计募集资金 22 200.53 亿元，较 2017 年增长 19.08%。除公司债券外，交易所市场 2018 年还发行企业资产支持证券 624 单，规模 8 869.19 亿元；地方政府债 527 单，规模 25 567.99 亿元；政策性银行债 7 单，规模 240 亿元。公司债券及其他各品种合计规模为 56 877.71 亿元。

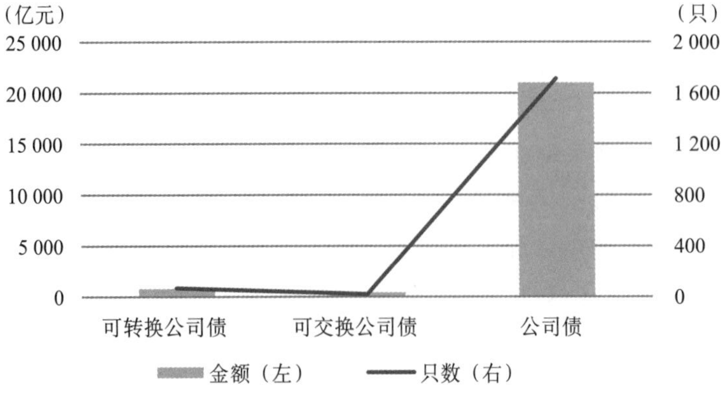

图分 2－2　2018 年公司债券发行情况

资料来源：中国证监会。

发行规模回暖之际，公司债券市场实现了创新发展。2018 年的创新品种主要包括纾困公司债券、扶贫专项公司债券、"一带一路" 建设公司债券等。此外，以前年度推出的绿色公司债券、可续期公司债券、创新创业公司债券等创新品种也实现了较大发展。

① 资料来源：本节数据如无特殊说明，均取自 Wind。
② 资料来源：中国证监会。

（一）可转换公司债券和可分离交易可转换公司债券①

2018 年发行可转换公司债券 67 只，发行规模合计 787.49 亿元，发行规模较 2017 年基本持平。

自 2011 年起，分离交易可转换公司债券一直处于停滞状态，2018 年无发行。

（二）可交换公司债券②

2018 年发行可交换公司债券 19 只，发行规模合计 409.70 亿元，较 2017 年回落 60.94%。发行方式多采用私募发行。

可交换公司债券由于含有转股期权，属于股债结合品种，虽然 2018 年债券市场整体走强，但受制于股市表现偏弱，发行量出现较大回落。

（三）公开发行公司债券和非公开发行公司债券③

由于市场利率下行，2018 年债券市场迎来牛市，发行规模较 2017 年明显回升。2018 年共发行公司债券（仅包括公开发行公司债券和非公开发行公司债券）1 713 只，合计募集资金 21 003.34 亿元，较 2017 年增长 25.00%。

从发行方式看，受信用风险事件连续爆发和资管新规的影响，2018 年公开发行公司债券的数量及规模占比有所走高，与非公开发行公司债券平分秋色。

二、公司债券发行特点

（一）地产融资有所回暖，国企融资占比进一步提升

从行业角度来看，2018 年公司债券（仅包括公开发行公司债券和非公开发行公司债券）发行规模最大的三个行业分别是：综合（3 287.33 亿元）、房地产业（2 661.77 亿元）和建筑业（2 148.66 亿元），分别占公司债券融资总额的 15.65%、12.67% 和 10.23%。相比 2017 年的前三大行业制造业（占比 12.70%）、建筑业（占比 12.16%）和综合（占比 10.74%），房地产业公司债券融资明显有所回暖，发行规模同比增加 1 896.57 亿元。

从发债企业属性角度来看，2018 年国企（包括中央国有企业和地方国有企业）发行规模占比高达 72.14%，发债只数占比高达 71.32%，相比 2017 年的 68.19% 和 66.89%，国企融资占比进一步提升。

（二）公司债券发行主体的信用等级进一步提高

从发行规模来看，2018 年主体评级为 AA 级以上（含 AA 级）的企业是市场发行主体，

---

①②③ 资料来源：中国证监会。

占比约99.27%，较2017年的96.85%进一步提升。其中，AAA级企业发行规模占比最大，达68.26%，较2017年的43.69%显著提升，其次分别为AA+级企业（19.02%）和AA级企业（11.99%）。

从发行只数来看，2018年主体评级为AA级以上（含AA级）的企业也是市场发行主体，占比约96.77%，较2017年的90.92%进一步上升。其中，AAA级企业发行只数最多，占比达48.41%；AA+级企业占比也较高，达到24.58%。

（三）公司债券仍以信用发行为主

由于公司债券的发行主体信用等级普遍较高，因此发行人一般选择信用发行。2018年信用发行的公司债券只数和规模占比分别为86.73%和92.18%，相比2017年（80.42%和87.15%）有所增加。

非信用发行的公司债券采用的担保方式以不可撤销连带责任担保为主，只数和规模在非信用发行公司债券中的占比分别为97.83%和98.43%；其次为抵押担保和质押担保，占比很小。

（四）公司债券信用利差随主体级别下沉有扩大趋势，中短期限债券的只数及规模占比继续扩大

2018年主体评级为AAA、AA+和AA的公司债券平均票面利率分别为5.24%、6.51%和7.25%，平均票面利率较2017年分别上升0.12%，0.54%和0.65%。信用利差随着信用级别下沉，呈明显扩大趋势。

中短期限（3年及以下）债券的发行只数及规模占比进一步扩大。2018年发行的中短期限债券的只数占比为92.56%，继2016年的83.40%、2017年的88.72%后进一步走高；2018年发行的中短期限债券的规模占比为93.05%，同样继2016年的80.14%、2017年的88.25%后进一步走高。

第三节　并购重组业务情况[①]

一、并购重组市场概况

2010年至2015年，我国并购市场快速发展，上市公司重大资产重组交易数量及交易规模连续6年保持增长。但从2016年以来，上市公司重大资产重组交易规模出现回落（见表

① 资料来源：本节数据如无特殊说明，均取自Wind。

分 2 - 1）。2018 年，首次披露重大资产重组的交易数量为 233 单，较 2017 年下降 3.32%，交易规模 8 489 亿元，较 2017 年下降 1.71%；中国证监会并购重组委审核通过的并购重组 123 单，其中上海证券交易所 40 家、深圳证券交易所 83 家（分别占交易所上市公司数量的 2.76% 和 3.89%）。

表分 2 - 1　　2016—2018 年中国证监会审核上市公司并购重组情况表　　（单位：家）

上市板块		2016 年并购重组审核通过数	2017 年并购重组审核通过数	2018 年并购重组审核通过数
上海证券交易所	主板	62	37	40
深圳证券交易所	主板	33	26	18
	中小板	77	50	31
	创业板	79	48	34
合　计		251	161	123

资料来源：根据中国证监会公告整理。

从行业分类来看，2018 年首次披露的重大资产重组交易中，计算机、通信和其他电子设备制造业交易 27 家次，交易金额 900.67 亿元，家数占比 11.59%，位居榜首；其次是化学原料及化学制品制造业交易 24 家次，交易金额 1 026.22 亿元，家数占比 10.30%；最后是电气机械及器材制造业交易 15 家次，交易金额 918.29 亿元，家数占比 6.44%。并购重组明显向实体经济和新兴产业集中。

从支付对价来看，发行股份购买资产的交易金额达到 7 118.56 亿元，占交易总金额的 83.86%，是 2018 年上市公司重大资产重组的主要支付方式。

二、并购重组市场特点

（一）响应中央供给侧结构性改革，促进产业升级

党的十九大报告指出，要完善各类国有资产管理体制，改革国有资本授权经营体制，加快国有经济布局优化、结构调整、战略性重组，促进国有资产保值增值，推动国有资本做强做优做大，有效防止国有资产流失。2018 年水泥、煤电等部分能源行业企业通过并购重组，推动供给侧结构性改革，促进了产业升级。

（二）助力国有企业深化改革，提高国有上市公司盈利能力

2018 年，重组委审核通过的并购重组中，国有控股上市公司有 42 单，交易金额 3 198.62 亿元，占全市场上市公司并购重组交易总金额的 59.17%。产业并购可助力优化国有经济布局，推动向高端价值链的延伸与转型升级，进一步改善国有上市公司的盈利能力。

（三）推进“一带一路”建设，继续支持海外并购

2018 年重组委审核通过的交易中共有 16 单最终目标公司位于境外，其中 4 家位于德国，4 家位于中国香港，2 家位于美国，涉及交易金额约为 1 591.66 亿元。在收购境外优质资产的过程中，上市公司一般先联合战略投资者设立产业并购基金，或由控股股东、实际控制人先行收购，再由上市公司通过发行股份及支付现金的方式购买。

（四）发挥资本市场作用服务国家脱贫攻坚战略

贯彻“以贫困地区实体经济需求为导向，以资本市场服务产业扶贫为重点，优先支持贫困地区企业利用资本市场资源”的指导思想，以新疆、甘肃、贵州等地为代表的西部 12 省共 12 家上市公司并购重组审核通过，交易金额合计 259.72 亿元，不断增强欠发达地区的自我发展能力，推动资本市场在服务脱贫攻坚和乡村振兴中发挥更大作用。

（五）适应新形势下国防科技工业的发展要求，践行“军民融合”

2018 年以来，军民融合领域并购重组共 9 单，交易金额约 51.21 亿元。其中国有上市公司重组中共有 4 家军工企业收购民企相关资产，涉及交易金额约为 31.95 亿元；民营上市公司共有 5 家上市公司与涉军业务标的资产并购重组，涉及交易金额约 19.26 亿元（其中，中光防雷获得中国证监会核准后因标的公司实际控制人意愿而最终终止）。并购重组促进军民融合，深化技术、产品和资本参与军工产业发展。

（六）审核政策逐步优化，助力并购重组

近年来，中国证监会努力适应经济发展新阶段的特征，努力贯彻国务院“放管服”改革要求，深化并购重组市场化改革，大幅取消和简化行政许可，进一步压缩审核时间，着力提升审核效率。通过推出一系列并购重组政策，助力上市公司做优做强。2018 年以来，中国证监会不断深化并购重组市场化改革，发布多项监管问答和新闻发布，如推出“小额快速”审核通道、增加配套募集资金灵活性、新增并购重组审核分道制“豁免/快速”通道产业类型、取消“中概股”回归前端限制条件、支持同行业并购重组、修订停复牌规则等。同时，中国证监会试点定向可转债并购，深度激发市场活力，在支持上市公司借助并购重组实现高质量发展方面发挥实效。

第四节　证券公司参与全国股转系统情况[①]

2018 年，10 月 26 日全国股转系统发布了《全国中小企业股份转让系统挂牌推荐业务规

① 资料来源：本节数据如无特殊说明，均取自全国股转系统。

定》《关于挂牌公司股票发行有关事项的规定》《全国中小企业股份转让系统非上市公众公司重大资产重组业务指引》及《全国中小企业股份转让系统挂牌公司权益分派业务指南》。上述规则进一步规范了主办券商挂牌推荐业务和重组业务，明确主办券商的相关职责，加强了监管部门对挂牌公司股票发行业务和重组业务的监督管理，保护了投资者合法权益，促进了多层次资本市场健康发展。

一、挂牌情况

2018 年，全国股转系统新增挂牌公司 577 家，较 2017 年同比减少 73.48%。①

截至 2018 年底，全国股转系统挂牌公司总数为 10 691 家，较 2017 年底减少 939 家。其中，创新层 914 家，占比 8.55%；基础层 9 777 家，占比 91.45%。集合竞价转让 9 605 家，总股本 5 204.68 亿股，流通股本 2 839.28 亿股；做市转让 1 086 家，总股本 1 119.85 亿股，流通股本 724.99 亿股。截至 2018 年末，集合竞价转让企业较 2017 年末净减少 682 家，总股本减少 159.58 亿股；做市转让企业减少 257 家，总股本减少 272.62 亿股。

按行业分类统计，制造业类企业共计 5 276 家，位居榜首，占比 49.35%；其次是信息传输、软件和信息技术服务业，共计 2 084 家，占比 19.49%；第三是租赁和商务服务业，共计 558 家，占比 5.22%。

按地域分布统计，广东地区挂牌企业共 1 637 家，位居榜首，占比 15.31%；其次是北京市，共计 1 440 家，占比 13.47%；再次是江苏省，共计 1 273 家，占比 11.91%。

按公司业绩及财务状况统计，在已披露 2018 年中报的 10 247 家挂牌公司中，净资产在 1 亿元以上的有 3 013 家，占比 29.4%，其中净资产在 10 亿元以上的有 107 家，占比 1.04%；净资产在 5 000 万元以下的有 4 865 家，占比 47.48%，其中净资产为负的公司有 100 家，占比 0.98%。

二、估值情况

截至 2018 年底，全国股转系统的总市值为 34 487.26 亿元，挂牌公司总股本为 6 324.53 亿股，流通股本为 3 564.27 亿股，平均市盈率 20.86 倍，较 2017 年的 30.18 倍下降 9.32 倍。②

三、交易情况

2018 年全国股转系统的成交数量为 236.29 亿股，较 2017 年下降 45.46%；成交金额为

①② 资料来源：东方财富 Choice 数据。

888.01 亿元，较 2017 年下降 60.91%；换手率为 5.31%（见表分 2－2）。其中，集合竞价转让的挂牌公司共计 9 605 家，成交量为 156.62 亿股，成交金额为 645.44 亿元，占全年交易总额的 66.28%；做市转让的挂牌公司共计 1 086 家，成交量为 79.68 亿股，成交金额为 242.57 亿元，占全年交易总额的 33.72%。[①]

表分 2－2　　全国股转系统 2018 年交易情况

交易方式	成交金额			成交数量		
	2017 年（亿元）	2018 年（亿元）	增长率（%）	2017 年（亿股）	2018 年（亿股）	增长率（%）
做市转让	785.05	242.57	－69.10	153.09	79.68	－47.95
集合竞价转让（原协议转让）	1 486.75	645.44	－56.59	280.13	156.62	－44.09
合　计	2 271.80	888.01	－60.91	433.22	236.29	－45.46

资料来源：东方财富 Choice 数据。

四、定向发行情况

2018 年，全国股转系统共进行 1 402 次定向发行，合计发行股份 123.83 亿股，募集资金总额 604.43 亿元，发行股份数量和募集资金总额分别较 2017 年同比下降 48.24% 和 54.77%。

2018 年平均单次定向发行融资规模为 4 359.62 万元，中位数为 2 000 万元。单笔融资规模不超过 1 000 万元的有 326 单，占比 23.25%，募集资金合计 16.56 亿元，占比仅为 2.74%；单笔融资规模在 1 亿元以上的有 115 单，占比仅 8.2%，募集资金合计 299.28 亿元，占比高达 49.51%。

按行业分类统计，制造业定向发行共计 687 次，融资金额为 292.97 亿元，位居榜首，占比 48.47%；其次是信息传输、软件和信息技术服务业，定向发行共计 280 次，融资金额为 85.17 亿元，占比 14.09%；之后是金融业，定向发行共计 11 次，融资金额为 34.47 亿元，占比 5.7%。前三大行业的募集资金占比合计达 68.26%，行业集中效应凸显。

五、摘牌情况

2018 年，全国股转系统摘牌企业共 1 516 家，较 2017 年增长 113.82%。根据摘牌原因统计，787 家因其他不符合挂牌的情形终止挂牌，占比 51.91%；566 家因生产经营调整终止挂牌，占比 37.34%；112 家因未披露定期报告被终止挂牌，占比 7.39%；47 家因转板申

① 资料来源：东方财富 Choice 数据。

请终止挂牌，占比 3.1%；另外，有 3 家因被吸收合并终止挂牌，1 家因连续 3 年亏损终止挂牌。①

六、全国股转系统主要政策变化

（一）挂牌推荐业务

2018 年 10 月，全国股转系统对相关规则进行修订，发布了《全国中小企业股份转让系统挂牌推荐业务规定》《全国中小企业股份转让系统挂牌申请文件内容与格式指引》。主要修订内容包括：强调主办券商挂牌推荐业务内部控制适用《证券公司投资银行类业务内部控制指引》的相关规定；删除持续督导内容；强化项目组成员专业知识与履职能力要求；明晰项目组负责人任职条件；要求推荐报告增加立项及质量控制相关内容；明确挂牌推荐在审期间更换主办券商的程序要求等。

（二）权益分派业务

2018 年 10 月，全国股转系统修订了《全国中小企业股份转让系统挂牌公司权益分派业务指南》，进一步规范挂牌公司权益分派业务办理和信息披露行为。

（三）股票发行业务

2018 年 10 月，全国股转系统制定了《关于挂牌公司股票发行有关事项的规定》《全国中小企业股份转让系统股票发行业务指引第 1—4 号》，修订了《全国中小企业股份转让系统股票发行业务指南》。主要修订内容包括五方面：一是实施并联审查机制，缩短募集资金闲置时长；二是推出授权发行制度，提高小额发行决策效率；三是坚持负面清单管理，优化募集资金监管要求；四是明确回避表决要求，防范监管套利；五是明确终止备案情形，落实规则监管。

（四）并购重组业务

2018 年 10 月，全国股转系统发布了《全国中小企业股份转让系统非上市公众公司重大资产重组业务指引》，完善了重大资产重组认定标准，明确挂牌公司购买生产经营用土地、房屋的行为不再按照重大资产重组管理；允许非上市公众公司定向发行股份购买资产时，发行对象人数不受 35 人限制；同时优化了重大资产重组停复牌制度。

（五）做市商评价

2018 年 10 月，全国股转系统发布了《全国中小企业股份转让系统做市商评价办法（试

---

① 资料来源：Wind。

行)》，引导做市商积极、合规做市，促进做市商功能充分发挥。全国股转系统将于 2019 年第一季度开始，开展做市商评价工作。

第五节　创新及其他业务情况

一、资产证券化业务情况[①]

2018 年，监管机构陆续发布《关于进一步深化整治银行业市场乱象的通知》《商业银行大额风险暴露管理办法》及《保险资金运用管理办法》等一系列重大政策，对资产证券化业务提出规范化要求，明确支持资产证券化业务的有序发展。受益于政策支持，资产支持证券（ABS）的发行规模继续平稳增长，2018 年共发行 699[②] 单，合计募集资金 9 564.05 亿元(见图分 2－3)。

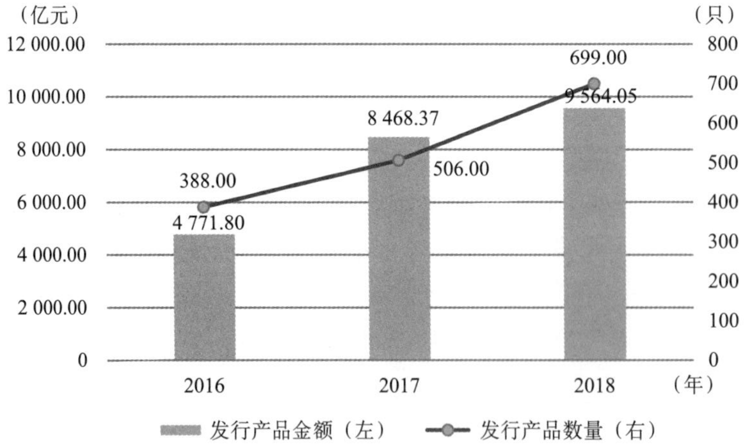

图分 2－3　2016—2018 年企业 ABS 发行情况

资料来源：Wind。

(一) 资产证券化业务的创新情况

2018 年，随着资产证券化制度体系进一步完善、市场规模进一步增长，我国资产证券化产品在参与主体及基础资产类型等方面均涌现出一批具有较强创新意义及示范效应的创新

① 资料来源：本部分数据如无特殊说明，均取自 Wind。
② 发行年份按照发行起始日计算。

产品。

由于资产证券化业务涉及主体众多、操作流程复杂，为兼顾合规与创新、效率与安全，以优质企业为核心的供应链资产证券化产品在 2018 年成为新的市场热点并获得了较快发展。核心企业的类型亦不再限于单纯的房地产开发企业，而向更多领域扩展并涌现出多例“首单”。其中，2018 年 4 月发行的“德邦蚂蚁供应链金融应收账款资产支持证券”为全国首单互联网电商供应链金融 ABS 产品；2018 年 8 月发行的“中信证券—小米 1 号第 1 期供应链应付账款资产支持专项计划”为国内首单新经济供应链 ABS 产品；2018 年 12 月发行的“奇艺世纪知识产权供应链金融资产支持专项计划”为首单知识产权供应链 ABS 产品等。

在政策支持下，2018 年不动产 ABS 在产品类型及交易结构上均实现了多元化创新，如首单区块链供应链金融 ABS、知识产权 ABS、可再生能源补贴 ABS、精准扶贫 ABS 等；保险、私募基金等长期限资金的入局为不动产类证券化产品的发行创造了更多机会，多只“首单”落地：如首单社区商业类 REITs 产品、长租公寓储架发行 CMBS 产品、央企租赁住房类 REITs 产品、储架发行类 REITs 产品及公共人才租赁住房类 REITs 产品等。特别在住房租赁领域，不动产资产证券化产品的突破实现了国家房地产调控长效机制建设的进一步“提速”，助推了房地产市场供给侧结构性改革，实现了政策与企业“双赢”的局面。

2018 年资产证券化产品的投资者结构上也出现了较大突破，公募基金投资 ABS 产品的持仓规模有了较大增幅，保险资金投资 ABS 产品亦实现了政策上的突破。此外，相较于欧美等成熟 ABS 市场而言，我国 ABS 产品仍属于高收益的优质资产，可以预见未来将进一步吸引境外投资者的关注。目前，已有部分全球领先的海外投资银行、国际评级机构及投资机构争相布局中国市场，对未来资产证券化资金渠道的多元化和资产证券化市场流动性的建设较为有益。

（二）资产证券化产品基础资产结构情况

得益于供应链资产证券化的迅速发展，2018 年应收账款类产品累计发行 281 单，发行金额 3 108.46 亿元，占全年发行总规模的 32.84%，发行规模较 2017 年增长 126.44%，在各类基础资产发行单数及发行规模上均居首位。发行规模位居 2—5 位的基础资产类型分别为小额贷款、企业债权、租赁资金及信托受益权，发行规模占全年总规模比例分别为 18.20%、12.96%、12.36 及 6.18%。除小额贷款类产品发行规模有所下滑外，其他几类产品的发行单数及发行规模均有较大程度地上浮。

从具体资产来看，发行规模较大的基础资产类型包括消费金融、供应链金融、融资租赁债权、应收账款、CMBS 等。其中，供应链资产证券化产品在 2018 年累计发行规模 1 506.76 亿元，市场占比上升幅度最大。此外，受房地产政策调控及信贷收紧等影响，房地产企业对于 CMBS（商业地产抵押贷款证券化）及类 REITs 产品的发行积极性也较为高涨。

此外，2018 年债券市场风险事件重新引起了市场对资产证券化产品真实风险转移及现金流监管的关注，市场亦出现了一定程度的强弱主体发行难度及利率两极分化的情况。受此影响，对于基础资产产生现金流不稳定的收益权类产品、部分资金归集路径具有瑕疵的不动产类产品以及涉及抵质押资产处置难度较高的产品等预计发行难度会有所上升。

二、其他创新业务情况①

（一）可续期公司债券

2018 年，可续期公司债券发行量大幅增长，市场共发行 155 单可续期公司债券，合计募集资金 2 246.60 亿元，发行单数、规模较上年分别增加 198.08% 和 151.04% 。其中，公开发行 145 单，募集资金 2 123.60 亿元；非公开发行 10 单，募集资金 123.00 亿元。2018 年可续期公司债券的 80 家发行人中，35 家是中央企业，41 家是地方国有企业，4 家是非国有企业。可续期公司债券在一定条件下可以计入权益，成为当前企业降低资产负债率的重要工具。

（二）绿色公司债券

2018 年，绿色公司债券发行量稳步增长，市场共发行 34 单绿色公司债券，合计募集资金 388.89 亿元，发行单数、规模较上年分别增加 30.77% 和 62.61% 。其中，公开发行 17 单，募集资金 252.10 亿元；非公开发行 17 单，募集资金 136.79 亿元。2018 年绿色公司债的 25 家发行人中，6 家是中央企业，17 家是地方国有企业，2 家是非国有企业。绿色公司债券的市场影响力不断扩大，社会环境效益显现。但是，各级政府部门配套优惠政策的支持力度仍然偏弱，对绿色债券发展形成了一定制约。

（三）创新创业公司债券

2018 年，市场共发行 20 单创新创业公司债券，合计募集资金 39.65 亿元，发行单数、规模与上年相比变化不大。2018 年，创新创业公司债券的发行主体以创新创业企业为主，以创业投资公司为辅，发行期限以中短期为主，发行人区域主要集中在北京、上海、江苏、浙江、广东等发达地区。

（四）纾困公司债券

2018 年，为贯彻落实党中央、国务院关于打好防范化解风险攻坚战的决策部署，进一步夯实支持民营企业健康发展的政策措施，上交所、深交所在中国证监会的统一领导下，多举措缓解民营企业融资难题，助力民营企业健康发展，鼓励符合资质的企业发行公司债券用

① 资料来源：本部分数据如无特殊说明，均取自 Wind。

于纾解民营融资困境和股权质押风险。2018 年，市场共发行了 8 单纾困公司债券，合计募集资金 98 亿元。

（五）扶贫专项公司债券

为贯彻落实党中央、国务院关于脱贫攻坚的战略部署，切实推进资本市场服务打好精准脱贫攻坚战的工作，2018 年 5 月 11 日，上交所、深交所分别发布《上海证券交易所公司债券融资监管问答—扶贫专项公司债券》《深圳证券交易所扶贫专项公司债券相关问题解答》，扶贫专项公司债券正式推出。扶贫专项公司债券的发行主体为注册地在国家扶贫开发工作重点县、集中连片特殊困难地区或“深度贫困地区”的企业，以及在扶贫攻坚期内，注册地在已实现脱贫摘帽但不满三年贫困地区的企业。此外，发行人注册地不在贫困地区，但募集资金主要用于精准扶贫项目建设、运营、收购或者偿还精准扶贫项目贷款的，也属于扶贫公司债券。2018 年，扶贫债券发行人所在贫困地区已覆盖湖北、贵州、安徽、云南、四川、重庆等省/直辖市，募集资金用途涵盖异地扶贫搬迁、产业扶贫、生态扶贫等领域。

（六）“一带一路”公司债券

为贯彻落实党的十九大会议精神和国家发展改革委、外交部、商务部联合发布的《推动共建丝绸之路经济带和 21 世纪海上丝绸之路的愿景与行动》的整体部署，2018 年 3 月 2 日，沪、深证券交易所发布了《关于开展“一带一路”债券试点的通知》。2018 年，市场共发行 10 单“一带一路”公司债券，合计募集资金 76 亿元，主要是境内、境外企业发行的，募集资金用于“一带一路”项目建设的公司债券。“一带一路”公司债券的发行促进了“一带一路”资金融通，发挥了交易所债券市场服务“一带一路”建设的作用。

第六节　投资银行业务组织架构基本情况

一、证券公司承销业务格局更加集中

2018 年，证券公司承销业务市场格局更为集中，头部效应显现。承销业务排名前十的证券公司市场占有率合计在 50% 以上，其中主承销金额的市场占有率提升幅度更大。根据 Wind 数据，股票主承销方面，前十家证券公司主承销金额合计占比达 74.65%，较 2017 年上升 13.73 个百分点，承销家数合计占比达 56.22%，较 2017 年上升 4.65 个百分点；债券主承销方面，前十家证券公司主承销金额合计占比达 62.66%，较 2017 年上升 5.07 个百分点，承销家数合计占比达 52.13%，较 2017 年上升 0.89 个百分点（见图分 2－4）。

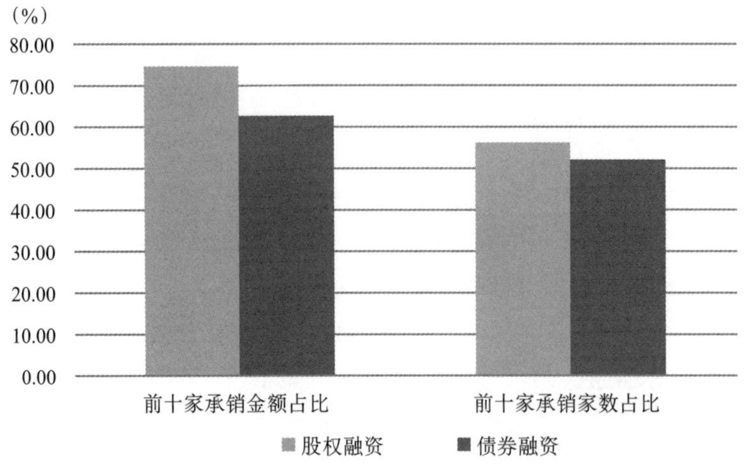

图分 2－4　2018 年前十家证券公司承销金额和家数的占比情况

资料来源：Wind。

二、证券公司开展投资银行业务的组织架构情况[①]

2018 年，《证券公司投资银行类业务内部控制指引》发布和施行。该指引旨在建立分工合理、权责明确、相互制衡、有效监督的三道内部控制防线，证券公司开展投资银行业务的内部控制组织架构相应出现调整。根据中国证券业协会 2018 年专项问卷调查结果，超过 85% 的证券公司在投资银行业务架构方面有所调整，多为增设内核机构。超过 80% 的证券公司采取常设内核机构形式，其余近 20% 的证券公司则采用了非常设的内核委员会形式。

在业务组织方面，大部分证券公司按照业务品种，如股票、债券等，设立不同的业务部门，仅 30% 左右的证券公司不区分业务品种，由统一的投资银行部从事股票和债券等业务。由于投资银行业务的特点，绝大部分证券公司在总部之外设有异地业务团队，异地团队集中在北京、上海、深圳，以及江苏、浙江，四川、山东、湖北等地区。

在全国股转系统业务方面，个别证券公司将该类业务并入投资银行部门，单独设置场外市场相关业务部门的比例略有下降，单独设置与隶属于投资银行部门的情况占比接近一致。

出于对财务顾问业务的重视，大多数证券公司设立了并购相关业务部门，其中多数隶属于投资银行部。

2018 年，约一半的证券公司在服务国企混改、债转股或民企纾困方面有所行动，大力发挥支持实体经济发展的积极作用。海外业务则继续集中在规模较大的证券公司，约 1/3 的证券公司在海外业务方面有所表现。

① 资料来源：中国证券业协会 2018 年专项调查。

三、从业人员数量变化情况

根据中国证券业协会 2018 年专项问卷调查数据，证券公司投资银行业务（含股票、债券承销和资本市场等部门）的总从业人数约 2.13 万人，与 2017 年基本持平。从业人员的业务分布上，从事股权融资业务的人员约 1.43 万人，较 2017 年有所下降；从事债券融资业务的人员约 5 500 人，出现较大幅度增长；从事资本市场业务的人员约 1 400 人，基本持平（见图分 2－5）。从业人员中，保荐代表人约 3 682 人，较 2017 年增加约 5.53%。

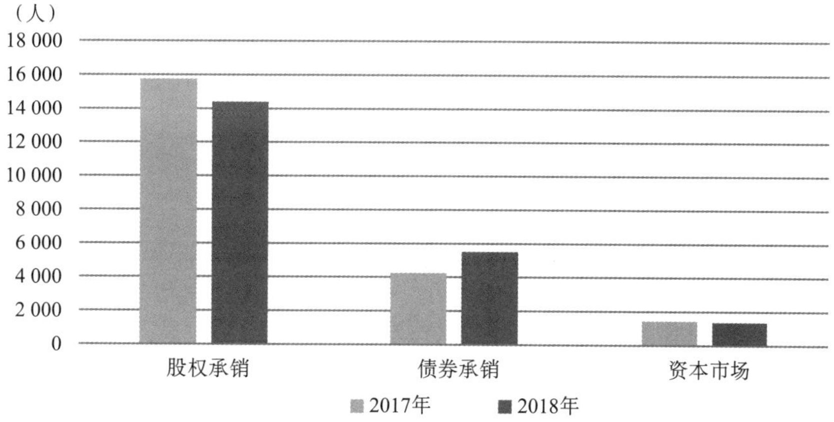

图分 2－5　2017—2018 年投行从业人员数量情况

资料来源：中国证券业协会 2018 年专项调查。

第二章
2018 年中国投资银行业务面临的问题与 2019 年前景展望

第一节　中国投资银行业务当前存在的主要问题

一、信用债违约事件增多，投资银行业务风险控制亟待加强

2018 年，国内债券市场共有 160 只债券发生违约，合计违约规模为 1 205.61 亿元，是 2017 年的 3.57 倍。其中，民营企业违约 140 只，占比约 87.5%。从品种看，企业债 9 只，公司债 62 只，短融（含超短）、中票和 PPN 分别是 41 只、27 只和 11 只。在债券到期规模增加、经济增速放缓的大背景下，预计 2019 年债券违约形势依然严峻。

对此，投资银行业需要妥善处理违约事件，从全行业发展角度建立综合应对方案和风险防范机制。首先，投资银行应全面建立严格的业务内控分离制度，从项目源头严格把关，防止项目“带病”承接发行。其次，投资银行应尽职履责，有效完成债券受托管理人/债权代理人/后续管理人职责，维护债券投资人的利益；同时，根据党中央、国务院的指导意见，有效提高民营金融服务的可获得性和可持续性，避免因金融机构不能有效持续提供金融服务而导致流动性危机，支持暂时遇到困难，但有市场、有前景、有技术、有竞争力的民营企业实施债券融资。

二、通道业务创收难度加大，行业整体创收能力有所下降

近年来，上市公司并购重组交易总量逐年增长，并购重组热点区域分布明显，并购重组集中在上海、广东、北京、江苏等经济发达地区；涉及行业具有较高集中度，制造业占比接

近五成；独立财务顾问业务集中度也相应较高。然而，2018 年投资银行业务净收入 370.66 亿元，较上年下降 27%，且其中 70% 收入来源于 IPO、股权再融资、可转债及各类债券等保荐和承销业务，并购重组财务顾问业务的收入占比虽然稳中有增，但整体占比仍然偏低，尤其相较于国外投行，显示出国内投行并购重组业务实力及创收水平的落差。

投资银行业务如何减少对通道政策和监管政策的依赖，如何通过创新模式带动投资银行业务整体转型、提高市场化业务实力，是全行业亟待考虑和解决的问题。在合规稳健的基础上，如何提升创新和特色服务能力、提高服务附加值进而提升创收能力将成为投资银行竞争取胜的关键。

三、投资银行服务实体经济的综合能力需进一步加强

党的十九大报告明确要求“增强金融服务实体经济能力”。现代金融体系的根本目的是服务实体经济，在我国经济发展的新时期，现代金融体系只有在为实体经济服务中才能实现自身的持续健康发展。

投资银行业务的本质是资源配置，在新形势下，投资银行需要更大力度地服务全面脱贫、供给侧改革、混合所有制改革、债转股等国家战略与“一带一路”倡议，切实加大对实体经济发展的支持力度，落实习近平总书记“要把更多金融资源配置到经济社会发展的重点领域和薄弱环节”的重要指示。跨境服务是投资银行服务实体经济和“一带一路”倡议的重要手段，但目前我国投资银行仍然偏重于国内资本市场尤其是牌照业务，国际化业务的意识、资源、能力都存在较大欠缺，难以满足国内广大企业国际化过程中的迫切需要。

第二节　2019 年中国投资银行业务前景展望

一、科创板是深化多层次资本市场体系改革的重大举措，为 2019 年 A 股投资银行业务带来历史性的发展机遇

近年来，我国新一轮科技和产业革命蓬勃兴起，涌现出一批代表着互联网、大数据、云计算、人工智能、软件和集成电路、高端装备制造、生物医药等高新技术产业和战略性新兴产业发展方向的创新企业。但由于以往国内相关证券制度尚不完善，许多处于引领地位的创新企业已经在境外上市或者暂时无法登陆国内资本市场。

2018 年 11 月 5 日，国家主席习近平在进口博览会上表示，将在上海证券交易所设立科创板并试点注册制，支持上海国际金融中心和科技创新中心建设，不断完善资本市场基础制

度。科创板是多层次资本市场的重要组成部分，是 A 股资本市场服务国家战略的重大举措。随着科创板的渐行渐近，预计将有一批符合国家战略和相关要求的科创企业登陆 A 股市场。同时，全国股转系统的分层、交易、信披等制度加速建设和改革，市场深度和广度显著提升，区域性股权市场将进一步规范发展，创业投资、天使投资领域也将迎来新一轮的快速增长。不断深化改革、加速发展完善的多层次资本市场体系将持续助力我国高新技术产业和战略性新兴产业发展提升，持续推动我国经济发展的质量变革、效率变革、动力变革。

科创板制度设计的亮点在于其包容性、市场化以及审核注册机制上的创新，如允许符合科创板定位、尚未盈利或存在累计未弥补亏损的企业上市，也允许达到一定规模的上市公司可以分拆业务独立且符合条件的子公司上市，是制度上的巨大创新。同时，科创板对投资银行专业能力提出了更高要求，要求投行具备较高的价值发现、估值定价、承销以及投资等综合执业能力，预计综合实力尤其是估值、销售能力更强的投资银行将获得更多的科创板业务机会。

二、并购重组市场有望加速回暖，行业积极探索全方位的并购重组服务

中国产业经济增长方式的变革决定了并购重组市场持续繁荣。首先，多数产业的增长方式已从过去的内生、自发增长逐渐转变为以并购重组、产业整合为核心的外延式增长。传统行业以往通过“做大蛋糕”的市场扩容方式获得企业自身增长的方式在市场竞争激烈、供给接近饱和的情况下将更加难以为继。以传统制造业为代表的大量企业迫切需要通过并购重组、产业整合乃至海外并购实现或巩固已有产业结构上的市场优势战略地位，从而促成增长方式的转变。其次，国有企业集团急需通过并购重组调整国有资产配置。市场经济条件下，行政垄断和“条块分割”下的中央及地方国有企业集团急迫需要通过市场化的并购重组手段实现国有资源优化配置，在清产核资、剥离辅业的基础上，做大做强主业，实现产业的协同和规模效应。

目前，国内并购重组市场表现虽有下滑但仍相对活跃，并购交易的参与主体和交易形式日趋多元化。与境外并购市场相比，国内证券公司在并购重组业务中提供的服务仍相对单一。未来，证券公司可以探索为客户提供更全面的服务，更好地支持国内并购市场发展。随着政策的持续松绑，并购重组市场有望加速回暖。

三、创新融资业务有望获得进一步推进和完善

交易所债券市场保持增长的同时，预计将凸显新的发展特点。根据国家战略和经济转型的需要，不断推出创新品种，解决实体经济多样化的融资需求，适时推出 REITs 促进“租售并举”的落地和发展，大力发展 ABS 和可交换公司债券促盘活存量资产、提高资产效率，积极发挥绿色债、双创债、“一带一路”债、纾困债、扶贫债、社会效益债等各品种在不同

领域的独特优势，提升债券市场活力和服务实体经济能力。2019 年，随着中央降杠杆、控风险、支持实体经济等任务显现阶段性成果，资产证券化等创新融资业务有望获得进一步推进和完善，符合市场需求及监管导向的资产证券化市场预计将继续保持快速发展的势头，供应链金融、租赁住房、类 REITs 等产品有望成为重要的发展方向。

供应链资产证券化产品预计将继续保持高速发展。2018 年供应链 ABS 累计发行规模达 1 506.76 亿元，呈现出高速增长态势。供应链 ABS 曾作为房地产企业拓宽融资渠道、降低融资成本、带动上下游产业链发展的重要手段。随着资产证券化市场的日趋成熟、核心企业类型的逐步丰富，供应链 ABS 已经为基建、能源、制造业等传统行业提供了有效的金融助力，甚至包括京东、小米及滴滴等网络新经济体亦可以从中受益。为防范化解金融风险，坚守不发生系统性金融风险的底线，依托于优质核心债务人的供应链 ABS 预计将成为未来企业资产证券化的重要组成部分。

在“房住不炒”的定位下，预计住房租赁类证券化业务将获得进一步发展。随着租赁市场规范化程度提升、房源供给渠道和数量增加以及租售同权等配套政策的逐一落实，资产证券化将成为住房租赁企业重要的金融支持和推手。目前，已经发行的住房租赁类 ABS 产品包括自如、魔方公寓、万科万村等。此外，中国证监会、中国人民银行、国家税务总局等部委也在积极探索公募 REITs 实施路径及落地方案，以缩短实体经济融资链条、切实支持租赁住房基础设施建设。未来，住房租赁资产证券化市场将持续扩容。

伴随着资产证券化市场的进一步发展，Pre - ABS 模式应运而生。在该模式下，投资机构先行出具 Pre 相关资金，用于帮助原始权益人形成合格资产，并在后端通过 ABS 盘活退出，在资产、资金流转环节实现了闭环运作。在该模式下，原始权益人通过 Pre 资金能够增加资产流转效率、提高资产收益率、实现管理能力输出。投资机构能够在风险可控情况下获得短期较高回报，合理扩大 ABS 参与度，获得投资溢价。同时通过多环节参与，对后续参与 ABS 投资也有一定推动助力作用。

此外，金融科技对证券化业务发展发挥着积极作用，市场环境预计进一步完善。2018 年，区块链、大数据等金融科技与资产证券化的融合不断深入，基础资产的确权、定价、转让已经可以通过线上化操作实现，预计未来以金融科技为核心的金融服务体系为资产证券化业务的开展将提供更多可能性。同时，信息的全流程透明化、标准化将对提高 ABS 产品的流动性有一定促进作用，也为监管机构提供了便捷审核及监管的可能。

分报告之三：2018 年中国证券公司资产管理业务发展回顾与展望

第一章 2018 年中国证券公司资产管理业务的总体情况

第一节 2018 年中国证券公司资产管理业务的发展环境

一、经济环境：经济增速放缓，资管业务转型承压

2018 年我国经济下行压力加大，GDP 增速由 2017 年的 6.8% 回落至 6.6%，全年消费和投资呈下滑趋势，进出口不确定性提升。经济增速下滑对证券公司资管业务转型产生了一定的不利影响。一方面，在经济增速放缓的大环境下，市场较为萎靡，导致标准化资产收益羸弱，叠加非标业务受限，证券公司资产管理产品收益下滑，影响证券公司资管业务向主动管理转型的动力；另一方面，经济增速下滑时期居民财富配置需求受到一定的影响，加之资管行业统一监管后，行业竞争更加激烈，证券公司资管业务募集资金难度提升。

二、政策环境：资管业务加速推进统一监管

2018 年资管新规及配套细则发布实施，对证券行业资产管理业务影响深远。2018 年 4

月，央行、银保监会、证监会、外汇局联合正式发布《关于规范金融机构资产管理业务的指导意见》；同年 10 月，证监会发布实施细则《证券期货机构私募资产管理业务管理办法》和《证券期货经营机构私募资产管理计划运作管理规定》，意味着资管新规的全面落地。细则依法明确各类私募资管产品均依据信托法律关系设立，包括以下三方面规定：一是明确资管计划财产独立，独立于管理人、托管人的固有财产；二是规定“卖者尽责、买者自负”，经营机构勤勉尽责，坚持客户利益至上，明确经营机构应履行的各项主动管理职责；三是在资产管理计划证券账户、期货账户名称，以及资管计划所持证券的权利行使等方面，进一步明确其区别于投资者所有的证券的相关要求，落实信托法律关系。资管业务的统一监管促进证券公司资管业务持续去杠杆、去通道，发挥主动管理优势，回归本源。

三、行业环境：加快向主动管理转型

随着资管新规的落地与行业竞争激烈程度的提升，证券公司资管行业整体向主动管理转型。从行业资管业务的结构来看，中国证券投资基金业协会数据显示，2018 年行业主动管理与被动管理规模均有所下滑，分别较 2017 年下降 10.8%、26.0%，对应的绝对管理规模分别下降至 4.07 万亿元、8.84 万亿元。主动管理规模占比由 2017 年的 27.6% 上升 3.9 个百分点至 31.5%，达到近 5 年最高水平，接近 2014 年的两倍（见图分 3－1）。证券公司资产管理业务正在积极加强主动管理，回归服务实体经济的本源。

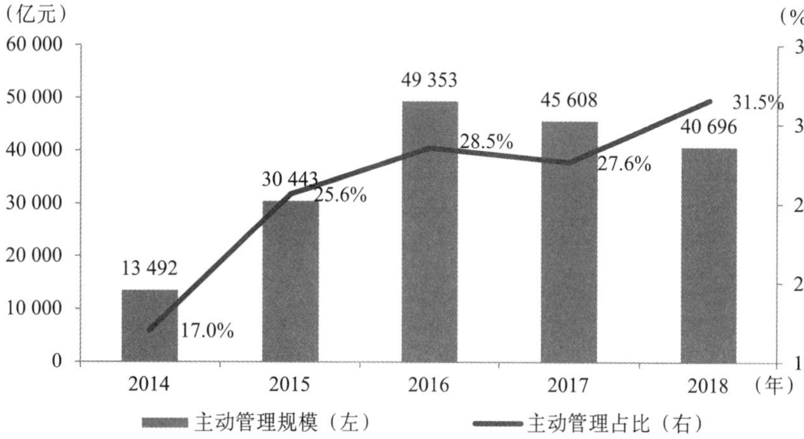

图分 3－1　证券公司资产管理主动管理规模占比

资料来源：中国证券投资基金业协会，申万宏源研究。

第二节　2018 年中国证券公司资产管理业务的发展情况

一、整体情况：规模有序压缩，服务实体经济能力逐步提升

在资产管理行业持续去通道、去杠杆的背景下，2018 年证券公司资管业务规模有较明显的下降。2018 年证券公司资产管理业务总规模由 2017 年末的 17.26 万亿元下降至 14.11 万亿元①，降幅由 2017 年的 3.1% 扩大至 2018 年的 18.3%。从收入来看，2018 年行业实现资产管理业务净收入 275 亿元，较上年下滑 11.4%，收入下滑幅度小于规模下滑幅度；从收入贡献度来看，2018 年资管业务贡献了证券行业 10.3% 的营业收入，较去年的收入占比（10.0%）有略微的提升。在资产管理业务收入质量有所改善的同时，资产管理业务对实体经济的服务能力也有所提升。据中国证券投资基金业协会披露，截至 2018 年底累计 77 家证券公司开展了企业资产证券化业务，2018 年证券公司备案资产证券化产品 606 只（占所有机构备案数的 91%），较上年增长 33.19%，备案规模 8 638.73 亿元，较上年增长 10.33%。证券公司通过企业资产证券化业务积极推进资金脱虚向实，在解决实体经济资金紧张、为中小企业提供融资服务方面发挥了重要作用（见图分 3－2）。

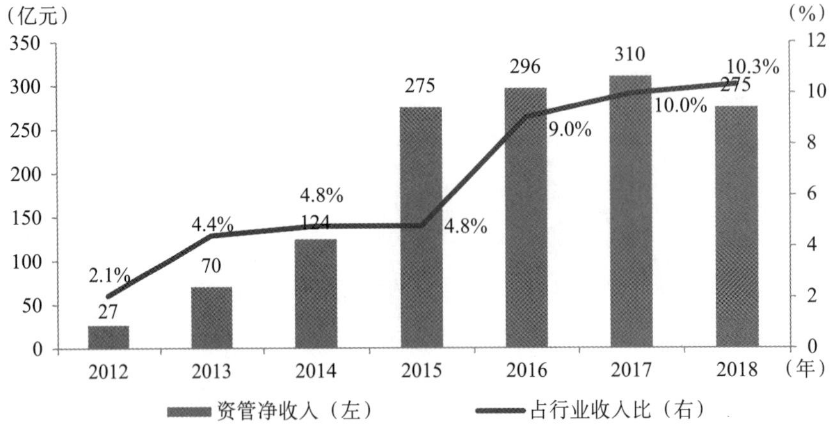

图分 3－2　证券行业资管业务收入与占比

资料来源：中国证券业协会，申万宏源研究。

① 此处数据来源于中国证券业协会的证券公司年度经营数据，数据基于证券公司未经审计的财务报表统计

（一）集合资管产品受托规模小幅下滑

2018 年末，共有 96 家证券公司设立集合资产管理产品，较上年末增加 1 家；合计管理集合资产管理产品数量 3 915 只，较上年末增加 11 只，同比增长 0.28%；期末受托管理资金规模 1.89 万亿元，较上年末减少 0.16 万亿元，同比减少 7.66%。

（二）专项资管业务大幅增长

2018 年末，共有 73 家证券公司设立专项资产管理产品，较上年末增加 4 家；合计管理专项资产管理产品数量 3 712 只，较上年末增加 822 只，同比增长 28.44%；期末受托管理资金规模 1.10 万亿元，较上年末增加 0.16 万亿元，同比增长 17.57%。

（三）定向资管业务扩张受限

2018 年末，共有 97 家证券公司设立定向资产管理产品，与上年末持平；证券公司定向资产管理业务期末客户数达 13 869 户，较上年末减少 2 907 家，同比减少 17.33%；期末受托资金总额 10.67 万亿元，较上年末减少 3.43 万亿元，同比减少 24.31%。整体而言，在行业去通道降杠杆的政策环境下，以定向资管为代表的通道类业务规模扩张受到抑制，2018 年定向资管产品受托资金占比由 2017 年的 82.5% 下降至 78.1%。

二、新设情况：新发行产品数量下降，各类产品跌幅有所分化

从产品发行情况来看，根据 Wind 数据统计，2018 年共新设券商资管产品 6 407 只，较 2017 年减少 2 676 只；2018 年合计发行规模 2 247.57 亿份，较 2017 年减少 414.8 亿份，降幅 15.6%。从产品数量来看，股票型、混合型、债券型、货币市场型、另类投资型产品的新设数量出现不同程度的下滑。其中，股票型产品减少 24 只，降幅 61.5%；混合型产品减少 376 只，降幅 56.0%；债券型产品减少 1 381 只，降幅 27.9%；货币市场型产品减少 498 只，降幅 18.8%；另类投资型产品减少 390 只，降幅 51.5%。从产品发行份额来看，各类型产品大多出现收缩，混合型、债券型、另类投资型产品新设规模保持相对稳定，发行份额降幅在 30% 以内；货币市场型产品新设规模降幅较大，达到 42.2%；股票型产品新设发行份额逆势增长 69.0%（见图分 3－3、图分 3－4）。

三、投向情况：集合资管以配置债券为主，股票占比明显下降

从资产配置情况来看，债券依旧是券商集合理财计划的主要配置对象。从占比来看，2018 年券商集合资管计划配置债券、基金、股票、协议或定期存款、信托计划、专项资产管理计划以及其他资产的比例依次为 56.4%、4.2%、3.9%、2.4%、4.1%、2.3% 以及

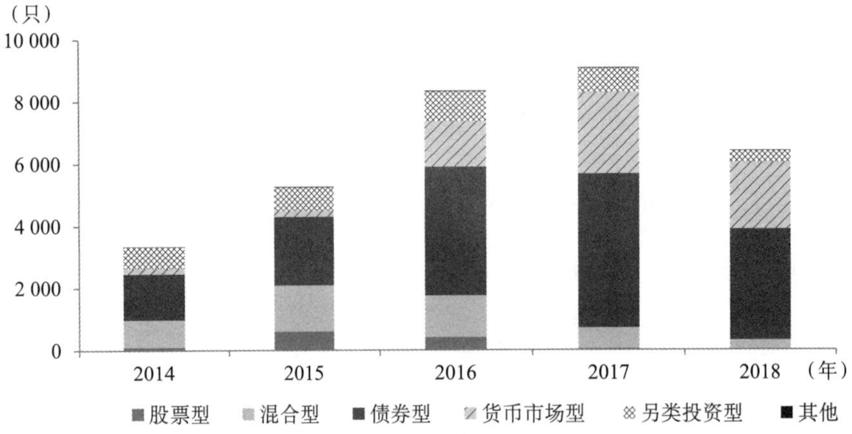

图分 3－3　近 5 年证券资管产品发行数量

资料来源：Wind，申万宏源研究。

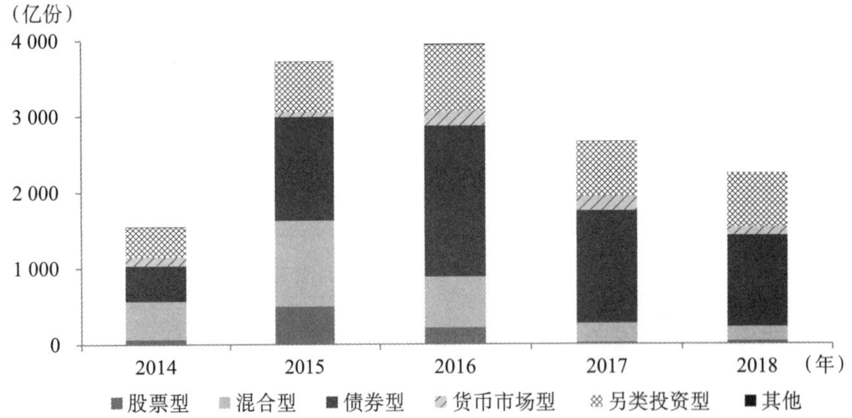

图分 3－4　近 5 年证券资管产品发行份额

资料来源：Wind，申万宏源研究。

26.7%，与 2017 年相比，债券和基金配置占比提升，股票、协议或定期存款和信托计划配置占比有所下降。从绝对量来看，按市值口径统计，基金和专项资产管理计划的配置有所提升，债券、股票、协议或定期存款和信托计划均有不同程度的缩水（见图分 3－5）。

四、集中度情况：集中度上升，头部效应明显

从行业集中度来看，根据中国证券投资基金业协会颁布的“证券公司私募资产管理月均规模前 20 名”数据计算，2018 年行业管理规模集中度呈现明显提升，行业前 5、前 10、前 20 管理规模占比分别为 31.2%、46.8% 和 63.6%，较 2017 年分别提升 4.5 个、5.4 个和 6.7 个百分点。随着资管新规的落地，客户储备丰富、主动管理能力强的头部证券公司优势将更加明显，未来行业集中度有望进一步提升（见图分 3－6）。

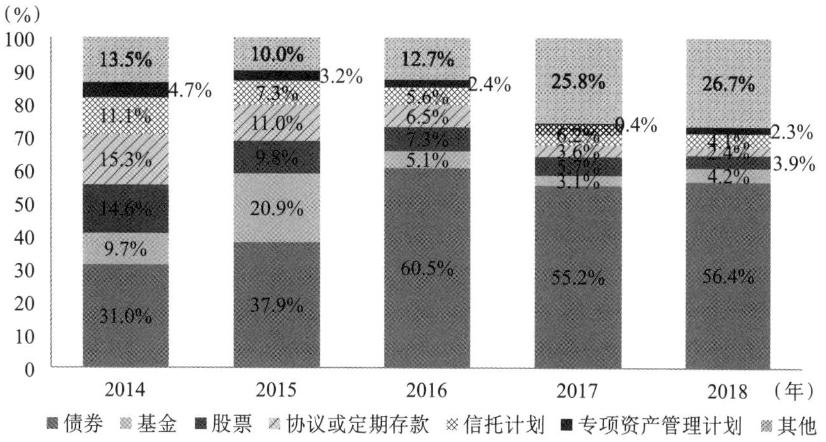

图分 3－5　证券公司集合计划配置情况

资料来源：中国证券投资基金业协会，申万宏源研究。

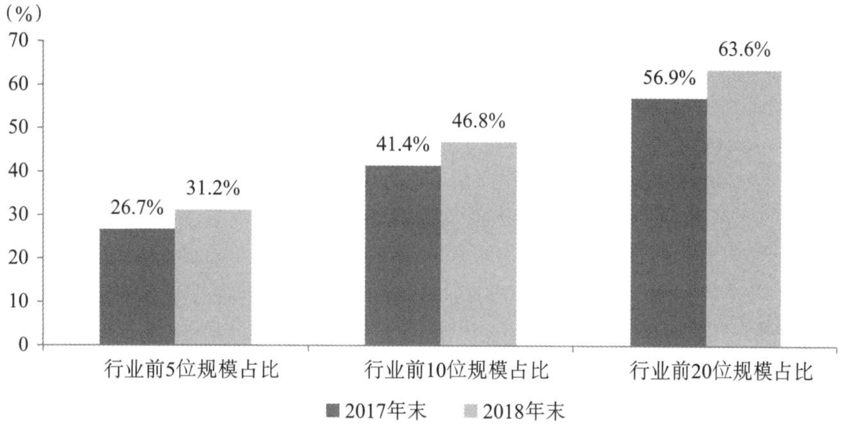

图分 3－6　证券公司资产管理集中度

资料来源：中国证券投资基金业协会，申万宏源研究。

五、投资者情况：集合资管计划中银行资金在机构投资者中占比较高

从投资者结构来看，机构投资者是定向资管计划的主要参与者，而个人投资者是集合资管计划的主要参与者。中国证券业协会的资产管理业务运作情况数据显示，截至 2018 年末，定向资管计划的机构客户数量 12 515 家，占比 90.24%，个人客户数量 1 354 名，占比 9.76%；截至 2018 年末，定向资管计划的机构客户受托资金 10.6 万亿元，占比 99.37%；个人客户受托资金 676 亿元，占比 0.63%。中国证券投资基金业协会数据显示，2018 年集合资管计划个人投资者规模达到 1.14 亿元，占比 63.53%，较 2017 年上升 5.79 个百分点；机构投资者中银行资金占据主导，其在集合资管计划规模中占比达到 19.89%。

六、集合计划收益情况：各类产品表现分化

从证券集合计划的净值表现来看，2018 年绝大多数类型的产品平均收益均为负，FOT（信托投资基金）与债券型产品总体表现较好。根据 Wind 数据统计，截至 2018 年末，在 3 262只披露年内总回报率的产品中有 2 103 只实现了正收益，占比 64%，证券公司集合资产管理产品的平均回报率为 -1.72%。分产品类型看，FOT（信托投资基金）的平均回报率达到 5.66%，债券型和货币市场型产品的平均回报率也为正，而另类投资型、股票型、混合型、FOF（基金中的基金）和 QDII 产品的平均回报率均为负（见表分 3-1）。

表分 3-1　　证券公司集合资产管理 2018 年回报率统计

	平均回报率（%）	正回报数（只）	负回报数（只）	正回报比例（%）	负回报比例（%）
FOF	-4.21	44	61	41.9	58.1
FOT	5.66	176	16	91.7	8.3
QDII	-2.10	17	29	37.0	63.0
股票型	-18.45	28	91	23.5	76.5
混合型	-10.21	201	641	23.9	76.1
货币市场型	0.89	499	1	99.8	0.2
债券型	2.97	1 101	292	79.0	21.0
其他	1.39	37	27	57.8	42.2
综合统计	-1.72	2 103	1 159	64.5	35.5

资料来源：Wind，申万宏源研究。

第二章 2018 年中国证券公司资产管理业务发展中面临的问题与 2019 年发展展望

第一节 2018 年中国证券公司资产管理业务发展中面临的问题

一、统一监管下，证券公司资管业务的定位及差异化发展

资管新规统一监管下，证券公司在资管业务方面需要充分利用自身的优势，明确自身的定位，实现差异化发展。一方面，权益投资能力是证券公司区别于其他资管机构的核心竞争力之一，而目前证券资管产品的权益资产配置占比仍然较低；另一方面，与公募、私募等资管机构相比，证券公司的业务种类更加多元，借助发挥证券公司投行业务、销售交易业务与资管业务之间的协同，可以为客户提供更多元、更优质的综合金融服务，而大多数证券公司仍未能打造功能较为完善的资管平台。另外，不同类型的证券资管机构需基于自身资源禀赋和发展战略的不同，形成差异化发展模式。

二、从规模结构来看，主动管理规模仍偏低

虽然 2018 年证券公司资管规模的主动管理占比有所提升，由上年的 27.6% 达到 31.5%（中国证券投资基金业协会口径），但是仍远小于通道类业务占比。这导致在 2018 年资管去通道背景下，证券公司资管规模在保险资管和公募基金规模年内分别增加 19.3% 和 10.0% 的同时下滑幅度较大（-21.8%），规模被后两者反超（见图分 3-7）。

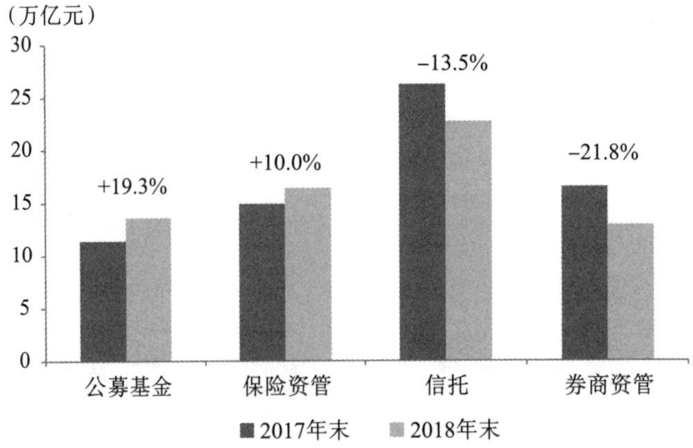

图分 3 -7　各资产主体 2018 年规模变化

资料来源：中国证券投资基金业协会，中国银保监会，中国信托业协会，申万宏源研究。

三、从产品来看，产品线还不够完善

与其他资管机构相比，券商资管的产品种类仍然相对单一，与银行理财、基金公司、保险公司相比都不具备优势。银行理财产品在发行数量、收益类型、产品期限等方面均处于领先地位；基金公司产品类型丰富，如混合型产品就包括偏股混合、偏债混合、混合债务和平衡混合型，固定收益类细分为长期和中短期纯债型，指数型也细分为被动指数型和增强指数型；保险资管也基本拥有与券商资管产品相对应的产品。从产品线的设置来看，券商资管的产品线虽然近年来有一定创新（FOF、FOT、QDII 等），但总体仍难以满足投资者多元化的投资需求。在公募类产品创新上基金公司领先，ETF、QDII 产品及指数基金等均有所发展；在私募类产品上，券商小集合资管计划和专户与公募专户及银行私人银行理财产品也无明显优势；在跨境产品上，尽管券商资管有所尝试，但跨境资管还是以基金公司、保险和银行等机构为主。

四、从收益来看，在同类产品中业绩不占优势

证券公司资管产品与其他资管的同类产品相比不占优势。以保险资管为例，据 Wind 数据统计，2018 年保险资管的股票型、债券型和货币市场型产品的平均回报率分别为 -16.77%、4.64% 和 4.52%，高于同类证券资管产品的平均回报率（-18.45%、2.97% 和 0.89%），而其混合型产品的平均回报率（-11.27%）与证券资管混合型产品的回报率（-10.21%）也基本持平。

五、从竞争格局来看，头部效应强化，外资机构加速涌入

一方面，证券资管行业的头部效应于 2018 年进一步强化，中小证券公司资管普遍面临困境。在资管新规的影响之下，大小证券公司正呈现出明显的两极分化迹象，马太效应尤其明显，业务基础较为薄弱的证券公司面临募资及展业的难题。另一方面，外资资管机构加速涌入使行业竞争更加激烈。随着我国主动加大金融开放程度，境外资产管理机构逐渐布局 A 股。2018 年 1 月，Fidelity 在境内发行的私募产品“富达中国股票一号私募基金”，其管理费低至 9‰；2018 年 7 月，BlackRock 在中国发行首只产品“贝莱德中国 A 股机遇私募基金一期”，其费率（该产品管理费 0.75%/年，业绩提成 10%）和门槛（追加门槛低至 1 万元）较低；同月 Bridgewater 登记成为中国私募基金管理人。随着外资巨头进入我国资产管理行业，证券资管行业面临的竞争更加激烈，费率受到一定影响。

第二节　2019 年中国证券公司资产管理业务前景展望

一、统一监管下，各类资产管理机构探索合作发展新模式

展望未来，证券公司资管业务将充分发挥投研优势及交易能力，向做强主动管理及资管综合平台发展。在资管业务统一监管的格局下，预计各类资管机构将在竞争中加强合作。银行理财可以发挥其在客户、资金端优势做大财富管理，公募基金可以持续提升主动管理能力，保险机构可以发挥长期限资金端优势做好资产配置，私募机构可以根据自身优势发展量化、策略型及被动管理产品等，推进资产管理行业呈现百花齐放态势。预计证券公司资管将一方面积极与其他资管机构合作，充分发挥其投研优势为银行、保险等机构提供委外管理；另一方面，借助大力发展交易型产品提升交易能力，做强资管业务的大平台，为客户提供综合金融服务。

二、过渡期内，证券公司通道类资管规模将持续压缩

资管新规配套细则明确了嵌套层数的限制，引导证券公司资管业务回归本源，提升主动管理能力。2017 年与 2018 年，通道业务分别下降 3.4% 和 26%。在去通道和净值化转型的过程中，证券公司通道类资管规模将持续压缩，其资管规模总体变化取决于主动管理规模是否可以企稳回升。此外，2019 年老产品到期的压力将持续增加，净值型新产品面临合格投

资者资格范围、收益率及风险宣传等方面的挑战，其发行进度和发行规模成为关键。预计证券公司资管业务总体规模在2020年底前将有持续下降的压力，头部证券公司在发行产品方面相对占优。

三、完善产品线，发挥证券公司资管业务的配置优势

目前我国证券公司的资管产品配置相对单一，固定收益资产占绝对主导。在未来产品布局方面，证券公司作为提升直接融资比重、服务实体经济的重要主体，其资管产品的发行规模有望持续突破，资产证券化产品预计将成为券商资管产品多元化发展中重要一步；另一方面，在人民币国际化的大潮下，全球经营、全球配置已经成为资产管理机构的必然选择，尽管当前我国居民跨境资产配置比例偏低，远低于成熟市场近40%的水平，以“一带一路”为重点的对外开放格局为跨境资管产品的发展提供了广阔的空间。

四、差异化格局显现，证券公司资管业务初步形成不同模式

2019年证券公司资管的差异化格局将继续显现，打造不同模式的资管业务。发展模式之一是打造平台型资管，部分实力雄厚的大型证券公司可以借助完善产品线来实现全产品、全周期及全市场的覆盖。发展模式之二是打造精品资管，在二级市场投资研究上有长期积累和布局的机构可以借助强化主动管理来提升竞争力，这一发展模式专注于发展主动管理，坚持资管本源、价值投资。发展模式之三是将资产管理与财富管理相结合，拥有广泛零售客户基础的证券公司可以通过基础设施搭建、产品创设等将资产管理业务与财富管理相结合，发挥协同效应。发展模式之四是稳扎稳打，在产品创新或特色产品上形成优势，部分证券公司秉持稳扎稳打的风格，不断提升主动管理能力，形成自身的产品特色。

五、纾困基金计划规模将逐渐趋稳

2018年11月，为支持民营企业发展、化解股权质押风险，证券行业首次由11家证券公司达成意向出资210亿元设立母资管计划，作为引导资金支持各家证券公司分别设立若干子资管计划，吸引银行、保险、国有企业和政府平台等资金投资，预计形成1 000亿元总规模的资管计划。截至2019年1月20日，已有38家证券公司共成立了53只系列资管计划和11只子计划，出资规模总计529.3亿元，其中19家证券公司管理的系列资管计划已进行具体项目投资，累计投出金额总计84.99亿元，另外证券公司承诺出资规模累计达545亿元。预计随着2019年市场好转，股权质押风险得到缓释，纾困基金计划规模将趋稳（见图分3-8）。

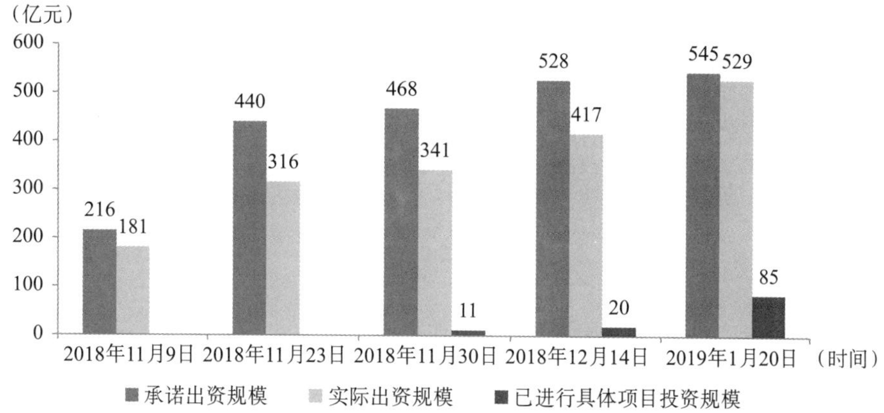

图分 3－8　证券公司纾困基金计划规模

资料来源：中国证券业协会，申万宏源研究。

六、持续强化风险管理，确保平稳过渡

资管新规对证券公司资管业务的风险管理和内部控制提出了新要求。一方面，证券公司应建立与资产管理业务发展相适应的管理体系和管理制度，健全其风险管理、内部控制和问责机制；另一方面，证券公司资管产品管理人应确保从业人员具备必要的专业知识、行业经验和管理能力，建立健全培训、考核、问责制度。在过渡期新老产品交接阶段，预计证券公司资管业务将建立主动的风险管理体系，将风险管理融合到投资决策与运营的各环节中。

分报告之四：
2018 年中国证券公司融资类业务发展回顾与展望

第一章
2018 年中国证券公司融资融券业务发展回顾与 2019 年前景展望

第一节　2018 年中国证券市场融资融券业务发展现状

一、融资融券市场余额情况

2018 年，A 股市场整体走势较弱，“两融”业务整体情况与市场走势类似[①]（“两融”余额与上证综指走势见图分 4－1）。据 Wind 数据统计，截至 2018 年 12 月 28 日，融资融券全市场余额为 7 557. 04 亿元[②]，相比于 2017 年末的市场余额 10 262. 64 亿元下降了 26. 36%。

① 2018 年末上证综指、深证成指收盘分别比 2017 年末下跌 24. 59%、34. 42%。

② 有关融资融券余额的数据有两个主要来源：一是中国证券金融股份有限公司网站公告的数据，二是 Wind 等数据服务商根据沪、深证券交易所公告的数据加总而得，两者在统计口径上略有差异，比如 2018 年底沪、深两市的融资融券余额按照 Wind 显示为 7 557. 04 亿元，中国证券金融股份有限公司网站公告数据为 7 557. 75 亿元。

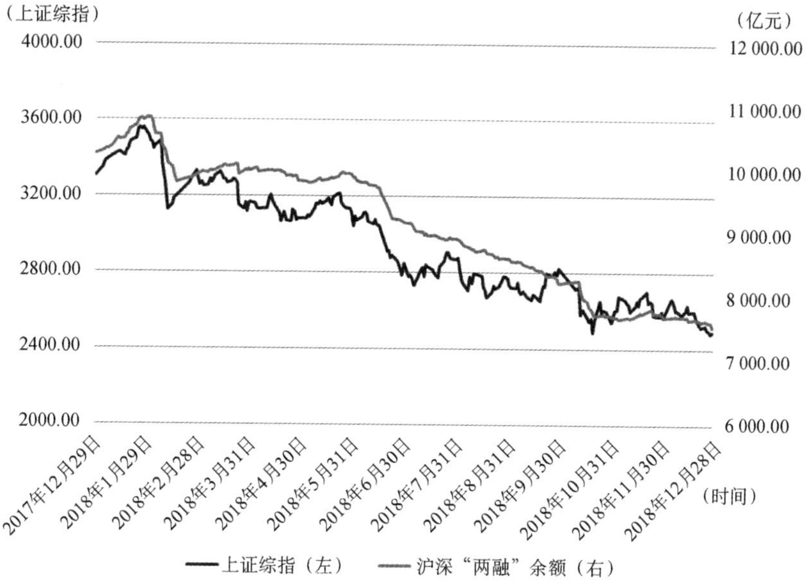

图分 4 –1　2018 年“两融”余额与上证综指走势

资料来源：Wind。

2018 年全年，融资余额整体呈现缓慢下行趋势，与之相反，融券余额整体呈现震荡上行趋势（见图分 4 –2）。融资余额在 2018 年 1 月 30 日达到最大值 10 784.00 亿元之后一路下跌，到 2018 年 12 月 28 日达到了全年最小值 7 489.80 亿元。融券余额在 2018 年全年保持了震荡上行的态势，2 月 14 日达到最小值 40.67 亿元后，在 11 月 15 日上涨到了全年最大值 85.55 亿元。

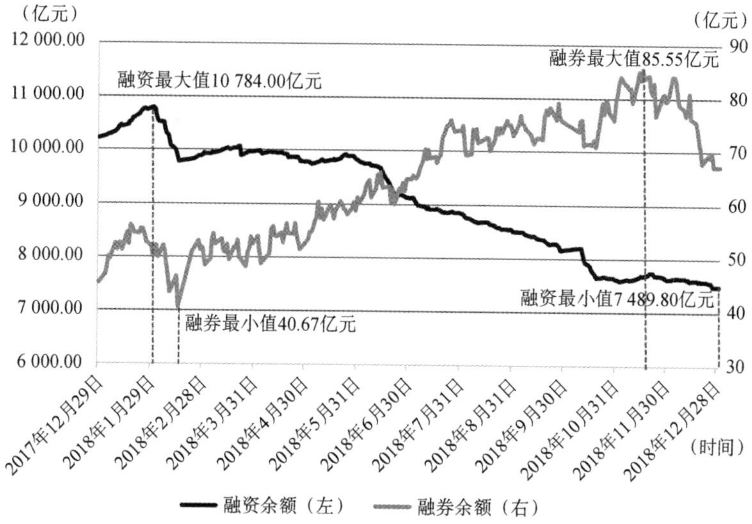

图分 4 –2　2018 年融资融券市场余额变化情况

资料来源：Wind。

二、融资融券市场交易情况

2018 年全年，全市场累计融资买入 75 693.94 亿元，占 A 股总成交金额 893 250.73 亿元的 8.47%[①]；2018 年全年累计融券卖出金额 1 902.66 亿元，占 A 股总成交金额的 0.21%。

2018 年全年，融资买入金额占 A 股成交金额比例呈现下降趋势，最大值在 2018 年 1 月 24 日，为 11.88%，最小值在 2018 年 12 月 28 日，仅为 5.86%（见图分 4－3）；融券卖出金额占 A 股成交金额比例呈现震荡趋势，2018 年全年在 0.20% 上下，最大值在 2018 年 2 月 22 日，为 0.39%，最小值在 2018 年 5 月 25 日，为 0.14%。

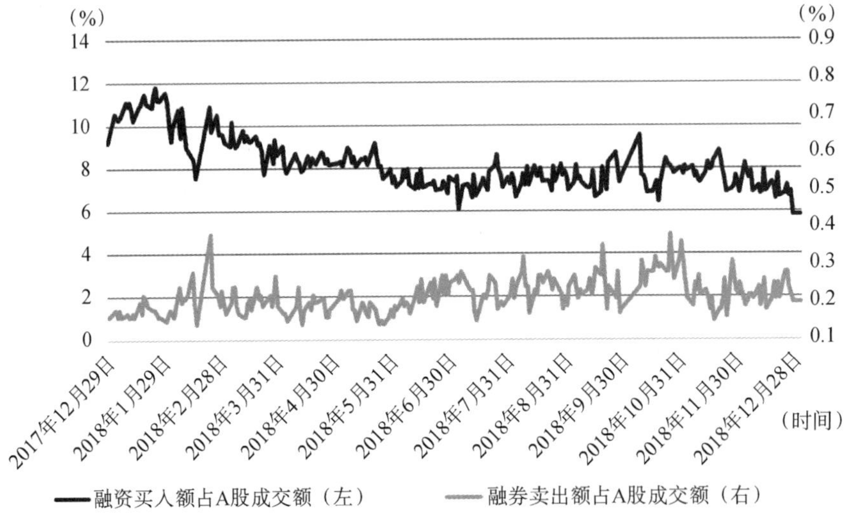

图分 4－3　沪、深两市融资买入额和融券卖出额占 A 股成交额比例

资料来源：Wind。

三、融资融券业务开户情况[②]

从融资融券业务的参与者来看，参与融资融券业务的投资者数量稳步增长，但从 2015

① A 股成交金额使用了中证指数公司发布的“中证 A 股”指数（代码 930903）的成交金额，中证 A 股指数由沪深两市全部 A 股组成，并剔除暂停上市的 A 股。

② 有关融资融券信用账户的开户情况，中国结算公布的数据为“开立信用证券账户的投资者数”，开立信用证券账户的投资者数以信用证券账户对应的一码通账户数统计；中证金融公司公布的开户数是根据证券公司汇总数，一个投资者的沪、深普通账户可对应开立一个沪、深信用账户。一般而言，当前投资者开立信用账户时，会同时开立沪、深信用证券账户。大体上，中证金融公司公布的信用账户数应是中国结算按照一码通统计的“开立信用证券账户的投资者数”的 2 倍。基于上述情况，对于客户开立融资融券信用账户的变化情况，中国结算和中证金融公司的数据显示的趋势是大体一致的。此外，在融资融券业务开展实践中，证券公司对于客户信用账户中的资产、负债、维持担保比例等参数的计算是不区分沪、深市场统一计算的，并作为一个账户统一进行盯市、追保、平仓等业务处理。

年以来，参与融资融券业务的投资者数量占投资者总数的比例逐年缓慢下降。根据中国证券登记结算有限责任公司（以下简称“中国结算”）数据统计，2018 年末开设信用证券账户的投资者数约为 472.42 万户，较 2017 年末开设信用证券账户的投资者数 455.53 万户增长了 3.71%（见表分 4－1）。

表分 4－1　　2015—2018 年末信用账户数

年份	期末投资者数*（万户）	期末信用账户数（万户）	信用账户占比（%）
2015	9 910.53	397.69	4.01
2016	11 811.04	424.89	3.60
2017	13 398.30	455.53	3.40
2018	14 650.44	472.42	3.22

*根据中国结算网站说明，期末投资者数量指持有未注销、未休眠的 A 股、B 股、信用账户、衍生品合约账户的一码通账户数量。

资料来源：中国证券登记结算有限责任公司。

从增长率的角度来看，2018 年每月信用账户开户数增长率在 0.3% 至 0.5% 的区间内徘徊，平均月增长率为 0.37%，显示出信用账户开户数情况趋于稳定（见图分 4－4）。

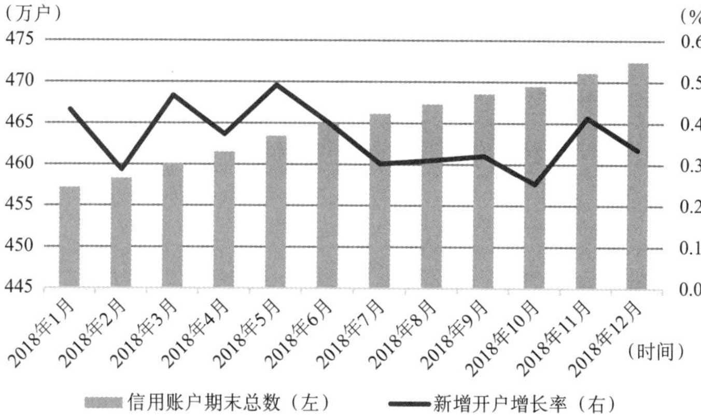

图分 4－4　2018 年融资融券新增开户增长率

资料来源：中国证券登记结算有限责任公司，Wind。

四、融资融券市场担保物及维持担保比例

根据中国证券金融股份有限公司数据显示，融资融券客户的担保物总市值随着 A 股市场总市值的降低而逐步下降，A 股市场总市值从 2017 年底的 56.64 万亿元降至 2018 年底的 43.36 万亿元，下降了 23.43%；融资融券客户的担保物总市值从 2017 年底的 3.12 万亿元降至 2018 年底的 2.09 万亿元，下降了 33.15%。

融资融券客户的平均维持担保比例与融资融券担保物价值的走势基本一致，从2017年底的261.84%降至2018年底的230.53%，下降了31.31%（见图分4－5）。

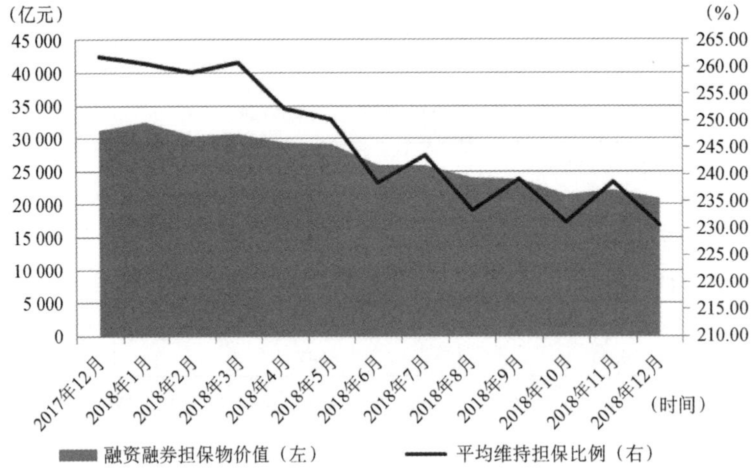

图分4－5　融资融券市场担保物及平均维持担保比例

资料来源：中国证券金融股份有限公司。

五、融资融券对证券公司收入贡献情况

截至2018年底，已有94家证券公司参与融资融券业务，融资融券业务已成为我国证券公司的主营业务之一，在很大程度上增加了市场的活跃度，为行业贡献了稳定可观的交易量和收入，而且融资融券业务的利息收入占证券公司整体营业收入的比重是呈现出稳步上升的趋势（见图分4－6）。

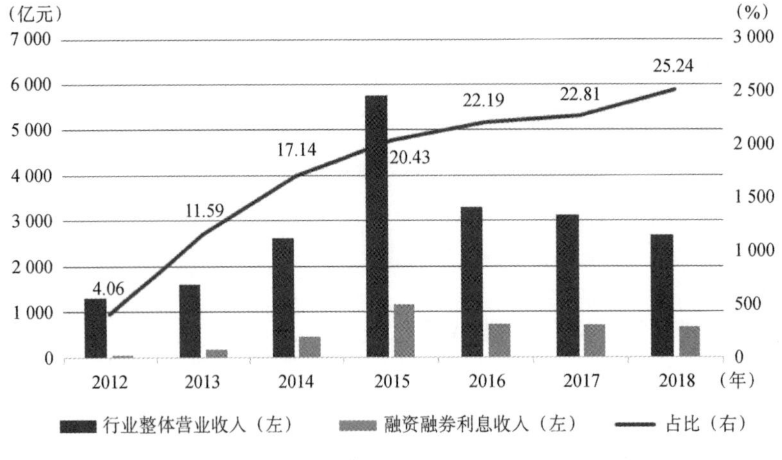

图分4－6　2012—2018年融资融券市场利息收入

资料来源：中国证券业协会。

第二节　2018 年中国融资融券业务发展的特点

一、转融通业务发展稳定

截至 2018 年底，全行业有 92 家证券公司参与转融通交易，转融通业务便随着 A 股市场以及融资融券业务整体走弱，继续保持稳中有降。2018 年全年转融通余额在 800 亿元上下波动，2017 年底为 791.40 亿元，2018 年底为 517.22 亿元。其中，转融资余额在 2018 年初升至 1 000 亿元上方后，经历了缓慢下降的过程，到 2018 年 11 月末降至 351.06 亿元；转融券余额从 2018 年初的 15.11 亿元缓慢降低，到 2018 年底降至全年最低 6.16 亿元（见图分 4－7）。

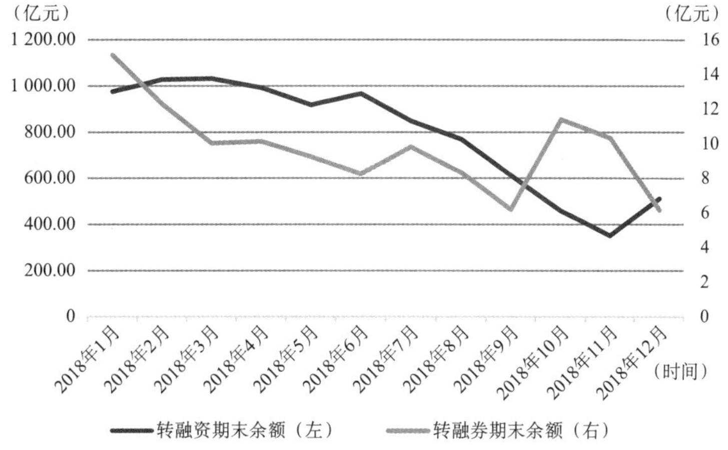

图分 4－7　2018 年转融资、转融券余额变化

资料来源：中国证券金融股份有限公司，Wind。

二、沪、深证券交易所定期调整“两融”标的

融资融券业务自 2010 年 3 月开始试点至 2018 年已运行近八年。期间，中国证监会及沪、深证券交易所对《证券公司融资融券管理办法》及《融资融券交易实施细则》等相关规则进行了多次修订和完善，沪、深证券交易所对于融资融券业务标的证券的管理也已趋于稳定，融资融券标的范围不断得到优化。沪、深证券交易所建立了标的证券定期评估调整机制，每季度末对标的证券进行一次双向调整，及时剔除出不符合条件的标的证券，并调入符合条件的优质证券，维持标的证券数量的稳定性，同时有效优化标的证券结构，便于投资者控制风险（见图分 4－8）。

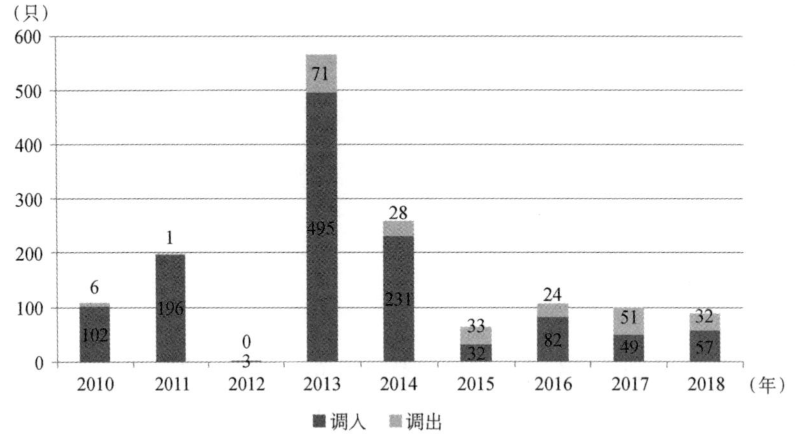

图分 4 - 8　2010—2018 年交易所融资融券标的调整情况

资料来源：沪、深证券交易所网站，Wind。

三、融券业务缓慢上升

2018 年，相比于融资余额逐步降低，融券业务发展相对较好，融券余额呈现稳步上升趋势。自 2010 年 3 月融资融券业务开启至 2018 年近八年，融资余额从 2010 年 3 月逐步上升，至 2015 年 6 月 18 日达到最高 22 666. 35 亿元，之后几年融资余额震荡下行，至 2018 年 12 月 28 日达到近四年的最小值 7 489. 80 亿元。融券余额在 2010 年 3 月至 2017 年底的走势与融资余额走势相似，在 2015 年 4 月 9 日达到顶峰 103. 11 亿元。2018 年，融券余额的走势有别于融资余额的走势，呈现逆势上升趋势，并在 2018 年 11 月 15 日达近四年的最大值 85. 55 亿元（见图分 4 - 9）。

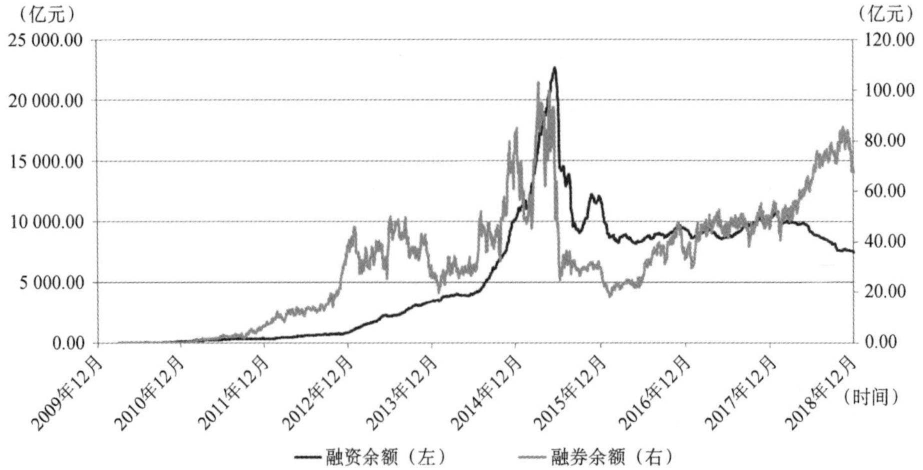

图分 4 - 9　2010—2018 年融资余额与融券余额

资料来源：沪、深证券交易所网站，Wind。

第三节 2018 年中国融资融券业务面临的问题

一、整体风险可控，面临个股风险考验

融资融券业务自 2010 年 3 月开启至 2018 年近八年，稳步发展，经受了 2015 年股市异常波动的考验。自 2016 年以来，融资融券业务相关规则逐步完善和落实，各证券公司经过一系列的总结反思，整体风险管理水平有了较大提升。

在融资融券业务的制度设计中，追加保证金和强制平仓制度是最为重要的风险控制措施。在市场流动性正常的情况下，强制平仓的制度设计能大概率保证证券公司通过处置客户担保物收回债务。然而，一旦客户担保物的流动性丧失（比如股票的无量跌停、长期停牌），强制平仓的制度也会失灵。① 2018 年，A 股市场受整体经济环境、大股东质押风险等各种因素叠加的影响，在整体走弱的基础上，频频出现了个股“暴雷”、连续无量跌停的现象②，这导致各家证券公司的融资融券业务面临局部坏账压力。

二、融资融券业务发展不平衡，融券渠道待进一步拓展

2018 年，虽然融券业务逐步上升，相对表现较好，但相关交易量仍远远小于融资业务。融券卖出额占融资买入额的比重从 2017 年 12 月的 2.10% 逐步上涨到 2018 年 12 月的 3.08%，融券余额占融资余额的比重从 2017 年 12 月的 0.44% 上涨到 2018 年 12 月的 0.90%（见图分 4 - 10）。但整体而言，融资融券业务发展仍然不够均衡，从成熟市场融资融券的实践来看，尽管融资交易量会高于融券交易量，但融券业务的占比仍有一席之地。例如，在日本和我国台湾地区的证券市场，融券交易总额一般会占融资交易和融券交易总额的 20% 左右。相比之下，我国融资融券业务发展仍然不够均衡。

---

① 当客户信用账户主要持仓出现无量跌停的情况，客户大概率会被追保、平仓，若客户不能及时追加担保物，客户信用账户极大可能会出现资不抵债，证券公司也无法通过强制平仓来收回债务。一般而言，大部分券商设置的融资融券平仓线为交易所规定的最低维持担保比例——130%，这就意味着，一旦融资融券客户“踩雷”开始平仓后，客户持仓证券（非 ST 股份）出现超过 3 个无量跌停板，该客户就不可避免地要出现坏账（信用账户已无可处置资产，但仍对证券公司有负债）。

② 据 Wind 数据统计，2018 年（非 ST 股份）连续跌停超过 3 个停板的超过了 157 只，这个数据 2017 年为 43 只；2018 年（非 ST 股份）连续跌停超过 7 个停板的超过了 33 只，2015 年也不超过 16 只。更有甚者，2018 年还出现了“乐视网”创纪录的连续 11 个跌停，“＊ST 长生”32 个跌停，大市值股票“上海莱士”10 个跌停，“中兴通讯”8 个跌停等比较极端的现象。

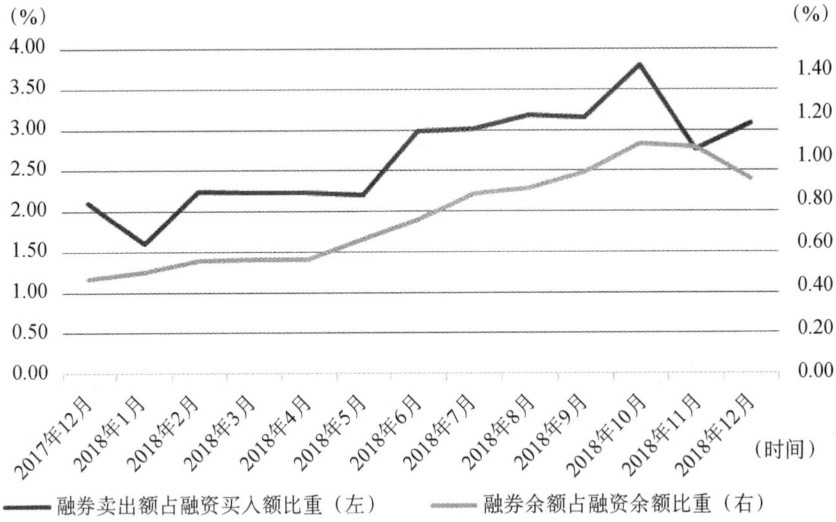

图分 4－10 融资业务和融券业务比较

资料来源：Wind。

融券业务发展缓慢的原因较多，融券渠道单一、出借方积极性不高是制约融券业务发展的主要原因之一。虽然 2015 年 4 月 17 日中国证券业协会与沪、深证券交易所联合发文《关于促进融券业务发展有关事项的通知》在扩大融券券源、扩大融券业务参与主体、优化交易结构等方面做出了相关规定，但是，融券业务仍然发展缓慢。证券出借人范围仍需进一步拓展，公募基金尚未参与转融通证券出借，证券公司资产管理计划等专业机构参与出借的比例仍然很低，市场券源的供给仍然有限，市场化转融券约定申报方式及市场化定价机制等制度仍未落地，转融通成交效率仍然有待提高。目前，融券券源包括自有券源和转融券借入证券，证券公司为了发展融券业务，一般需持有大量未对冲融券券源，这本身就与融券资本中介业务的定位相背离，既增加了证券公司持券风险和券源成本，也无法满足融券客户在券源种类、数量以及期限方面的多样化要求。此外，由于当前融资融券业务标的范围较小、交易制度相对复杂等因素，部分专业投资者通过收益互换、场外期权等方式实现的“场外融券”模式，也给场内融券规模发展带来一定程度的影响。

三、风险（坏账）处置面临困难

A 股市场经历 2015 年至 2016 年初的异常波动，此间有大量客户被强制平仓，也遗留了很多坏账客户，这些客户信用账户已无可处置资产，但对证券公司仍有负债。2018 年由于个股“暴雷”，这类客户数量和负债金额呈现不断攀升的趋势。从我国证券公司的发展历程来看，证券公司长期以来主要以投行和经纪业务为主，对于处理融资融券以及质押融资业务等借贷业务出现坏账时普遍经验不足，也未能像商业银行一样，建立一整套完整的坏账的追索、财务计提、坏账核销等制度。对于融资融券客户的坏账处理和追索将是证券公司近几年面临的一个新的问题，需要整个行业共同探究。

第四节　2019 年中国融资融券业务的发展前景

一、可充抵保证金证券、标的证券范围进一步优化

随着融资融券业务的稳步发展，预计未来几年，融资融券业务可充抵保证金证券、标的证券范围将进一步扩大和优化，且逐步向“负面清单”的管理方式过渡。预计在 2019 年，融资融券可充抵保证金证券范围将进一步扩大，可充抵保证金证券的折算率规定将更加灵活；融资融券标的证券范围也将进一步优化，更多大市值、高流动性的股票将会被及时加入标的证券范围，一些长期停牌、流动性较差的风险证券将会被剔除标的范围。

二、投资者结构进一步优化

随着资管新规等有关规则的落地，以及我国金融行业对外开放的加速，预计在未来的几年里，境内、外机构投资者参与融资融券的参与度将有一定的提高，融资融券业务投资者的结构将进一步优化，也将进一步促进融资融券业务制度的完善和行业风险管理水平的提高。

三、融资融券风险处置更加规范

经历近几年的发展，预计 2019 年整个行业对于融资融券业务的风险处置方式将更加规范。除可充抵保证金证券以外，投资者通过提交其他证券、不动产、股权等场外担保资产追加保证金的方式将更加规范，场外担保资产的确权、估值以及处置也将更加高效和规范。在监管机构以及自律组织的引导下，证券公司对于融资融券业务坏账的追索、财务计提、坏账核销等制度也将更加完善。

第二章

2018 年中国证券公司其他融资类业务发展回顾与 2019 年前景展望

第一节　证券公司其他融资类业务发展状况

一、股票质押式回购交易

2013 年 6 月 24 日，股票质押式回购交易（以下简称“股票质押回购”）业务同时在沪、深证券交易所上线。根据沪、深证券交易所统计数据，2017 年末，两市股票质押回购存续规模 16 249.81 亿元（见图分 4－11）；2018 年末，两市股票质押回购存续规模降至 12 826.63 亿元，较 2017 年降幅 21.07%，为业务上线以来年末存续规模首次下降。2018 年全年初始交易金额合计 3 425.49 亿元，同比减少 71.77%。2018 年全年购回交易金额合计 6 638.33 亿元，同比减少 23.93%。逐月来看，除 2018 年初 1 月份当月初始交易规模略多于购回交易金额外，其余各月每月呈现余额净减少趋势（见图分 4－12），全年平均每月减少余额 268 亿元。

自 2013 年 6 月 24 日业务上线至 2018 年 12 月 31 日，共 96 家证券公司开通了股票质押回购业务权限并发生交易。同期，沪、深两市初始交易金额累计 46 621.76 亿元，其中，沪市占 32.06%，深市占 67.94%；同期购回交易金额累计 33 400.13 亿元，沪市占 31.92%，深市占 68.08%；待购回初始交易金额 12 826.63 亿元，沪市占 30.35%，深市占 69.65%；履约保障比例沪市为 164.78%，深市为 221.74%（见表分 4－2）。

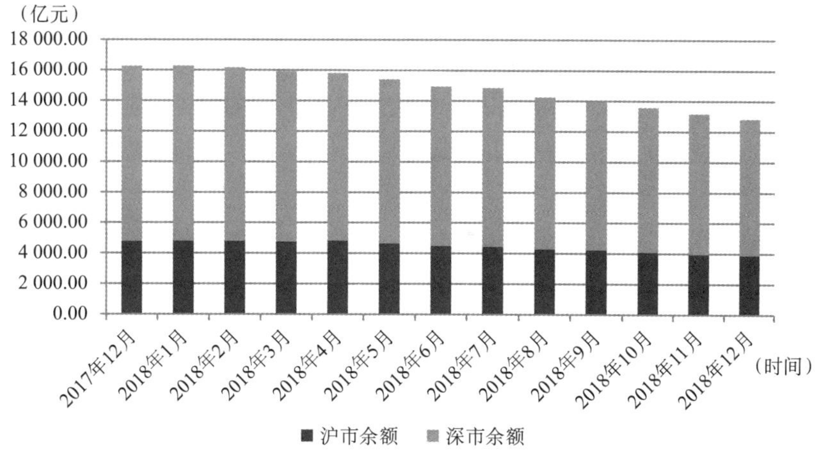

图分 4－11　股票质押回购业务逐月月末待购回金额

资料来源：上海证券交易所，深圳证券交易所。

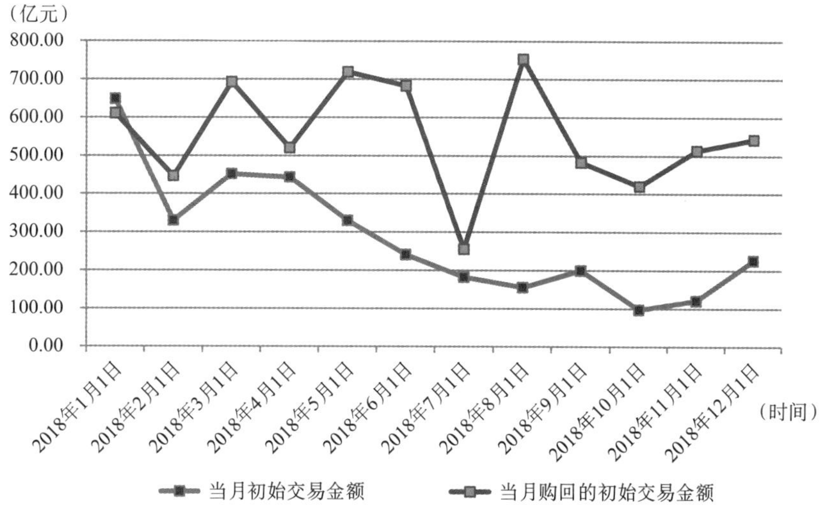

图分 4－12　股票质押回购业务逐月初始交易金额与购回交易金额

资料来源：上海证券交易所，深圳证券交易所。

表分 4－2　　沪、深两市股票质押回购交易规模（自 2013 年 6 月业务上线起算）

项目	沪市		深市		沪、深两市
	金额（亿元）	占比（%）	金额（亿元）	占比（%）	（亿元）
初始交易金额累计值	14 948.73	32.06	31 673.03	67.94	46 621.76
购回交易金额累计值	10 660.95	31.92	22 739.18	68.08	33 400.13
待购回初始交易金额	3 892.78	30.35	8 933.85	69.65	12 826.63
标的证券市值	5 895.13	29.64	13 990.93	70.36	19 886.06
履约保障比例（%）	164.78		221.74		

资料来源：上海证券交易所，深圳证券交易所（截至 2018 年 12 月 31 日）。

标的证券股份性质方面，质押标的证券为流通股的待购回初始交易金额为 9 165.28 亿元，占比 71.46%；质押标的证券为限售股的待购回初始交易金额为 3 661.36 亿元，占比 28.54%。沪、深两市流通股待购回初始交易金额 9 165.28 亿元，其中，沪市占 27.08%，深市占 72.92%（见表分 4－3）；沪、深两市限售股待购回初始交易金额 3 661.36 亿元，其中，沪市占 38.53%，深市占 61.47%。沪市待购回初始交易金额 3 892.78 亿元，其中，流通股占 63.76%，限售股占 36.24%；深市待购回初始交易金额 8 933.85 亿元，其中，流通股占 74.81%，限售股占 25.19%。

表分 4－3　沪、深两市不同类型股份待购回初始交易金额

项目	沪市		深市		沪、深两市（亿元）
	金额（亿元）	占比（%）	金额（亿元）	占比（%）	
流通股	2 481.96	27.08	6 683.32	72.92	9 165.28
限售股	1 410.83	38.53	2 250.53	61.47	3 661.36
合计	3 892.78	30.35	8 933.85	69.65	12 826.63

资料来源：上海证券交易所，深圳证券交易所（截至 2018 年 12 月 31 日）。

资金融出方类别方面，证券公司自有资金出资的待购回初始交易金额为 7 251.81 亿元（见表分 4－4），占比 56.54%；证券公司资产管理计划出资的待购回初始交易金额为 5 431.35亿元，占比 42.34%，其他融出方出资的待购回初始交易金额为 143.47 亿元，占比 1.12%，均为沪市交易。沪、深两市证券公司自有资金待购回初始交易金额 7 251.81 亿元中，沪市占 27.52%，深市占 72.48%；沪、深两市证券公司资产管理计划待购回初始交易金额 5 431.35 亿元中，沪市占 32.29%，深市占 67.71%。沪市待购回初始交易金额，证券公司自有资金占比 51.26%，证券公司资产管理计划占比 45.05%，其他融出方占比 3.69%；深市待购回初始交易金额，证券公司自有资金占比 58.84%，资产管理计划占比 41.16%。

表分 4－4　沪、深两市不同融出方的待购回初始交易金额

项目	沪市		深市		沪、深两市（亿元）
	金额（亿元）	占比（%）	金额（亿元）	占比（%）	
证券公司	1 995.53	27.52	5 256.28	72.48	7 251.81
资产管理产品	1 753.78	32.29	3 677.57	67.71	5 431.35
其他	143.47	100.00	0	0.00	143.47
合计	3 892.78	30.35	8 933.85	69.65	12 826.63

资料来源：上海证券交易所，深圳证券交易所（截至 2018 年 12 月 31 日）。

2018 年股票质押市场出现一定风险，股价持续下跌使得高比例质押股东无力及时补仓，出现流动性危机。从党中央、国务院，到各监管机构、自律机构、市场参与主体，各方协调互动，积极支持民营企业融资纾困，着力化解流动性风险。

中国银保监会允许保险资金设立专项产品，参与化解上市公司股票质押流动性风险，为优质上市公司和民营企业提供长期融资支持。中国证监会鼓励地方政府管理的各类基金、合格私募股权投资基金、券商资管产品分别或联合组织新的基金，帮助有发展前景但暂时出现流动性风险的上市公司纾解股票质押困境，促进其健康发展。

中国证券业协会推动设立证券行业支持民营企业发展集合资产管理计划，组织部分证券公司共商市场化方式化解股权质押风险，提升股权质押融资业务风险管理水平，支持民营经济高质量发展。证券行业支持民营企业发展集合资产管理计划遵照统一组织、分散决策原则设立，首次由 11 家证券公司达成意向出资 210 亿元设立母资管计划，作为引导资金支持各家证券公司分别设立若干子资管计划，吸引银行、保险、国有企业和政府平台等资金投资，形成 1 000 亿元总规模的资管计划。各证券公司发起设立的子资管计划按市场化方式组建、商业化模式运作，注重发挥投资银行的专业优势和交易组织能力，制定市场化、多样化、个性化纾解风险方案，支持具有发展前景的民营企业长期、健康、稳定发展。

此外，根据中国证监会关于交易所市场民营企业债券融资支持工具的工作安排，中国证券业协会会同中国证券投资基金业协会、中国期货业协会、上海证券交易所、深圳证券交易所于 2018 年 12 月 27 日发布《中国证券期货市场衍生品交易主协议（信用保护合约专用版)》，通过市场化衍生金融工具，增进民营企业信用，降低民营企业融资成本，支持民营企业融资纾困。

当前股票质押风险得到初步缓解。2018 年出台设立证券行业专项资管计划、发行专项纾困债、设立纾困并购基金等务实举措。据中国证券业协会数据显示，截至 2019 年 1 月 20 日，已有 50 家证券公司完成协议签署，承诺出资累计 545 亿元。已有 38 家证券公司共成立了 53 只系列资管计划和 11 只子计划，出资规模总计 529.3 亿元左右。从投资方面来看，19 家证券公司管理的系列资管计划已进行具体项目投资，累计投出金额总计 84.99 亿元，与 2018 年 11 月底相比增长了 6.6 倍，共涉及沪、深证券交易所上市的 25 家民营上市公司及其主要股东，切实纾解了民营企业及其股东的流动性困难。

二、约定购回式证券交易

约定购回式证券交易（以下简称“约定购回”）业务于 2011 年 10 月 31 日由上海证券交易所率先推出，之后深圳证券交易所于 2013 年 1 月 14 日上线该业务。截至 2018 年 12 月 31 日，共 79 家证券公司开通了约定购回业务权限并发生交易。

2018 年上半年，约定购回业务市场规模基本维持在 50 亿元至 60 亿元水平，下半年业务规模逐步下降。根据沪、深证券交易所统计数据，截至 2018 年 12 月 31 日，沪、深两市待购回初始交易金额 29.99 亿元，同比下降 47.99%。2018 年全年初始交易合计 2 844 笔，同比下降 44.13%；初始交易金额合计 46.14 亿元，同比下降 39.45%。

自 2011 年 10 月业务上线至 2018 年 12 月 31 日，沪、深两市初始交易金额累计 1 028.57 亿元，其中，沪市占 55.25%，深市占 44.75%；发生购回的初始交易金额累计 994.22 亿元，沪市占55.31%，深市占44.69%；待购回初始交易金额29.99亿元，沪市占46.89%，深市占53.11%；履约保障比例沪深两市合并计算为208.48%，其中，沪市为183.24%，深市为230.76%（见表分4－5）（履约保障比例=标的证券市值/待购回初始交易金额）。

表分4－5　　沪、深两市约定购回交易规模（自2011年10月业务上线起算）

项目	沪市		深市		沪、深两市（亿元）
	金额（亿元）	占比（%）	金额（亿元）	占比（%）	
初始交易金额累计值	568.30	55.25	460.27	44.75	1 028.57
发生购回的初始交易金额累计值	549.88	55.31	444.34	44.69	994.22
待购回初始交易金额	14.06	46.89	15.93	53.11	29.99
标的证券市值	25.77	41.21	36.76	58.79	62.53
履约保障比例（%）	183.24		230.76		208.48

资料来源：上海证券交易所，深圳证券交易所（截至2018年12月31日）。

交易所约定购回业务规则的优化创新目前暂未继续推进，预计在规则优化创新之前，业务规模较难有较大增长。

三、证券公司对股票质押回购资金专户的管理模式分析

2018年1月12日，沪、深证券交易所分别发布《股票质押式回购交易及登记结算业务办法》，中国证券业协会发布《证券公司参与股票质押式回购交易风险管理指引》（以下统称“新规”），新规自2018年3月12日起正式实施。新规要求，融入方需将融入资金存放于其在证券公司指定的银行开立的专用账户。新规实施以来，行业内的资金专户管理模式主要有以下三类：

模式1：要求融资人在银行端开立新的账户作为资金专户，以协议约定的方式要求融资人将质押融出资金最终转入该专户中。

模式2：以融资人原银行端三方存管账户作为资金专户，通过在证券端对质押融出资金设置专项指令（可取不可用）的形式确保资金流入专户。

模式3：在证券端除主资金账户外新开立一个资金账户作为质押资金专户，同时银行端新开立一个专用账户，将证券端和银行端分别开立的专户建立三方存管关系。

三种模式都涉及证券公司、银行、融资人签署三方或多个两方协议，约定各主体的权利义务等相关事项。

2018年，中国证券业协会对证券公司的股票质押回购资金专户管理模式进行专项调查，回收有效调查问卷96份，并对调查结果进行了统计分析，深入了解证券公司资金专户的管理方式，提升了证券公司资金专户管理水平。

（一）大多数证券公司无论自有资金还是资产管理计划作为融出方，使用模式 3 作为资金专户管理模式

对证券公司自有资金出资的资金专户管理模式，有 31 家证券公司采用了模式 1，在全部 96 家证券公司中占比 32.29%；仅 5 家证券公司采用了模式 2，占比 5.21%，有 65 家证券公司采用了模式 3，占比 67.71%。

在合作银行家次方面，模式 1 的合作银行家次为 97 家次①，占证券公司自有资金出资全部模式下合作银行家次总数的 28.36%；模式 2 的合作银行家次为 13 家次，占 3.8%；模式 3 的合作银行家次为 232 家次，占 67.84%。

在签约融入方人次方面，模式 1 的签约客户人次为 409 人次②，占证券公司自有资金出资全部模式下签约客户人次总数的 21.15%；模式 2 的签约客户人次为 13 人次，占 0.67%；模式 3 的签约客户人次为 1 512 人次，占 78.18%。

可以看出，就证券公司自有资金出资的股票质押回购交易，在证券公司家数、合作银行家次、签约客户人次方面，模式 3 的占比均超过 2/3。此外，根据调查问卷，除了上述三种模式外，证券公司自营无其他的资金专户管理模式（见表分 4－6）。

表分 4－6　　证券公司自有资金出资的资金专户管理模式分布

专户模式	证券公司数（家）	占比（%）	合作银行合计（家次）	占比（%）	签约客户合计（人次）	占比（%）
模式 1	31	32.29	97	28.36	409	21.15
模式 2	5	5.21	13	3.80	13	0.67
模式 3	65	67.71	232	67.84	1 512	78.18

资料来源：中国证券业协会专项调查问卷（截至 2018 年 12 月 31 日的数据）。

对证券公司资产管理计划出资的资金专户管理模式，有 26 家证券公司采用了模式 1，在全部 96 家证券公司中占比 27.08%；仅 7 家证券公司采用了模式 2，占比 7.29%；有 50 家证券公司采用了模式 3，占比 52.08%；另有 1 家证券公司还采用了其他模式，该模式与模式 3 稍有区别：在证券端除主资金账户外新开立一个资金账户作为质押资金专户，同时银行端新开立两个账户，将证券端的质押资金专户和银行端其中一个账户建立三方存管关系，并以协议约定的方式要求融资人将质押融出资金最终转入银行端新开立的另一个账户中（银行专户）。

在合作银行家次方面，模式 1 的合作银行家次为 61 家次，占证券公司资产管理计划全

① 此数为 96 家证券公司自有资金出资模式 1 下合作银行家数之和，同一银行可与多家证券公司合作，故合作的银行家数要小于此数，下同。

② 此数为 96 家证券公司自有资金出资模式 1 下签约客户数之和，同一客户可与多家证券公司同时签约，故签约的客户数要小于此数，下同。

部模式下合作银行家次总数的25.74%；模式2的合作银行家次为21家次，占8.86%；模式3的合作银行家次为154家次，占64.98%；其他模式的合作银行家次为1家次。

在签约融入方人次方面，模式1的签约客户人次为36人次，占证券公司资产管理计划全部模式下签约客户人次总数的7.78%；模式2的签约客户人次为23人次，占4.97%；模式3的签约客户人次为403人次，占87.04%；其他模式的签约客户人次为1人次。

可以看到，就证券公司资产管理计划出资的股票质押回购交易，在证券公司家数、合作银行家次、签约客户人次方面，模式3的占比也均超过一半以上（见表分4-7）。

表分4-7　　证券公司资产管理计划出资的资金专户管理模式分布

专户模式	证券公司数（家）	占比（%）	合作银行合计（家次）	占比（%）	签约客户合计（人次）	占比（%）
模式1	26	27.08	61	25.74	36	7.78
模式2	7	7.29	21	8.86	23	4.97
模式3	50	52.08	154	64.98	403	87.04
其他模式	1	1.04	1	0.42	1	0.22

资料来源：中国证券业协会专项调查问卷（截至2018年12月31日的数据）。

综上，对证券公司自有资金出资与资产管理计划出资，无论在证券公司家数还是合作银行家次或签约客户人次方面，模式3的占比均超过大多数。

（二）部分证券公司使用多种资金专户管理模式展业

截至2018年12月31日，证券公司自有资金出资的资金专户管理模式中，71家证券公司仅采用一种模式，其中，采用模式1的20家，采用模式2的1家，采用模式3的50家；15家证券公司同时采用了两种模式，其中，同时采用模式1与模式3的11家，同时采用模式2与模式3的4家；另有10家证券公司无落地的资金专户管理模式，这10家证券公司在新规实施后还未开展交易（见表分4-8）。

表分4-8　　证券公司自有资金出资的资金专户管理模式情况

专户模式	证券公司数（家）	占比（%）
仅模式1	20	20.83
仅模式2	1	1.04
仅模式3	50	52.08
模式1+模式3	11	11.46
模式2+模式3	4	4.17
未落地专户模式	10	10.42
合计	96	100.00

资料来源：中国证券业协会专项调查问卷（截至2018年12月31日的数据）。

截至 2018 年 12 月 31 日，证券公司资产管理计划出资的资金专户管理模式中，65 家证券公司仅采用一种模式，其中，采用模式 1 的 20 家，采用模式 2 的 4 家，采用模式 3 的 41 家；9 家证券公司同时采用了多种模式，其中，同时采用模式 1 与模式 3 的 5 家，同时采用模式 1、模式 3 及其他模式的 1 家；同时采用模式 2 与模式 3 的 3 家；另有 22 家证券公司无落地的资金专户管理模式，这 22 家证券公司在新规实施后还未开展交易（见表分 4－9）。

表分 4－9　　证券公司资产管理计划出资的资金专户管理模式情况

专户模式	证券公司数（家）	占比（%）
仅模式 1	20	20.83
仅模式 2	4	4.17
仅模式 3	41	42.71
模式 1＋模式 3	5	5.21
模式 1＋模式 3＋其他	1	1.04
模式 2＋模式 3	3	3.13
未落地专户模式	22	22.92
合计	96	100.00

资料来源：中国证券业协会专项调查问卷（截至 2018 年 12 月 31 日的数据）。

综合本次调查情况，大多数证券公司自有资金、资产管理计划作为融出方，均使用模式 3 作为资金专户管理模式，模式 3 已成为资金专户管理模式的主流模式。

第二节　证券公司其他融资类业务发展中面临的问题

一、股票质押式回购交易

2018 年，股票质押回购业务规模逐步下降，月均复合降幅为 1.95%，2018 年底，市场存续余额降至 12 826.63 亿元，较 2017 年末下降 21.07%，为业务上线以来年末存续规模的首次下降。在业务发展过程中，面临的问题主要体现在以下方面。

（一）部分融入方存在自身质押比例过高的现象，将存在较大的违约风险

融入方自身质押比例，是指融入方已质押股份数量占其持股总数的比例，对自身质押比例过高的融入方，面临较大的违约风险。一方面，在股价下跌跌破平仓线时，由于融入方大部分持股均已质押，补仓能力有限，将面临平仓风险；另一方面，高比例质押使得融入方股份腾挪空间有限，置换还款渠道受限，在交易到期时面临较大的逾期风险。

对于股东高比例质押以及上市公司滥用停牌权，沪、深证券交易所长期保持高度关注，切实防范系统性风险。以深交所为例，深交所通过股票质押风险监测平台建设，运用科技监管手段，及时掌握股东的质押情况，识别控股股东是否利用虚假停牌避免平仓。针对某些上市公司大股东质押比例长期达90%以上，多次以筹划重大事项为由申请股票停牌的情况，深交所多次发送问询函和关注函，要求公司说明重大事项进展、收购资金来源、质押股份用途、履约保障比例、预警线及平仓价格等，最后上述公司均终止筹划相关事项。

（二）部分交易存在标的证券全市场质押比例过大的现象，可能累积较大潜在风险

股票质押式回购交易业务近些年取得较快发展，根据中国结算相关数据，有部分上市公司作为质押标的证券的全市场质押比例长期超过50%。2018年1月，沪、深证券交易所分别发布《股票质押式回购交易及登记结算业务办法》，中国证券业协会发布《证券公司参与股票质押式回购交易风险管理指引》（以下简称“质押新规”），“质押新规”于2018年3月12日实施。根据“质押新规”，全市场质押比例超过50%的标的证券无法在场内质押融资，这些标的证券质押交易的融入方场内质押再融资能力丧失，面临较大的潜在风险。

（三）证券公司事后风险处置回收资金能力有限，资金融出方的资金安全面临较大不确定性

2017年5月，中国证监会发布《上市公司股东、董监高减持股份的若干规定》，同期沪、深证券交易所也分别发布《上市公司股东及董事、监事、高级管理人员减持股份实施细则》（以下简称“减持新规”）。由于执行股权质押协议适用“减持新规”，对上市公司大股东、董监高（本段以下简称“融入方”）股票质押回购业务违约的，证券公司通过二级市场进行违约处置的方式受到较大影响，具体表现为：（1）证券公司卖出质押标的股票前，融入方需提前15个交易日进行公告，若融入方不配合进行相应公告，则证券公司将处于被动局面。（2）对融资金额占标的股票总市值超3%的交易，即便融入方配合进行违约处置，受“任意连续90日内，通过集中竞价交易处置的股份数不得超过上市公司总股本的1%，通过大宗交易处置的股份数不得超过上市公司总股本的2%”的限制，违约处置的周期将超过90天，证券公司收回本息将面临更大的不确定性。（3）上市公司或大股东、董监高涉嫌证券期货违法犯罪，被监管机构立案调查的，在立案调查期间不得减持股份。对有此种情形的违约交易，证券公司将无法通过二级市场进行违约处置。

“减持新规”对平抑市场大幅波动具有明显效果，但2018年股票市场受外围国际环境不利扰动、上市公司自身盈利情况下滑、投资者信心低落等多重因素影响，部分上市公司股价在极端事件触发下出现连续大幅下跌，与其关联的股票质押出资方，质押担保物市值缩水，股价甚至跌破出资方出资本金对应的股价水平，但受限于减持新规，证券公司并不能及时足量在二级市场卖出质押物，转而从协议转让、债务重组、司法处置等方式保障债权，解

决债务问题。证券公司作为股票质押回购资金融出方，应在业务开展和风险管理并重的原则下，结合融入方信用资质，审慎评估标的证券质押率上限，对于全市场质押比例较高的标的证券，审慎开展股票质押回购业务。在股份司法冻结和处置的过程中，行业暂未形成普适的司法处置方案，各市场主体应从中吸取经验，逐步形成行业规范，并在未来开展业务时做出更妥善的风险管理措施。

（四）股票质押业务尚缺乏融资人资信的共享平台

相对于银行贷款业务，证券公司在资信管理方面体系不够成熟，一线人员经验相对薄弱，信用管理及业务违约信息未共享使用。在信用数据不全的情况下，出资方基于逆向选择，将提高业务风险指标。因此，需要加强证券公司、银行等出资方对融资人资信、全市场预警与违约等数据的共享和合作，建立统一资信管理平台，对融资人及上市公司资信、违约情况进行行业共享，促进业务发展。

（五）交易类型仍不够完善

深圳证券交易所 2015 年推出“部分购回”交易指令，支持融入方在待购回期间进行场内部分还款；而上海证券交易所一直未推出该指令。此外，目前沪、深证券交易所都未推出“卖券还款”交易指令，对于有意通过减持股份来还款的融入方，无法灵活操作，同时增加融入方资金占用，即需要融入方自行备资完成质押交易购回解质押后再自行卖出股份。“卖券还款”需与违约处置区别对待，避免影响融入方征信记录。

（六）业务存在较大的错向风险（Wrong Way Risk）

股票质押回购业务的风险主要在于融入方的信用资质恶化而无法及时购回，虽然有标的证券作为质押物，但由于融入方多为控股股东、实际控制人，其资质与标的证券价值相关性较大，若其资质恶化，则标的证券价值也将下降，造成业务的错向风险较大。

二、约定购回式证券交易

随着 2013 年 6 月股票质押回购业务的推出，约定购回业务存续规模逐步下降，从 2013 年末 280 亿元左右的存续余额，降至 2014 年末 109 亿元，2015 年末不足 60 亿元，经过 2016 至 2017 年适度回稳后，2018 年末已降至 30 亿元，仅占同期股票质押回购业务 1.28 万亿元规模的 0.23%。在业务发展中，面临的问题主要有监管政策、交易规则、客户体验三大类。

（一）监管政策方面的问题

因标的证券过户的交易规则，上市公司持股比例 5% 以上股东及董监高受限于其股东身份在买卖股票时的交易限制，较难参与约定购回业务。同时，约定购回业务过户的标的证券，需纳入证券公司权益类证券进行规模和集中度指标控制，相关规定要求证券公司通过约定购回业务持有的证券与通过其他自营持有的该证券合计不得超过该证券总股本的5%，此要求使得证券公司在约定购回与其他自营业务之间面临取舍，一定程度限制了约定购回业务的发展。

（二）交易规则方面的问题

相对于股票质押回购业务的T+0交收、最长融资期限为3年、允许部分购回、违约处置支持电子化申报的便利特点，约定购回业务存在T+1日交收的相对效率较低，融资期限最长为1年相对较短，不支持对一笔交易的分次部分购回，违约处置不支持电子化申报等特征，业务规则有待进一步优化。此外，约定购回交易的标的证券占用了证券公司权益类持仓的规模和集中度，但却不能被证券公司使用，如何修订业务规则、有效利用交易存续期间证券公司约定购回专用账户中持有的标的证券，将对该项业务未来的发展有很大影响。

（三）客户体验方面的问题

由于约定购回式证券交易开户要求临柜办理，导致客户体验较差。证券公司在客户完成开户及投资者适当性确认等相关工作后，可考虑通过适当的流程设定，允许客户通过非现场方式完成约定购回交易开户操作，在业务合规开展的前提下，达到方便客户的目的，提升客户体验。

第三节　证券公司其他融资类业务发展前景展望

一、股票质押式回购交易

（一）强化股票质押回购业务服务实体经济的本质

2019年2月，中共中央办公厅、国务院办公厅印发了《关于加强金融服务民营企业的若干意见》。该意见指出，民营经济是社会主义市场经济的重要组成部分，在稳定增长、促进创新、增加就业、改善民生等方面发挥着不可替代的作用。民营上市公司股东参与股票质押回购业务，是民营企业融资的重要方式之一。

证券公司在开展股票质押回购业务时，将进一步做好融入方的资信审查工作，并对其资金用途进行专户管理，强化存续期资金实际使用的报告机制。一方面，通过把握资金去向，控制业务风险；另一方面，融出资金进入实体经济领域，切实履行证券公司服务实体经济的职责。

（二）证券公司继续与各方协调，积极支持民营企业融资纾困，着力化解流动性风险，切实维护企业合法权益

2018 年 11 月 1 日，习近平总书记在民营企业座谈会中指出，对有股权质押平仓风险的民营企业，有关方面和地方要抓紧研究采取特殊措施，帮助企业渡过难关，避免发生企业所有权转移等问题。随后，中国证监会下发《关于支持证券基金经营机构积极参与化解上市公司股票质押风险、支持民营企业发展的通知》，就证券公司参与系列资产管理计划，在产品设计、出资比例、投资范围、风控指标计算等方面按规定给予一定的政策支持。

未来各证券公司将充分发挥投资银行的专业优势和组织交易的能力，采用市场化、多样化、个性化的方式，研究解决民营企业、中小企业发展中遇到的困难，激发市场活力，促进资本市场长期健康发展。

（三）证券公司积极妥善地做好风险处置相关工作，积累行业经验

股票质押违约处置措施，二级市场卖出处置的金额较少，违约处置对市场的直接影响有限。未来股票质押风险处置方案中，对于股票质押数量较多的交易，尤其是控股股东、大股东、董监高等股东质押融资及协议转让、司法途径等非二级市场卖出的处置方式，将继续是主流的违约处置方式。

在个股事件性风险中，发生违约事件后，证券公司如何在保障自身利益、保护融资人应有权益的基础上妥善完成处置，股票质押相关的司法冻结与司法执行案件，尤其是限售股质押案件如何快速有效处置，是市场各参与主体共同关心的关键问题。随着风险事件的不断出现、司法实践经验的逐步积累，会形成一些行业经验，证券公司自身风险管理能力得到提升的同时，将有助于股票质押回购业务规则和制度的完善，更好地指导未来的业务开展。

二、约定购回式证券交易

目前，约定购回业务逐渐被股票质押回购业务替代，2018 年底全市场存续余额 30 亿元，约定购回业务在市场的关注度逐渐降低。约定购回业务的本质是证券的买断式回购交易，但在现有业务规则下，约定购回交易的标的证券保管在证券公司的专用证券账户，证券公司无法盘活该部分资产，使得标的证券过户带来的优势并不明显，实现功能类似于质押，但却产生了包括额外的信息披露、股东反向交易限制、权益处理等诸多不便，无法有效发挥买断式交易的优势。2019 年约定购回业务规模的增长，很大程度上取决于交易规则的进一步优化及创新。

分报告之五：
2018 年中国证券公司投资业务发展回顾与展望

第一章
2018 年中国证券公司投资业务的总体情况

我国证券公司传统投资业务可划分为权益投资和固定收益投资两大类。2018 年，证券投资业务中固定收益类资产表现好于权益类资产。债权投资年末市值从 2017 年的 12 139 亿元上升到 2018 年末的 17 802 亿元，涨幅 46.65%，而股票投资从 2 732 亿元下降到 1 738 亿元，跌幅 36.39%。证券投资合计增长稳定，从 2017 年末的 20 137 亿元上升至 26 102 亿元，涨幅 29.62%。各大类资产每年表现或有波动，总投资规模仍保持着持续增长（见表分 5－1）。

表分 5－1　　2018 年末全行业自营业务运作情况　　（单位：亿元）

序号	指标	期末账面成本	期末公允价值	期末市值
1	股票投资	1 965.79	1 735.02	1 738.24
2	基金投资	2 343.97	2 337.57	2 343.70
3	债权投资	18 208.78	17 792.10	17 802.54
4	权证投资	0.00	0.00	0.00
5	其他证券产品投资	4 321.08	4 214.23	4 217.56
6	证券投资产品合计	26 839.63	26 078.92	26 102.04

资料来源：中国证券业协会。

第一节　2018 年中国证券公司传统投资业务发展情况

一、中国证券公司传统投资业务发展现状

（一）2018 年市场运行状况

2018 年债券市场震荡走强，10 年期国债收益率从年初 3.9008% 降至年末 3.2265%，全年收益率呈现单边下行的态势。中债指数全年上涨 9.63%。信用债分化加剧，高等级信用利差持续压缩，中低等级债券因为违约增大而价格下跌，民营企业债券尤为明显。股票市场全年呈现持续下跌的态势。2018 年末上证综指收于 2493.90 点，下跌 24.59%；深证综指收于 1267.87 点，下跌 33.25%。

（二）2018 年证券公司传统投资业务发展现状

证券投资已成为证券公司收入占比最大的业务。2017 年证券投资业务收入占比 27.66%，首次超过经纪业务 26.37% 的占比。2018 年证券投资收入占比进一步上升至 30.05%，连续两年保持证券行业第一大收入业务。究其原因，投资相对其他业务更加稳定，2018 年在各业务线收入中下滑幅度相对较小，占比被动提升。这也表明证券公司其他传统业务受到了更大的冲击。

2018 年投资业务整体稳步发展，不同投资品如股票、债券的表现分化明显。股票、债券等大类资产之间的资金分配属于公司层面的战略配置议题，需要公司对各类资产在未来一年的表现预判，主动地调整投资额度。

2018 年的股票权益市场表现不佳，仅有 200 余只股票全年收盘上涨，占所有上市公司 6.3%。面对市场风险，证券公司投资部门采取多种综合措施，包括个股下跌中降仓止损，低买高卖以摊低成本，卖出看涨期权增强收益等。证券公司风险控制部门与投资部门之间的沟通也更加紧密。风控部门会适当设定调整风控指标，包括单日波动、VaR 值、回撤止损线等，保持投资处于合理适度的风险水平。

二、中国证券公司传统投资业务发展特征

2018 年反映了传统投资业务的强周期性特征。传统投资业务随着市场的上涨而扩张，随着市场下跌而收缩。债权投资年末市值从 2017 年末的 12 139 亿元上升到 2018 年的 17 802

亿元，涨幅46.65%。而股票投资从2 732亿元下降到1 738亿元，跌幅36.39%。

投资策略的变化也较为明显，股票投资从主动方向性配置到被动对冲性配置。投资于基金产品的市值从2017年末的1 754亿元上涨到2018年的2 344亿元，涨幅33.6%。基金产品包括货币基金、偏股型基金、偏债型基金、混合型基金等，投资基金额度的上涨反映了更加分散化的投资策略。主动性的仓位也加入期货等手段管理对冲风险。

第二节　2018年中国证券公司传统投资业务发展中面临的问题与2019年前景展望

一、中国证券公司传统投资业务发展中面临的问题

（一）新会计准则对传统投资业务的影响

新会计准则《金融工具计量规则（IFRS9）》2018年起在证券行业开始实施，其对报表的影响和对业务实践的改变逐渐明晰。旧准则下，资产价格波动可以计入可供出售金融资产账户，没有直接在当期损益表中体现。在新准则下，证券公司所持有的权益类资产价格波动会直接影响报表的当期损益，最终影响净利润指标。新准则下，证券行业经营业绩与二级股票、债券市场关联度进一步增大。

从实践看，新会计准则倾向于将市场的变化更快、更及时地反映在报表端。这就促使在投资过程中，大家更关注本年的变化，一些更长时间周期下的资产配置需求面临以年为单位的短期报表端压力。这就需要增加风险管理对冲工具，为证券公司管理市场风险提供有效手段。

（二）人员稳定性和策略延续性不足

若连续几个考核周期内不能产生累计盈利，提供超越市场的超额收益，证券公司会考虑是否有必要继续配置股票资产投资。每一轮持续几年的下跌中均有股票自营部门被裁撤，而在市场复苏上涨时重新建立。这都不利于投资部门人员的稳定性以及投资策略的延续性。历史数据显示，长期的股票平均收益率在各类资产中最高。证券公司只有持续参与市场投资，才能获得相应的风险收益。

二、中国证券公司传统投资业务发展前景展望

（一）传统投资手段多样化、策略多样化

展望2019 年，传统投资业务策略将逐步多样化，风险控制将更加完善，部门间的相互协调也将更加顺畅。除了常规的股票投资以外，期货的应用已经常态化，有望探索出克服市场波动稳定盈利的投资模式。期权应用方面，场内 50ETF 期权容量持续扩大，场外个股期权开始普及，证券公司投资部门在期权的操作上有更大的自由度，可以做出更多样的策略，精细化管理持仓。

沪伦通和 CDR 持续推进，投资范围有望进一步扩大，海外市场与国内股市相关性较低，可以降低整体波动，但涉足海外市场对证券公司投研能力也提出了更高的要求。

（二）科创板的设立将给证券公司带来机遇

国家主席习近平于 2018 年 11 月 5 日在首届中国国际进口博览会开幕式上宣布设立科创板，这是提升服务科技创新企业能力、增强市场包容性、强化市场功能的一项资本市场重大改革举措，将给证券公司投资业务带来更多的机遇。

科创板在制度设计上有重大创新。在发行承销机制、信息披露监管、交易机制、并购重组机制、退市制度等方面将建立更加市场化的制度。这将大大激发证券公司投资业务的活力，促进我国资本市场的良性循环。

第二章
2018 年中国证券公司私募投资基金业务发展情况与 2019 年展望

一、2018 年中国私募投资基金市场基本情况

2018 年，中国私募投资基金在基金募集方面出现一定程度的下滑，投资方面则表现得更为稳健，退出仍保持一定的活跃度。

根据清科旗下私募通统计，2018 年中国私募投资基金完成募集 2 793 只基金，同比增长 10.3%；从基金募集规模来看，2018 年共募集完成 10 110.55 亿元，较 2017 年募资下滑达 28.9%；就平均募资金额而言，已披露金额的 2 628 只基金平均募集规模为 3.85 亿元，较 2017 年平均募资规模 7.26 亿元下滑 47.0%，主要系以前年度地产类单体规模较大的基金募资规模下滑所致（见图分 5－1）。

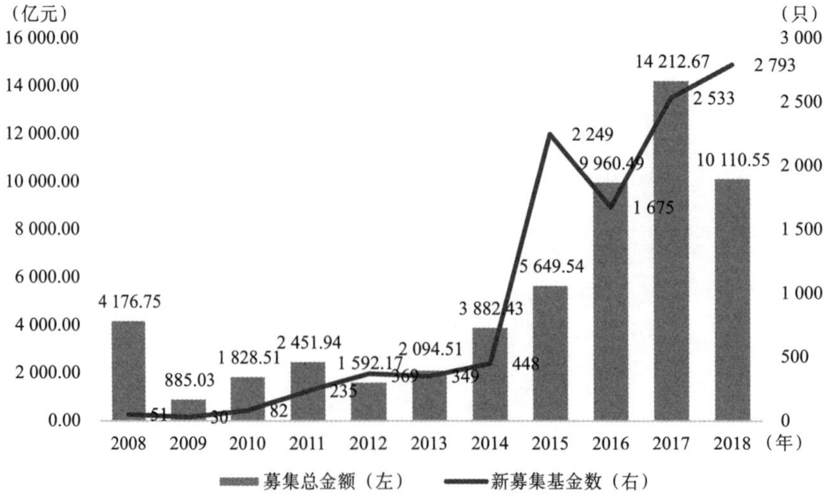

图分 5－1　2008—2018 年中国私募投资基金市场募资情况分布

资料来源：清科集团私募通。

从基金类型来看，私募股权投资机构更加专注于成长基金，2018 年其继续扩大优势，募集数量达到 2 044 只，总募资规模达到 7 596.16 亿元，约占市场比重的 75.1%。PE 机构也愈发向创业投资层面展开布局，2018 年创业投资基金 572 只，共募集 964.11 亿元，创业投资基金在数量和募资金额方面较 2017 年均有了较大程度的扩张，分别增长 18.9% 和 11.6%。此外，2018 年基金类型较 2017 年略有减少，除上述基金外共募集并购基金 89 只，房地产基金 47 只，基础设施基金 28 只，早期基金 9 只及夹层基金 4 只。

清科旗下私募通统计数据显示，2018 年中国私募投资基金市场共发生投资案例 3 905 例，相比 2017 年全年投资案例数增长 18.0%。就投资总金额来看，2018 年中国私募股权投资基金共完成 8 527.64 亿元投资额，较 2017 年同期下降 14.2%（见图分 5 - 2）。从平均投资金额来看，2018 年 PE 机构单笔投资金额 2.66 亿元，较 2017 年同比下降 19.7%，主要是由于募资额的下降，加上对当前经济形势的考量，私募投资机构整体的投资策略更为审慎。从投资行业来看，案例数方面，IT 行业以 743 例仍排在首位，紧随其后的几个行业包括互联网、生物技术/医疗健康、娱乐传媒、金融。投资金额方面，金融以 2 188.75 亿元排在首位，紧随其后的为互联网、物流、IT 及生物技术/医疗健康。在投资地域上，无论是投资案例还是投资金额，北京均处于全国第一，上海、广东、浙江以及江苏紧随其后，基本与 2017 年保持一致。

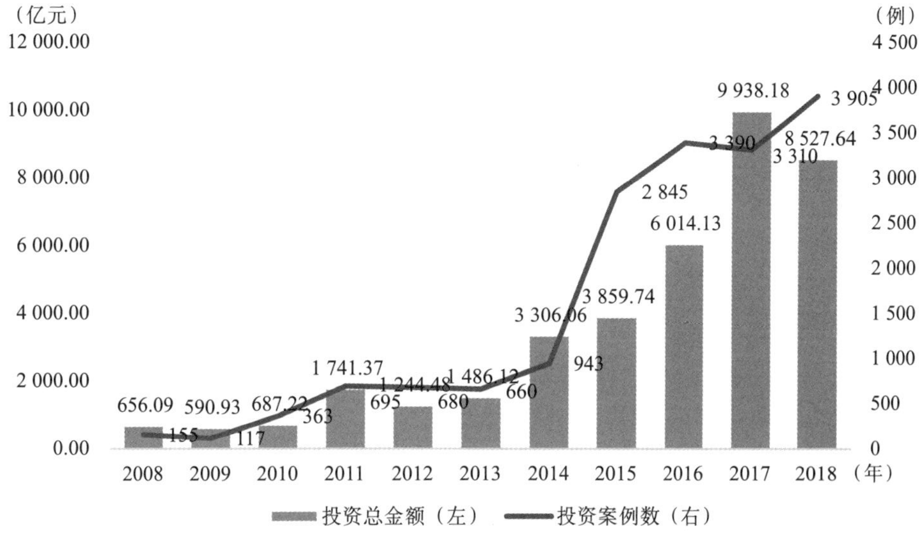

图分 5 - 2　2008—2018 年中国私募投资基金市场投资情况分布

资料来源：清科集团私募通。

清科集团私募通数据显示，2018 年中国私募投资基金市场共计实现退出案例 1 441 例（见图分 5 - 3），与 2017 年同期相比退出案例总数下降 20.2%。从退出方式来看，2018 年随着新三板挂牌数量的减少和交易量的萎缩，私募投资机构的主要退出方式发生了变化，共计 585 例通过 IPO 退出，占比 40.6%；紧随 IPO 之后的退出方式是：并购 296 例，占比 20.5%；股权转让 232 例，占比 16.1%；新三板 102 例，占比 7.1%。

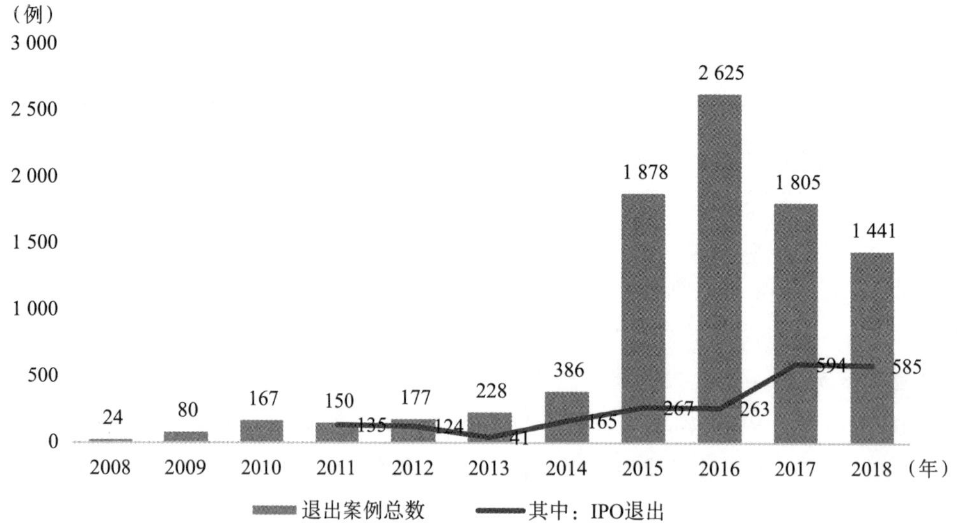

图分 5－3　2008—2018 年中国私募股权基金退出案例数量比较

资料来源：清科集团私募通。

二、2018 年中国证券公司私募投资基金子公司的投资业务开展情况

根据中国证券投资基金业协会统计，2018 年证券公司私募投资基金子公司全年共发起设立各类直接投资基金 910 只，较 2017 年末的 712 只增加 198 只，增长 27.8%；募集资金（认缴）总额 8 061.60 亿元，实缴资本总额 4 839.07 亿元，认缴资金及实缴资金总额分别较 2017 年增长 30.6% 及 31.9%（见表分 5－2）。

表分 5－2　　2018 年证券公司私募投资基金子公司设立基金情况

基金类型	数量（只）	认缴金额（亿元）	实缴金额（亿元）
股权投资基金	686	6 369.40	3 809.75
创业投资基金	98	237.83	168.77
并购基金	35	745.06	348.70
夹层基金	18	88.05	72.56
债权基金	73	621.26	439.29
总　和	910	8 061.60	4 839.07

资料来源：中国证券投资基金业协会。

三、证券公司私募投资基金业务监管政策变化

（一）证券公司私募投资基金子公司监管政策解读

中国证券业协会于 2016 年 12 月正式发布《证券公司私募投资基金子公司管理规范》

（以下简称《私募子公司规范》）、《证券公司另类投资子公司管理规范》（以下简称《另类子公司规范》）。中国证券业协会于2017 年年内收到全部80 家证券公司提交的整改方案。根据子公司规范整改要求，证券公司总体整改方案经中国证监会机构监管部、中国证券业协会、中国证券投资基金业协会三方会商予以通过，中国证券业协会及时对完成整改的子公司及其下设规范平台进行公示。截至2018 年 12 月 31 日，共公示了 10 批名单（其中 2018 年共 6 批），涉及 76 家证券公司的 74 家私募子公司和 48 家符合条件的二级机构。

（二）资管新规政策解读

2018 年 4 月 27 日，中国人民银行、中国银保监会、中国证监会、国家外汇管理局联合印发了《关于规范金融机构资产管理业务的指导意见》（以下简称《资管新规》）。

《资管新规》的发布，对私募股权投资的影响主要表现在：一方面，《资管新规》限制资产产品必须期限匹配。此前股权类非标资产的优势在于以银行理财形式的负债端短期产品发行，去匹配资产端长期的实体投资。然而，《资管新规》禁止资管产品投资非标资产期限错配。尽管设置了过渡期，但随着未来存量产品的到期，此类非标股权投资管理规模将出现显著萎缩。另一方面，《资管新规》要求限制嵌套与分级。《资管新规》允许一层嵌套，但要求实行穿透式监管；放开了部分私募产品的分级限制，但对可分级私募产品的分级比例要求未发生变化，对私募股权投资产品的杠杆限制仍然较严，以此避免资管产品沦为虚假出资、循环注资的工具。

四、2019 年证券公司私募投资基金业务的困难和挑战

一是市场化竞争加剧。得益于我国持续推进对外开放，我国股权投资市场将迎来更多外资机构，外币基金的募投也将持续增强。严峻的市场化竞争环境将进一步促使私募投资基金做足内功，改善内部机制，提升“募、投、管、退”等综合能力以吸引 LP，实现可持续发展。

二是募资难度加大。随着《私募子公司规范》的出台，监管要求券商私募基金子公司投入单只基金的自有资金不能超过 20%，其余 80% 应由外部募集，而上市公司、金融机构、民营企业等资金供给方对风险偏好的逐渐降低，这类传统出资渠道整体收紧，加之随着《资管新规》的落地，募集资金已成为券商私募子公司较为棘手的问题。

三是人才流失严重。与普通的私募股权投资机构相比，券商私募面临着更为严格的监管要求，造成券商私募投资基金子公司虽拥有更为专业规范的投资团队，但在非公平的市场竞争方面却处处捉襟见肘。与完全市场化的私募投资基金相比，证券公司私募投资基金子公司的激励机制相对落后，导致优秀人才流失，不利于长远发展。

五、2019 年证券公司私募投资基金业务发展环境与契机

一方面，随着科创板的设立和注册制试点，使上市要求灵活化，增强了资本市场对符合国家战略、拥有关键核心技术、市场认可度高的科技创新企业的包容性。券商私募投资渠道和退出渠道变得更加灵活多变。

另一方面，2019 年 1 月，国家商务部表示将继续推动全方位对外开放，具体措施包括推动出台《外商投资法》、深化“一带一路”国际合作、积极参与全球经济治理、反对贸易保护主义等。伴随的深化“一带一路”国际合作、“互联网 + 先进制造业”、发展工业互联网等发展战略的推进，2019 年将给券商私募股权投资基金带来一系列投资机会。

分报告之六：2018 年中国证券市场资信评级业务发展回顾与展望

第一章 2018 年中国证券资信评级行业发展环境

第一节 债市环境

一、信用债发行结构显著变化

2018 年，我国交易所债券市场共发行各类信用债[①] 2 520 期，同比增长 22.93%；发行金额 3.19 万亿元，同比增长 18.59%。信用债发行结构出现较大变化[②]：一般公司债发行 796 期，同比增长 48.23%，在信用债中占比 31.59%，同比提高 5.39 个百分点；私募债发

① 此处交易所债券市场的信用债统计范围为一般公司债、私募债、证券公司债、可转债、可交换债和资产支持证券。对资产支持证券，一个项目发行的分层证券按一期计算。

② 资料来源：联合资信 COS 系统数据，经整理所得。

行 724 期，同比增长 9.37%，占比 28.73%，同比下降 3.56 个百分点；证券公司债发行 210 期，同比下降 20.45%，占比 8.33%，同比下降 4.54 个百分点；可转债发行 83 期，同比增长 59.62%，占比 3.29%，同比提高 0.76 个百分点；可交换债发行 28 期，同比下降 65.00%，占比 1.11%，同比下降 2.79 个百分点；资产支持证券发行 679 期，同比增长 49.23%，占比 26.94%，同比提高 4.75 个百分点。总体看，一般公司债和资产支持证券在信用债中所占比例明显提高，证券公司债、私募债和可交换债所占比例显著下降。

信用债发行结构的变化直接影响评级公司的业务结构，据各家评级公司报送中国证券业协会的数据，2018 年各家评级公司共承接评级项目 4 441 个，同比微降 0.29%，其中，一般公司债评级项目 879 个，同比增长 19.43%，占比 19.79%，同比提高 3.27 个百分点；私募债评级项目 418 个，同比增长 6.09%，占比 9.41%，同比提高 0.57 个百分点；证券公司债评级项目 79 个，同比增长 17.91%，占比 1.78%，同比提高 0.27 个百分点；可转债评级项目 149 个，同比下降 5.70%，占比 3.36%，同比下降 0.19 个百分点；可交换债评级项目 21 个，同比下降 46.15%，占比 0.47%，同比下降 0.40 个百分点；资产支持证券评级项目 1 286 个，同比增长 13.20%，占比 28.96%，同比提高 3.45 个百分点；非标产品评级项目 530 个，同比下降 31.17%，占比 11.93%，同比下降 5.35 个百分点；其他主体评级项目 1 079 个，同比下降 6.50%，占比 24.30%，同比下降 1.61 个百分点。总体看，一般公司债和资产支持证券评级项目所占比例明显提高，非标产品评级项目由于受到资管新规影响，所占比例显著下降。

二、低等级信用债利率和利差进一步上升

2018 年，AA 级信用债发行利率和利差进一步上升，且不同信用等级之间的级差显著扩大。① AA 级 3 年期一般公司债平均发行利率为 7.34%，同比上升 76BP；AA 级 3 年期一般公司债平均发行利差为 406BP，同比上升 89BP；3 年期 AAA 级和 AA+级一般公司债发行利差之间的级差为 126BP，同比扩大 41BP；3 年期 AA+级和 AA 级一般公司债之间的级差为 120BP，同比上升 34BP。3 年期 AA 级私募债发行利率和发行利差同比分别上升 87BP 和 98BP，显著高于 AA+和 AAA 级私募债。3 年期 AA+级和 AAA 级证券公司债平均发行利率同比均有所下降，而 AA 级证券公司债平均发行利率同比有所上升。从资产支持证券的平均发行利差看，AAA 级和 AA+级、AA+级和 AA 级之间的级差分别扩大 35BP 和 21BP。

AA 级信用债发行利率和利差进一步上升，不同信用等级之间的级差显著扩大，反映了在违约趋于常态化后，市场避险情绪明显上升，从而对信用等级相对较低的发行人发行债券形成较大压力。根据 Wind 统计，2018 年推迟或发行失败债券数量继续处于高位，全年共有 740 期债券推迟或发行失败，同比略降 6.33%，合计金额 4 524.20 亿元，同比下降

① 根据 Wind 和联合资信 COS 系统数据，经整理所得。

28.55%。其中涉及 AA 级主体金额为 1 282.80 亿元，占比 28.35%，同比上升 3.75 个百分点。企业发债动力有所减弱，影响了评级公司的业务增速，全年各家评级公司出具首评报告 4 672 份，同比下降 13.80%，发债主体也呈现出向高等级集中的现象。

三、创新债券品种不断出现

2018 年，为实施对实体经济的定向支持和精准调控，我国债券市场推出了一系列创新债券品种。为支持国家脱贫攻坚战略，上海证券交易所（以下简称“上交所”）和深圳证券交易所（以下简称“深交所”）于 2018 年 5 月分别发布《上海证券交易所公司债券融资监管问答——扶贫专项公司债券》和《深圳证券交易所扶贫专项公司债券相关问题解答》，扶贫专项公司债迅速推出。为服务国家“一带一路”倡议，上交所和深交所于 2018 年 3 月分别发布《开展“一带一路”债券试点的通知》，“一带一路”公募熊猫债、“一带一路”建设公司债、“一带一路”可续期公司债等相继获批发行。中国证监会于 2018 年 11 月发布有关试点定向可转债并购支持上市公司发展公告，积极推进以定向可转债作为并购重组交易支付工具的试点，支持包括民营控股上市公司在内的各类企业通过并购重组做优做强。为纾解民营企业融资困境，中国证券业协会会同中国证券投资基金业协会、中国期货业协会、上交所、深交所共同发布《中国证券期货市场衍生品交易主协议（信用保护合约专用版）》，首单挂钩民营企业债券信用保护合约落地；中国证券业协会推动证券公司设立证券行业支持民营企业发展集合资产管理计划，首单纾困专项公司债券落地。资产证券化方面，基础资产类型不断丰富，首单储架权益型长租公寓类、房企租赁类 REITs、互联网电商供应链资产支持证券、区块链 RMBS、知识产权资产支持证券等相继发行。

创新债券品种的不断出现，一方面给评级公司带来了新增的评级业务，有助于扩大评级市场的规模；另一方面也要求评级公司加大对评级技术的研发投入，对新型债券开展深入研究，开发适用的评级技术，不断更新评级模型，以满足债券市场的发展需要，更好地服务于实体企业融资。依据各家评级公司报送中国证券业协会的数据统计，各家评级公司 2018 年共承接创新债券评级项目 97 个，同比增长 73.21%。其中，永续债评级项目 40 个，同比增长 37.93%；熊猫债评级项目 19 个，同比增长 137.50%；绿色公司债评级项目 18 个，同比增长 50%；另有扶贫专项债评级项目 7 个，住房租赁专项公司债评级项目 6 个，纾困专项公司债评级项目 4 个，均为 2018 年新出现债券品种评级业务。

四、债券违约数量大幅上升

2018 年，受我国经济增速放缓，“去杠杆”持续推进，流动性趋紧和部分企业内部经营管理不善等影响，债券违约数量大幅上升。交易所债券市场全年新增 34 家违约发行人，涉及债券59期，违约金额合计407.45亿元。[①] 针对违约多发情况，监管当局及时采取相应措施，包括纾困民营企业、化解上市公司股票质押危机、推出信用保护合约等，使得2018年债券市场的违约风险得以有序释放。

随着债券违约数量上升，违约逐步常态化，对评级公司的市场约束相应强化，能否准确、及时揭示违约风险成为市场判断评级公司专业水平的核心标准。在刚性兑付打破，违约常态化的环境中，市场竞争将促使评级行业优胜劣汰，评级技术领先和评级质量过硬的评级公司将获得更大的发展空间，而评级技术落后和评级质量不佳的评级公司将失去声誉，逐步被市场淘汰。我国评级公司需要在经营模式和策略方面做出一些调整，从以往过于注重市场份额向注重评级质量转变，以评级技术、评级质量为基础塑造自身核心竞争力，摒弃过去的级别竞争和价格竞争手段。

第二节 政策环境

一、加强债券市场统一执法，推动评级行业逐步统一

2018年9月，中国人民银行（以下简称“央行”）、中国证监会联合发布2018年第14号公告（以下简称《公告》），推动银行间和交易所债券市场评级业务的逐步统一。《公告》指出，对已经在银行间或交易所债券市场开展评级业务的信用评级机构，央行、中国证监会、中国银行间市场交易商协会（以下简称“交易商协会”）将设立绿色通道实现信用评级业务的资质互认；对同一实际控制人下不同的信用评级机构法人，鼓励通过兼并、重组等市场化方式进行整合，整合后的信用评级机构应当统一评级技术方法、评级业务规范、评级标准和评级报告等内容。央行、中国证监会及相关自律组织建立健全评级监管及自律管理信息共享机制，加强对信用评级机构的监督管理和信用评级行业监管信息共享，逐步统一对信用评级机构开展以投资者为导向的市场化评价。《公告》要求在银行间和交易所债券市场同时开展业务的信用评级机构应当统一评级标准，并保持评级结果的一致性和可比性；信用评级机构应当建立完善公司治理机制、内部控制和业务制度，防范利益冲突，充分揭示受评对象的信用风险，采取一切必要的措施保证评级质量。该《公告》对逐步统一银行间和交易所债券市场评级业务资质，加强监管信息共享，统一评级标准，提高评级质量做了重要制度性安排，将有助于统一评级行业提高信息效率，促进银行间和交易所债券市场的互联互通。

2018年12月，央行、中国证监会及国家发展和改革委员会（以下简称“发改委”）联

① 根据Wind和联合资信COS系统数据，经整理所得。

合发布《关于进一步加强债券市场执法工作有关问题的意见》（以下简称《意见》），提出强化监管执法，建立统一的债券市场执法机制，中国证监会依法对银行间债券市场、交易所债券市场违法行为开展统一的执法工作。央行、中国证监会和发改委继续按现行职责分工做好债券市场行政监管，债券市场自律组织及其他市场参与机构做好自律管理等相关工作。该《意见》的发布是完善我国债券市场管理制度的重要举措，将有力提升债券市场协同监管的效率，亦将进一步实现对评级行业的统一监管执法。评级行业的资质、标准、技术方法、业务规范和监管执法等的统一，亦将为我国债券市场的统一奠定重要基础。

二、加强信用风险管控，发挥评级预警功能

2018 年 5 月，上交所和深交所相继发布《资产支持证券存续期信用风险管理指引（试行）》（以下简称《管理指引》），旨在健全资产证券化业务风险管理体系，强化资产支持证券存续期信用风险管理力度，切实维护投资者合法权益。这是继 2017 年发布《公司债券存续期信用风险管理指引（试行）》后，对债券市场加强信用风险管控的又一重要举措。《管理指引》明确各市场参与人的信用风险管理职责，建立以管理人为核心的系统全面的信用风险管理制度，明确管理人、原始权益人、资产服务机构、增信机构、托管人、资信评级机构等参与机构在信用风险管理中的具体职责。《管理指引》明确了资信评级机构在资产支持证券存续期信用风险管理中的两方面职责：一是及时预警信用风险，主要通过定期跟踪评级和不定期跟踪评级，发布跟踪评级结果来实现，因此，各家评级机构需要进一步加强跟踪评级，提高跟踪评级效率，及时有效揭示受评对象的信用风险变化；二是在债券存续期信用风险管理中的协助职责，主要是配合管理人等做好信息披露，以帮助市场有效识别和判断信用风险，及时采取相应措施。《管理指引》更加强调信用评级对违约风险的预警功能，因此，我国评级机构需要切实提高信用评级的前瞻性，以满足信用风险管控的需要。

三、强化监管执法力度，严守合规经营底线

2018 年，中国证监会和中国证券业协会强化了监管执法和自律管理力度，对多家评级机构开展了约谈、现场检查和专项检查，发现评级机构存在跟踪评级滞后、评级结果的信用风险预警功能薄弱、评级所需信息获取和分析不到位、评级质量控制不严、业务和内控制度落实不力等问题，并督促各家评级机构采取措施完善内控体系，改进评级质量管控，加强合规管理。2018 年，中国证监会对各家评级机构共采取了 8 次监管措施，其中包括 6 次出具警示函，1 次出具监管关注函，1 次责令限期整改、暂停业务一年等，同比增加 3 倍。我国评级机构需要进一步健全内控体系，严控合规经营底线，切实做好评级质量管控，在满足合规的前提下实现业务的持续、健康发展，担当好债券市场的“看门人”。

第二章 2018 年中国证券资信评级业务发展情况

第一节 评级行业基本情况

一、基础设施建设

（一）评级机构执业能力稳步提升

2018 年，中国证监会核准北京中北联信用评估有限公司和四川大普信用评级股份有限公司从事证券市场资信评级业务（限于投资者付费）。其中，北京中北联信用评估有限公司成立于 2015 年 11 月，主要从事企业征信业务；四川大普信用评级股份有限公司成立于 2016 年，主要从事企业信用评级服务。截至 2018 年末，国内共有 11 家公司可以从事证券市场资信评级业务，已经有 4 家证券评级机构获得中国香港证券及期货事务监察委员会提供信贷评级服务的执业资质，1 家证券评级机构获得欧盟信用评级机构执照，1 家证券评级机构已与俄罗斯信用评级机构 ACRA 签署合作备忘录。国际评级资质认可，显示出我国证券资信评级机构执业能力的提升，也为证券资信评级业务的国际市场开拓奠定了良好基础。

（二）硬件设施投入力度持续加大

2018 年，国内共有 6 家发行人付费的证券资信评级机构对评级数据库系统进行了功能优化或完善，如优化数据库存储结构和指标值调整后的计算速度、修复评级打分数据归档功能、完善数据导入故障修复功能、完善评级作业全过程环节在线处理等，部分评级机构还新增专属服务器、客户端、大数据终端等功能，保障了已上线模型稳定运行以及项目与流程的一体化管理，初步实现了评级业务与业务档案管理的数字化运营，提高了办公效率和经济效益。此外，部分评级机构已经建立了完善的覆盖合规管理、客户关系管理、项目跟踪监测管理、财务预警分析、各类评级模型系统在内的信息管理系统；部分评级机构对数据库进行优化分离生成新的数据库，为评级服务和评级研究打下了良好的基础。为适应评级工作需要，截至 2018 年底，所有发行人付费的证券资信评级机构均购买或新增了相关外部金融数据库、宏观经济数据库等终端系统。良好的硬件系统配置为评级机构提升自身技术服务水平奠定了良好基础。

（三）人才队伍明显优化[①]

截至 2018 年底，各家机构拥有证券从业资格的评级人员合计 1 158 人，较 2017 年增长 0.70%。[②] 其中，具有 3 年以上评级从业经验的人员有 419 人，较 2017 年增加 34.29%；拥有注册会计师、律师、CFA、CIIA 等专业执业资格的人员有 57 人，较 2017 年增加 2 人。在评级机构所有员工学历构成中，具有硕士以上学历的人员占比 60.91%，占比较 2017 年降低了 3.48 个百分点。35 周岁以下的人员有 1 322 人，占比 74.14%，占比较 2017 年下降了 5.28 个百分点。整体来看，评级机构员工队伍明显优化，具有较长从业经验的员工数量明显增加，员工队伍的稳定性有所提高。

二、投资者服务水平

（一）评级研究工作细化，研究能力有所提升[③]

2018 年末，7 家评级机构的研发人员总数为 217 人，较 2017 年下降了 30%，研发人员在整体评级从业人员的占比为 12.17%，较 2017 年减少了 4.28 个百分点，主要原因是个别评级机构受到监管处罚导致大批员工流失。[④] 2018 年，在研发人员精简的背景下，评级机构细化评级研究工作，多数机构注重对新产品、行业、政策、专题和国家主权进行更加细致地研究，且各家机构在这些研究方面各有侧重，研究成果数量和质量都较 2017 年有所提升。

2018 年各家评级机构加大了对新产品评级方法和行业研究的力度，共完成各类研究课题 203 个，1 个研究课题受到省部级以上奖励，公开出版书籍 1 部，公开发表研究报告 1 170 篇，部分行业研究报告受到业内表彰，研究水平进一步受到行业内专家和机构的认可。2018 年，多数证券资信评级机构建立了国内外宏观经济走势和热点跟踪分析机制，研究内容更为

① 资料来源：2018 年中国证券业协会专项调查统计数据。

② 由于新增的两家评级公司和上海资信有限公司、中证指数有限公司在 2018 年并无来自交易所市场的证券评级业务收入，为保持数据的可比性，此处以发行人付费的 7 家证券资信评级机构为样本进行比较，后文的数据比较均以发行人付费的 7 家证券资信评级机构为样本。

③ 资料来源：2018 年中国证券业协会专项调查统计数据。

④ 如果剔除个别评级机构受到监管处罚导致大批员工流失因素的影响，2018 年研发人员数量仅较 2017 年减少 3%，研发人员在整体评级从业人员的占比仅减少 0.45 个百分点。

多样和规范化，宏观研究报告和政策热点解读分析报告总量上较2017年明显增加。

（二）投资者交流渠道拓宽，行业宣传力度加大

目前，各家资信评级机构投资人信息服务发布渠道主要有公司网站、微信、与第三方媒体合作、政府监管部门平台以及寄送期刊等方式，多数机构对本公司网站与微信平台的信息更新维护质量较高。

投资人会议方面，各家机构均注重与投资者的互动交流，主动突出自身研究能力和品牌实力，在宣讲力度上做大做细，主办或协办各类峰会、论坛以及投资人闭门交流会议等，加强与监管部门以及投资人的充分沟通。2018年，7家发行人付费的资信评级机构主办或承办投资人会议达十场，参加各类投资人服务论坛宣讲以及接受媒体采访或举办新闻发布会达百余次。各家机构还主动通过举办投资人沙龙、电话会议、微课堂以及直播间等形式拓宽与投资者的交流，行业宣传力度较2017年显著加大。

三、合规管理

（一）行业进一步规范，制度建设提速

2018年，债券市场出现多起违约案例，部分评级机构合规管理存在漏洞，监管部门相应合力督查。2018年9月4日，央行、中国证监会联合发布2018年第14号公告，《公告》围绕着逐步统一银行间债券市场和交易所债券市场评级业务资质，加强对信用评级机构监管和监管信息共享，推进信用评级机构完善内部制度，统一评级标准，提高评级质量等方面进行了规范。中国证监会对各家评级机构进行了严密核查。各家评级机构积极配合监管部门，对自身合规风险管理建设高度重视，按照要求对自身信用评级体系和合规管理规范进行整改。目前，由发行人付费的7家评级机构均已设立合规部或与风险管理相关的职能部门。在现有合规管理制度基础上，多数机构结合监管要求以及当前行业规范和业务要求，对不符合的地方进行了整改，同时进一步修订了相关业务制度，并在中国证券业协会或各自公司官网上及时公示。其中，有3家评级机构针对合规制度进行了多项新增或修订，如新增廉洁从业管理规定、问责制度、评级信息报送制度、客户意见反馈制度、征信合规与信息安全管理制度等，修订了信息披露制度、评级结果公布制度、保密制度、重要事项报备制度、跟踪评级制度、合规管理制度、防火墙制度等。

（二）多数评级机构合规管理水平进一步提升

在防控信用风险的强监管要求下，多数评级机构在日常工作中严格执行各项监管要求和评级制度，持续勤勉尽责开展评级业务，高度重视合规管理。2018年，多数评级机构继续严格执行合规管理制度，部分评级机构还修订或增加了一些合规管理制度，着重强化防火墙

隔离、过程留痕及沟通管理等合规制度，同时还按照监管要求高频率定期自查并按时报送合规报告。

多数评级机构依据利益冲突防范与回避、评级业务防火墙、信用评级程序、评级报告质量控制、评级业务尽职调查、信用评级委员会评级业务档案管理等相关内控合规制度进行全方位合规风险检查排查和整改，同时多次对全体员工进行合规培训，确保各项业务和工作合规合法、稳步有序推进，行业合规管理水平较往年有明显提升。

第二节　评级业务发展概况①

一、业务规模

中国证券业协会专项调查统计数据显示，2018 年，我国发行人付费证券资信评级机构的业务规模微降，全年协议承做评级项目 4 441 个，较 2017 年减少 0.29%。其中，承做公司债项目 1 297 个，较 2017 年增加 14.78%，主要源自监管部门持续鼓励债市扩容、政府加大对民营企业债券融资支持力度等推动企业再融资需求增强，进而推动发行量大幅上升；承做可转换公司债项目 149 个，较 2017 年下降 5.7%；承做可交换债项目 21 个，较 2017 年大幅减少 46.15%，源自受股票市场行情持续下跌、大股东股票质押率较高、融资环境收紧以及部分公司经营业绩滑坡等不利因素的影响，可交换债发行量大幅下滑；承做证券公司债项目 79 个，较 2017 年上升 17.91%，主要源自证券公司为补充资本进行融资的需求上升；承做资产证券化产品 1 286 个，较 2017 年增长 13.20%，主要源自多项利好资产证券化市场扩容政策的出台；承做信托、资管等非标产品 530 个，较 2017 年大幅减少 31.17%，主要源自资管新规和理财新规出台的影响；承做其他主体评级 1 021 个，较 2017 年小幅减少 6.76%；承做其他业务项目 56 个，较 2017 年增长 5.66%，主要源自框架协议、优先股等承揽项目的增加（见图分 6－1）。

从产品数量份额情况看，2018 年公司债依旧是占比最大的产品，份额占比为 29.22%；资产证券化产品份额排名第二位，占比为 28.97%；其他主体评级业务份额排名第三位，份额占比为 23.00%；信托/理财/资管等非标产品份额仍处于第四位，占比为 11.94%；证券公司债、可交换债、可转换债产品份额依旧占比较小。

2018 年，7 家发行人付费证券资信评级机构合计正式出具首次评级报告 4 665 份，较 2017 年减少 13.61%。其中，出具公司债评级报告 1 241 份，报告数量占比 26.60%，占比

① 本节数据若无特殊声明，均来自 2018 年中国证券业协会专项调查统计数据。

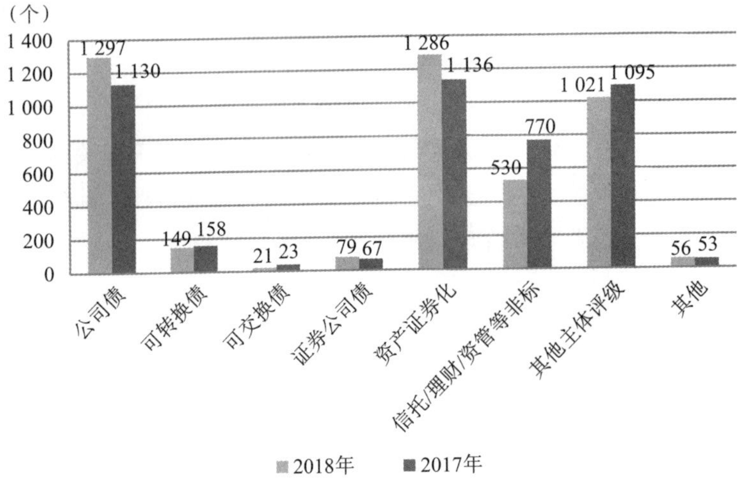

图分 6－1　2018 年 7 家发行人付费证券资信评级机构协议承做的评级项目情况

资料来源：2018 年中国证券业协会专项调查统计数据。

较 2017 年上升了 4. 44 个百分点，占比排名第二位；出具资产证券化评级报告 1 006 份，报告数量占比 21. 56%，较 2017 年上升了 7. 79 个百分点，是报告数量占比增长最快的首次评级报告种类。

随着前期市场规模的快速扩容，各家评级机构跟踪评级工作量快速增加，2018 年全年 7 家机构合计完成定期跟踪评级项目 4 460 个，增幅 15. 63%；不定期跟踪评级项目 1 468 个，增幅 55. 02%；终止/撤销评级项目达到 265 个，增幅 130. 43%。

二、评级品种

2018 年交易所债券市场新推出“一带一路”债券、扶贫专项债、纾困债和住房租赁专项债券等公司债券创新品种，协议承做个数分别为 1 个、7 个、4 个和 6 个，且均已完成首发及后续发行。熊猫债、永续债、绿色债券等原有创新品种，在本年度保持了快速发展的良好势头，协议承做个数分别为 19 个、40 个、18 个，其中，熊猫债、永续债和绿色债券项目个数分别较 2017 年增长 137. 50%、37. 93%、50. 00%。2018 年，资产证券化产品的基础资产类型继续扩大，市场参与主体更加多元化，一批首单产品成功落地，并精准对接经济转型的重点领域。此外，首单以信托公司为计划管理人的企业 ABS 项目得到受理，发行主体类型进一步丰富。

三、财务状况

2018 年，受评级行业竞争日趋激烈、评级业务项目收费单价下降、评级成本持续攀升等因素的影响，信用评级行业整体业务收入有所下降，盈利能力下滑。

中国证券业协会专项调查统计数据显示，2018 年 7 家发行人付费证券资信评级机构的资产规模合计和净资产合计分别为 23.17 亿元和 13.60 亿元，分别较 2017 年减少了 9.07% 和 22.11%；营业收入合计为 12.91 亿元，较 2017 年减少了 2.93%；利润总额合计为 3.76 亿元，较 2017 年减少了 12.76%（见图分 6－2）。从交易所债券市场评级业务贡献度看，2018 年 7 家发行人付费证券资信评级机构的证券资信评级业务收入规模合计 6.57 亿元，较 2017 年增长 4.66%，占 7 家发行人付费的评级机构收入的比例为 50.86%，占比较 2017 年上升 3.71 个百分点。

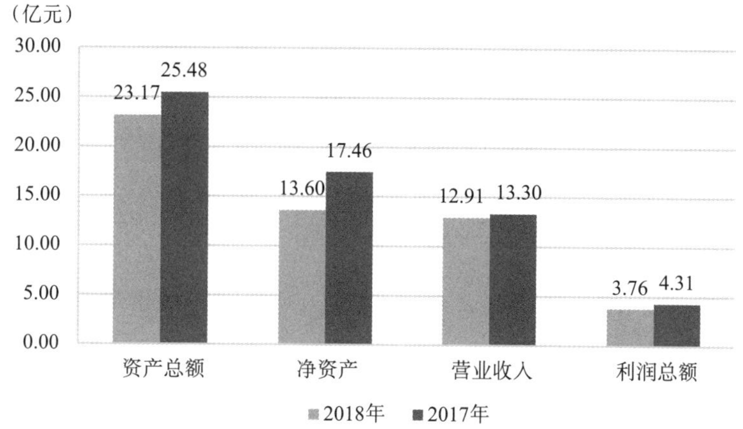

图分 6－2　2018 年 7 家发行人付费证券资信评级机构财务情况

资料来源：2018 年中国证券业协会专项调查统计数据。

第三节　评级表现

一、信用等级分布

（一）一般公司债

从级别分布来看，2018 年一般公司债发行呈现如下特征：

一是发行主体级别分布于 AAA 至 AA－级。其中，AAA 级发行人占比（54.80%）最大，同比上升了 17 个百分点；AA＋级发行人占比（24.36%）次之，与 2017 年基本持平；AA 级发行人占比（19.67%）居于第三，同比下降了 17 个百分点；AA－级发行人占比（1.17%）仍较小，与 2017 年变化不大（见图分 6－3）。

二是债项级别分布于 AAA 至 AA 级。其中 AAA 级债券占比（73.24%）最大，同比上

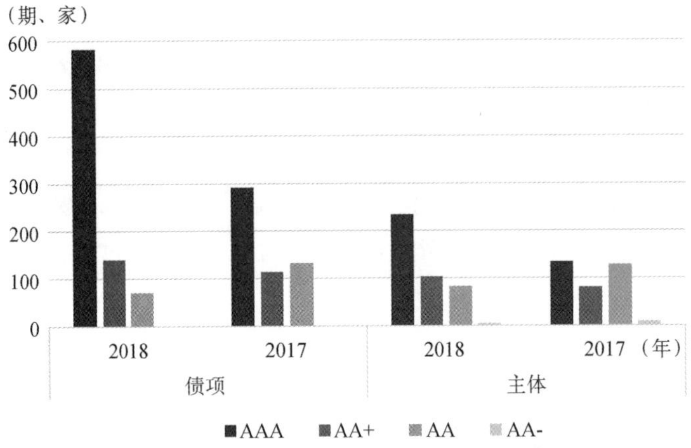

图分 6－3　2017—2018 年一般公司债及其发行人信用等级分布情况

注：2017 年有一家主体级别为 A＋级的发行人，未在图中列示。

资料来源：联合资信 COS 系统。

升了 19 个百分点；AA＋级占比（17.71%）次之，同比略有下降（4 个百分点）；AA 级债券占比（9.05%）居于第三，同比下降了 16 个百分点。整体看，公司债主体和债项级别均向 AAA 级集中，主要原因可能是受 2018 年度国内债券违约事件多发、投资者信用风险偏好下降、低等级债券融资成本提高或发行困难等因素的影响。

三是发行人主要来自于地方国有企业（181 家，占比 42.39%）、中央国有企业（105 家，占比 24.60%）和民营企业（104 家，占比 24.35%）。其中，地方国有企业占比与 2017 年（43.26%）基本持平，中央国有企业占比较 2017 年（14.89%）有所上升，民营企业占比较 2017 年（33.43%）有所下降。这与 2018 年度民营企业债券违约较多、资质较好的企业更易发行公募债有关。

四是从行业[①]分布来看，一般公司债发行人行业仍以综合类、房地产管理和开发、多元金融服务、建筑与工程为主，发行家数（185 家）合计占比 43.33%，较 2017 年占比（131 家，36.80%）略有增加，行业集中度略有提升。

（二）私募公司债

从级别分布来看，2018 年有评级信息披露的私募债发行呈现如下特征：

一是主体级别分布于 AAA 至 AA－级。其中，AA 级发行人占比（47.69%）最大，同比下降了 14 个百分点；AA＋级发行人占比（34.55%）次之，同比上升了 13 个百分点；AAA 级发行人占比（15.57%）居于第三，同比上升了 7 个百分点；AA－级发行人占比（2.19%）较小，同比下降了 5 个百分点；与 2017 年相比，无 A＋、A 和 BBB 级发行人（见图分 6－4）。

---

① 行业分类标准为 Wind 三级行业分类，下同。

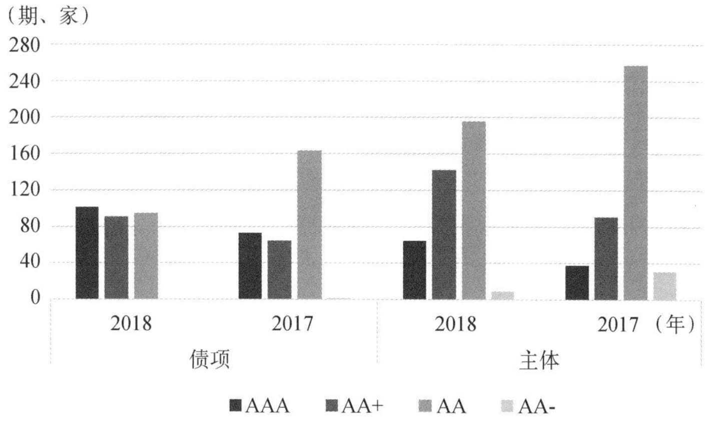

图分 6-4　2017—2018 年私募债及其发行人信用等级分布情况

注：(1) 未披露级别的没有列示在图中，下同；(2) 2017 年和 2018 年 A-1 级债项各一期，2017 年 A+、A、BBB 级主体各一家未在图中列示。

资料来源：联合资信 COS 系统。

二是债项级别主要分布于 AAA 至 AA 级。其中，AAA 级和 AA+级债券占比分别为 35.07%和 31.60%，同比均上升了约 10 个百分点；AA 级债券占比为 32.99%，同比下降了 21 个百分点。此外，2018 年新增一期 A-1 级短期私募债。私募债债项级别向高级别集中，除与发行人信用级别向高等级集中有关，还可能是由于为便于发行和降低融资成本，采取增信发行的债券增加较多所致。

三是发行人仍主要集中于地方国有企业（325 家，占比 74.37%），与 2017 年（337 家，占比 73.42%）基本持平。

四是从行业分布来看，发行人行业仍以建筑与工程、综合类、房地产管理和开发、多元金融服务为主（285 家，占比 64.92%），与 2017 年（279 家，占比 60.78%）基本持平。

（三）证券公司债

从主体级别分布来看，2018 年，AAA 级别发行人在普通证券公司债、短期证券公司债和次级债发行人中的占比分别为 68.42%、79.17%和 52.78%，是占比最大的级别。相较于 2017 年，2018 年证券公司发行人主体级别重心略有上移，中低级别发行人数量仍相对较少（AA 级别有 5 家，AA-级别仅 1 家）（见表分 6-1）。

从证券公司债债项级别分布看[①]，在有信息披露的债券中，普通证券公司债债项级别以 AAA 级（占比 80.26%）为主，次级债债项级别以 AA+级（占比 69.77%）为主（见表分 6-2）。相较于 2017 年，2018 年证券公司债债项级别均有所上升。

---

① 由于市场原因，短期证券公司债的债项级别既有用短期评级符号表示的，也有用长期评级符号表示的，故未进行债项级别分布统计。

表分 6－1　　2017—2018 年证券公司债主体级别分布情况　　（单位：家）

主体级别	2018 年			2017 年		
	普通证券公司债	短期证券公司债	次级债	普通证券公司债	短期证券公司债	次级债
AAA	26	19	19	24	16	22
AA＋	11	4	13	14	8	15
AA	1	1	3	4	—	4
AA－	—	—	1	—	—	1
合　计	38	24	36	42	24	42

资料来源：Wind。

表分 6－2　　2017—2018 年证券公司债债项级别分布情况　　（单位：期）

主体级别	2018 年		2017 年	
	普通证券公司债	次级债	普通证券公司债	次级债
AAA	61	4	61	—
AA＋	15	30	17	32
AA	—	9	4	13
AA－	—	—	—	1
合计	76	43	82	46
未披露	26	19	28	35
合　计	102	62	110	81

资料来源：Wind。

（四）可交换债

从级别分布来看，2018 年有评级信息披露的可交换债发行呈现如下特征：

一是主体级别主要分布于 AAA 至 AA 级。AAA 级占比（40%）最大，同比略有增加（2 个百分点）；AA＋级占比（26.67%）次之，同比上升了 6 个百分点；AA 级占比（20%）居于第三，同比下降了 11 个百分点。相较于 2017 年，有评级信息披露的可交换债中，主体级别重心有所上移。

二是债项级别分布于 AAA 至 AA＋级。AA＋级占比（71.43%）最大，同比增加了 49 个百分点，AAA 级占比（28.57%）次之，同比下降了 15 个百分点；2018 年无 AA 级债项。相较于 2017 年，2018 年有评级信息披露的债券中，债项级别更加向 AA＋级集中（见图分 6－5）。

（五）可转债

从级别分布来看，2018 年有评级信息披露的可转债发行呈现如下特征：

一是主体级别主要分布于 AA＋至 AA－级。其中，AA－级占比（35.29%）最大，同比

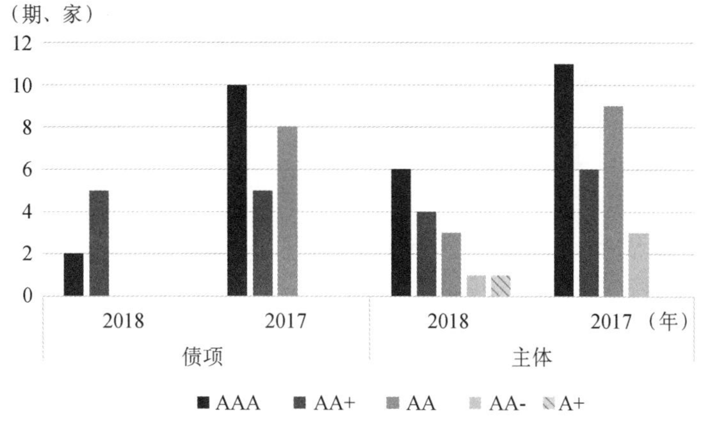

图分 6－5　2017—2018 年可交换债债项和主体信用等级分布情况

资料来源：联合资信 COS 系统。

增加了 25 个百分点；AA 级占比（30.88%）次之，同比下降了 24 个百分点；AA＋级占比（23.53%）居于第三位，同比增加了 6 个百分点。

二是债项级别分布于 AA＋至 AA－级。其中，AA 级占比（40.0%）最大，同比下降了 20 个百分点；AA－级占比（28.36%）次之，同比增加了 16 个百分点；AA＋级占比（22.39%）居于第三位，同比增加了 7 个百分点。相较于 2017 年，2018 年有评级信息披露的可转债中，主体和债项级别重心均有所下降（见图分 6－6）。

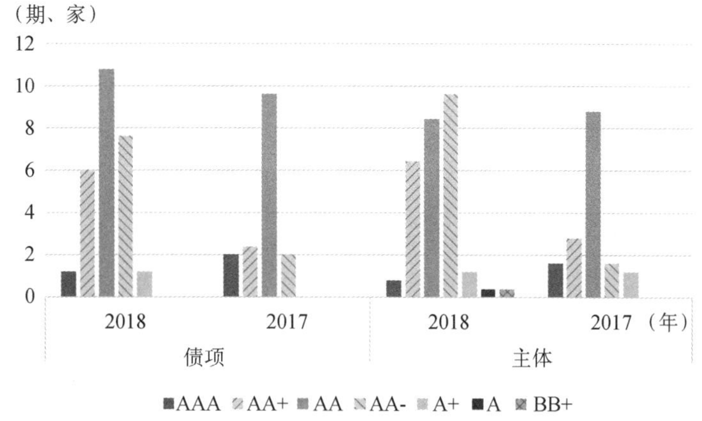

图分 6－6　2017—2018 年可转债债项和主体信用等级分布情况

资料来源：联合资信 COS 系统。

整体来看，2018 年，一般公司债主体级别和债项级别均集中于 AAA 级，发行人以地方国有企业为主；有评级信息披露的债券中，私募债主体级别主要集中于 AA 级和 AA＋级，债项级别主要集中于 AAA 级和 AA＋级，发行人以地方国有企业为主；证券公司债主体信用等级主要集中于 AAA 级，普通证券公司债债项级别以 AAA 级为主，次级债债项级别以 AA＋级为主；可交换债主体级别主要集中于 AAA 级，债项级别集中于 AA＋级；可转债主体和债项级别均向 AA－级和 AA 级集中。

（六）资产支持证券

2018 年资产证券化产品的基础资产类型和信用层次更加多样，创新产品频出，但整体仍以 AAA 级、AA＋级及无评级的信用等级产品为主。其中，AAA 级和无评级产品期数占总发行期数的比例分别为 48.22% 和 31.89%，较 2017 年分别上升了约 4 个和 7 个百分点；AA＋级产品期数占总发行期数的比例为 14.24%，较 2017 年下降了约 3 个百分点（见表分 6－3）。总体看，在违约攀升的市场环境下，投资者风险偏好显著下降，更青睐高等级债券，其发行占比有所上升，而中低等级债券发行受阻，其所占份额相应下降。

表分 6－3　　2017—2018 年资产支持证券债券评级分布情况

信用等级	2018 年		2017 年	
	期数（期）	占比（%）	期数（期）	占比（%）
AAA	948	48.22	775	44.51
AA＋	280	14.24	298	17.12
AA	82	4.17	188	10.80
AA 以下	29	1.48	46	2.64
无评级	627	31.89	434	24.93
合　计	1 966	100.00	1 741	100.00

资料来源：Wind。

二、利率及利差

（一）一般公司债

1. 发行利率

2018 年，央行继续实施稳健中性的货币政策，综合运用多种货币政策工具，保证了资金面的整体稳定。在美联储缩表和加息、中美贸易摩擦等国际宏观不确定性因素较多的背景下，央行分别于 2018 年 1 月、4 月、7 月和 10 月实施四次定向降准。同时，央行灵活开展公开市场操作，综合运用逆回购、中期借贷便利（MLF）、抵押补充贷款（PSL）、常备借贷便利（SLF）、临时准备金动用安排（CRA）、国库定存等工具提供不同期限流动性，合理安排工具搭配和操作节奏，加强前瞻性预调微调，同时适当加大中长期流动性投放力度，保证了流动性的合理充裕。在此背景下，交易所国债 3 年期到期收益率和 5 年期到期收益率均呈波动下行趋势。公司债发行利率走势基本与交易所国债到期收益率相同，呈波动下行趋势，但受到期间监管政策调整、违约事件高发以及美联储加息等事件冲击的影响，投资者在不同月份对公司债风险溢价要求变动较大，导致公司债发行利率走势在 2018 年的波动幅度相对交易所国债到期收益率较大（见图分 6－7）。

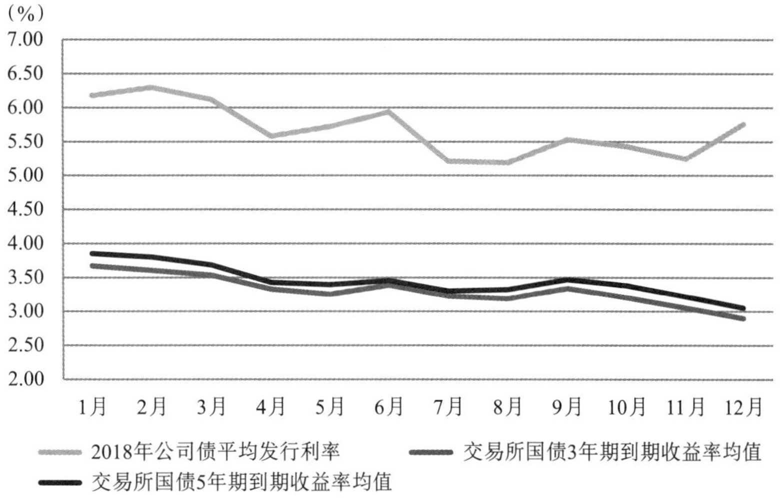

图分 6－7　2018 年一般公司债平均发行利率与交易所国债到期收益率走势

资料来源：联合资信 COS 系统。

与 2017 年相比，2018 年一般公司债平均发行利率随信用级别高低呈分化态势。具体来看，2018 年，AAA 级 3 年期和 5 年期一般公司债平均发行利率同比分别下降了 9BP 和 10BP，而 AA＋级 3 年期一般公司债与 5 年期一般公司债、AA 级 3 年期一般公司债的平均发行利率同比分别上升了 42BP、85BP 和 75BP（见表分 6－4）。

表分 6－4　　2017—2018 年一般公司债发行利率情况

期限	级别	2018 年（%）	2017 年（%）	同比变化（BP）
3 年期	AAA	4.83	4.92	－8.89
	AA＋	6.12	5.70	41.89
	AA	7.33	6.58	75.02
5 年期	AAA	5.00	5.10	－10.41
	AA＋	6.36	5.51	85.19

资料来源：联合资信 COS 系统。

2. 发行利差

从 3 年期和 5 年期一般公司债发行利差情况看，整体呈现如下特征：（1）3 年期和 5 年期一般公司债发行利差均值均呈现随级别降低而逐步扩大的趋势；（2）3 年期 AA＋至 AAA 级级差比 AA 至 AA＋级高，可能是投资者对于 AAA 级以下债券风险溢价要求较高所致；（3）AAA 级和 AA＋级一般公司债的变异系数较高，反映出市场对部分 AAA 级和 AA＋级一般公司债的评级认可度相对较低，如一些民营企业所发的 AAA 级和 AA＋级一般公司债以及主体级别较低（多为 AA 级），经担保增信达到 AAA 级的一般公司债发行利差较高（见表分

6－5）。

表分 6－5　　2018 年公司债券发行利差统计情况

期限	债项信用等级	样本数（个）	利率		发行利差		
			区间（%）	均值（%）	均值（BP）	级差（BP）	变异系数（%）
3 年期	AAA	296	3.90—7.70	4.83	157.23	—	38.56
	AA+	69	4.33—8.18	6.12	283.19	125.96	36.17
	AA	30	5.90—8.50	7.33	405.24	122.05	16.94
5 年期	AAA	66	4.18—8.30	5.00	161.24	—	35.59
	AA+	7	5.50—7.80	6.36	296.71	135.47	27.36

注：（1）如果债券存在选择权，期限为选择权之前的期限，例如债券的原始期限设计为“3＋2”，则期限为 3 年；（2）发行利差，即债券发行利率与其起息日同期限同市场固定利率国债收益率的差额，国债收益率为中证国债到期收益率；（3）级差指某信用等级的利差均值减去比该信用等级高一个子级的利差均值，AAA 级无级差；（4）变异系数为利差的标准差与利差均值的比；（5）如果债券或发行人具有双评级或多评级，当级别相同，则按一次统计，当级别不同，则按不同级别分别统计。

资料来源：联合资信 COS 系统。

与 2017 年同期相比，2018 年 3 年期和 5 年期各级别一般公司债发行利差均有所扩大，且各级别发行利差增幅呈现随级别降低而逐步扩大的趋势。细分来看，AAA 级一般公司债发行利差同比上升幅度较小，而 AA＋及 AA 级同比上升幅度较大，主要是由于信用风险事件频发使得投资者避险情绪增加，对低级别债券风险补偿要求明显增加所致（见表分 6－6）。

表分 6－6　　2017—2018 年公司债利差及变化情况　　（单位：BP）

期限	级别	2018 年	2017 年	同比变化
3 年期	AAA	157.23	145.61	11.62
	AA+	283.19	230.38	52.81
	AA	405.24	316.96	88.28
5 年期	AAA	161.24	151.83	9.41
	AA+	296.71	200.84	95.87
	AA	—	362.00	—

资料来源：联合资信 COS 系统。

整体来看，在信用风险事件高发的影响下，一般公司债发行利差同比均有所扩大，AA＋和 AA 级发行利差同比走扩明显。一般公司债各信用等级之间的发行利差均具有良好的区分性。

（二）私募公司债

2018 年私募公司债发行利率同样呈波动上升态势，全年平均票面利率达到 6.93%，较

2017年上升47.36个基点（BP）。其中，1年期发行平均利率为7.15%，较2017年上升32.84BP；3年期平均发行利率6.75%，较2017年上升47.65个基点（BP）。私募债1年期和3年期利率呈现倒挂与发行主体有密切关系，1年期发行主体多来自主体级别较低的发行人，其市场认可度相对较低，融资成本相对较高，短期限的发行设置顺应了市场投资需求。

在有信息披露的债券中，从发行量最大的3年期债券来看，AA级私募债发行利率和发行利差同比上升幅度均为最大，分别达到87.24BP和97.66BP，主要原因仍可能是受2018年度国内债券违约事件多发、投资者信用风险偏好下降、低等级债券融资成本提高或发行困难等因素影响（见表分6-7）。

表分6-7　2018年3年期私募公司债发行利率及利差情况（有信息披露）

项目	级别	平均发行利率			平均发行利差		
		2018年（%）	2017年（%）	同比变化（BP）	2018年（BP）	2017年（BP）	同比变化（BP）
3年期	AAA	6.39	6.21	17.74	317.76	269.78	47.99
	AA+	6.66	6.36	29.67	342.25	287.24	55.01
	AA	7.46	6.58	87.24	413.49	315.83	97.66

资料来源：Wind。

（三）证券公司债

2018年证券公司债发行利率同样呈波动上行态势，但幅度较小，全年平均票面利率达到5.14%，较2017年上升7.08BP。其中，1年期发行平均利率为5.06%，较2017年上升1.63BP；3年期平均发行利率5.09%，较2017年下降3.83BP。

从发行量最大的3年期证券公司债来看，AA+级和AAA级证券公司债平均发行利率同比均有所下降，而AA级证券公司债平均发行利率同比有所上升；各级别证券公司债平均发行利差同比均有所扩大（见表分6-8）。

表分6-8　2018年证券公司债发行利率及利差情况

项目	级别	平均发行利率			平均发行利差		
		2018年（%）	2017年（%）	同比变化（BP）	2018年（BP）	2017年（BP）	同比变化（BP）
3年期	AAA	4.75	4.80	-4.32	146.35	130.39	15.96
	AA+	5.07	5.14	-7.69	183.76	175.46	8.30
	AA	5.72	5.54	17.68	259.52	224.26	35.26

资料来源：Wind。

（四）可交换债/可转债

由于可交换债还赋予了持有人标的股票的看涨期权，因此发行利率通常低于其他信用评级相当的固定收益债券。因条款设置不同，2018 年可交换债年初始发行利率在 0.5%—8.5%之间，较 2017 年同期（利率区间 0.1%—7%）区间分布变化不大。

由于含有转股条款，可转债票面利率很低。除 2 期私募可转债为固定年利息外（合佳转 S1 为 6.0%、18 君实转为 10.35%），其他期均为累进利率。以优先配售，网上定价和网下配售发行的可转债各年利率分布在 0.2%—0.6% 之间；私募可转债利率相对较高（2%—10.35%），条款设置更为灵活。

（五）资产支持证券

2018 年，资产支持证券的发行利率总体呈前高后低走势，年初受去杠杆政策影响，市场流动性偏紧，发行利率处于高位，随着下半年政策放宽，央行通过降准、逆回购持续补充流动性，市场利率逐步走低。AAA、AA+、AA 级资产支持证券的平均发行利率分别为 5.71%、6.57% 和 6.78%，同比分别上升 20BP、58BP 和 63BP。总体看，资产支持证券信用等级越低，其发行利率越高，说明信用评级对发行利率具有显著的区分性。

2018 年，新发资产支持证券的信用等级对其发行利差具有良好的区分度，信用等级越低，平均发行利差越高。AAA、AA+、AA 级资产支持证券的发行利差均值分别为 261BP、341BP 和 364BP，与 2017 年相比，分别上升 46BP、84BP 和 88BP（见表分 6-9）。由于 2018 年违约事件增多，投资者对 AAA 级以下债券的风险溢价补偿要求提高，各信用等级之间的级差明显扩大，AAA 级和 AA+级之间的级差扩大 80BP，AA+级和 AA 级之间的级差扩大 22BP。

表分 6-9　　2017—2018 年资产支持证券发行利率和发行利差情况

级别	平均发行利率			平均发行利差		
	2018 年（%）	2017 年（%）	同比变化（BP）	2018 年（BP）	2017 年（BP）	同比变化（BP）
AAA	5.71	5.51	20.07	261.29	215.75	45.54
AA+	6.57	5.98	58.09	341.04	256.63	84.41
AA	6.78	6.15	63.42	363.53	275.23	88.30

注：（1）发行利率为票面利率；发行利差采为票面利率减同日同期限中证国债到期收益率，已经去除掉了期限因素的影响，但不排除由于样本差异会造成不同期限利差不同的情况；（2）未对样本量较少的 AA 级以下资产支持证券发行利率和发行利差进行分析。

资料来源：Wind。

三、信用等级迁移分析

2018 年，交易所债券市场存续的一般公司债发行人级别变动（含展望）合计 119 家，调整率为 9.14%，同比下降 2.94 个百分点，评级稳定性有所提升。级别（含展望）调升率为 5.15%，同比大幅下降；调降率为 3.99%，同比有所下降；调升率/调降率为 128.85%，同比大幅下降（见表分6-10）。整体来看，一般公司债级别（含展望）变动仍呈现调升趋势，但调升趋势同比明显减弱，调升率/调降率渐趋合理。

表分6-10　　2018年一般公司债发行人主体评级调整情况

级别调整	2018年			2017年		
	等级调整	展望调整	合计	等级调整	展望调整	合计
样本数量（家）	1 302	1 302	1 302	1 184	1 184	1 184
调整数量（家）	108	11	119	110	33	143
调升数量	61	6	67	92	26	118
调降数量	47	5	52	18	7	25
调整率（%）	8.29	0.84	9.14	9.29	2.79	12.08
调升率	4.69	0.46	5.15	7.77	2.20	9.97
调降率	3.61	0.38	3.99	1.52	0.59	2.11
调升率/调降率	129.79	120.00	128.85	511.11	371.43	472.00

注：（1）发行人样本数量为统计期初存续和统计期内新发且具有主体信用级别的发行人主体。（2）发行人主体信用等级的有效期限我们视为等同于其所发债券的有效期限，下同。（3）评级展望调升和调降统计不包括信用等级发生调整的评级展望统计。（4）展望调整，指统计期内存续、到期或新发债券发行人的主体信用等级在统计期内未调整，但评级展望发生了调整。如果期初或期末无评级展望或为观望的发行人在展望调整样本中显示，但不视为展望发生调整，不列入展望调整统计。（5）由超过一家评级机构对同一发行人进行主体信用评级时，则按不同评级机构分别纳入统计，即同一主体可被计数多次，下同。（6）评级展望由负面调整为稳定或正面、由稳定调整为正面，均视为调升；反之，视为调降。（7）调升率或调降率=年内发生信用等级（或评级展望）调升或调降的数量与年初样本数量的比。

资料来源：联合资信COS系统。

从企业性质来看，上调级别（含展望）的一般公司债发行人以国有企业为主，共37家，在上调级别（含展望）的一般公司债总发行人家数中的占比为55.22%。从行业分布来看，上调级别（含展望）的一般公司债发行人（67家）共涉及24个行业，主要集中于房地产管理和开发（14家）行业，在上调级别（含展望）的一般公司债总发行人家数中的占比（20.89%）最大。上调原因主要是部分房地产管理和开发行业企业开发经验丰富、区域市场竞争力较强、销售业绩增长快速、融资渠道通畅等；部分企业业务结构优化、核心技术研发成功、合并重整方案确定、经营业绩回升等。

从企业性质来看，下调级别（含展望）的发行人（52家）以民营企业为主，共37家，在下调级别（含展望）的总发行人家数中的占比为71.15%。从行业分布来看，下调级别的发行人共涉及22个行业，主要集中于化工（9家）、纺织品、服装与奢侈品（5家）、金属、非金属与采矿（5家）、石油、天然气与供消费用燃料（4家）和食品（4家）行业，在下调级别（含展望）的总发行人家数中的占比为51.92%。下调原因主要是部分企业特别是民营企业公司治理不善，公司发生亏损，同时外部融资环境恶化，再融资能力受挫，或者大额违规担保、短期债务大幅增加且占比较高、股权质押比例过高或投资受损，发生债券违约等。

2018 年，我国一般公司债市场共有 36 家发行主体信用等级出现大跨度评级调整[①]，较 2017 年（18 家）大幅上升。主体信用等级被大跨度调降的发行人多为民营企业（28 家），主要集中在化工、石油、天然气与供消费用燃料和金属、非金属与采矿等周期性行业和产能过剩行业，这些企业 2018 年经营业绩未见明显改善，信用状况进一步恶化，并多数已发生违约（25 家）。

为反映信用评级机构对发行人的信用等级调整变化，本章采用 Cohort 法对发行人主体信用等级变化进行分析。在信用等级迁移情况方面，2018 年 1 年期信用等级迁移矩阵显示[②]，从年初至年末，在样本量较多的 AA－级及以上级别中，AA－级别的稳定率最低，其级别迁徙率为 26.47%，主要源自向下调整，有 17.65% 的发行人向下调整；AA 级别的迁徙率合计为 13.86%，为迁徙率第二高的级别，依旧主要来自向下调整；AA＋的迁徙率居第三位，有 7.48% 的发行人发生向上调整；除 AA＋级别外，发生迁徙的级别均表现出明显的调降趋势。A＋至 AAA 级均有部分发行人的级别迁移范围超过 5 个子级，级别迁移幅度较大（见表分 6－11）。

表分 6－11　　2018 年发行人主体信用等级 1 年期迁移率

年末 年初	样本（个）	AAA（%）	AA＋（%）	AA（%）	AA－（%）	A＋（%）	A（%）	A－（%）	BBB＋（%）	BBB（%）	BBB－（%）	BB＋及以下（%）
AAA	292	99.66	—	—	—	—	—	—	—	—	—	0.34
AA＋	254	7.48	91.34	—	—	—	0.79	—	—	—	—	0.39
AA	411	—	6.57	86.13	1.46	0.24	0.49	—	0.24	0.24	0.24	4.38
AA－	34	—	—	8.82	73.53	2.94	2.94	5.88	—	2.94	—	2.94
A＋	6	—	—	—	16.67	66.67	—	—	—	—	—	16.67
A	2	—	—	—	—	—	—	—	—	—	—	100.00
A－	0	—	—	—	—	—	—	—	—	—	—	—
BBB＋	0	—	—	—	—	—	—	—	—	—	—	—
BBB	0	—	—	—	—	—	—	—	—	—	—	—
BBB－	1	—	—	—	—	—	—	—	—	—	—	100.00
BB＋及以下	2	—	—	—	—	—	—	—	—	—	—	100.00

资料来源：联合资信 COS 系统。

整体来看，2018 年一般公司债市场评级调整频率较 2017 年有所下降，级别（含展望）变动仍呈现调升趋势，但调升趋势同比明显减弱。正面调整企业多为国有企业，行业主要集

① 大跨度评级调整是等级调整的一种特殊情况，指发行人主体信用等级在统计期内调整超过 3 个子级以上（含 3 个子级）。例如，期初等级为 AA，期末等级调整为 A－，等级调整跨越 AA－、A＋、A 三个子级，则视为发生大跨度调整。

② 1 年期发行人主体信用等级迁移矩阵的计算方法采用 Cohort 法，即对年初和年末均有效的信用等级从年初到年末的变动情况进行统计，不包括年内新发债券和债券在年内到期的发行主体的级别统计，亦不考虑年内等级多调和等级回调的情况。

中于房地产管理和开发；负面调整以民营企业为主，涉及行业较多；大跨度调整全部为负面调整，且多数已发生违约。

四、违约分析①

2018 年，交易所债券市场②新增 34 家违约发行人，共涉及 59 期违约债券，违约金额③合计约 407.45 亿元，新增违约主体数量较 2017 年（5 家④）明显增加；另有 4 家此前已经发生违约的发行人继续未能按时偿付其存续债券利息或本金，涉及违约债券 10 期，违约金额约 39.53 亿元，其中 8 期债券为首次发生利息或本金到期违约。

2018 年，交易所债券市场新增违约发行人主要为民营企业。新增违约发行人涉及多元金融服务、化工、金属、非金属与采矿、石油、天然气与供消费用燃料、房地产管理和开发等 21 个行业，违约行业覆盖面更加广泛。新增违约发行人分布在北京、广东、上海、山东、安徽等 16 个省市，违约主体涉及地区继续增加。从违约企业地区分布来看，发行人更多集中在东南沿海、经济较发达等地以及过剩产能行业集中区域。

通过对主体违约进行统计，2018 年交易所债市一般公司债发行人主体违约率为 1.56%，较 2017 年（0.22%）和 2016 年（0.37%）均有所上升（见表分 6－12）。

表分 6－12　2016—2018 年我国交易所债券市场一般公司债发行人主体违约率统计

发行人主体级别	2018 年			2017 年			2016 年		
	年初样本数（家）	违约数量（家）	违约率（%）	年初样本数（家）	违约数量（家）	违约率（%）	年初样本数（家）	违约数量（家）	违约率（%）
AAA	282.5	1	0.35	192.5	0	0	87.5	0	0
AA＋	257.5	0	0	218.5	0	0	114	0	0
AA	428.5	12	2.8	430	2	0.47	268.5	0	0

① 当出现下述一个或多个事件时，即可判定主体和债券为违约：一是债务人未能按照合同约定及时支付债券本金和/或利息；二是债务人被法院受理破产申请，或进入破产清算程序、被接管、被停业、关闭；三是债务人进行债务重组且其中债权人做出让步或债务重组具有明显的帮助债务人避免债券违约的意图（例如和解或重整中的债务重组），债权人做出让步的情形包括债权人减免部分债务本金或利息、降低债务利率、延长债务期限、债转股（根据转换协议将可转换债券转为资本的情况除外）等情况；但在以下两种情况发生时，不视作债券/主体违约：一是如果债券具有担保，在债务人发生上述第二种情况时，担保人履行担保协议对债务进行如期偿还，则债券视为未违约；二是单纯由技术原因或管理失误而导致长期债务未能及时兑付的情况，只要不影响债务人偿还债务的能力和意愿，并能在1—2 个工作日得以解决，不包含在违约定义中。

② 统计口径为一般公司债、私募债、证券公司债、可交换债和可转债的违约发行人。

③ 违约金额为债券未偿付本金和利息之和，下同。

④《中国证券业发展报告（2018）》中《2017 年证券市场资信评级业务发展回顾与展望》列示的 2017 年新增违约主体为 4 家（湖州厉华妤婕联合纺织有限公司、五洋建设集团股份有限公司、山东玖龙海洋产业股份有限公司、江苏保千里视像科技集团股份有限公司），并不包含存在争议的亿阳集团股份有限公司。2019 年经过确认，最终认定亿阳集团股份有限公司为 2017 年新增违约主体，因此，2017 年新增违约主体数量调整为 5 家。

续表

发行人主体级别	2018年			2017年			2016年		
	年初样本数（家）	违约数量（家）	违约率（%）	年初样本数（家）	违约数量（家）	违约率（%）	年初样本数（家）	违约数量（家）	违约率（%）
AA -	42.5	0	0	58.5	0	0	48.5	0	0
A +	8	1	12.5	5.5	0	0	8.5	1	11.76
A	2.5	1	40	1.5	0	0	0.5	0	0
A -	0	0	0	0	0	0	0	0	0
BBB +	0	0	0	0.5	0	0	1	0	0
BBB	0	0	0	1.5	0	0	0	0	0
BBB -	1	0	0	0	0	0	0	0	0
BB +	0	0	0	0	0	0	0	0	0
BB	0	0	0	0	0	0	0	0	0
BB -	0	0	0	0	0	0	0	0	0
B +	0	0	0	0	0	0	0	0	0
B	1	1	100	0	0	0	1	1	100
B -	0	0	0	0	0	0	0	0	0
CCC	0	0	0	0	0	0	0	0	0
CC	0	0	0	0	0	0	0	0	0
C	0	0	0	0	0	0	0	0	0
NR	3	0	0	6.5	0	0	5	0	0
总计	1 026.5	16	1.56	915	2	0.22	534.5	2	0.37

注：（1）发行人样本为当年年初存续且具有主体信用级别的一般公司债发行人主体，不包括所发债券年初存续但主体被终止信用评级的发行人；发行人主体信用等级的有效期限视为等同于其所发债券的有效期限，对于所有债券均到期的发行人认为其主体信用等级失效；年末主体信用等级有效的发行人在样本数量统计时计为1个样本，年末主体信用等级失效的发行人计为0.5个样本；表中发行人主体级别为当年年初级别；发行人具有不同信用等级的双评级或多评级，则按不同主体信用等级分别纳入统计，即同一主体可被计数多次。（2）发行人主体违约率 = 当年发生违约的发行人家数/经调整的发行人样本家数。（3）当年违约数量不包括之前已发生违约并在当年再度发生违约的发行人。

资料来源：联合资信 COS 系统。

第三章
2018 年中国证券资信评级行业面临的问题与 2019 年前景展望

第一节 2018 年中国证券资信评级行业面临的问题

2018 年，我国资信评级行业进入稳步发展的新阶段。但在行业发展过程中，我国资信评级行业仍面临一些问题，妨碍了资信评级行业的进一步健康发展。

一、违约风险加速暴露，评级机构的风险揭示能力有待提高

2018 年，随着我国经济增速的逐步下滑和“去杠杆、防风险”政策的持续推进，我国交易所债券市场违约风险加速暴露，全年新增违约主体 34 家，新增违约债券 59 期，涉及违约金额 407.45 亿元，涉及 6 家发行人付费评级机构，均创历史新高。随着违约风险的加速暴露，投资者对违约风险预警的需求日益迫切，评级机构的风险揭示能力受到前所未有的重视。

虽然各家评级机构都在不断完善评级模型和优化评级流程，但评级结果的及时性仍显不足，部分违约债券的信用级别没有及早下调，甚至个别违约债券的信用级别直到违约当天或违约之后才下调，部分债券的信用评级失去了本应具备的风险预警功能，使得投资者对评级机构的风险预警功能产生了一些质疑。

二、新发行债券级别向 AAA 级集中，评级区分度有待提升

2018 年，受违约事件多发、投资者信用风险偏好下降、高等级发行人数量增多、低等级债券融资成本提高等因素影响，我国新发行债券级别继续向 AAA 级集中。2016—2018

年，新发行一般公司债中，AAA 级一般公司债的发行期数分别为 308 期、291 期、583 期，在总发行期数中分别占比 34.96%、54.09%、73.24%，占比同比分别上升了 9.65 个百分点、19.13 个百分点、19.15 个百分点。从近年的发展趋势来看，我国新发行债券级别快速向 AAA 级集中。

随着债券评级向 AAA 级集中，AAA 级一般公司债的发行利差变异系数显著升高，利差区分度明显下滑，反映出市场对部分 AAA 级债券评级的认可度降低，评级区分度有待提升。造成这一现象的原因，主要是由于近年市场信用紧缩，低等级债券违约事件频发，投资者信用风险偏好下降，导致低等级债券发行困难，为了成功发行债券，部分低等级发行人（多为 AA 级、AA + 级）通过担保方式将债券增信到 AAA 级，但市场对该类债券的认可度较低。

三、评级机构的合规管理有待进一步加强

2018 年，中国证监会对 7 家证券评级机构开展了现场检查，发现部分评级机构存在违规现象：一是利益冲突防范机制缺失，违背独立性原则开展证券评级业务；二是评级质量控制不到位，级别上调缺乏客观依据；三是跟踪评级制度落实不到位，未关注到受评对象重大变化，跟踪评级启动不及时；四是资产证券化项目尽职调查不充分、现金流预测不审慎等。

少数评级机构不遵守《证券资信评级机构执业行为准则》的有关规定①，在对受评对象提供信用评级服务的同时，为受评对象提供咨询服务，在收取巨额咨询费用后，提高了受评对象的信用级别。这背离了评级业务的独立性要求，构成了评级业务与咨询业务的利益冲突。少数评级机构忽视评级业务的独立性，面临较大的利益冲突隐患。

针对部分评级机构的上述违规行为，中国证监会采取了责令限期整改、出具监管警示函等行政监管措施。现场检查暴露出评级机构合规管理的漏洞，评级机构的合规管理水平仍需要进一步提升。

四、全球评级技术体系有待健全

随着我国债券市场国际化进程的加快，评级机构原有的区域评级技术体系不能适应国际化的需要，评级机构需要加快建立健全全球评级技术体系。目前，我国评级机构的国际化发展程度还处于初期，虽然四家评级机构已在中国香港、欧洲开展评级业务，但市场份额很小，影响力极为有限。中资信用评级机构在境外声誉不足，评级技术不完善，发行人和投资者对其认可度不高，面对业务经验丰富、技术人才实力雄厚的国际评级机构，国内评级机构面临严峻的竞争态势，拓展境外业务的压力较大。

---

① 中国证券业协会发布的《证券资信评级机构执业行为准则》第四十一条规定：证券评级机构及其评级从业人员在开展证券评级业务期间，不得向受评级机构或受评级证券发行人提供管理咨询或财务顾问方面的服务或建议。

为了提高国际竞争力，评级机构需要站在全球角度，加快建立全球评级技术体系，并与国内区域评级技术体系形成对应关系，提高评级技术体系的国际化水平，逐步赢得国际发行人和投资人的认可。

五、境外投资者服务的水平有待加强

随着越来越多的国内发行人前往境外发债，我国评级机构越来越多地出现在境外债券市场，在为发行人提供评级服务的同时，也开始为境外投资者提供服务，比如，部分中资评级机构向境外投资者提供风险研究报告，为境外投资者举办培训交流活动等。另一方面，随着“债券通”的发展，越来越多的境外投资者进入我国境内债券市场投资，他们对我国境内的债券评级体系不理解，部分评级机构会向这些境外投资者提供培训答疑服务。但整体来看，我国评级机构对境外投资者的服务意识有待加强，服务形式有待丰富，服务水平有待提升。

国内评级机构应抓住粤港澳大湾区建设、“一带一路”建设等历史机遇，扎实提高自身评级技术水平，加强国际宣传，积极与境外投资者交流，进一步提高自身在国际评级市场的影响力。

六、评级行业工作重心有待转变

长期以来，为了满足监管部门对债券发行的监管要求，债券发行人聘请评级机构开展评级。因此，采取发行人付费模式的评级机构将工作重心放在发行人上。在开展评级业务的过程中，评级机构为了获得评级业务可能会迎合发行人的需要，降低评级标准，影响信用评级的独立性。实际上，评级结果的最终使用者是投资人，信用评级的最终目的是帮助投资人识别债券的信用风险，缓解债券市场的信息不对称。随着我国投资人的成熟和违约事件的增多，投资人对债券违约风险的关注与日俱增，投资人迫切需要及时掌握债券的违约风险动态，对评级机构的要求也越来越高，对评级行业的影响也越来越大。一方面，投资人会通过参与监管部门组织的市场化评价，对各家评级机构的评级质量进行评分，从而间接地影响评级机构的声誉；另一方面，部分机构投资人可以直接建议发行人聘请其指定或认可的评级机构，从而直接影响评级机构的业务收入与市场份额。

随着监管部门对评级结果作为债券发行要件的监管要求逐步弱化和投资人的影响力日益增强，评级行业需要高度重视投资人日益增强的影响力，逐步将工作重心由发行人转移到投资人上，切实提升评级技术和投资人服务水平。

七、人才队伍不能适应行业发展需求

2018 年，评级机构从业人员的流动性较大，国际化人才的储备不足。由于受薪酬及国际评级机构竞争的影响，我国信用评级行业从业人员的流动性较大，尤其是有丰富评级经验的分析师的流失率较高。目前，国内评级机构的评级业务人员构成偏年轻化、从业经验不够丰富的分析师占比较高，对评级机构经验及评级技术的积累产生较大的负面影响。此外，国内评级机构在专业人才、国际化人才积累方面与国际评级机构存在较大差距。特别是随着我国评级行业的对外开放，国际三大评级机构进入我国争夺中资评级机构的专业人才，对中资评级机构造成较大冲击。

第二节　2019 年证券资信评级行业发展前景展望

一、监管协同性进一步加强，将推动评级行业高质量发展

2018 年，监管部门针对评级行业积极采取措施，加强监管协调，有效防控系统性金融风险。在“一委一行两会”金融监管新格局的基础上，中国证监会、中国人民银行和银行间市场交易商协会针对评级机构首次开展了联合现场检查；中国人民银行和中国证监会联合发布公告，对逐步统一银行间债券市场和交易所债券市场评级业务资质、加强对信用评级机构监管和监管信息共享、提高评级质量等方面进行了规范；中国人民银行、中国证监会、发改委联合发文，明确由中国证监会对债券市场违法行为开展统一执法。

2019 年，评级行业监管的协同性将进一步加强。中国人民银行与中国证监会将对评级机构开展统一的市场化评价，通过市场化评价结果倒逼评级机构提升评级质量；银行间债券市场和交易所债券市场评级业务资质有望实现互认，各个监管部门的监管信息将可能实现共享，监管套利空间有望进一步压缩；监管部门对评级机构的联合现场检查将继续开展，中国证监会将会对债券市场违法行为开展统一执法，这些措施将进一步推动信用评级行业高质量发展。

二、评级行业将面临更加激烈的竞争，行业洗牌与整合进一步加速

随着我国信用债发行规模增速趋缓，发行人付费证券资信评级机构的业务规模稳中趋降。2018 年，我国发行人付费证券资信评级机构的业务规模微降，全年协议承做评级项目 4 441 单，较 2017 年减少 0.29%；前三大资信评级机构协议承做评级项目占比为 68.75%，同比增加 4.42 个百分点，评级行业集中度有所提高。

2019 年，发行人付费证券资信评级机构的业务规模可能继续呈现稳中有降的态势，评级行业的竞争将更趋激烈。一方面，境内经中国证监会核准的资信评级机构已增加至 11 家；

另一方面，国际评级机构已进入我国债券市场开展竞争，2019年1月标普信用评级（中国）有限公司（以下简称标普评级）已获得中国人民银行批准进入银行间债券市场，穆迪评级、惠誉博华也可能将获批，未来境内债券市场的资信评级机构或将超过15家。此外，买方信评、外部独立咨询等其他评级替代性产品层出不穷，也将挤压发行人付费评级机构的生存空间。

更激烈的竞争对评级机构的专业性提出了更高的要求，专业化的评级机构将在未来的中国市场获得更多的青睐，评级机构之间的差距会逐步拉大。未来评级行业内或将出现兼并收购，通过并购重组推动评级行业健康发展。

三、评级质量成为评级机构生存的基础，声誉约束将继续考验公信力

随着宏观经济逐步企稳、货币政策趋于合理宽松，我国债券市场违约风险释放有望趋缓，但违约事件仍将时有发生，投资者仍将高度关注评级机构的评级表现。评级准确性不高、评级预警不及时的评级机构将受到市场的广泛质疑，其公信力将逐渐丧失，并最终被市场边缘化、淘汰；评级准确性高、风险识别能力强、预警及时的评级机构将获得市场认可，其公信力将逐步提高，并有望成为评级行业的引领者。

2018年加速爆发的违约事件涉及6家主要的发行人付费评级机构，暴露出各家评级机构的评级质量存在或多或少的不足。2019年，违约事件将继续考验评级机构的评级技术和评级质量。

四、评级机构业务发展模式逐步由监管驱动转为市场需求拉动

为了降低对外部评级的依赖，监管层将逐步取消评级结果作为债券发行要件的要求。随着监管要求的逐步取消，评级机构的业务发展模式将逐步由监管驱动转变为市场需求拉动。长期以来，我国评级机构主要是依赖监管要求开展业务。债券发行人和承销商主要是为了满足债券发行、质押的监管要求来聘请外部评级机构。随着监管要求的逐步取消，未来外部评级的需求将主要来自于投资人辨别债券风险的需要。投资人出于控制投资风险的考虑，会密切关注债券的违约风险，因此，投资人需要参考外部评级来做出投资决策。在投资人需求的拉动下，评级机构的业务发展模式将由依赖监管要求来开展业务转变为通过满足投资人需要来开展业务。评级机构将更多地倾听投资人的需求，通过高质量的评级服务满足投资人的需求，提升在投资人中的声誉，赢得投资人的认可。

目前，评级行业已出现了投资人需求主导评级业务的端倪，一些发行人、承销商在聘请评级机构时，会根据投资人的要求选择其指定的评级机构。未来，投资人需求主导评级业务的趋势可能会更明显，将促使评级机构及时调整业务发展模式，更积极主动地为投资人服务。

五、评级行业监管趋严，处罚力度加大，将促进评级机构合规管理水平进一步提高

为了防范化解金融风险，监管层对评级机构的监管力度也在不断加强。2018 年，中国证监会首次和中国人民银行、银行间市场交易商协会首次联合开展证券评级机构现场检查，对评级机构的业务、人员、财务的合规情况进行全面检查，重点检查评级机构的评级项目工作底稿是否齐备、尽职调查是否充分、评级的决策程序是否完善、利益冲突管理是否有效等。部分评级机构的执业质量不高，合规管理存在漏洞，利益冲突问题明显，因而受到了严厉的监管处罚。

2019 年，预计监管部门将会通过联合现场检查、专项核查、市场化评价等多种方式加大监管力度，促使评级机构履职尽责。在监管部门的严监管下，评级机构的合规管理水平和执业质量有望进一步提高。

六、对外开放稳步推进，国际化水平不断提高

2019 年，我国债券市场和评级行业对外开放将继续推进。2019 年 1 月，银行间市场交易商协会发布公告称，经交易商协会信用评级专业委员会及第五届常务理事会第十次会议审议通过，并报央行备案同意，接受标普评级开展银行间债券市场信用评级业务的注册，外资评级机构正式进入我国评级市场开展业务。

2019 年 1 月，彭博正式确认，人民币计价的中国国债和政策性银行债券将从 2019 年 4 月起被纳入彭博巴克莱全球综合指数，并将在 20 个月内分步完成，此次纳入是央行、财政部和国家税务总局完善了数项配套措施的结果。根据彭博提供的数据，将有 363 只中国债券被纳入彭博巴克莱全球综合指数，完全纳入后，以人民币计价的中国债券在该指数中占比将达到 6.06%，成为继美元、欧元、日元计价之后的第四大货币债券。

我国债券市场和评级行业扩大对外开放，将为我国评级机构带来国际评级业务，例如熊猫债、“一带一路”债券等，有利于推动我国评级机构的国际化业务发展。

七、信息化技术或将促进评级技术跨越式发展

随着大数据、区块链、人工智能等信息技术的发展与应用，评级技术方法已经获得了长足进步。2018 年，标普全球（S&P Global）进军人工智能领域，收购了人工智能公司 Kensho，并完成了对机器学习与分析公司 Panjiva 的收购，借以提升其评级技术方法。

2019 年，信息技术将继续快速发展，有可能改变基础信用数据的收集方式，提升信用数据的维度和真实性，提高评级模型的预测能力，实现评级技术的跨越式发展。信息技术的快速发展，将促使评级机构加快实现评级技术的智能化，推动评级技术的信息化进程。

专题报告

专题报告之一：
2018 年中国证券公司合规管理发展综述

第一章 2018 年中国证券公司合规管理概况

第一节 2018 年证券公司合规管理基本情况

从 2008 年《证券公司合规管理试行规定》出台至今，已经历 10 年的实践，证券公司合规管理工作成效显著。2017 年，中国证监会发布了《证券公司和证券投资基金管理公司合规管理办法》（以下简称《办法》），中国证券业协会发布了《证券公司合规管理实施指引》（以下简称《指引》）。《办法》和《指引》明确了证券公司合规管理的基本原则，标志着越来越规范的监管规则体系的形成，经过一年多的实践，证券公司合规管理体系更加成熟，合规管理的重要性显著提高。2018 年，行业内证券公司积极对照落实《办法》和《指引》，秉承“全员合规、合规从管理层做起、合规创造价值、合规是公司生存基础”的理念，进一步促进完善合规管理体系，为行业的持续发展保驾护航。

一、证券公司分类监管情况

中国证监会以证券公司风险管理为基础，结合公司市场竞争力和持续合规状况，对证券公司实施分类监管。2018 年中国证监会对 131 家证券公司开展了分类评价，其中 33 家公司与其母公司合并评价，共计 98 家单位参与评价。评价结果为 A 类的公司占比为 40.82%，与 2017 年数量保持不变，其中 AA 级公司 12 家，A 级公司 28 家；B 类公司数量占受评公司总数的 50%，比 2017 年增加了 2.08%，其中，BBB 级、BB 级和 B 级公司分部为 29 家、15 家和 5 家；C 类公司占比 8.16%，比 2017 年减少了 11.11%，其中，CCC 级公司 3 家、CC 级公司 2 家、C 级公司 3 家。D 类公司 1 家，占比 1.02%。2018 年证券公司分类评价结果无 E 类公司（见图专 1－1）。

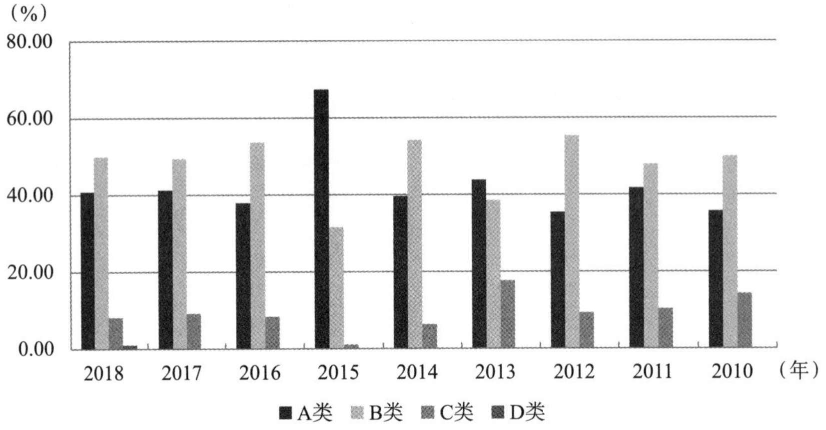

图专 1－1　证券公司分类评价结果对比图

二、证券公司合规管理组织体系

2018 年底，中国证券业协会组织的证券公司合规管理问卷调查显示（有效问卷共 117 份），在证券公司合规部门设置情况方面，随着《办法》明确要求“证券基金经营机构应当设立合规部门”，2018 年 88.03% 的证券公司设立了专职的合规部门，较 2017 年上升了 3.82%，远远多于将合规部门与风险管理部门合并设立的公司（11.97%）。同时，大多数证券公司（66.67%）的法律部门与合规部门合二为一。

在合规部门岗位划分方面，64.1% 的证券公司合规部门按合规业务条线划分岗位，合规部门中证券经纪业务合规、证券投资合规、投行合规岗位人数占比平均为 27.63%、13.5% 和 20.8%；13.68% 的证券公司合规部门按合规管理职能划分岗位，其中，合规咨询与审查、合规监测、合规检查岗位人数占比平均为 49.85%、28.1% 和 32%。其余 23.93% 的证券公司合规部门综合采用合规业务条线及合规管理职能模式划分岗位。

在证券公司合规管理人员情况方面，《办法》和《指引》对证券公司合规部门、各业务部门、分支机构、各子公司合规管理人员的数量和质量提出了基本标准。2018 年证券公司合规管理人员整体数量明显增加，人员质量有所提高。截至 2018 年底，证券公司专职合规管理人员（含总部合规部门、业务部门、分支机构、子公司）平均约 93 人；兼职合规管理人员（含业务部门、分支机构、子公司）平均约 39 人；专职合规管理人员占公司全体员工数的平均比例为 5.49%；全体合规管理人员（含专职合规管理人员和兼职合规管理人员）占公司全体员工数的平均比例为 7.70%。其中，从专职合规管理人员分布来看，总部合规部门平均为 14 人，业务部门专职合规管理人员平均为 9 人，分支机构专职合规管理人员平均为 62 人，子公司专职合规管理人员平均为 8 人。75% 的证券公司分公司和 63.45% 的营业部配备了专职合规管理人员；70.47% 的证券公司直管子公司、94.66% 的另类或私募子公司、50% 的境外子公司已经由公司选派合规负责人。关于兼职合规管理人员的人数分布，业务部门兼职合规管理人员平均为 8 人，分支机构兼职合规管理人员平均为 27 人，子公司兼职合规管理人员平均为 6 人。①

从合规管理人员的工作经历背景来看，随着《办法》对合规管理人员的资质提出了更高要求，截至 2018 年底，证券公司具有三年以上法律、金融、会计、信息技术等工作经历的合规管理人员占公司全体合规管理人员的比例平均为 29%、52.85%、9.16% 和 6.59%。②

从证券公司合规部门人员变动情况来看，2018 年约 58.97% 的证券公司合规部门人数增加，平均涨幅达 27.9%；约 12.82% 的公司合规部门人数减少，平均减幅为 16.05%。

第二节　行业监管规则与自律规则体系的发展情况

一、行业监管规则体系发展情况

2018 年，中国证监会系统积极贯彻党的十九大精神，把防范化解金融风险放到突出的位置，坚持依法全面从严监管，加快推进《证券法》修改等工作，着力扩大资本市场高水平开放，以开放促改革。

一是股票发行、减持、退市等基础制度进一步规范化。2018 年 6 月，中国证监会发布了《关于修改〈首次公开发行股票并上市管理办法〉的决定》，修改了首次公开发行股票并上市的管理办法③；发布了《关于修改〈证券发行与承销管理办法〉的决定》④，增加定价方式的灵活性，允许企业自行选择定价方式；为进一步规范上市公司运作，大力提升上市公司治理水平，中国证监会发布修订后的《上市公司治理准则》⑤；同时，完善了上市公司股

① 由于个别调查问卷在“合规管理人员的数量统计”方面没有提供全部数据，各类兼职合规管理人员平均数量的总和与兼职合规管理人员总数的平均值不一致。

② 存在证券公司合规管理人员具有两项或两项以上的“三年以上法律、金融、会计、信息技术”工作经历的情形。

③ 《关于修改〈首次公开发行股票并上市管理办法〉的决定》（证监会令第 141 号）。

④ 《关于修改〈证券发行与承销管理办法〉的决定》（证监会令第 144 号）。

⑤ 《上市公司治理准则》（证监会公告〔2018〕29 号）。

票停牌复牌制度①；7月，中国证监会发布了《关于修改〈关于改革完善并严格实施上市公司退市制度的若干意见〉的决定》②，进一步完善了上市公司退市制度，形成优胜劣汰的上市公司退市机制，提升上市公司质量，维护投资者合法权益；为推进股票发行注册制改革，落实以信息披露为中心的审核理念，对上市公司重大资产重组的信息披露内容与格式进行了进一步规范③；大力发展和规范养老目标证券投资基金的运作，在养老金市场化改革中更好地发挥公募基金专业投资的作用，促进养老目标基金长期持续健康发展④；对上市公司创业投资基金股东的减持行为作出了特别的规定。⑤

二是市场双向开放水平进一步提高。2018年4月，中国证监会发布了《外商投资证券公司管理办法》，促进规范了外商投资境内证券公司管理⑥；为引入优质境外金融机构投资期货公司，进一步扩大了期货业对外开放的部署⑦；促进市场双向开放，规范了上海证券交易所与伦敦证券交易所市场互联互通（“沪伦通”）存托凭证业务中的发行、交易和跨境转换等行为。⑧

三是进一步加强了境内外合规与风险管理。2018年3月，中国证监会发布了《证券公司投资银行类业务内部控制指引》⑨，建立三道内部控制防线，要求内核、合规、风险管理等内部控制的第三道防线，从公司层面对投资银行类业务风险进行整体管控；服务于企业“走出去”的趋势，发改委、外交部、商务部等联合印发了《企业境外经营合规管理指引》，为企业境外经营提供了合规指导。为进一步规范证券公司境外经营合规管理，中国证监会发布了《证券公司和证券投资基金管理公司境外设立、收购、参股经营机构管理办法》⑩；进一步规范了证券公司在投资银行类业务中有偿聘请各类第三方等相关行为，增强风险防控、廉洁从业。⑪ 6月，中国证监会发布了《证券期货经营机构及其工作人员廉洁从业规定》⑫，加强了对证券期货行业廉洁从业的整体监管要求。12月，中国证监会发布了《证券基金经营机构信息技术管理办法》⑬，引导证券基金经营机构增强信息技术对证券基金业务合规发展的促进作用。

四是积极发展债券市场和期货及衍生品市场。中国证监会发布了《证券期货经营机构

---

① 《关于完善上市公司股票停复牌制度的指导意见》（证监会公告〔2018〕34号）。

② 《关于修改〈关于改革完善并严格实施上市公司退市制度的若干意见〉的决定》（证监会令第146号）。

③ 《公开发行证券的公司信息披露内容与格式准则第26号——上市公司重大资产重组（2018年修订）》（证监会公告〔2018〕36号）。

④ 《养老目标证券投资基金指引（试行）》（证监会公告〔2018〕2号）。

⑤ 《上市公司创业投资基金股东减持股份的特别规定》（证监会公告〔2018〕4号）。

⑥ 《外商投资证券公司管理办法》（证监会令第140号）。

⑦ 《外商投资期货公司管理办法》（证监会令第149号）。

⑧ 《关于上海证券交易所与伦敦证券交易所互联互通存托凭证业务的监管规定（试行）》（证监会公告〔2018〕30号）。

⑨ 《证券公司投资银行类业务内部控制指引》（证监会公告〔2018〕6号）。

⑩ 《证券公司和证券投资基金管理公司境外设立、收购、参股经营机构管理办法》（证监会令第150号）。

⑪ 《关于加强证券公司在投资银行类业务中聘请第三方等廉洁从业风险防控的意见》（证监会公告〔2018〕22号）。

⑫ 《证券期货经营机构及其工作人员廉洁从业规定》（证监会令第145号）。

⑬ 《证券基金经营机构信息技术管理办法》（证监会令第152号）。

私募资产管理业务管理办法》①，持续完善私募资产管理业务监管规则；发布《关于进一步加强证券基金经营机构债券交易监管的通知》②，债券业务类型分开办理，严格分离，防范利益冲突；进一步规范债券市场参与者债券交易业务，将自营、资产管理、投资顾问等各类前台业务相互隔离，促进了债券市场健康平稳发展。③

五是多层次市场体系进一步完善。进一步规范区域性股权市场，促进多层次资本市场体系规范发展；④ 扶持科技创新企业，新设科创板，设置多元包容的上市条件，允许符合相关要求的特殊股权结构企业和红筹企业在科创板上市。⑤

六是依法全面从严监管的态势进一步巩固，市场生态呈现积极变化。2018 年，中国证监会坚持依法全面从严监管理念，不断强化监管执法工作，严厉打击资本市场各类违法违规行为，重点打击信息披露违法、操纵市场、内幕交易、私募基金领域违法、短线交易、从业人员违法等。重拳惩治了市场乱象，引导市场主体知敬畏、明底线，使市场生态环境得以净化，市场的法治基础更加坚实，防范系统性风险的堤坝更加牢固。⑥

二、行业自律规则体系发展情况

2018 年，沪、深证券交易所全方位加强一线监管，发布了多项自律规则。沪、深证券交易所和中国证券登记结算有限责任公司发布实施了《债券质押式三方回购交易及结算暂行办法》，进一步规范完善了债券质押式三方回购的投资者适当性、担保品管理、交易结算安排、持续管理等相关事项。⑦ 为落实投资者保护，交易所完善了信息披露业务管理相关事项，11 月，沪、深证券交易所发布了《上市公司高送转信息披露指引》，合理规范上市公司送转股行为，维护了证券市场秩序和广大投资者利益。⑧为配合中国证监会对上市公司重大违法强制退市新规的贯彻落实，沪、深证券交易所制定了上市公司重大违法强制退市实施细则，以及证券交易所退市公司重新上市实施办法，进一步加强了对投资者合法权益保护。⑨

---

① 《证券期货经营机构私募资产管理业务管理办法》（证监会令第 151 号）。

② 《关于进一步加强证券基金经营机构债券交易监管的通知》（证监办发〔2017〕89 号）。

③ 《关于规范债券市场参与者债券交易业务的通知》（银发〔2017〕302 号）。

④ 《区域性股权市场信息报送指引（试行）》（证监会公告〔2018〕3 号）。

⑤ 《创新企业境内发行股票或存托凭证上市后持续监管实施办法（试行）》（证监会公告〔2018〕19 号）。

⑥ 中国证监会："2018 年证监会行政处罚情况综述"，http://www.csrc.gov.cn/pub/newsite/zjhxwfb/xwdd/201901/t20190104_349383.html，2019 年 1 月 11 日。

⑦ 《上海证券交易所 中国证券登记结算有限责任公司债券质押式三方回购交易及结算暂行办法》（上证发〔2018〕22 号）、《深圳证券交易所 中国证券登记结算有限责任公司债券质押式三方回购交易及结算暂行办法》（深证上〔2018〕323 号）、《深圳证券交易所债券质押式三方回购交易业务指南》（深证上〔2018〕324 号）。

⑧ 《上海证券交易所上市公司高送转信息披露指引》（上证发〔2018〕100 号）、《深圳证券交易所上市公司信息披露指引 第 1 号——高比例送转股份》。

⑨ 《上海证券交易所上市公司重大违法强制退市实施办法》（上证发〔2018〕98 号）、《上海证券交易所退市公司重新上市实施办法（2018 年 11 月修订）》（上证发〔2018〕99 号）、《深圳证券交易所上市公司重大违法强制退市实施办法》（深证上〔2018〕556 号）、《深圳证券交易所退市公司重新上市实施办法（2018 年修订）》（深证上〔2018〕556 号）。

沪、深证券交易所修改了《股票上市规则（2018年11月修订）》，进一步夯实了制度基础，提升了上市公司规范运作，保障了中小投资者合法权益。[①]

2018年，自律组织持续加强了对证券公司业务的规范和指导。1月，中国证券业协会发布了《证券公司参与股票质押式回购交易风险管理指引》，对证券公司自有资金参与股票质押回购交易业务融资规模进行控制，强化了证券公司在业务流程中的主体责任。[②]5月，为了落实中国证监会《关于进一步加强证券公司场外期权业务监管的通知》的相关要求，强化场外期权业务自律管理，中国证券业协会发布了《关于进一步加强证券公司场外期权业务自律管理的通知》。[③] 7月，为促进区域性股权市场规范发展，中国证券业协会发布了《区域性股权市场自律管理与服务规范（试行）》，进一步明确了券商从业细则。[④]9月，为了配合财政部修订的《企业会计准则第22号——金融工具确认和计量》等新会计准则的实施，中国证券业协会制定了《证券公司金融工具估值指引》《非上市公司股权估值指引》及《证券公司金融工具减值指引》，旨在指导证券公司科学、合理地对金融工具进行估值和减值。[⑤] 12月，中国证券业协会和中国证券投资基金业协会联合发布了《证券基金经营机构债券投资交易业务内控指引》，进一步规范了证券公司及其子公司、基金公司及其子公司债券投资相关业务的管理，从内控体系、风险控制、业务管理、人员管理等方面强化证券基金经营机构风控合规意识，确保债券投资交易规范展业。[⑥]同月，中国证券业协会联合中国期货业协会、中国证券投资基金业协会，发布了《中国证券期货市场衍生品交易主协议》，完善了证券期货市场衍生品交易主协议。[⑦]

2018年，中证机构间报价系统股份有限公司制定了《机构间私募产品报价与服务系统账户业务指南（试行）》《机构间私募产品报价与服务系统登记业务指南（试行）》以及《机构间私募产品报价与服务系统资金结算业务指南（试行）》三项业务指南；11月，制定了《机构间私募产品报价与服务系统私募产品和业务信息披露规则（试行）》，进一步促进了报价系统私募股权融资业务的健康开展，规范了机构间私募产品报价系统登记结算业务管理及信息披露等事项。[⑧]

---

① 《上海证券交易所股票上市规则（2018年11月修订）》（上证发〔2018〕97号）、《深圳证券交易所股票上市规则》（深证上〔2018〕556号）。

② 《证券公司参与股票质押式回购交易风险管理指引》（中证协发〔2018〕13号）。

③ 《关于进一步加强证券公司场外期权业务自律管理的通知》（中证协发〔2018〕119号）。

④ 《区域性股权市场自律管理与服务规范（试行）》（中证协发〔2018〕201号）。

⑤ 《证券公司金融工具估值指引》《非上市公司股权估值指引》及《证券公司金融工具减值指引》（中证协发〔2018〕216号）。

⑥ 《证券基金经营机构债券投资交易业务内控指引》（中证协发〔2018〕319号）。

⑦ 《中国证券期货市场衍生品交易主协议》（中证协发〔2018〕321号）。

⑧ 《机构间私募产品报价与服务系统账户业务指南（试行）》《机构间私募产品报价与服务系统登记业务指南（试行）》《机构间私募产品报价与服务系统资金结算业务指南（试行）》《机构间私募产品报价与服务系统私募产品和业务信息披露规则（试行）》。

第二章

2018 年中国证券公司合规管理职能的履行情况

根据《证券公司和证券投资基金管理公司合规管理办法》和《证券公司合规管理实施指引》，合规管理，是指证券基金经营机构制定和执行合规管理制度，建立合规管理机制，防范合规风险的行为。2018 年，证券公司积极贯彻落实《办法》和《指引》，切实履行以下各项合规管理职能。

一、子公司合规管理日渐完善

《办法》和《指引》强调了证券公司合规管理全覆盖的要求，2018 年证券公司普遍采取了建立健全集团化合规管理的制度建设，并加强了对子公司合规负责人的管理及考核工作，完善了集团化责任追究机制，将合规问责范围扩大至各子公司合规负责人。部分证券公司制定发布了公司内部法律法规，规范子公司的合规管理，包括细化母子公司的合规管理职能边界，强化内部控制、信息隔离墙及反洗钱等垂直管理，建立子公司的合规管理报告机制，明确母公司对子公司的合规督促和指导职能。部分证券公司要求子公司每月按时上报合规管理工作开展的情况及重大合规风险事项，确保母子公司合规管理工作与责任追究机制紧密结合。

随着“一带一路”倡议的推进，越来越多的证券公司开展了海外业务，在不同的国家和地区建立了境外子公司。根据中国证监会 2018 年 9 月发布的《证券公司和证券投资基金管理公司境外设立、收购、参股经营机构管理办法》的规定，证券公司母公司普遍加强了对境外子公司的管控，完善了境外机构管理，健全覆盖了境外机构的合规管理和风险管理体系。由母公司合规部组织对境外子公司的经营管理行为的合规性进行不定期的检查，针对重大风险事项向境外子公司发布整改建议；部分证券公司母公司还将境外子公司的合规管理纳入内部审计范畴，及时发现问题，并督促、跟踪检查整改措施的落实情况；部分证券公司对海外子公司开展了多种形式的合规宣导和培训，协助境外子公司工作人员及时知晓并严格遵守法律法规的要求，推动集团化的合规管理。

二、紧密跟踪法律、法规和准则

2018 年，证券行业全面从严监管，在行业监管规则和自律规则推陈出新的情况下，证券公司普遍紧密关注了最新监管动态，汇总和梳理了监管部门和自律组织等发布的法律法规、规章制度、行业规范和自律规则等颁布和修订情况。通过周报、月报的形式，以公司 OA 内部网站发布、邮件及微信等多种方式进行法律法规的传导和学习。对新增或修订的行业法律法规和准则进行解读，并不定期地编制成书面文件传达至全公司员工，使公司从业人员更好地了解、掌握最新的政策和监管动态。

同时，对于新颁布的重大法律法规，证券公司积极参加监管部门和自律组织举办的相关培训，并及时开展内部培训宣导活动，传达最新监管政策精神，分解和传递到各业务部门和业务条线，指导其对相关规定或业务流程进行改进，确保修订后的政策和流程符合行业最新法律法规和准则的规定。

三、反洗钱监管力度加强

2018 年，中国人民银行、中国银保监会、中国证监会制定了《互联网金融从业机构反洗钱和反恐怖融资管理办法（试行)》(银发〔2018〕230 号)，促使互联网金融从业机构强化内控建设、增强反洗钱意识。中国人民银行陆续发布了《法人金融机构洗钱和恐怖融资风险管理指引（试行)》(银反洗发〔2018〕19 号)、《关于进一步加强反洗钱和反恐怖融资工作的通知》(银办发〔2018〕130 号)、《关于加强特定非金融机构反洗钱监管工作的通知》(银发〔2018〕120 号)，加强了对客户身份识别管理、洗钱或恐怖融资高风险领域的管理。2018 年 7 月，中国人民银行发布了《关于进一步做好受益所有人身份识别工作有关问题的通知》(银发〔2018〕164 号）和《关于加强反洗钱客户身份识别有关工作的通知》(银发〔2017〕235 号)，要求金融机构加强对非自然人客户受益所有人、自然人客户特定身份以及特定业务关系中客户的身份识别，提高受益所有人信息透明度，防范复杂股权或控制权结构导致的洗钱和恐怖融资风险。

2018 年度，证券行业按照中国人民银行的法律法规要求，广泛开展了反洗钱制度建设、客户身份识别及客户资料保存、客户洗钱风险评估及等级划分、大额和可疑交易报告、反洗钱培训宣传等反洗钱工作。在反洗钱制度建设方面，证券公司根据业务发展，积极开展了期货、境外业务等涉及的洗钱风险研究。在客户身份识别方面，多数证券公司加强了对非自然人客户、非自然人客户受益所有人、外国政要、涉恐涉制裁名单、高风险国家或地区等相关客户的身份识别、资料保存与管理。在反洗钱培训和宣传方面，证券公司大多自主开展了反洗钱培训，提高从业人员的反洗钱意识。

四、逐步建立健全信息隔离机制

2018 年，证券公司按照《证券公司信息隔离墙制度指引》（2015 年修订），普遍采取了物理、人员、资金、账户、系统等基础隔离措施，以及观察名单管理、限制名单管理、跨墙管理等信息隔离措施，管控投资银行、证券自营、证券投资咨询、客户资产管理、融资融券等可能存在利益冲突的业务之间敏感信息的不当流动和使用，防范内幕交易，管理利益冲突。在使用信息隔离墙管理系统的公司中，部分证券公司已将系统与公司投资银行、自营、客户资产管理、投资咨询等业务系统的对接，提高了信息隔离墙工作的效率和准确性。同时，在进行业务创新或协同开展业务合作时，证券公司一般会事先评估是否可能存在敏感信息不当流动和使用的风险，建立或完善信息隔离墙管理制度。2018 年，随着《证券公司参与股票质押式回购交易风险管理指引》的正式发布实施，证券公司逐步建立健全参与股票质押式回购交易的信息隔离墙制度和利益冲突防范机制。

随着证券公司国际化程度的不断加深，由于境外有关信息隔离的要求往往更加严格，证券公司开始注重提高信息隔离墙工作的国际化水平，并考虑逐步在集团层面整合信息隔离工作。

五、合规咨询与合规审查规范运行

在合规咨询方面，2018 年证券公司业务部门、分支机构、子公司及其工作人员普遍在经营管理和执业行为中遇到法律法规和准则适用与理解的问题时，向合规总监及合规部门进行了咨询。证券公司的合规法务部门对于公司各业务、管理部门及分支机构咨询的相关问题，一般采用口头答复和在书面材料上签署意见等方式进行答复。证券公司合规咨询工作的主要内容包括对监管政策的理解，对法律、法规和准则未规定的业务性质的认定，对公司业务开展中具有合规不确定性的事项的判断和其他需要合规咨询的事项。同时，2018 年证券公司普遍通过多种渠道，就监管规定和自律规则的理解与证券监管机构和行业自律组织进行了良好的沟通互动，咨询结果及时有效地指导了证券公司的合规管理工作。

在合规审查方面，2018 年证券公司合规管理部门普遍以法律、法规、规章、规范性文件、行业规范、自律准则、公司内部规章制度等为依据，对公司各部门、各分支机构的合规审查事项的合法合规性进行了审查。合规审查的事项包括了公司内部管理制度、公司的重大决策等经营管理事项、新产品和新业务方案、公司报送监管机关并应其要求进行合规审查的相关材料或报告、公司对外签署的协议、合同等。合规审查的一般程序包括送审部门内部审查、填写合规审查表及所有送审材料一并报送合规法务管理总部审查、合规部受理审查以及反馈处理等四个环节。证券公司通过审查，一般能够及时判定、评估和监测公司所面临的类似合规风险，对执行系统的合规措施或程序，在事前识别合规风险和发现可能违规行为进行评估，有效减少了违规行为实际发生的可能性。

六、加强证券从业人员违法违规行为合规监测

2018年，中国证监会严查证券从业人员违规行为，持续对证券从业人员违规买卖股票、私下接受客户委托买卖证券、利用未公开信息交易等违法违规行为保持高压态势，处罚了一批案件。对此，证券公司普遍加强了员工执业行为合规监测工作，主要开展了证券从业人员股票交易行为合规监测、办公网络及办公设备电子通讯信息合规监测，采取相关的调查处理、教育培训、合规提示和责任追究等一系列措施。

在从业人员股票交易行为合规监测方面，证券公司为防范员工利用本人账户违规进行股票交易，普遍要求员工报备证券账户，指定交易或托管到公司营业部，公司对从业人员账户进行监控。同时，证券公司为防范员工借用他人账户交易、代客理财，一般还对公司办公设备上发生的股票交易行为进行合规监测，主要通过监测办公电脑MAC地址、办公电话在本公司集中交易系统中的交易记录来实现。证券公司普遍对私募基金子公司及其下设基金管理机构、私募基金从业人员本人、配偶和利害关系人，另类子公司董事、监事、高级管理人员和其他工作人员进行证券投资的管理，要求上述人员申报证券账户并定期提供交易记录；监控上述人员的证券账户的交易情况，或对其提交的交易记录进行审查。发现涉嫌违规交易行为的，进行调查处理。

七、建立合规投诉举报机制，主动应对合规风险事件

2018年，证券公司普遍通过合规举报电话和合规总监邮箱受理员工和客户的合规投诉举报，也通过监管机构转交等方式接受合规投诉举报，事项主要涉及从业人员私下代客理财、利用他人账户买卖股票等问题。中国证监会强化依法全面从严监管，持续对各类违法行为保持高压态势，除了严厉打击信息披露违法、操纵市场、内幕交易、中介机构违法、私募基金领域违法、短线交易、从业人员违法违规等传统违法案件外，还加强了对编造传播虚假信息、超比例持股未披露、法人非法利用他人账户、期货市场违法等市场典型违法行为的追罚追责力度。① 前述投诉举报和监管措施反映出证券公司在合规管理方面需持续通过优化管理制度，规范业务流程，健全内控机制，提高对员工的培训宣导力度，加强合规监测及合规检查等措施，切实防范相关违规行为。

2018年，证券公司根据行业发展情况，重点开展了有关证券期货、互联网金融、防范非法证券活动等方面的投资者教育工作，向投资者进行风险提示和教育，培养投资者合规交易意识和自我保护能力。证券公司积极配合交易所做好客户异常交易管理工作，对投资者异

① 中国证监会：“2018年证监会行政处罚情况综述”，http：//www.csrc.gov.cn/pub/newsite/zjhxwfb/xwdd/201901/t20190104_ 349383.html，2019年1月11日。

常交易行为进行及时提醒、动态监控，加强理性投资教育，防止客户从事违规股票炒作等不正当交易行为。此外，证券公司密切跟踪媒体报道，积极关注重大突发事项，主动采取措施应对合规风险事件。

八、重视合规文化建设与合规培训

2018 年，证券公司普遍根据《办法》和《指引》的要求，通过制定员工行为守则、合规手册等多种形式开展合规文化建设。不少证券公司注重培训形式的创新，包括聘请外部律师进行讲座，编制线上培训课件，通过微信公众号、制作微课视频等方式，要求全公司员工在线学习并通过培训测试，来确保培训取得良好效果。

证券公司普遍开展了多种形式的合规宣导培训工作，将合规理念作为公司企业文化的重要内容。合规培训形式主要包括现场培训、非现场培训、内部期刊、公司内网专栏、公司公众号专栏、合规测试等。许多证券公司也经常有针对性地组织各类合规培训，包括合规部承担的向公司及各业务线、分支机构进行的专项培训，也包括主动邀请内外部专家开展的规则讲解等。2018 年，证券公司开展合规宣导的内容一般包括对外部新规的解读、对内部制度的解读、对内外部处罚案例的解读、对境内监管机关和境外有关司法辖区监管情况的介绍等；培训的重点包括合规管理的重要性、员工执业行为、投资者适当性管理、反洗钱、信息隔离等。

2018 年，中国证券业协会先后举办了“证券期货公司分支机构合规管理与投资者适当性培训班”“证券期货经营机构合规管理培训班”，举办了两期“场外期权业务风险管理培训班”，组织开展了“证券公司投行类业务内控指引培训班”“债券市场信用风险管理培训班（风险监测与处置专题）”。针对证券公司海外子公司的合规管理问题，开展了“证券公司境外设立、收购、参股经营机构管理办法培训班”。通过培训和宣传教育，构建了积极有效的合规文化氛围，为证券公司稳健发展提供了良好的保障。

九、积极开展合规管理有效性评估

2018 年，证券公司根据监管要求积极开展了合规管理有效性评估工作，涵盖合规管理环境、合规管理职责履行情况、经营管理制度与机制的建设及运行状况等方面，重点关注合规咨询、合规审查、合规检查、合规监测、合规培训、合规考核、合规问责、合规报告、监管沟通与配合、信息隔离墙管理、反洗钱和反恐怖融资等合规管理职能是否有效履行。证券公司普遍通过委托外部专业机构或内部组织进行合规管理有效性评估。通过评估，证券公司审视了公司高层对合规管理的重视程度，并普遍关注了合规文化建设是否到位、合规管理制度是否健全、合规管理的履职保障是否充分等问题；普查了公司各项经营管理制度和操作流程是否健全，是否与外部法律、法规和准则保持一致，是否能够根据外部法律、法规和准则的变化及时修订、更新和完善等情况；纠正了经营管理制度和操作流程中有章不循、违规操作等问题。

十、持续开展合规检查，提高合规管理水平

2018 年，证券公司普遍根据监管的要求，结合业务发展情况和合规管理工作计划，持续开展了各类定期和不定期的合规检查。根据中国证监会各地派出机构的要求，证券公司组织并实施了对经纪业务、投资银行业务、全国中小企业股份转让系统主办券商业务、融资类业务、资产管理业务、信息技术、互联网金融等的合规检查；主动开展了各项业务合规管理等方面的检查工作；针对违规事件或突发事件，开展专项检查工作。在以上各类各项检查完成后，证券公司合规部门及时出具合规建议、整改意见并向合规总监报告，对发现的问题进行后续督导、落实整改，促进被检查单位合规管理水平的提高。

十一、重视合规考核，加大合规问责力度

在合规考核方面，2018 年证券公司普遍重视合规考核在推动合规管理工作中的重要性，大多数证券公司根据合规管理新规的要求，落实了合规总监对高级管理人员及下属单位合规性考核占绩效考核结果的比例不低于 15% 的指标要求。根据 2018 年底中国证券业协会组织的行业专项调查，16.24% 的证券公司的合规性专项考核占绩效考核比例达 20% 以上，82.05% 的证券公司合规性专项考核占比 15%—20%，不满足 15% 比例要求的证券公司仅占 1.71%。同时，各证券公司进一步完善合规考核覆盖范围，推动下属单位落实一线合规运营责任，明确对合规管理有效性、经营管理和职业行为合规性的考核要求。94.02% 的证券公司已经将个人合规性考核纳入了合规考核范围。除了明确合规考核权重及合规考核覆盖面以外，94.02% 的证券公司将重大合规风险作为了一票否决事项。

在合规问责方面，随着行业依法全面从严的监管态势，证券公司普遍加大了合规问责的力度，不仅在制度中明确了合规问责的情形、程序和具体措施，并且结合了日常监管情形和内部管理需要，启动问责工作的事项和问责人次都有所增加。2018 年证券公司更加注重考核与问责结果的执行力度，要求合规考核、合规问责结果与相关单位和人员的薪酬情况挂钩，充分确保合规考核的有效性。

第三章 2018 年中国证券公司合规管理面临的问题与 2019 年展望

第一节 证券公司合规管理面临的问题

从整体上看，随着监管转型和行业探索创新发展，证券行业合规管理理念逐步加深、合规意识进一步强化，各证券公司不断完善合规管理机制，已经在防范、发现、处理证券经营机构违法违规行为、提升合规经营水平方面发挥了重要作用。但随着市场发展、行业情况和监管要求等方面的变化，证券公司合规管理工作也面临着一些问题。

一、主动合规、全员合规的意识和理念有待加强

在证券行业的竞争加剧的大环境下，以及在规模、利润等考核指标的驱动下，部分证券公司往往重业务、轻合规，核心合规管理职能履行不充分，主动发现、报告违规行为的偏少，树立、执行合规理念有待加强。随着监管部门对合规的重视，证券公司从业人员与以往相比，提高了对合规理念的认同、理解，但在实际业务经营中，“全员合规、主动合规、我要合规”的意识仍然有待增强，部分员工认为“合规是合规部门的事情”的观念没有根本转变，存在合规责任向合规部门不当转移的现象。特别是在绩效目标压力与短期薪酬激励动力的双重作用下，个别证券公司员工仅仅把外部监管规则和内部规章制度当作外部监管要求，被动、敷衍地落实，长此以往极有可能导致合规风险隐患的积累。

二、合规管理全覆盖有待强化

近年来，随着业务发展的复杂化、国际化、多样化，证券公司的分支机构、子公司数量

大幅增加。证券公司在将子公司纳入集团统一合规管理体系的过程中面临的难点有：子公司的种类不同管理方式不同、子公司的设立地点不同管理要求不同、子公司的法人独立性与母公司的管控之间的冲突等。随着境外业务及境外子公司的发展，证券公司将可能面临合规空白、合规套利风险以及多个司法管辖区的监管压力。然而，部分证券公司的合规管理工作尚未完全适应这一发展趋势的需要，集团层面的合规管理结构体系有待优化，合规管理全覆盖要求有待深入落实。

三、合规管理人员的履职保障有待提升

《办法》和《指引》出台后，证券公司合规管理人员数量有所增加，但与证券公司规模、业务复杂程度、风险管控难度等方面相对照，合规管理人员的队伍建设有待加强。部分证券公司的合规部门面对人才流失大、合规管理人员少、职责重的特点，合规人员培养机制有待完善，管理人员的储备不够，很难保证合规管理工作的有效性。部分证券公司合规人员专业化水平不高，难以适应公司业务创新发展需要，三年以上相关领域工作经验的合规管理人员选任难度较大，特别是新设分支机构配备符合要求的合规管理人员有一定难度。

四、合规管理执行力有待增强，部门间协作有待提高

一方面，部分证券公司业务部门、分支机构、子公司一线合规管理人员配备不足，与业务规模、业务复杂程度及合规管理工作的难度不相匹配。同时，部分一线合规管理人员合规意识不到位，合规履职能力欠缺，无法充分发挥应有的合规管理作用。

另一方面，虽然大部分证券公司已经根据《办法》和《指引》的要求明确了各部门合规职责分工，但在实际执行中，容易出现合规管理职责边界不清晰的问题，如一些事项可能涉及多个后台管理或支持部门，需要各部门利用各自专业优势，分工协作共同解决，但很多时候这些事项的风险被简单归结为合规风险，使合规部门承担了与自身职责、能力不匹配的工作，部门间的协同作用难以有效发挥。

上述问题说明证券公司合规管理还需进一步深化，全行业还需努力培养良性合规文化，将合规意识融入日常执业活动，真正实现从“要我合规”向“我要合规”的转变。

第二节　2019 年证券公司合规管理展望

随着《证券公司和证券投资基金管理公司合规管理办法》和《证券公司合规管理实施指引》的施行，以合规管理为主线的监管规则逐步完善，合规管理的重要性显著提升。在

查和考核等手段保证制度的贯彻执行。2018 年，证券公司在现有制度体系的基础上持续完善制度建设工作。证券公司的风险管理制度体系主要包括四层：一是在公司整体层面上的全面风险管理制度；二是针对各主要专业风险及管控要素的相关制度；三是各项业务的细则或指引；四是子公司风险管理制度。

（二）风险限额

证券公司均已建立了适合自身业务管理需要的风险偏好，在风险偏好框架下设立了风险容忍度及风险限额，并建立了逐级分解机制。同时，证券公司建立了超限预警机制，明确了异常情况的报告路径和处理办法。

（三）风险计量

证券公司选择风险价值 VaR、违约概率 PD、现金流缺口 Gap 等方法或模型来计量和评估市场风险、信用风险、流动性风险等可量化的风险类型，并采用敏感性分析和压力测试等手段评估极端风险。金融工具估值方面，证券公司建立起了相关单位的协调机制，规范了金融工具估值的方法、模型和流程，确保风险计量基础的科学性。同时，证券公司的风险管理部门定期对估值模型与风险计量模型的有效性进行检验和评价，确保相关假设、参数、数据来源和计量程序的合理性与可靠性，并根据检验结果进行调整和改进。

此外，证券公司建立健全压力测试机制，及时根据业务发展情况和市场变化情况开展综合压力测试及流动性风险、信用风险、市场风险等各类专项压力测试。

（四）风险应对

证券公司根据风险评估和预警结果，选择与公司风险偏好相适应的风险回避、降低、转移和承受等应对策略，建立合理、有效的资产减值、风险对冲、资本补充、规模调整、资产负债管理等应对机制。

针对流动性危机、信息系统事故等重大风险和突发事件，证券公司制定了应急预案，明确了处置、报告、审批等流程。对于应急事件实施分级管理，按照不同等级制定不同的应急方案、处置流程、报告路径以及审批程序，并且定期开展应急演练，对应急预案进行必要的完善。

（五）风险报告

证券公司的风险报告分为定期报告和不定期报告。定期风险报告方面，证券公司持续落实风险管理的要求，编制风险日报、月报、年报，以不同路径向董事会、经理层报告，反映风险识别、评估结果和应对方案。另外，部分证券公司还编制每周、季度、半年度风险报告。不定期报告主要包括重大风险专项报告、压力测试报告、新产品风险评估报告、监管自查以及其他专项报告。

三、风险管理信息技术系统和数据

（一）信息技术系统

证券公司均已不同程度地建立起了与自身业务复杂程度和风险指标体系相适应的风险管理信息技术系统，对风险进行计量、汇总、预警和监控，以符合公司整体风险管理的需要。证券公司重视 IT 系统建设，加大 IT 建设投入力度。调研结果显示，行业内营业收入排名前十[①]的证券公司在 2018 年的 IT 系统建设投入占营业收入的平均比例约为 5%，整个行业的平均比例约为 8%，其中合规风控系统投入占营业收入的行业平均比例约为 0.6%。

1. 全面风险管理系统

调研结果显示，约 70% 的证券公司建立了专门的全面风险管理系统，其中 45% 的证券公司选择完全外购系统，15% 的证券公司选择完全自建，10% 的证券公司选择外购和自建相结合（包括在外购系统的基础上自主开发功能）。另外 30% 的证券公司尚未建立专门的全面风险管理系统（包括单一牌照证券公司以及直接使用母公司系统情形）。全面风险管理系统功能主要包括：风控指标管理、风险监控与分析、总量风险计量、风险管理驾驶舱、风险偏好与限额管理、综合压力测试等。

2. 市场风险管理系统

调查结果显示，约 90% 的证券公司建立了市场风险管理系统，与 2017 年持平，其中，80% 的证券公司选择完全外购系统，5% 的证券公司选择完全自建，5% 的证券公司选择外购和自建相结合（包括在外购系统的基础上自主开发功能）。另外 10% 左右的证券公司尚未建立专门的市场风险管理系统（包括单一牌照证券公司以及直接使用母公司系统情形）。市场风险管理系统功能主要包括：数据管理，估值定价，市场风险计量（敏感度、VaR、情景分析、压力测试），风险管理（实时查询、限额管理、报告生成），平台管理（组合管理、参数管理）等。

3. 信用风险管理系统

调查结果显示，约 90% 的证券公司建立了信用风险管理系统，较 2017 年上升 5%，其中，75% 的证券公司选择完全外购系统，5% 的证券公司选择完全自建系统，10% 的证券公司选择外购和自建相结合的形式（包括在外购系统的基础上自主开发功能）。另外 10% 的证券公司尚未建立专门的信用风险管理系统（包括单一牌照证券公司以及直接使用母公司系统情形）。信用风险管理系统功能主要包括：支持对信用产品、交易对手、担保人、抵押担保品进行统一数据管理，内部评级，信用风险计量，风险监测，集中度管理及风险管理。

4. 操作风险管理系统

调查结果显示，约 80% 的证券公司建立了操作风险管理系统，较 2017 年上升 10%。其

① 排名以 2017 年各家证券公司营业收入为准，具体请参考中国证券业协会《2017 年证券公司经营业绩排名情况》。

中，60% 的证券公司选择完全外购系统，15% 的证券公司选择完全自建系统，5% 的证券公司选择外购和自建相结合的形式（包括在外购系统的基础上自主开发功能）。另外 20% 的证券公司尚未建立操作风险系统（包括直接使用母公司系统情形）。操作风险管理系统功能主要包括：风险控制自我评估 RCSA、损失数据收集 LDC、关键风险指标 KRI、操作风险计量等。

5. 流动性风险管理系统

调查结果显示，约 90% 的证券公司建立了流动性风险管理系统，与 2017 年持平，其中 70% 的证券公司选择外购系统，15% 的证券公司选择完全自建系统，5% 的证券公司选择外购和自建相结合的形式（包括在外购系统的基础上自主开发功能）。另外 10% 的证券公司尚未建立专门的流动性风险管理系统（包括直接使用母公司系统情形）。流动性风险管理系统功能主要包括：资金管理、指标计量和分析、缺口分析、阈值设置和限额监控、超限预警、报表生成等。

6. 声誉风险管理系统

调查结果显示，约 55% 的证券公司建立了流动性风险管理系统，较 2017 年大幅上升 25% 。其中，45% 的证券公司选择完全外购系统，5% 的证券公司选择完全自建系统，5% 的证券公司选择外购和自建相结合的形式（包括在外购系统的基础上自主开发功能）。另外约 45% 的证券公司尚未建立专门的声誉风险管理系统。声誉风险管理系统功能主要包括：提供舆情信息、负面舆情预警、舆情报告等。

另外，随着风控并表监管工作的持续推进，多家并表试点证券公司已搭建了风控并表管理系统，打通母子公司系统，实现母子公司数据对接，通过系统自动化生成集团风控合并报表。

（二）数据治理

数据治理是证券公司建设现代化投资银行面临的重要挑战，也是数据价值充分发挥的前提。总体来看，各家证券公司日益重视数据的作用，在数据治理方面开展了一系列探索和实践，大部分证券公司建立了数据治理组织架构，不同程度地对数据质量进行了管控，制订了公司层面的数据治理战略规划并涵盖到子公司。但证券公司在数据治理体系化建设方面仍存在若干的问题与不足。

风险数据方面，调研结果显示，对于设有子公司的证券公司来说，约 45% 的证券公司表示已建立了集团统一的风险数据集市，35% 的证券公司尚未建立集团统一的风险数据集市，20% 的证券公司表示正在建设当中。子公司风险数据获取方面，对于设有子公司的证券公司，40% 的证券公司表示对所有子公司风险数据获取频率均已实现 T+1 日，15% 的证券公司表示对部分子公司数据获取频率实现 T+1 日，45% 的证券公司表示尚未实现子公司数据 T+1 日获取。

第二节　2018 年中国证券公司风险管理的特点

一、全面风险管理能力提升，应对外部复杂风险能力增强

2018 年，在各种因素叠加影响下，国内经济运行稳中有变、变中有忧，外部环境复杂严峻，经济面临下行压力。然而，面对外部环境复杂多变和诸多不利情形，监管部门与证券公司齐心协力、迎难而上，有效应对外部环境的深刻变化，为下一轮发展打下了更加扎实的基础。

一方面，证券监管机构不断强化金融监管，加强监管制度建设，针对股票质押回购、债券投资交易、资管业务、投行类业务、私募基金、场外期权等重点风险领域出台制度。同时，启动风险控制指标并表监管试点证券公司的现场评价工作，对证券公司风险管理能力的提升起到了积极作用。

另一方面，证券公司持续强化合规风控意识，根据市场环境有机调整业务发展战略，切实强化风险控制措施执行力，积极应对债券违约信用风险，妥善处置股票质押业务风险，开展私募风险自查，积极升级投行业务的内控要求，主动降低通道类资管业务。同时，证券公司按照全面深化风险管理体系的建设工作，通过数据治理、系统建设、人员配备等支持保障措施，增强风险管理能力。

二、加大民企金融支持力度，主动纾解股权质押风险

2018 年，党中央多次提到要长期坚持“两个毫不动摇”，支持民营企业发展；中国人民银行引导设立民营企业债券融资支持工具，稳定和促进民营企业债券融资；中国证券业协会推动设立证券行业发展集合资产管理计划，专项用于支持民企发展，缓解民营上市公司股权质押风险，并鼓励证券公司采用市场化、多样化、个性化的方式，创新性地服务和支持民营经济稳健发展；中国证监会建立纾困专项债审核绿色通道，支持各类符合条件的机构通过发行专项公司债券募集资金专门用于纾解民营企业融资困境及化解上市公司股票质押风险，并组织交易所启动信用保护工具试点。

在政府和监管的呼吁、引导下，证券公司高度重视并出台各项纾困措施，充分发挥证券公司在资产管理等方面的专业优势，以发起设立纾困基金、承销纾困专项债等方式，多角度帮助民营企业解决流动性危机。多家券商发起设立民营企业支持系列资管计划。同时，多家券商也在积极寻找合适的上市企业，通过帮助发行纾困专项债的方式，帮助民营企业化解流

动性危机。

从执行情况来看，通过有关方面的积极行动，化解股票质押流动性风险的相关政策落地效率和执行效率较高，合力化解股票质押风险，进而部分缓释了证券公司股票质押业务带来的风险。

三、持续推进集团化风险管理，重点提升境外子公司管控

在国内金融行业开放进一步加速的大背景下，证券公司业务范围已扩展到全球多地，“走出去”的国际化经营发展趋势愈发明显。调研结果显示，约四分之一的证券公司在境外设有子公司，开展国际化经营。境外子公司的业务类型与境内业务差异较大，业务模式更为复杂，对集团全面风险管理能力形成较大挑战。

证券公司通过人员委派、制度建设、限额与报告、数据对接、风控并表、调研检查、风险考核等多种举措，将境外子公司纳入全面风险管理体系。2018 年，证券公司重点推动境外子公司自身全面风险管理体系建设，落实集团各项风险管理机制，保障全面风险管理的一致性和有效性。同时，证券公司不断探索将子公司纳入集团全面风险管理的有效管控方式，例如集团同一客户、同一业务管理等。

四、新金融工具会计准则平稳实施，风险管理导向进一步强化

自 2018 年 1 月 1 日起，新金融工具相关会计准则（以下简称“新准则”）正式施行。新准则充分借鉴审慎监管理念，将金融资产由现行“四分类”改为“三分类”，同时将金融资产减值会计由“已发生损失法”改为“预期损失法”，使得金融资产减值准备计提更加充足。新准则的实施加深了风险管理对会计财务的影响，也加强了两者之间的联动融合。

2018 年，证券公司以新准则实施为契机，借鉴会计预期信用损失分析方法，改进风险管理方法和模型，提升与会计准则的协同效应；顺应国际会计监管发展趋势，加强证券公司会计监管力度，提高证券公司会计信息真实性和透明度，充分发挥会计在防控金融风险、促进证券公司稳健经营中的积极作用。同时，越来越多的证券公司已经意识到这不仅仅是会计科目和财务核算的变更，而是需要将适当的风险控制措施前置，强化对未来风险的预测，从更加前瞻性的视角计提减值准备，积极主动管理风险、防范风险。

第二章
2018 年证券公司面临的主要风险与管理

第一节　2018 年证券公司总体风险情况与管理

2018 年，证券公司在开展经营过程中，主要面临市场风险、信用风险、流动性风险和操作风险，针对以上风险，证券公司开展准确识别、审慎评估、动态监控、及时应对和全程管理。

一、市场风险

2018 年，中国证券市场股债涨跌分化，沪、深两市股票日均成交额为 3 688.72 亿元，同比下滑 19.49%；2018 年末上证综指、深证综指收盘分别比 2017 年末下跌 24.59%、33.25%，中债指数较 2017 年末上涨 9.63%。股票市场的大幅下跌给证券公司的市场风险管理带来了不小的管理难度。

目前，证券公司主要采用定性及定量相结合的方法对业务运作过程中的市场风险进行评估和分析。定性方法主要包括对资产的内在属性、投资价值、行业前景及风险来源进行评估和分析；定量方法是采用风险价值（VaR）、集中度、敏感性、压力测试等量化指标，对资产价格波动可能带来的损益情况进行分析。

在风险识别评估的基础上，证券公司建立了科学规范的投资决策流程，采用多元化的资产配置和投资策略，合理配置了各种不同资产种类的投资比重，通过分散化实现市场风险的缓释。同时，证券公司借助期货、期权、远期、互换等衍生金融工具对已有的持仓组合进行套期保值，实现了风险的转移和规避。

在业务运作过程中，证券公司对承担市场风险的投资业务或场外衍生品业务进行市场风险的日常监控，对公司整体的风险敞口、VaR 等风险指标进行计算和汇总。目前，行业内的证券公司普遍采用风险限额管理方式对业务运作过程中的市场风险进行管控。主要的风险限额指标种类包括规模限额、VaR 限额、止损限额、敏感性限额等。此外，证券公司还将市场风险的监测与限额管理情况纳入风险报告体系，通过日报、月报、年报等不同频率的风险报告向公司管理层及时报送市场风险的整体情况。

证券公司持续规范和完善金融工具估值方法及风险计量模型的管理流程，根据监管要求和公司规定建立业务部门、分支机构、子公司与风险管理部门、财务部门的协调机制，确保风险计量基础的科学性。

二、信用风险

2018 年随着强监管、调结构政策的深化，信用市场分化加剧，信用风险事件频发。债券市场信用债违约个数和违约金额均高于往年，违约发债主体中民营企业居多；权益市场呈现单边下跌行情，证券公司融资类业务跌破平仓线的客户数量及负债规模有所上升。在这样的市场环境下，证券公司信用风险管理面临一定的挑战。同时，资本市场信用风险加剧，引发市场流动性紧缩。为防范信用风险蔓延，改善市场流动性，2018 年下半年，我国货币政策出现转向，由“宽货币”向“宽信用”传导，针对民营企业加大了政策扶持力度，信用市场情绪回暖，民营企业“融资难”现象逐渐得到缓解。

目前，证券公司信用风险管理的主要管控方式包括四方面：

一是搭建内部评级系统，推进内部评级应用。目前，证券公司建立的内部评级体系主要在客户维度展开，针对不同行业、不同类型客户设计评级模型，通常可覆盖具有信用风险的融资类业务、投资类业务和交易类业务。2018 年，证券公司全面推进内部评级体系的建设，多数证券公司完成了内部评级模型的系统开发，并逐步在各业务条线推进内部评级的实施与应用。

二是提高信用风险计量水平和监测频率。信用风险计量是建立在违约概率（PD）、违约损失率（LGD）与违约风险暴露（EAD）等关键参数的基础之上的，以实现预期损失（EL）和非预期损失（UL）计量为目标。2018 年，证券公司在信用风险计量方面的进步较为显著，基本实现了违约概率（PD）、违约损失率（LGD）与违约风险暴露（EAD）等关键参数的计量。个别公司在此基础上，开展了更加复杂的风险计量工作，如 cVaR、PFE 等其他指标的计量。另外，少数证券公司研究开展了信用风险经济资本计量工作。

三是完善压力测试机制，应用压力测试结果。2018 年信用市场“黑天鹅”事件集中爆发，证券公司的融资类业务和债券投资业务信用风险显著增加。2018 年证券公司针对融资业务和债券投资业务设置了不同的压力情景，积极开展专项压力测试，并根据压力测试结果，对可能存在的风险及原因进行分析，提出应对措施并出具压力测试报告。

四是制定同一客户、同一业务的集团统一标准。目前，证券公司制定的同一客户、同一业务认定标准存在一定差异。同一客户认定方面，证券公司大多根据客户类型、证件类型和证件号码认定，但针对因控制关系、任职等因素关联性较强的客户，不同证券公司识别和处置的方法存在差异。同一业务认定方面，证券公司在信用类业务划分标准、层次和颗粒度等维度上的实现程度各不相同。

三、流动性风险

从2018年整体外部环境来看，政策重心从延续2017年的“去杠杆”快速转为下半年的“稳杠杆”，利率市场从融资成本高企渐渐转为当前的流动性相对充裕；债券市场和股票质押业务风险凸显导致信用风险、市场风险逐步向流动性风险传导，给流动性风险管理带来了一定的挑战。同时，监管层面继续保持各业务条线、各风险种类从严监管，而证券公司在行业、地域、业务等方面的不断拓展对全面风险管理提出了更高的要求。从监管指标来看，2018年末行业平均流动性风险覆盖率（LCR）为341.72%，行业平均净稳定资金率（NSFR）为154.38%，行业整体流动性风险稳定。①

目前，证券公司流动性风险管理的主要管控方式包括三方面：

一是持续完善流动性风险管理体系。面对2018年更加多变的外部市场环境，流动性风险作为尾端风险，证券公司根据现实情况灵活地调整了管理策略。证券公司流动性风险管理方法可以划分为横向和纵向两个维度。横向上，证券公司在前期已经建立包括监管指标、负债类指标、生存期指标以及优质流动性资产储备指标等多层次指标监测体系的基础上，对指标进行业务部门拆解管理，全面、及时地了解业务动态，构建指标、资金联动体系，有效防范其他风险种类对流动性风险的传导，同时督促各业务部门强化流动性风险管理意识；纵向上，证券公司通过多情景下指标压力测试以及动态现金流缺口表测算，并提高测算的频率，及时把握市场变化和公司业务开展情况，结合自身负债期限结构，进行合理融资安排。

二是加大流动性风险精细化管理程度。证券公司主要通过加强流动性压力测试，短期内在保证备付的同时进行优质资产总量和结构调整，充实流动性资产储备并拓宽应急资金渠道，中长期则考虑业务沉淀资金情况，合理进行负债融资安排。

三是探索集团流动性风险管理。目前，集团化发展较为迅速的头部券商已基本建立了集团风险管理的总体框架，而集团流动性风险管理仍然处于起步阶段，主要原因是跨行业、跨地域的资金救助体系尚未完全建立，影响了集团流动性风险管理的进一步发展。证券公司正在积极探索集团流动性风险管理的方法和手段。

四、操作风险

2018年，随着三大工具在操作风险管理中的持续应用，证券公司防范与应对操作风险

① 资料来源：中国证券业协会《证券公司2018年经营情况分析》。

事件的机制和手段得以丰富，有利于操作风险事前、事中、事后管控联动性的提升，并为进一步取得实际管理成效夯实了基础。目前，证券公司操作风险管理的主要管控方式包括以下三类：

一是风险与控制自我评估（RCSA）。证券公司对业务的主要风险点及风险控制情况进行梳理评估，通过自我评估工作不断完善风险识别的完整性和控制措施的有效性，从而提升操作风险防控水平。

二是损失数据收集（LDC）。证券公司积极利用系统化方式建立操作风险损失数据库，对操作风险损失事件进行收集和跟踪维护。

三是关键风险指标（KRI）。证券公司建立关键风险指标体系，对所关注业务、单位的操作风险水平进行监测跟踪，并对指标异常情况进行及时响应，以防范潜在的操作风险事件的发生。证券公司关注的 KRI 主要涉及人员、客户、系统、流程以及监管处罚等方面。

此外，2018 年，证券公司还开展了一系列操作风险管理体系建设的基础工作，包括制定可操作的管理制度、健全操作风险管理组织架构、引入或自建可靠的操作风险管理信息系统、培育操作风险管理专业的人才队伍、构建有效的操作管理风险应对机制，以及宣导良好的操作风险管理文化等。

第二节　2018 年证券公司主要业务的风险与管理

一、证券经纪业务

证券公司在开展证券经纪业务过程中，主要面对的风险类型包括操作风险、合规风险、信息技术风险。

（一）操作风险

证券公司通过设计制定有效的制度及操作流程（如严格的权限分配规则、业务的双人复合机制、系统的前端控制），开展风险自我评估，健全内部控制体系，加强培训宣导等方式，强化操作风险的事前防范；通过关键风险指标监测、建立有效的操作风险事件应对与报告机制，做好事中管理；通过开展操作风险损失事件收集、对经纪业务进行风险管理情况检查并将问题与考核挂钩等方式进行事后管理。

（二）合规风险

证券公司通过建立完善的规章制度，确保经纪业务的开展有规可依、有章可循；通过规范员工操作权限、加强员工合规培训、开展员工合规文化宣导等，增强员工合规意识，防范业务开展过程中的人员不当行为引发的风险；通过系统化监测、合规检查等方式，及时发现异常情况并及时应对处置；通过合规考核、合规问责等手段，加强各单位和员工的合规意识以及对违规事件的惩处。

（三）信息技术风险

证券公司通过建立健全信息系统管理流程，提升设备、数据、系统等要素的健壮性和安全水平；通过规范信息系统的运维保障工作，提升系统平稳运行的能力；通过建立灾备系统、制订应急处置预案并定期演练，不断完善信息系统的应急管理机制。

二、投资银行类业务

2018 年 3 月 23 日，中国证监会颁布了《证券公司投资银行类业务内部控制指引》（以下简称“投行内控指引”），规定证券公司应当构建清晰、合理的投资银行类业务内部控制组织架构，建立分工合理、权责明确、相互制衡、有效监督的三道内部控制防线。在投行内控指引的指导下，证券公司持续健全投行类业务风险管理机制，在全面风险管理体系内，通过持续风险监测和评估、开展风险排查、进行风险提示、实施风险处置等措施，履行对投资银行类业务的风险控制职责。

（一）市场风险

证券公司明确包销决策流程，要求风险管理部门委派代表参加包销决策会议，独立发表意见，评估证券包销业务风险。同时，持续计量和监测已包销证券组合的市场风险情况，包括总体规模、盈亏、风险限额指标等情况，确保市场风险水平保持在合理范围。

（二）信用风险

根据投行内控指引的规定，对存续期债券项目信用风险等级进行分类，分为正常类、关注类、风险类和违约类。对于关注类风险等级以上的债券，每月将其纳入证券公司重大风险关注池，进行监督管理。对于出现重大兑付风险的项目，由证券公司层面成立应急小组并进行应急处理。

（三）流动性风险

证券公司规定，包销证券相关的资金划付需要按照相关制度履行审批程序，同时根据监管要求计量并持续监测包销证券对证券公司主要风险指标的影响。

（四）操作风险

证券公司将投行类业务纳入操作风险管理框架，在开展相关业务前，对各类业务活动所承担的风险进行识别、评估，确定业务风险的来源、特征、形成条件和潜在影响，拟定控制措施，并按照证券公司相关规定和标准编制内部控制矩阵。

此外，部分证券公司加强了投行类业务系统中的风险管理模块建设，在投行项目管理系统基础上，增加了对后续管理、舆情监测方面的功能建设。

（五）合规风险

证券公司将投行类业务纳入公司整体合规管理体系，通过进行合规审查、管控敏感信息流动、实施合规检查和整改督导、开展合规培训等措施，履行对投资银行类业务合规风险的控制职责。根据投行内控指引的规定，合规部门参与投行类项目立项和内核会议，建立未公开信息知情人管理制度，细化反洗钱和隔离墙制度，进行合规检查、利益冲突审查，并参与应急处理和受托管理人潜在利益冲突专项会议等。

三、证券投资业务

证券公司在开展证券投资业务过程中，主要面对的风险类型包括市场风险、信用风险、流动性风险和操作风险。

（一）市场风险

证券公司通过分散化投资、持仓规模调整、风险对冲等方式主动管控市场风险。此外，证券公司建立量化风险指标评估体系，对持仓组合的市场风险水平进行计量与监测，包括风险价值、贝塔值、波动率、基点价值、久期、凸性等风险指标，并且结合压力测试与敏感性分析等多种方法或工具进行风险评估，切实有效规避和防范了市场风险。

（二）信用风险

证券公司通过尽职调查、内部评级、授信管理、集中度管理、压力测试等措施管理风险，合理控制信用风险敞口，动态监控交易对手或发行人信用水平变化和负面舆情。

（三）流动性风险

证券公司通过设置严格的标的资产入池标准和集中度上限，控制低流动性资产的投资规模，加强组合久期管理，动态跟踪变现天数、资金缺口等流动性风险指标，建立流动性专项压力测试机制，制定证券投资业务的流动性风险应急预案并定期组织演练，确保流动性风险在可承受的范围内。

（四）操作风险

证券公司通过建立投资交易前中后台的操作规范和制衡体系，定期从组织架构、业务流程、信息系统等方面梳理操作风险，及时评估关键风险指标的有效性并不定期进行维护与更新，优化投资交易信息传递的准确性和时效性，识别和处置潜在内部控制缺陷，有效防范和规避证券投资业务的操作风险。

四、融资类业务

证券公司在开展融资类业务过程中，可能面临的风险类型及风险成因主要是信用风险。证券公司针对融资类业务中的信用风险管理主要有以下四种方法：

一是加强贷前管控，着力从源头降低融资类业务风险，建立客户准入、分级授权机制。业务开展前，证券公司通过尽职调查获取客户基础信息、财务数据等材料，通过内部评级和尽职调查报告等手段对客户的履约能力进行综合评估，通过量化模型等设定担保券的折扣率标准并定期评估更新。同时，证券公司严格落实客户准入标准，确保开展融资类业务的客户满足公司的准入条件；建立分级授权机制，根据业务规模、风险程度等要素，逐级审批，提高了集体决策的专业性和有效性，确保业务在流程规范、合理评估、风险可控的前提下开展。

二是建立融资类业务风险控制体系和风险监控系统。证券公司建立了多层次、全方位的风险控制体系，在充分考虑公司风险承受能力和业务实际的基础上，拟定融资类业务风险限额和风险控制指标，并根据风险变化情况及时动态调整。逐日开展业务指标监测、风险分析及后续跟踪管理，根据监控情况向相关部门予以提示或发出风险警示。此外，证券公司还建立了风险管理日报、月报、年报等报告机制，定期汇总报告融资类业务风险限额和风险指标执行情况以及风险事件进展，及时、动态监控融资类业务的风险状况。

三是加大系统建设力度，搭建舆情系统及压力测试系统。为及时有效收集负面舆情、评估公司融资类业务承压能力，证券公司加大系统建设力度，搭建舆情系统及压力测试系统。对存续期项目进行日常舆情监控，针对存在负面新闻并可能导致风险向公司传递的融资类项目，及时进行风险提示。各相关业务部门根据信用风险评估和监测结果，动态选择与公司风险偏好相适应的应对策略，建立合理、有效的应对机制，对可能发生的信用风险事件及时进行处置。同时，证券公司定期或不定期进行压力测试，排查大额高风险项目，对业务部门进行风险提示，提前规避或化解风险事件。

四是建立健全风险处置机制。针对触及平仓线或无法按照协议约定还本付息的客户，证券公司建立了相应的风险处置机制。根据风险严重程度，采取包括还款降低信用敞口、追加担保资产、强制平仓、司法诉讼等手段进行风险缓释处置。处置过程严格按照合同协议约定执行，并妥善处理违约处置过程中可能产生的纠纷。

五、资产管理业务

2018 年 4 月，中国人民银行、中国银保监会、中国证监会和国家外汇管理局联合发布

《关于规范金融机构资产管理业务的指导意见》（以下简称“资管新规”），资管行业迎来了统一监管标准。在资管新规打破刚兑、禁止资金池、“去通道”和“去嵌套”、回归主动管理、严控杠杆水平、限制非标投资等要求下，证券公司推进存量资管业务的整改，同时探索重建新的业务模式。在开展资产管理业务的过程中，由于证券公司不能进行收益承诺或垫资兑付，而是由委托人自行承担投资风险并获得收益，证券公司并未实际承担投资风险，而是主要面临操作风险和流动性风险。但是，证券公司应当切实履行主动管理职责，遵守审慎经营规则，制定科学合理的投资策略和风险管理制度，有效防范和控制市场风险和信用风险。

（一）操作风险

证券公司建立完善的产品设计、产品销售、投资管理、运营管理、信息系统管理等各个业务环节的操作流程，并对关键决策点和控制点进行明确授权；实行严格的岗位分离与制衡机制，建立严格的档案管理制度；定期对重要业务流程进行风险及控制有效性识别评估，并建立公司内部操作风险事件数据库，督促相关部门分析原因，查找问题。

（二）流动性风险

证券公司合理配置不同投资标的的流动性并动态调整，严控杠杆水平，保证产品流动性需求；加强日常资金头寸管理，提前做好流动性安排，并持续评估持仓券流动性；建立健全流动性风险监测、预警与应急处置制度；开展流动性风险压力测试，控制极端情况下可能的流动性风险。

（三）市场风险

证券公司规范投资决策机制，重视投前调研，实行证券池管理制度；建立逐日盯市机制，动态监测投资规模、止损、VaR、久期、回撤、集中度等风控指标，并严格执行风险限额管理；开展市场风险压力测试，评估极端情景下的可能损失。

（四）信用风险

证券公司对投资对象、交易对手开展尽职调查，加强项目审核，严格执行投资准入标准和交易额度管理；评估并持续关注证券发行人、融资主体和交易对手的资信状况，以及担保物状况、增信措施和其他保障措施的有效性，同时设置风险控制指标并开展动态监测；在出现风险事件时，及时采取追加担保、依法申请财产保全等风险控制措施。

第三章
2019年中国证券公司风险管理展望

一、立足金融风险管理本质，信息技术赋能业务发展

2019年，证券公司要立足于金融风险管理本质，提升全面风险管理能力，精细化风险管理的要求，建立常态化风险管理机制，包括优化风险限额指标的管理，提升风控指标的执行力度；充分利用敏感性分析、压力测试等风险管理工具，测算极端情形下的风险水平；提前预判并制订对于市场变化、新业务和新产品、重大投资的风险应对方案；强化人才、系统、数据等支持保障措施。

随着证券公司对信息系统依赖程度的不断加深，信息系统将为风险管理能力的提升，以及精准度、专业度水平的提高起到支撑作用。在当下金融科技迅猛发展的势头下，金融科技、人工智能助力证券业务转型、高科技领域的外来潜在竞争者等因素对证券公司风险管理工作的挑战，也将不断推进证券公司未来核心竞争力的形成，优秀证券公司也将利用科技手段构建行业竞争“护城河”。2019年，证券公司要持续加大对科技建设的资源投入，积极依托信息技术，进一步提升前瞻性的风险识别能力、主动性的风险管理能力和综合性的风险规划与决策能力。

二、资本市场改革开放加速，证券公司风险管理面临新挑战

证券行业新一轮改革开放已经拉开序幕，例如，科创板等一系列新业务蓄势待发。同时，随着具有先进管理理念和风险控制措施的外资控股证券公司不断进入中国，加速了中国资本市场与国际接轨的进程，为证券行业发展注入了新的动能，证券公司风险管理将面临新的挑战。

2019年，国内证券公司要主动融入对外开放的新格局，在开放与竞争中提升发展质量，进一步增强核心竞争力，在与外资竞争中加快建设世界一流投资银行的步伐。尤其是业务综合全面、资本实力雄厚、风险管理能力领先的大型券商，更应该积极借鉴和吸收国际一流投

资银行的成功经验和业务模式，跻身国际一流行列。

三、完善声誉风险管理，为企业创造价值

随着舆论传播速度的加快和消费者维权意识的增强，声誉风险日渐成为证券业面临的重要风险。声誉作为证券公司长期培育积累的无形资产，不仅是证券公司核心竞争力的构成要素和利润源泉，也是确保可持续发展能力的重要战略资源。声誉风险是证券公司全面风险管理的重要组成部分，将声誉风险纳入全面风险管理框架，是证券公司适应新时期地位、作用、形象变化，建设国际一流投行的需要，也是实现科学发展和价值再造的重要前提。

未来，证券公司一是要明确要求将声誉风险管理纳入公司治理及全面风险管理体系，主动、有效地防范声誉风险和应对声誉事件，明确各级的职责和要求；二是加强声誉风险源头管理，进一步完善前移关口机制；三是明确有效管理声誉事件的报告和处置程序，不仅要对已发重大声誉事件启动应急预案，还要对可能引发重大声誉事件的行为和事件适时启动应急预案；四是构建良好外部关系，强化正面宣传。

四、防范风险传导与扩散，加强前瞻预判与调整

2019 年中国金融领域仍处于风险的易发高发期，风险点多面广。从证券公司业务发展的角度来看，如债券市场违约和股票质押业务风险导致信用风险、市场风险向流动性风险传导，基金托管业务面临众多衍生风险，公司声誉风险、流动性风险及其他风险之间的相互作用，都表现出风险传染效应。

未来，证券公司应当未雨绸缪，密切关注全球金融市场风险管理领域的最新趋势和理念，积极对标国际先进投行的最佳实践，同时深入研究中国资本市场发展的特殊性，研判国内金融市场的潜在新兴风险点，前瞻性地预判未来可能发生的经营风险和管理风险，准确把握风险趋势，将风险控制在萌芽阶段，防范风险传导和扩散，保障公司的长期可持续发展。

专题报告之三：

2018 年证券行业履行脱贫攻坚社会责任综述

第一章
凝心聚力，合力攻坚，引导行业扶贫结硕果

党的十九大把脱贫攻坚战作为全面建成小康社会必须打赢的三大攻坚战之一。习近平总书记高度重视扶贫工作，亲力亲为抓扶贫促攻坚。金融扶贫是打赢脱贫攻坚战的重要举措和重要支撑，在促进生产要素流向贫困地区、促进贫困户增产增收等方面发挥着重要作用，证券行业参与脱贫攻坚责无旁贷、义不容辞。

2018 年，中国证券业协会（以下简称“协会”）全面贯彻党中央、国务院关于脱贫攻坚的战略部署，坚决落实中国证监会关于扶贫工作的决策安排，充分发挥自律组织的协调和引导作用，把服务国家脱贫攻坚战略作为引导行业履行社会责任的第一要务，持续引导行业深化精准扶贫工作，着力完善监管部门、自律组织、市场主体“三位一体”的扶贫工作格局，引导证券行业服务脱贫攻坚取得显著成效。

一、广泛调动行业力量，凝聚证券经营机构帮扶合力

为充分发挥资本市场在服务国家脱贫攻坚战略中的作用，调动市场主体的积极性，形成帮扶合力，2016 年 8 月，协会发起《助力脱贫攻坚　履行社会责任——证券公司“一司一

县”结对帮扶贫困县行动倡议书》，号召每家证券公司至少结对帮扶一个国家级贫困县。

在协会的倡导下，证券公司积极响应、迅速行动，服务脱贫攻坚已成为各公司的思想共识和行动自觉。截至2018年12月，已有100家证券公司结对帮扶278个国家级贫困县，覆盖了全国33%的国家级贫困县。其中，78家证券公司主动增加帮扶对象，从“一司一县”增至“一司多县”，中泰证券、东方证券、方正证券各结对帮扶10个国家级贫困县。此外，证券公司还持续加大对“三区三州”等深度贫困地区的帮扶力度。截至2018年底，已有67家证券公司结对帮扶102个深度贫困地区。

在结对帮扶过程中，协会倡导证券经营机构注重因地制宜、因县施策，创新帮扶方法，构建多元帮扶体系：以体现自身专长的金融、产业扶贫为主攻，综合运用智力扶贫、消费扶贫、公益扶贫等手段，结合派驻挂职干部、设立金融扶贫工作站等方式，切实为结对帮扶县的发展贡献力量。“一司一县”结对帮扶行动广泛凝聚全行业力量，倡导证券公司将自身发展与国家战略紧密结合，推动行业扶贫从“单打独斗”向“合力攻坚”转变，形成全行业促攻坚的良好态势，影响力和覆盖率不断提升，帮扶广度和深度不断拓宽，为国家脱贫攻坚增添了新的力量，为贫困地区经济发展增添了新的动力。

二、深挖行业专业优势，培育贫困地区产业“造血”功能

贫困地区金融产品及金融服务供给相对匮乏，产业发展的资金“瓶颈”、企业发展的“融资难、融资贵”问题较为突出。为帮助贫困地区开拓多元化融资渠道，2017年9月，协会再次发起《推动“一县一企”深化精准扶贫——证券公司服务脱贫攻坚再行动倡议书》，号召证券公司发挥专业优势，积极创新融资方式，借助资本市场直接融资功能，综合运用承销保荐、并购重组、投资融资、财务顾问等手段，为贫困地区企业规范公司治理、改善融资途径提供专业服务，培育产业“造血”功能。

证券公司认真落实协会倡议，积极发挥资本市场中介服务功能，帮助贫困县域企业规范公司治理，改善融资状况，因地制宜探索现代产业精准扶贫新模式，产生了良好的帮扶效果。经统计，2018年度，证券公司服务贫困地区企业融资422亿元。其中，帮助贫困地区企业首次公开发行股票并上市融资31.88亿元，发行债券（含资产支持证券）融资232.12亿元，帮助贫困地区上市公司股票增发融资5.81亿元，帮助贫困地区企业通过全国中小企业股份转让系统开展股权融资21.46亿元，设立产业基金8.21亿元，开展私募股权融资1.43亿元，通过资管计划、扶贫专项金融债券等其他方式融资120.82亿元。

合适的金融产品结合恰当的运作方式，可撬动数倍于发行规模的资金，提升贫困地区“造血”能力，形成集聚效应和乘数效应。“一县一企”产业扶贫引导证券公司将精准扶贫与专业优势紧密结合，在严把质量关、严控风险的基础上，运用IPO、并购重组、公司债券等金融工具，把资本市场“活水”引入贫困地区，变“输血”为“造血”，不断帮助贫困地区优化资源配置，推动更多金融资源流向贫困地区，为贫困地区提供金融支持。

三、完善脱贫攻坚成效考核评估体系，优化正向激励机制

考核评价是引导行业加强社会责任建设的指挥棒。为构建正向激励机制，发挥政策导向作用，结合证券行业扶贫工作特色，协会探索制定了《证券公司脱贫攻坚等社会责任履行情况专项评价指标》，并对证券公司 2016 年至 2018 年扶贫工作成效进行了专项数据统计，引导行业持续加大对贫困地区的帮扶力度，增强脱贫攻坚金融政策实施效果。

在评价指标实施两年后，结合国家对脱贫攻坚的新部署、监管政策对评价指标的新要求，在广泛征求行业、监管部门意见的基础上，协会优化完善了指标设置、统计口径、计分标准等，于 2018 年 11 月发布了修订后的评价指标，推动证券公司把提高脱贫质量放在首位，更加注重帮扶的长期效果。

现行评价指标包含结对帮扶落实情况、服务贫困地区企业 IPO、推荐贫困地区企业新三板挂牌、通过扶贫专项公司债券等方式为贫困地区企业融资、公益性支出等多个维度，促使行业不断增强行动自觉，提升责任担当。经统计，2016—2018 年，证券公司为贫困地区企业融资 2 026 亿元，公益性支出 12.39 亿元。截至 2018 年 12 月，证券公司在贫困地区派驻挂职干部 121 人，开展金融和资本市场教育培训 423 场，受众 7.7 万余人，推广销售特色农副产品 9 121 万元，设立金融扶贫工作站 54 个。

考核评价体系激励证券公司从“被动帮扶”向“主动作为”转变，证券公司也不断发挥自身专长和优势，对贫困地区结对帮扶的覆盖面不断扩大，融资渠道不断拓宽，公益性支出大幅增长，在帮助贫困地区融资、促进贫困地区产业发展、带动贫困县域稳定脱贫等方面发挥了重要作用。

四、搭建金融扶贫综合服务平台，创新扶贫信息对接共享方式

根据《中国人民银行、国务院扶贫办等关于加强金融精准扶贫信息对接共享工作的指导意见》，为加强行业联动，交流经验做法，将政策优势、资源优势和信息优势相互叠加，最大限度地发挥协同效应，2016 年 9 月，由协会指导中证报价搭建的金融扶贫综合服务平台上线运行，平台定位于信息展示、资源对接、扶贫宣传、数据交互等功能。

目前，平台已为证监会 9 个定点扶贫县以及新疆、西藏等贫困地区设立专门的展示板块，为 220 个国家级贫困县进行县域展示，为 56 个贫困地区的产业项目进行融资展示，对接产业扶贫基金 8 只，规模 8.34 亿元，持续推动贫困地区产业资源与资本市场对接。同时，平台设有证券公司扶贫信息报送系统，102 家证券公司报送了 3 855 条扶贫信息。平台以此为基础，发布行业扶贫动态 57 期，积极传播行业扶贫正能量。为提升平台服务质量，更好地实现信息报送和信息共享功能，2018 年 8 月，中证报价对平台进行了升级，优化了证券公司报送体验，提升了证券公司扶贫信息的准确性。

地区中小微企业提供个性化、多样化的资本市场融资服务。根据证券公司报送数据统计，2018 年，证券公司帮助贫困地区企业通过区域性股权市场融资 43.92 亿元，进一步拓宽了贫困地区中小微企业融资渠道。

华创证券积极助力贵州省西秀区东屯乡开展小城镇及美丽乡村建设项目，转变农业产业模式，发展民族文化，促进东屯乡基础设施的完善和品质提升。此外，华创证券还通过在区域性股权交易市场发行可转换公司债券，募集资金 2.35 亿元，投入东屯乡八番村、梅旗村、山屯村、高官村的路网建设、河道整治、社区服务设施、旅游景区、小城镇基础设施、美丽乡村建设等项目，以“一村一品、一村一景、一村一韵、一村一业”为依托，打造可阅读、可识别、可记忆的西秀区新型小城镇。

2018 年 12 月，山西证券推荐隰县广鑫农业科技股份有限公司在山西股权交易中心“晋兴板”挂牌。广鑫农业主营玉露香梨种植，是隰县首家登陆资本市场的小微企业，也是首家以玉露香梨为主营产品登陆资本市场的企业，有力提升了隰县玉露香梨的品牌影响力，也是山西证券助力隰县脱贫攻坚的有力探索。

五是借助金融组合产品实现保值增值。中央“一号文件”提出，要以“保险 + 期货”为工具服务“三农”，推进精准扶贫。2018 年，多家证券公司联合期货子公司，探索在贫困地区开展“保险 + 期货”精准扶贫项目，有效利用期货市场价格发现和对冲风险机制，完善传统的再保机制，保障农户收入，为贫困地区农业项目提供资本市场支持。

九州证券联合大地保险、九州期货在内蒙古自治区巴林左旗探索“期货 + 保险”玉米期货价格保险项目。该项目参保农户均为建档立卡贫困户，共计投保 8.8 万吨玉米。九州证券捐赠 80.8 万元扶贫资金，用于为贫困户支付保费，通过整合金融资源，为农民提供专业的金融服务和风险管理工具，有效降低价格波动对农民收入造成的损失。

国泰君安证券与海南省琼中县合作开展“保险 + 期货”试点项目，覆盖约 16 000 亩天然橡胶林，参与农户近 800 户，其中贫困户约 400 户，少数民族贫困户占比约 80%。根据实地调研情况，国泰君安证券有针对性地设计了保险产品及用于再保险的场外期权组合，提供了三档赔付标准，并根据对期货行情的专业研判，合理选择入场时机，最大限度地提高了保险赔付概率，最终实现了每吨约 510 元的赔付，保险效果显著。

二、产业扶贫：提高贫困地区自我发展能力和“造血”能力，确保脱贫效果的可持续性

习近平总书记在宁夏固原考察时强调指出，发展产业是实现脱贫的根本之策。要因地制宜，把培育产业作为推动脱贫攻坚的根本出路。2018 年，证券公司在结合贫困县资源禀赋和产业实际的基础上，从挖掘产业特色、设立产业发展基金、拓宽营销渠道等多角度出发，持续做好贫困地区及深度贫困地区产业帮扶，着力激发贫困地区和贫困群众的内生发展动力，帮助夯实贫困人口稳定脱贫基础，积极推进扶贫工作从“输血”向“造血”转变。

一是深入挖掘贫困地区产业特色，推动产业转型升级。证券公司在充分调研和科学评估的基础上，通过建立生产基地及专业生产合作社、帮助打造特色品牌、助力特色产业发展壮大、捐赠扶贫资金等方式，积极培育和推广有市场、有品牌、有效益的特色产品，持续挖掘贫困县域特色产业，帮助贫困地区及“三区三州”等深度贫困地区产业转型升级发展，从根本上提升贫困地区自身发展能力。

2017年，东方证券联合生鲜电商将内蒙古自治区莫力达瓦达斡尔族自治旗特产“东方菇茑”推向市场，直接或间接带动300余户建档立卡贫困户脱贫。2018年，除了为莫旗“东方菇茑”改进生产加工流程、捐建生产设备外，东方证券还将成功经验进一步推广，累计投入320万元，在深度贫困地区湖北省五峰土家族自治县建立茶叶产业扶贫基地，打造“东方红宜红茶”品牌，推动当地茶叶产业升级发展。东方证券通过与电商平台、相关企业的合作，发挥证券公司的品牌整合能力，发掘当地特产的独特优势，为当地茶叶产业建立持久的市场竞争力和溢价能力，探索出解决贫困户就业、增加贫困户收入、提高产品市场认可度的产业发展之路。

湖北省利川市飞强茶叶是天风证券“一县一企”结对帮扶企业。天风证券通过派驻金融专家进行专业指导，积极引导其对标上市公司规范企业治理，帮助公司对接资本市场，拓宽融资渠道，为其“利川红”系列产品融入现代化品牌理念，提供简约优美的包装设计，帮助其扩展销路，对接媒体资源进行宣传推广，全方位促进企业发展。据统计，随着产业扶贫工作的推进，该县茶叶需求量逐渐增加，带动了当地特色茶叶产业及两个茶叶专业合作社的发展，助推周边八个行政村的村民种茶采茶，大大提升了贫困户收入水平。根据当地提供的数据，该项目已累计带动500余户建档立卡贫困户顺利脱贫。

2018年，国信证券联合云南品斛堂生物科技有限公司共同开展合作帮扶，由国信证券捐资100万元资助云南省龙陵县建档立卡贫困户种植石斛，由品斛堂负责管理、指导种植并完成收购，以帮助贫困户增加收入，实现精准脱贫。此外，国信证券还主动帮助深度贫困地区新疆维吾尔自治区塔什库尔干塔吉克自治县，与北京永新华韵文化产业投资集团进行联络，通过其文化展览平台，在北京前门传统文化艺术中心举办了“帕米尔高原明珠　魅力塔什库尔干”文化专题展览，集中展示和推介了塔县特色民族文化服饰及刺绣工艺，不仅扩大了塔县文化产品的社会影响力，也在推进国家兴边富民决策部署、推动民族地区产业发展、践行“一带一路”行动倡议等方面具有促进意义。

针对深度贫困地区宁夏回族自治区同心县产业基础薄弱的现状，南京证券积极帮助同心县引进优质企业进行产业投资，并积极联系葡萄酒生产公司，在同心县成立宁夏朗斐西班葡萄酒股份有限公司，有效推动同心县葡萄酒产业及相关旅游业发展。此外，南京证券还向同心县李堡村捐赠545万元，用于建设就业扶贫服装加工车间，援建10座现代化高效蔬菜大棚，引进福州邦基（国际）贸易有限公司在同心县开办服装加工厂，帮助吸纳贫困家庭劳动力就近稳定就业，在解决贫困户就业难题、缓解贫困群众生活困难、帮助贫困地区发展产业、增强贫困地区“造血”功能等方面发挥了积极作用。

二是充分发挥产业基金引导作用，带动贫困地区产业发展。近年来，除在贫困地区直接投入财力物力促进当地特色产业发展外，证券公司还发挥金融机构优势，充分利用各类产业基金引导作用，助力贫困地区及“三区三州”等深度贫困地区企业及产业发展。截至2018年末，共有21家证券公司自主设立或参与设立了40余只产业扶贫基金。

自2012年以来，华龙证券通过子公司金城资本管理有限公司自主设立了甘肃生物医疗产业创业投资基金有限公司、甘肃现代农业产业创业投资基金有限公司、甘肃省养老服务产业发展基金（有限合伙）、甘肃省旅游产业投资基金（有限合伙）等，分别投资于甘肃省内中医药产业、现代农业领域、养老服务产业等。其中，甘肃生物医疗产业创业投资基金累计向9家中小企业投资2.19亿元，主要为中药材种植、加工、销售和马铃薯种植、深加工企业，所投资的企业中8家为国家级贫困县企业，实现新三板挂牌2家、上市公司并购1家，带动了马铃薯和中医药相关产业地方龙头企业发展，产生良好的经济效益和社会效应。

国海证券参与设立了广西全域旅游产业发展基金（合伙企业），该基金总规模30.025亿元，通过帮助整合旅游资源，扶持广西地区各县市旅游产业发展，精准帮扶贫困县发展第三产业。此外，国海证券还参与设立了湘西浦发武陵山扶贫投资发展企业（有限合伙），基金总规模300亿元，主要用于帮扶湖南省保靖县及深度贫困地区湖南省古丈县、花桓县开展基础设施建设。

国都证券在深度贫困地区河北省围场满族蒙古族自治县参与设立了兴围发展基金（有限合伙）政府产业引导基金。该基金发起设立规模5亿元，目前已到位资金5 100万元，旨在通过“政府资金引导+专业投资机构管理”的模式，吸引更多的投资机构和上市公司关注围场优质企业，并通过国都证券的专业辅导，帮助当地企业建立健全合法合规的内部控制制度体系，形成良好的公司治理结构，符合对接资本市场的基本要求，从而带动地方经济发展。

三是多渠道拓宽贫困地区特色产品营销渠道。2018年，证券公司积极利用自身资源，借助传统行业与互联网的融合，通过搭建扶贫电商平台、进行品牌塑造、开展线上推广与线下销售相结合、组织消费认购等多种方式，帮助贫困地区及“三区三州”等深度贫困地区拓宽特色产品销售途径，带动贫困县域产业发展及贫困人口增收，为当地产业发展带来活力。

天风证券派驻专业品牌管理团队为湖北省房县小花菇、湖北省利川市红茶、湖北省神农架林区蜂蜜、四川省苍溪县猕猴桃、新疆巴里坤县驴奶等8个贫困地区的20余种特色农产品提供包装设计、品牌塑造、渠道推广等方面的协助，利用互联网和物联网技术，帮助贫困地区特色产品对接互联网市场，通过推荐销售和消费认购打开贫困地区特色产品销售渠道。截至2018年12月，天风证券已帮助贫困地区销售农产品超过314万元。

按照中投公司提出的在京东商城上线中投扶贫电商平台的工作要求，申万宏源证券组成电商项目组，由公司扶贫工作小组组长直接负责，积极协调中投系统各单位、扶贫馆经营企业、京东商城、京东物流等，全力推进项目建设，在不到一个月的时间里完成了开店申请工作，并推进线上店铺装修、网页设计、产品上架等工作。2018 年 11 月 30 日，中投扶贫电商平台“一区四馆”正式上线运营，中投公司对口扶贫的“三省四县”农产品得以全面对接京东商城覆盖全国的销售和物流渠道，成为推动贫困地区产业升级、打造产销对接“最后一公里”的关键一环，也为中投系统九万多名员工搭建了与贫困地区的爱心桥梁，成为中投系统持续做好定点帮扶工作的重要载体。

2018 年底，浙商证券投入 90 万元，协助安徽省灵璧县打通电商渠道，助力农产品品牌建设，提升农产品销售量。浙商证券引入“内容电商”营销模式，帮助解决特色农副产品销售渠道单一、产品定价过低等核心问题，并将浙商证券、灵璧县等标签与农副产品相结合，形成独有特色品牌，进而有效进行品牌宣传。此外，通过在灵璧县搭建培训及人员招募体系，直接或间接帮扶贫困个体，并有效促进当地产业与先进新零售模式相结合，在灵璧县初步形成新零售产业链条，追求产业的可持续发展。

爱建证券参与设计并出资 20 万元采购 20 台茶叶自动售卖机，捐赠给深度贫困地区湖北省英山县，并协助将机器在武汉地区的机场、火车站及上海陆家嘴区域的商务楼宇间完成网点布局，以帮助拓宽英山县云雾茶的销售渠道。经过对机器的多次调试和改进，该智能售茶机具备了品牌宣传、大数据管理、在线支付等功能，实现了传统行业与互联网的融合以及线下销售与线上运营的同步进行。此外，售卖的每份茶叶收入中将有 0.2 元存入“英山大病救助基金”，在帮助英山县云雾茶打开销售渠道、提升品牌效应的同时，帮扶大别山区因病致贫、因病返贫人群摆脱困境，为贫困人口脱贫贡献力量。

三、智力扶贫：坚持志智双扶，持续普及资本市场发展理念和产业技术知识

习近平总书记在解决“两不愁三保障”突出问题座谈会上指出，要加强扶贫同扶志、扶智相结合，让脱贫具有可持续的内生动力。近年来，证券公司广泛运用资本市场教育培训、投资者教育和保护、产业技术培训等形式，帮助改善贫困地区金融环境，提升贫困地区及深度贫困地区群众对资本市场的认识，逐步从注重外部投入向注重外部帮扶与激发内生动力并重转变。

一是广泛开展资本市场教育培训。截至 2018 年 12 月，证券公司为贫困地区在校师生、各级政府人员、企业管理人员等开展资本市场教育培训活动 423 场，培训人员达 7.7 万余人次，着力改善贫困地区金融环境，得到贫困地区政府人员、企业负责人及贫困群众的广泛欢迎。

中金公司注重提升贫困地区金融干部的水平和能力。一方面，把贫困地区金融干部请到公司业务部门，以在岗培训的方式，帮助金融干部了解资本市场融资和运作知识，既助力贫困县培养自己的金融人才，又畅通贫困县与中金公司业务专家的沟通渠道。另一方面，中金公司派出专家团队到深度贫困地区湖南省古丈县，对金融干部开展资产证券化、私募股权知识和普惠金融能力建设的专题培训，帮助其有针对性地强化金融理念，增强运用金融政策和

金融工具助推脱贫攻坚的实际本领。

为增强结对帮扶地区自身的“造血”功能，东海证券开展了包括投资者教育、企业规范治理、上市融资等在内的资本市场教育培训活动，增强了贫困县政府人员、企业管理者、投资者等对资本市场的正确认识，进一步探索与贫困地区在投融资服务方面的合作方式。例如，在湖南省汝城县，为政府部门及企业提供财务顾问、规范治理等各项服务共 8 次，惠及企业 10 家；在河南省洛宁县，开展资本市场教育培训活动 30 余场，培训人员 3 000 多人次；举办“助力精准扶贫保障农户收益”大型苹果期货培训会，从苹果期货交易交割规则、苹果期货基础及应用介绍、苹果期货价格保险实操与应用等方面进行专业培训。

东北证券多次走进“一县一企”签约企业开展资本市场培训交流，向企业负责人讲解资本市场各类融资方式及企业上市的条件、流程和意义，具有较强的针对性、指导性、实用性和权威性。对于暂不符合上市或新三板挂牌条件的企业，东北证券持续帮助企业规范法人治理结构，对企业财务管理和规范经营提出具体意见。

在湖北省五峰土家族自治县、云南省澜沧县等深度贫困地区，东方证券及子公司东证期货相关专家组成宣讲团，举办了多场金融知识专项培训，为政府部门人员、企业代表、种植户代表介绍在当地开展的“保险 + 期货”精准扶贫项目，培训内容包括业务模式、赔付方式和贫困农户受益情况等，共计培训约 170 人次，进一步提升了当地政府、企业利用金融知识推动地方经济发展的能力和素质。

二是着力开展投资者教育和保护活动。根据贫困地区金融消费者的需求特点，证券公司有针对性地设计开展了投资者教育活动，普及证券法规和金融知识，传播理性投资理念，提高投资者风险责任意识，配合有关部门严厉打击金融欺诈、非法集资等非法金融活动，维护贫困地区投资者合法权益，不断促进贫困地区资本市场发展。经统计，2018 年，30 余家证券公司在贫困地区开展了投资者教育和保护活动，参与的投资者达 7 万余人次。

华创证券在贵州省 22 个贫困县设有分支机构，依托分支机构在贫困地区开展了 142 场投资者教育活动，活动内容包括理性投资、反洗钱、反恐怖融资、金融知识普及、远离非法证券、防范非法集资、合法权益保护等。同时，针对贵州地区少数民族居多的特点，制作了以“理性投资　从我做起”为主题的少数民族系列投教动画，向少数民族群众有效传播了理性投资理念。

东海证券依托营业部及业务板块，将扶贫与扶智相结合，深入湖南省汝城县沙洲村“半条被子”革命老区，开展了以“不忘初心，牢记使命，坚决维护广大中小投资者合法权益”为主题的投资者教育和保护活动，内容涵盖投资者保护法规和制度、金融监管政策解读、证券新业务讲解、投资风险案例及风险警示、证券纠纷调解制度等，为贫困地区投资者普及理性投资、远离非法证券和合法权益保护等知识。

方正证券在设立金融扶贫工作站的 35 个国家级贫困县开展“2018 年智 · 富大讲堂——投资者教育走进贫困县”活动，通过设立咨询台、现场答疑、发放宣传资料等方式，向当地居民、学生普及非法证券、金融知识和风险防范等内容，引导投资者树立正确的投资理念，加强投资者自我保护意识。

在深度贫困地区河北省围场满族蒙古族自治县，国都证券联合地方电视台，录制两期防范非法集资的专项宣传节目，介绍非法集资的特征、表现形式和常见手段，分析典型的非法集资案例，普及与非法集资相关的金融知识，引导投资者自觉远离非法集资。同时，以围场营业部为支点，建立扶贫工作站，长期为围场县提供金融服务，积极宣传引导正确的投资理财观念，防范金融风险，从思维观念层面提升当地群众的金融意识和风险防范意识。

三是积极开展产业技术培训。根据贫困地区的产业特点，证券公司积极对接高等院校、科研院所、农科院等资源，开展产业技术培训，为贫困地区产业发展提供技术指导，提升贫困地区产业技术的专业程度，提高贫困群众的劳动技能和就业能力，实现稳定脱贫不返贫。

广发证券出资 100 万美元，捐助联合国粮农组织在华发展项目，通过农民田间学校的创新形式，运用“农业 + 金融 + 电商”相结合的农业扶贫模式，建设“联合国可持续发展目标示范村”，打造全国乡村振兴示范试点。项目推动贫困地区向生态农业和环境友好型农业转型，让小农户与现代农业发展有机衔接，帮助更多贫困农户脱贫增收。针对贫困地区有意向外出就业的年轻人和愿意大力发展农业生产的农户，广发证券邀请当地人社局和农业局的技术专家，举办劳动力转移就业和农业种植技能培训，累计超过 100 人次，帮助农户掌握一技之长。

在深度贫困地区贵州省赫章县，中天国富证券投入 3 000 万元为其捐建了校舍和卫生院。为帮助当地贫困户提高就业能力，解决就业难题，中天国富证券安排项目承建公司对当地贫困户进行建筑技术培训，帮助贫困户转变成建筑产业工人。其中，大部分贫困户在项目竣工后由项目承建公司留用，解决了当地 500 多名贫困人员的就业问题，实现年收入人均近 5 万元，从而真正实现就业扶贫。

四、公益扶贫：聚焦“两不愁三保障”，帮助贫困地区改善发展条件

2018 年，证券公司聚焦贫困地区，尤其是深度贫困地区和特殊贫困群体，对照“两不愁三保障”的标准，积极投入到公益民生建设中，全行业 94 家证券公司通过捐资助学、医疗救助、助残扶贫、基础设施建设等，为贫困地区提供直接援助，帮助解决贫困群众特殊困难，全年公益性支出达 5.21 亿元，同比增长 11%。其中，公益性支出在 1 000 万元以上的公司共 19 家，包括方正证券 4 668 万元、广发证券 3 776 万元、中天国富证券 3 066 万元、国泰君安证券 2 965 万元、东方证券 2 827 万元、华西证券 2 122 万元、光大证券 2 077 万元、兴业证券 1 727 万元、中金公司 1 631 万元、国元证券 1 406 万元、财通证券 1 253 万元、中泰证券 1 232 万元、中国银河证券 1 198 万元、申万宏源证券 1 166 万元、中信证券 1 095 万元、国信证券 1 051 万元、华泰证券 1 017 万元、海通证券 1 008 万元、招商证券 1 004 万元。

一是着力开展捐资助学，帮助贫困地区提升教育水平。2018 年，证券行业持续加大对

教育扶贫的投入力度，建立从幼儿园到大学全覆盖的帮扶体系，加大对贫困地区教师的培训力度，帮助贫困地区优化完善办学条件，设立奖学奖教基金，建立对贫困家庭子女和贫困地区教师的激励机制，为贫困地区教育质量提升提供支持。

在江西省于都县，国盛证券出资236万元为梓山镇中心小学及其下辖村小建设了“1+X共享课堂”。通过帮助贫困地区完善信息化教育基础设施建设，促进优质教育资源的普及和共享，为贫困地区学生提供良好的学习环境和学习机会，受益学生3 300余人。此外，国盛证券还积极协调北京小学万年花城分校、南昌百花洲小学、赣州滨江二小3所名校与当地课堂建立对接，以实现教学互动、资源互通的功能，使当地学生能够享受到更加优质的教学资源。

西部证券出资5 000万元设立“西部证券商洛教育扶贫计划”，发挥证券公司专业优势，对该教育扶贫计划实行专户管理、封闭运作，将投资收益306万元全部用于资助陕西省商洛市一区六县（商州区、洛南县、丹凤县、商南县、山阳县、镇安县、柞水县）的贫困大学生。

在深度贫困地区新疆维吾尔自治区麦盖提县，为奖励在教学工作中表现突出的一线双语教师，国信证券设立了“国信园丁教育基金”，每年出资500万元对优秀教师予以表彰。截至2018年底，共有514名优秀教育工作者获得表彰奖励，进一步巩固了当地的师资力量。此外，2018年8月，国信证券选派6名优秀员工，分赴麦盖提县3所中小学开展为期一学期的支教活动，成为证券行业发挥自身才智服务贫困地区的又一探索。

双语教育对促进新疆跨越式发展和长治久安有着重要作用。2018年8月，中泰证券出资22万元积极参与“志智双扶——百部影片进南疆”活动，用于在喀什地区疏勒县、麦盖提县、英吉沙县播放1 000场次优秀普通话影片，引导和帮助喀什地区的广大青少年学生和民族群众通过观看优质国产电影，学习使用国家通用语言文字，从中接受爱国主义、民族团结、文化自信等方面的宣传教育。

二是开展医疗救助和助残扶贫，帮助贫困人口得到充分有效的医疗救治。因病致贫、因病返贫是制约贫困人口全面持续脱贫的突出问题。证券行业加大医疗救助和助残扶贫的帮扶力度，通过捐赠医疗设备、为贫困人口购买补充医疗保险、建立对贫困人口医疗救助兜底保障机制、培训医护人员等方式，提高贫困地区医疗水平，协助贫困人口实现基本医疗需求。

2018年，德邦证券依托股东单位组织的“乡村医生精准扶贫计划”，在贵州省习水县、江西省莲花县开展乡村医生精准扶贫项目。为方便村医行医出诊，守护村医健康，德邦证券为两地捐赠600余只定制的医疗箱，并为每名村医购买了意外及重大疾病保险。同时，为进一步提升村医的诊疗效率，打造“智能化”诊所，2019年3月，德邦证券向莲花县捐赠电脑设备，以加强基层医疗服务能力建设。

中金公司在湖南省古丈县、安徽省岳西县设立“残疾人资助专项基金”，用以支持贫困程度更深的弱势群体（建档立卡户、低保户中的重度残疾人、一户多残），通过精确制定资助标准和形式，为其缴纳新型农村合作医疗保险、基础医疗保险、养老保险、购置康复辅具，精准改善和提高贫困残疾人群的生活质量。

华林证券在江西省寻乌县开展“光明行动”公益医疗项目，帮助当地贫困家庭、弱势群体白内障患者，通过手术治疗，让患者重见光明，提高生活质量，达到“救助一人、温暖一家、影响一方”的社会效应，让白内障患者重燃生活的希望。此外，华林证券还资助西藏自治区色尼区古露镇身患残疾但仍坚持学习的学生，赴拉萨进行游学活动，帮助残疾学生开阔视野、增长见识，激发努力学习、建设家乡的热情。

三是完善基础设施建设，改善基础设施水平。证券公司通过公益捐赠、协调财政资金、筹措社会资金等，加大对贫困地区基础设施建设的投入力度，改善基础设施水平，提升贫困地区资源的流通效率，改善贫困地区的落后面貌。

广发证券先后投入100余万元、协调国家财政资金近200万元，帮扶广东省乐昌市天井岗村完成近10公里的村道巷道的路面硬底化。同时，投入近300万元，为天井岗村修建基层公共服务中心、村民综合文体广场、修建自来水管道、安装太阳能路灯、修建农田水利设施等，提升村民生产生活服务便利化水平，为改善公共服务水平做出贡献。

安信证券捐资近500万元，帮扶贵州省罗甸县开展基础设施建设，硬化串户道路43 000平方米，安装太阳能路灯220盏，建设垃圾焚烧炉30口，普及电商中心无线网络，建设人畜安全饮水工程。

东兴证券捐资130万元在新疆维吾尔自治区麦盖提县英也尔村修建村民活动中心，为村民开展文化活动、劳动技能培训、金融知识普及、党的政策宣传等提供便利条件和有效保障，积极助力自治区加强现代文化引领。

华宝证券捐资100万元，帮助云南省镇沅彝族哈尼族拉祜族自治县建档立卡贫困户进行危房改造及异地搬迁点民房修缮，为深度贫困地区云南省广南县4个脱贫出列村50户建档立卡贫困户提供建房补助资金，为广南县3个深度贫困村无力建房的16户建档立卡贫困户提供建房资金，助力贫困人口改善基本居住条件，住上安全住房。

在监管部门、行业协会、市场机构“三位一体”的共同努力下，证券公司扶贫组织架构向制度化、体系化转变，结对帮扶项目向精准化、自主化转变，帮扶融资方式向多元化、专业化转变，证券行业精准扶贫呈现出崭新的面貌，行业特色逐渐形成。通过三年多的实践，作为资本市场重要的中介服务机构，证券公司积极参与扶贫工作，切实履行脱贫攻坚社会责任，社会反响良好。同时，越来越多的贫困地区政府也认识到资本市场扶贫带来的巨大经济和社会效应。

第三章

精准把脉，务求实效，扎实推进协会定点扶贫工作

近年来，协会通过派驻挂职干部、公益扶贫、光伏扶贫、产业扶贫等形式，多措并举助力隰县脱贫攻坚，取得了良好的成效。

一、基本情况

隰县，古称隰州，位于晋西吕梁山南麓、临汾市西北部，属黄土高原残塬沟壑区，是国家级扶贫开发重点县、全国 14 个集中连片特困区之一吕梁山片区特困县。全县总面积 1 415. 3 平方公里，辖 8 个乡镇、97 个行政村、351 个自然村，总人口 10. 7 万人，其中贫困村 79 个，建档立卡贫困户 7 212 户 20 366 人，贫困发生率 25. 1%，经过精准攻坚、精准研判，目前全县未脱贫贫困户 63 户 184 人，贫困发生率降至 0. 23%。

二、帮扶工作情况

（一）公益扶贫

一是捐建图书馆。协会与中国扶贫基金会合作，在隰县开展了覆盖所有小学的图书馆项目，建设 21 个电子图书室，每个电子图书馆配备 50 台 kindle，每台 kindle 装载 500 本电子图书，总计投入 105 万元。二是资助贫困学生。资助 40 名贫困大学生和 40 名贫困小学生，大学生每人资助 5 000 元，小学生每人资助 1 000 元，总计 24 万元。三是建设高中生自强班。协会与中国扶贫基金会在隰县第一中学捐建“自强班”。从隰县第一中学遴选 50 名贫困生组成“自强班”，资助其完成学业，并进行成才支持，包括夯实基本素质、拓展社会技能、促进社会实践等，总计投入 30 万元。四是发放爱心包裹。对隰县所有学校进行爱心包裹项目全覆盖，共计发放爱心包裹 6 257 个，其中学生包（内含书包、基础文具和美术工具）3 867 个，温暖包（羽绒服、围巾、手套等防寒保暖物品）2 390 个，总计 86. 47 万元。五是举办“善行者”走进隰县活动。联合扶贫基金会在隰县举办“善行者”走进隰县活动，

邀请行业单位约300人参加，共筹集善款130多万元，所筹集的善款将全部用于隰县深度贫困户（重病、残疾、60岁以上无劳动能力的贫困户），将有300多户500多人由此而受益。

（二）光伏扶贫

2017年9月，根据隰县当地的实际情况，协会向全行业发起支持隰县光伏扶贫村级电站建设的倡议，证券行业积极响应倡议，共有49家公司认捐45座电站，捐赠资金5 282.5万元。2018年6月30日，由证券公司捐建的村级光伏电站均已建设完毕，并网发电，预计可持续解决1 904户5 782人稳定脱贫问题。光伏电站建成后，产权归属建设所在地村集体所有，扣除光伏电站日常运营和维护成本后，剩余的收益全部用于建档立卡贫困户，通过设置公益岗位、开展公益事业、直接补助等方式，对建档立卡贫困户进行补贴，每年每户可补助3 200元，基本实现建档立卡贫困户稳定脱贫。

（三）特困帮扶基金

为解决隰县特困群体稳定脱贫问题，确保特困群体稳定实现“两不愁、三保障”，破解资金筹集难题，协会、扶贫基金会和隰县人民政府联合成立“隰县特困扶贫专项基金”，由协会出资1 000万元，行业扶贫专项基金出资600万元，基金运作方配套管理资金500万元，总规模2 100万元。由专业的基金管理人运作，产生的收益作为特困群体帮扶的补充。按照每年收益4%—5%计算，每年基金收益约100万元，能够解决300多人特困群体的稳定脱贫问题。2018年，特困帮扶基金已开始运作，预计2019年9月可产生收益。

（四）引入“善品公社”

善品公社是中国扶贫基金会建立的、专为贫困地区农产品合作社服务的公益性电商平台。协会于2017年将善品公社引入隰县，帮助当地的合作社和农户加强合作社管理，指导农户科学种植，进行品质管控和品质塑造，带动当地贫困户持续增收。2018年，苏宁投入500万元用于发展隰县玉露香梨产业，发挥在产业运营、商业资源和品牌效应等方面的资源优势，全面扶持隰县玉露香梨产业。2018年9月19日，首届“中国农民丰收节”隰县活动暨苏宁易购善品公社玉露香梨上市发布会正式启动，通过苏宁的电商平台，推介隰县玉露香梨。

（五）企业上市辅导

协会对当地符合上市条件的企业进行了摸底，协调证券公司对符合上市条件的企业进行专项辅导，帮助当地企业改善公司治理，优化财务管理，扩大融资途径。大同证券出资5 000万元在隰县设立全资子公司大证资本有限责任公司，利用金融资源服务当地企业。目前大象集团、京润泽公司、好乐佳食品公司、华豹涂料公司等拟在新三板、创业板上市的企业已开始前期筹备工作。

第四章

周密部署，凝聚共识，不断开创资本市场服务脱贫攻坚新局面

2019 年是攻坚克难之年，是脱贫攻坚“三年行动”关键之年。协会将继续探索建立更加有效的扶贫工作机制，持续引导证券行业立足精准扶贫、精准脱贫，在防范风险的基础上，加大在贫困地区，尤其是深度贫困地区的金融支持力度，做好贫困县退出后的持续帮扶和巩固提升工作，不断开创资本市场扶贫新局面。

一、因地制宜，因县施策，发挥帮扶合力，不断巩固多元帮扶体系

证券公司积极参与脱贫攻坚，为贫困地区经济发展和贫困人口生活水平提高贡献了力量。截至 2018 年 12 月，100 家证券公司结对帮扶 278 个国家级贫困县。全行业通过不断探索和实践，逐步形成了多元帮扶体系：以体现自身专长的产业扶贫为主攻方向，综合运用智力扶贫、消费扶贫、公益扶贫等多种帮扶手段，结合派驻挂职干部、设立金融扶贫工作站、开展招商引资等方式，切实为贫困地区的发展贡献力量。在现有帮扶体系的基础上，协会将进一步引导证券行业精准施策、精准发力，找准阻碍贫困地区发展的短板，结合当地资源禀赋和地域特色，发挥行业合力，对症下药、靶向治疗，以更强烈的担当精神和更扎实的工作作风，推动证券行业服务脱贫攻坚更上新台阶。

二、发挥专业优势，助力贫困地区产业发展，激发贫困地区内生发展动力

发展产业是贫困地区实现脱贫的根本之策。证券公司作为资本市场的重要参与力量，在发挥金融资金的引导和协同作用、帮助贫困地区企业融资、提高产业竞争力方面具有独特的优势，能够为贫困地区产业发展提供专业支持，近三年来已为贫困地区融资 2 026 亿元。协会将进一步引导各证券公司把自身发展与服务国家战略紧密结合，在不断提高自身专业水平和核心竞争力的同时，通过服务贫困地区企业 IPO、发行债券、并购重组、新三板挂牌和融资、设立贫困地区产业发展基金等方式，帮助贫困地区企业缓解“融资难、融资贵”问题，

将高效的金融工具和先进的资本市场理念带到贫困地区，做地方政府和企业的金融智囊团。

三、聚焦深度贫困地区，不断加大投入力度，集中力量攻克坚中之坚、解决难中之难

攻克深度贫困堡垒是打赢脱贫攻坚战必须完成的任务，也是实现全面小康的重点和难点。截至2018年12月，已有67家证券公司结对帮扶102个深度贫困地区。协会将深入贯彻落实深度贫困地区脱贫攻坚的全面部署，引导证券行业持续向深度贫困地区发力，集中优势资源，发挥专业特长，采取更加集中的支持、更加有效的举措、更加有力的工作，着力提高金融扶贫的针对性和精准度，多渠道探索解决深度贫困地区产业基础薄弱、产业项目较少、产业结构单一、抗风险能力不足等难题，带动更多金融资源更广泛地参与脱贫攻坚，促进深度贫困地区发展长期稳定的脱贫产业项目，提高深度贫困地区内生发展动力。

四、提高脱贫质量，保持脱贫攻坚定力，帮助贫困地区稳定脱贫、防止返贫

随着脱贫攻坚工作进入关键期，各证券公司以更大的投入和更坚定的决心，助力更多贫困地区实现脱贫"摘帽"。协会将全面贯彻落实党中央关于贫困县"摘帽不摘政策"的决定，以问题为导向，引导证券公司着眼于可持续脱贫和防止返贫，探索建立稳定脱贫的长效机制，着力提高脱贫质量，巩固脱贫成效，做好贫困县退出后的持续帮扶和巩固提升工作，确保前期帮扶工作的稳定和可持续，帮助贫困县稳定脱贫、防止返贫，全面完成脱贫攻坚任务。

五、营造良好氛围，汇聚行业力量，讲好扶贫故事，传递行业扶贫正能量

近年来，证券行业服务脱贫攻坚取得显著成效，涌现出一批优秀案例和先进典型，展现出行业良好的社会形象。协会将进一步探索形式多样的宣传方式，深入挖掘证券行业扶贫的优秀案例，总结推广成功经验和典型做法，更广泛地传递资本市场服务国家脱贫攻坚战略的正能量。同时，增强行业机构的荣誉感、责任感、使命感，激励市场主体以更加专业的服务、更加勤勉的态度、更加多元的产品，持续加大金融扶贫支持力度，更好地发挥在脱贫攻坚中的示范和引导作用，从而更广泛、更有效地参与到脱贫攻坚工作中。

到2020年如期实现脱贫攻坚目标，时间紧张、任务艰巨、责任重大。协会将坚持以习近平新时代中国特色社会主义思想为指导，更加自觉地贯彻落实党中央、国务院关于扶贫开发的决策部署，聚力当下、深耕未来，以时不我待、只争朝夕的责任和担当，引导行业深化精准扶贫，持续做好定点扶贫，提高脱贫质量，为服务实体经济、打赢脱贫攻坚战增添动力，为全面建成小康社会提供有力的资本市场支撑。

专题报告之四：2018 年证券公司投资者保护工作发展综述

2019 年第一季度，中国证券业协会开展了 2018 年证券公司投资者保护专项调查工作，具有证券经纪业务的 102 家证券公司参与了本次专项调查。调查显示，2018 年，证券公司不断创新投教服务模式，在丰富投教产品、持续开展形式多样的投教活动、不断深化投教服务平台建设、履行投资者适当性管理义务、维护投资者合法权益等方面取得一定成效。

第一章 证券公司投资者教育服务工作情况

2018 年，证券公司积极推进投资者教育基地建设，投教岗位配备人员数量进一步增加，投教平台建设力度加大，投教产品制作多元化，通过线上线下等多渠道开展投资者教育活动，积极探索多种形式的投教方式和内容，使投资者能够更加便利地获得教育服务。

一、投教经费占比与上年持平

2018 年，102 家证券公司投教经费占同期代理买卖证券业务净收入的 0.4%，与上年基本持平；投教经费总计约 3. 57 亿元，比上年减少 1. 57 亿元，同比减少了 30. 54%；平均每家公司投入约为 350 万元，比上年减少了 153. 92 万元，同比减少了 30. 55%。

近十年，行业年均投教经费投入约为 5. 48 亿元，平均占年度代理买卖证券业务净收入的 0. 48%（其中，2011 年度统计口径略有差异，2011 年将各证券公司相关投资者信息系统建设费用计入）（见图专 4 –1）。

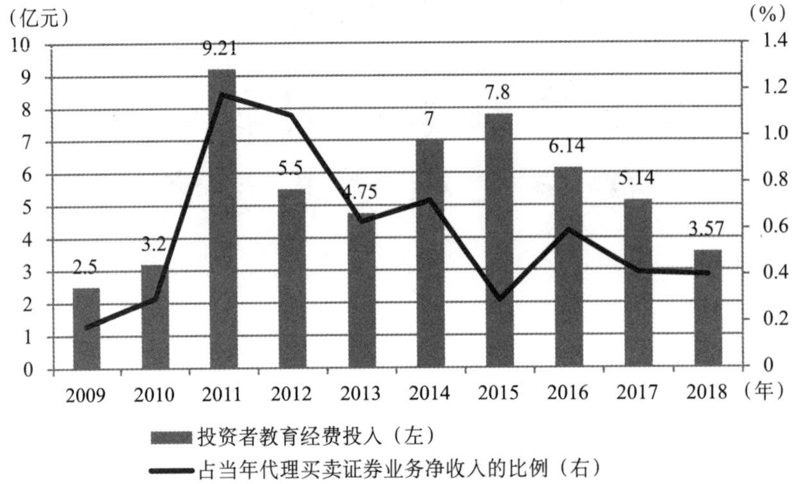

图专 4 –1　2009—2018 年证券行业投教经费变化情况

2018 年，各证券公司投教经费投入差距较上年有所缩小，经费投入在 500 万元以下的公司数量从 2017 年的 67 家增至 2018 年的 79 家，共投入经费 1. 25 亿元，占所有公司投入经费比例的 35%，比上年增加 13. 4%；经费投入在 1 000 万元及以上的有 6 家公司，较上年度减少 9 家，共投入经费 1. 17 亿元，占所有公司投入经费的比例从 2017 年的 52% 降至 2018 年的 33%，不同投教经费投入规模的公司数量情况见图专 4 –2。

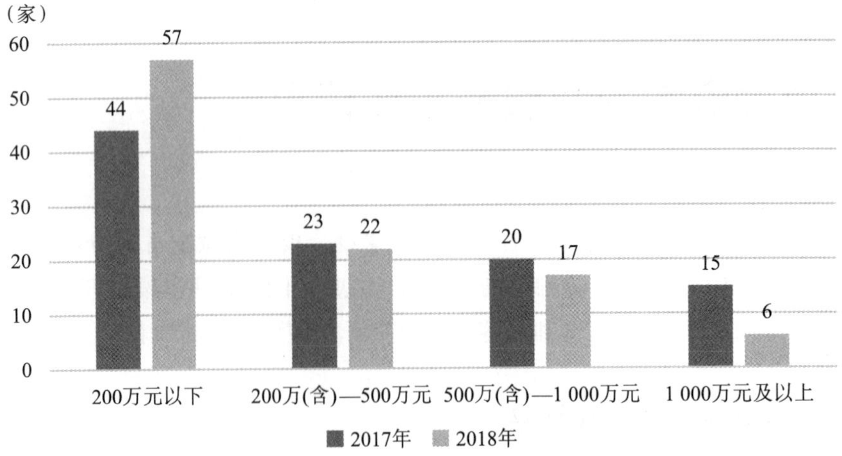

图专 4 –2　2017 年、2018 年不同投教经费投入规模的公司数量比较情况

二、投教服务岗位工作人员数量进一步增加

2018 年，102 家证券公司投教服务岗位工作人员共有 15 566 人，比上年提升了 4.35%，其中，公司总部投教岗位人员共 451 人，比上年减少 24 人，平均每家公司总部配备 4 名以上投教工作人员；2018 年，102 家证券公司的证券营业部投教岗位人员配备 15 115 人，比上年增加 673 人，平均每家证券营业部配备 1 名以上投教岗位工作人员（见图专 4－3）。

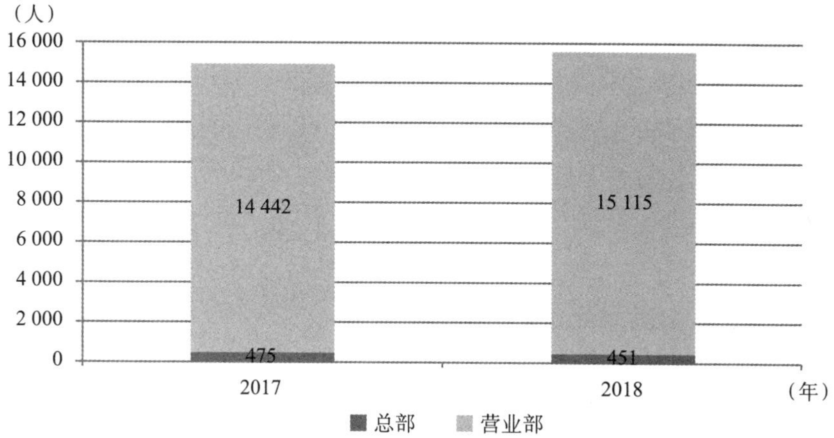

图专 4－3　2017 年、2018 年投教岗位人员数量比较情况

三、持续完善投教服务平台建设

2018 年，证券公司持续完善投教服务平台建设，充分发挥互联网和新媒体优势，利用多种互联网渠道开展投教工作，依托投教基地不断深化服务，通过线上线下结合，实体网络共建的方式不断提高投教的覆盖面和影响力。

（一）积极推进投教基地建设

在 2018 年开展证券经纪业务的 102 家证券公司中，目前已有 47 家公司拥有已授牌的投教基地，其中，11 家建有国家级实体投教基地，7 家拥有国家级互联网投教基地，27 家拥有省级实体投教基地，12 家拥有省级互联网投教基地。

2018 年，证券公司被授牌的实体投教基地投放投教产品 66 万余件（册），年访问人次达 43 万；互联网投教基地投放投教产品 13 万部（篇），年访问人次达 6 000 万。

2018 年底，中国证监会发布了《第三批证券期货投资者教育基地申报工作指引》，启动了第三批证券期货投资者教育基地的申报命名工作。按照该指引相关规定，符合国家级投教基地标准的申报主体，可向中国证监会投资者保护局申报国家级投教基地；符合省级投教基

地标准的申报主体，可向申报主体所在地证监局申报省级投教基地。经调查显示，已申报或拟申报实体投教基地的公司共有34家，已申报或拟申报互联网投教基地的公司共有16家。

（二）通过PC端与移动终端相结合方式提供投教服务

2018年，证券公司持续利用微信、微博等新媒体工具开展投资者教育宣传，官方微信、移动交易终端等移动互联网平台成为证券公司投资者教育服务的重要阵地。2018年，98家证券公司开通了官方微信、微博，“粉丝”数达2 628万人次，较上年提升了27.39%；全年通过官方微信、微博途径发布投资者教育、保护相关信息资料近3万篇。

2018年，证券公司通过官方网站设置投资者教育专栏方式共发布投资者教育相关信息资料10万余篇，访问人次达3 731万人次。

2018年，证券公司手机等移动交易终端登录73亿人次，电脑交易终端登录85亿人次，96家公司通过移动交易终端发布投教相关信息7万余条，94家公司通过网上交易终端发布投教相关信息近30万条。

四、投教产品制作多元化

2018年，各证券公司结合市场实际情况，从投资者需求出发，制作了内容丰富、种类多样的投教产品，产品形式主要包括实物、纸质印刷和电子三个种类，其中，实物类产品主要包括台历、扑克牌、眼镜布、暖水袋等；纸质印刷类产品主要包括书籍、折页、易拉宝、宣传手册、海报等；电子类产品主要包括视频、动画片、微电影、H5页面、游戏等。产品内容涉及港股通、融资融券、股票期权、资产证券化、金融法律知识普及、投资者权益保护和金融风险提示等，受到广大投资者的欢迎。2018年，证券公司共制作实物类投教产品118万余件（个），公司电子投教产品点击量约15 208万次，约是2017年的16倍，具有较大提升，纸质投教产品的印刷数量约850万份，较2017年提高11.7%（见图专4－4）。

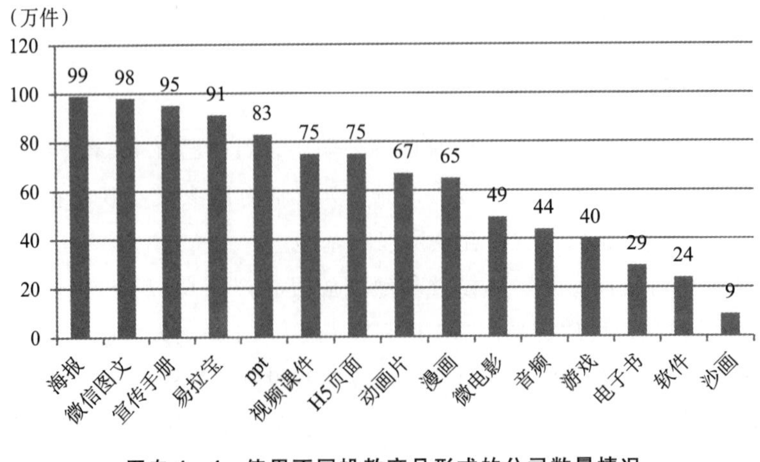

图专4－4　使用不同投教产品形式的公司数量情况

五、多渠道持续开展投教活动

2018 年，证券公司通过线上线下相结合的方式多渠道持续开展投教活动，努力提高投教活动的参与度、覆盖度和体验度。2018 年，证券公司主要通过实体投教基地、投资者园地、投资者培训、走进高校和社区等现场方式以及依托公司官网、互联网投教基地、交易系统、呼叫中心、微信自媒体等非现场方式开展投教活动。2018 年，证券公司积极参加金融监管机构、交易所以及协会组织的“理性投资、从我做起”“股东来了”“走进上市公司”“新锐投教”展播以及打非宣传月等主题投教活动，并自主策划开展了金融知识普及、金融风险教育等其他专题投资者教育活动，开展投资者教育活动 9 万余场，参与投资者达 2 341 万余人次，较上年增加约 1 047 万人次，投教活动参与度大幅提升。使用不同投教活动形式的公司数量情况见图专 4 – 5。

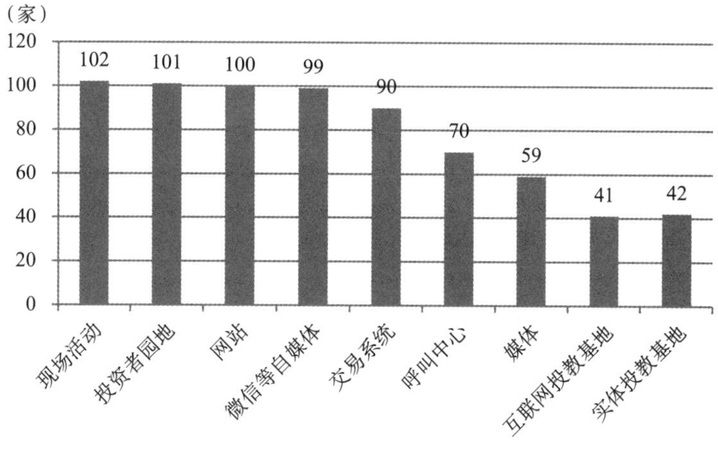

图专 4 – 5　使用不同投教活动形式的公司数量情况

2018 年，证券公司充分借助媒体的舆论引导与宣传教育作用，通过广泛与网络、报纸、电视、广播等媒体合作，进一步加大投教宣传力度，提升投教的影响力与覆盖面。合作媒体包括新华网、人民网、腾讯网、新浪网、中证网等网络媒体，中国证券报、证券时报、证券日报、上海证券报、经济观察报、华夏时报、21 世纪经济报道等平面媒体，央视财经频道、地方电视台等电视媒体，以及中央人民广播电台、第一财经广播、地方广播电台等广播媒体共 520 家，举办投教活动 725 场，发布宣传文章（音频、视频）6 124 篇（部）。

六、加强贫困地区投资者合法权益保护及风险防范教育

为凝聚行业力量，发挥行业优势，助力脱贫攻坚，履行社会责任，2016 年 8 月份，协会发起证券公司“一司一县”结对帮扶行动倡议，号召每家证券公司至少结对帮扶一个国

家级贫困县。截至2018年底，在开展证券经纪业务的102家证券公司中，已有96家公司结对帮扶266个国家级贫困县。为强化贫困地区投资者合法权益保护及风险防范教育，2018年，开展结对帮扶工作的96家公司中，69家公司针对贫困地区人口特点开展了包括“3·15”金融消费权益保护宣传、“理性投资 从我做起”、投资者适当性管理、打击非法证券、反洗钱宣传等内容在内的主题宣传活动500余项，活动场次达1 500余场，参与投资者近15万人次；58家公司投放了宣传手册、折页、海报、展板、视频、游戏等多种寓教于乐的投教产品600余种，投放数量达18万余件（个），产品内容涉及金融基础知识、证券法律法规、投资风险提示及投资者维权等。

七、推动投资者教育纳入国民教育体系

为落实中国证监会关于将投资者教育纳入国民教育体系的相关要求，2018年，证券公司不断探索创新将投资者教育纳入国民教育体系的方式。公司积极与各类学校开展合作，通过投放投教产品、开展投教活动以及与在校老师开展座谈交流等方式，将普及金融基础知识、投资风险提示、树立理性投资理念等投资者教育的内容融入基础教育和大众教育中。2018年，75家证券公司投放了教材、课件、游戏、视频、手册等2 000余种适用在校学生的投教产品，82家证券公司针对在校学生开展投资者教育活动3 000余场，63家证券公司与在校老师开展了交流座谈等相关活动，覆盖人次近9 000人。

八、客户呼入电话接通率进一步提升

2018年，证券公司客户电话接通率较上年有所提升，各公司平均电话接通率约为92.62%，比上年增加了1.69%，其中，7家证券公司客户呼入电话接通率达到了100%，比上年减少1家，71家公司在90%—100%（不含）之间，较上年增加11家，具体数据见图专4－6。

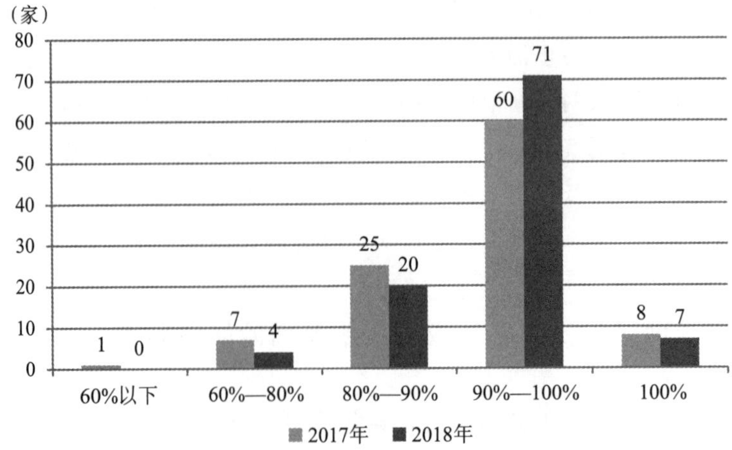

图专4－6 2017年、2018年不同客户呼入电话接通率公司数量情况

九、客户回访电话接通率、客户联络覆盖率下降

2018 年，证券公司客户回访电话接通率及客户联络覆盖率均有所下降。证券公司全年客户回访电话平均接通率为 57.28%，较上年减少了 6.88%，通过电话、短信、面对面等方式至少联络 1 次的平均客户联络覆盖率为 59.46%，较上年减少了 12.33%。客户回访电话接通率及客户联络覆盖率有所下降的主要原因是社会电信诈骗案件时有发生，客户对陌生电话警惕性较高，一些客户拒绝接听回访或调查电话，即便接通，也有些客户拒绝配合回访或调查。

十、客户满意度略有下降

2018 年，76 家证券公司开展了客户满意度调查，较上年减少 1 家，调查覆盖 690 万投资者，较上年增加了 118 万人，平均满意度为 91.52%，较上年下降 1.59%，其中，48 家证券公司客户满意度在 95%—100% 之间（见图专 4 – 7）。客户满意度调查主要方式包括电话回访，网上交易软件及公司官网设置“问卷调查”栏目等。

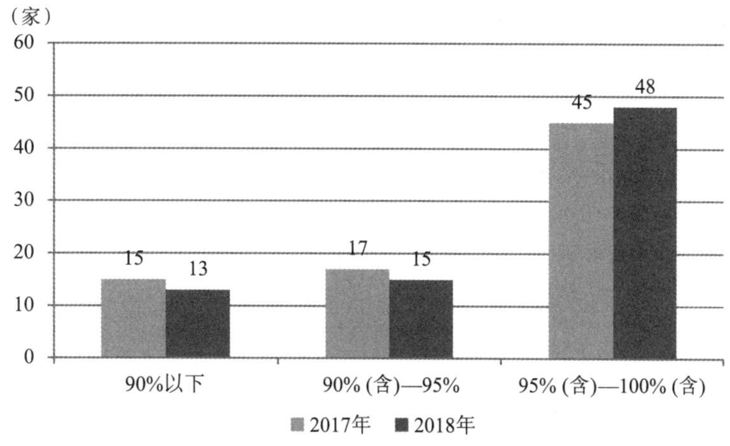

图专 4 – 7　2017 年、2018 年不同满意度区间的公司数量情况

第二章
证券公司投资者适当性管理工作情况

《证券期货投资者适当性管理办法》（以下简称《办法》）及《证券经营机构投资者适当性管理实施指引（试行）》（以下简称《指引》）自2017年7月开始实施。2018年，证券公司根据《办法》和《指引》，结合自身实际，继续完善公司内部适当性管理制度，通过设置适当性管理专岗、开展自查、员工培训考核、客户回访等方式，履行适当性义务，保证投资者适当性管理工作符合监管要求。

一、进一步完善适当性管理制度

2018年，在具有证券经纪业务的102家证券公司中，21家公司对公司层面的投资者适当性管理制度或相关业务规范进行了修订，对公司相关部门职责设定、风险等级评定、适当性匹配标准、客户风险承受能力问卷等内容进行了优化和完善；17家公司修改完善了与投资者适当性管理有关的风控制度或机制，主要涉及客户投诉举报，客户回访、员工培训考核、员工职业规范和监督检查等。

随着《办法》《指引》的实施落实，证券经营机构适当性义务的进一步提升，证券公司通过增加专业人员，设置适当性管理专岗，开展投资者评估适当性复核、自查等工作。截至2018年底，设置投资者适当性管理专岗的证券公司有69家，较上年增加了2家，专岗人员达到4 297人，比上年增加了328人。

二、风险能力测评客户占全部客户的比例进一步提升

根据《办法》相关规定，证券公司应当对新开立账户或接受服务的客户以及购买新产品或接受新服务的老客户进行风险能力测评，以对客户开展分类、评估、匹配以及动态管理，建立投资者评估数据库，严格落实适当性管理制度。截至2018年底，证券公司已按《办法》规定完成风险能力测评的客户占公司全部客户（不含休眠客户）的比例约为67.26%，较上年提升39.03%；已按《办法》规定完成风险能力测评的存量客户比例约为

38.2%，比上年提升 15.85%。

三、通过执行“双录”，披露产品信息和揭示风险

根据《办法》相关规定，经营机构向普通投资者销售相关产品或者提供服务前，应当全过程录音或者录像，简称“双录”。自 2017 年《办法》实施后，证券公司对临柜办理业务实施“双录”做了规定，并规定了“双录”的录制效果要求，以保证“双录”录制质量符合监管规定。2018 年，证券公司 1 万余家营业部共配备“双录”设备 22 305 台，比上年增加 1 272 台，平均每家营业部配备“双录”设备约 2 台，完成“双录”4 010 729 笔，证券公司“双录”资料占用存储空间为 75 218.6GB。

证券公司“双录”所涵盖的业务范围主要包括融资融券、创业板、分级基金、股票质押、港股通、股票期权、风险警示股票交易权限及专业投资者评定与转化等，部分业务所需的“双录”平均时间见图专 4 –8。

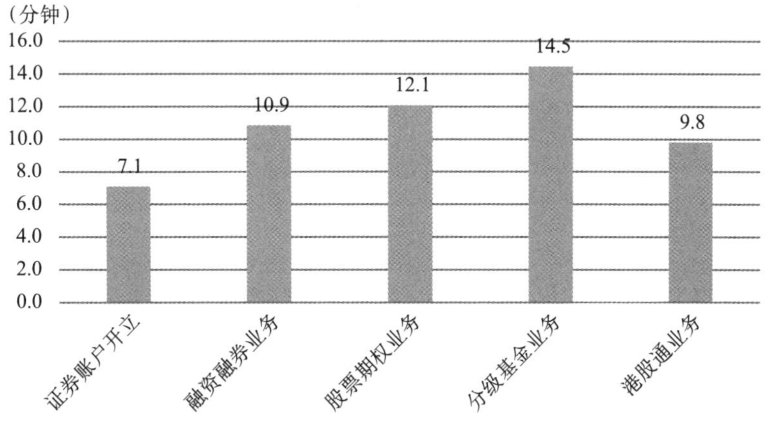

图专 4 –8　部分业务所需“双录”平均时间

四、普通投资者转化成为专业投资者比例略有提高

根据《办法》相关规定，投资者分为普通与专业投资者两类，普通投资者在一定条件下可以申请转化成为专业投资者，但经营机构有权自主决定是否同意其转化。公司对提出转化申请的普通投资者采取的评估方式主要包括追加了解信息、投资知识测试、模拟交易等，使用不同评估方式的证券公司数量情况见图专 4 –9。2018 年，普通投资者申请转化成为专业投资者的数量为 36 237 户，比上年增加 34 593 户，占所有普通投资者的 0.45%，比上年提升 0.44%。

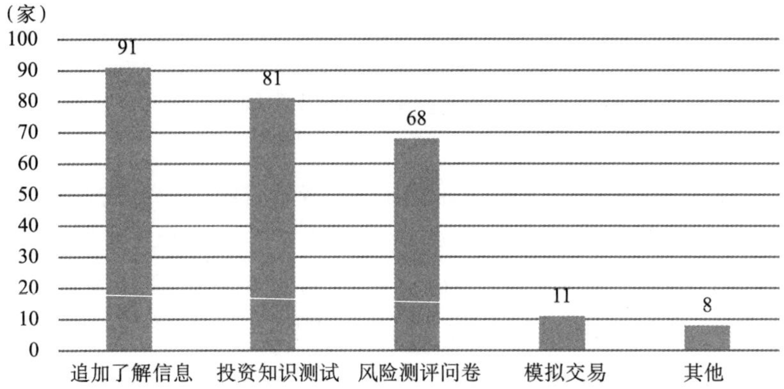

图专 4－9　采用不同评估方式的证券公司数量情况

五、风险承受能力最低客户占比情况

《指引》根据投资者的风险承受能力相关因素，将 C1 级投资者中不具有完全民事行为能力、没有风险容忍度或者不愿意承受任何投资损失以及法律法规规定的其他情形的自然人作为风险承受能力最低类别的投资者，2018 年调查了风险承受能力最低客户情况。截至 2018 年底，开展证券经纪业务的 102 家证券公司中，37 家公司没有风险承受能力最低类别客户，风险承受能力最低类别投资者数量为 1 861 762 户，占总体客户数的 1.13%。

六、多数公司已完成年度投资者适当性管理两次自查工作

根据《指引》相关规定，券商应当每半年开展一次投资者适当性管理自查，并形成自查报告，自查范围包括但不限于制度建设及落实情况、人员培训及考核情况、投资者投诉纠纷处理情况、发现问题及整改情况以及其他需要报告的事项等。截至 2018 年底，102 家公司已全部完成 2018 年第一次适当性管理自查工作，85% 的公司已经完成或正在开展 2018 年第二次适当性管理自查，其余公司拟于 2019 年第一或第二季度启动该项工作。

2018 年，证券公司开展与适当性管理相关的培训 13 364 场，参加培训员工 52 万余人次；受理与适当性管理相关的客户投诉 338 起，已处理完成 325 起，处理率为 96.15%。

七、对购买金融产品客户回访率有所提升

2018 年，证券公司针对购买金融产品客户的平均回访率为 62.06%，较上年的 58.23% 提升了 4.37%。其中，18 家证券公司购买金融产品的客户回访率达到了 100%，11 家公司在 60%—100%（不含）之间，66 家公司在 60% 以下（见图专 4－10）。

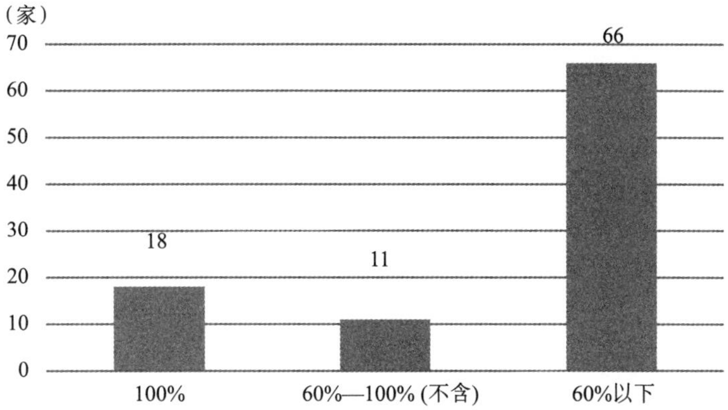

图专 4－10　2018 年公司销售金融产品回访率情况

八、持续开展金融产品销售培训与检查

2018 年，证券公司积极开展金融产品销售培训与检查工作。全年组织金融产品销售方面的员工培训 37 348 场，比上年增加 14.2%；参加培训员工达 298.9 万人次，覆盖全部销售人员的 85.78%，比上年减少 1.41%。全年组织金融产品销售检查 2 515 项（次），比上年增加 24.88%，对分支机构的检查覆盖率平均为 76.5%，比上年减少 2.22%。

第三章

维护投资者合法权益情况

2018 年，证券公司努力维护投资者合法权益，重视客户投诉处理工作，继续推进证券市场多元化纠纷解决机制建设，开展保障中小投资者求偿权、知情权、投票权的各种活动，持续开展防范非法证券活动。

一、投诉数量有所上升，投诉处理率略有提升

2018 年，各证券公司积极履行投资者投诉处理首要责任，虽然客户投诉数量较上年有所增加，但仍维持了较高的客户投诉处理水平。2018 年，102 家公司共收到客户投诉 6 295 起，比上年增加 520 起，平均投诉处理率达 94.79%，较上年提升了 0.14%。2018 年，经纪业务类投诉最多，有 1 955 件，处理率为 95.00%，其他各类投诉数量和处理率见图专4－11。

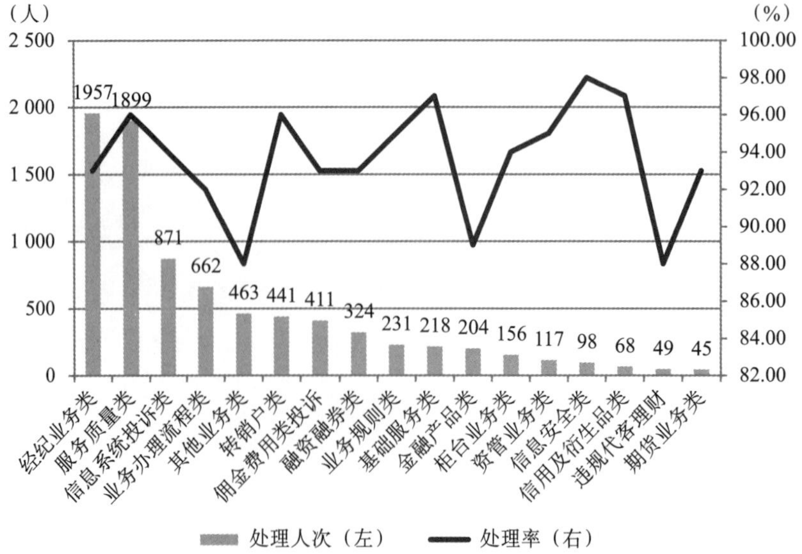

图专 4－11　主要类型的客户投诉数量及处理率情况

2018 年，53 家证券公司客户投诉处理率为 100%，29 家公司投诉处理率在 90%—100%（不含），3 家公司投诉处理率在 80%—90%（不含），14 家公司投诉处理率在 80% 以下（见图专 4－12）。

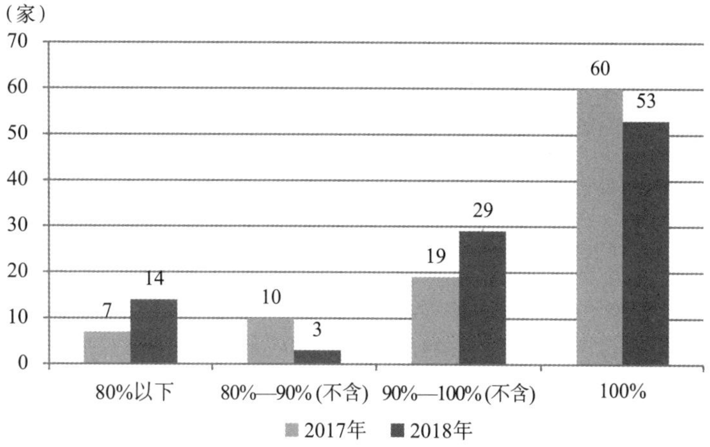

图专 4－12　2017 年、2018 年不同客户投诉处理率的公司数量比较情况

二、持续推进投诉处理与行业调解的对接

2018 年，93 家证券公司的官方网站链接了中国证券业协会证券纠纷调解在线申请平台，同上年基本持平；98 家证券公司在公司相关业务合同或协议中加入通过证券纠纷行业调解方式解决证券纠纷的争议解决条款，同上年基本持平。2018 年中国证券业协会通过在线申请平台受理证券纠纷调解申请 445 件，调解成功 361 件。

三、努力维护投资者知情权、投票权

2018 年，证券公司继续通过组织投资者走进上市公司等活动方式维护投资者知情权。据不完全统计，证券公司组织投资者走进上市公司 2 377 次，参与人数 22 711 人。为支持投资者行使投票权，证券公司组织 44 万余投资者参与上市公司表决事项投票。

四、持续开展防范非法证券活动

2018 年，证券公司继续配合各监管机构坚决打击非法证券活动。47 家证券公司发现并举报假冒本公司网站 710 起，比上年减少 225 起。

2018 年，证券公司积极参与中国证券业协会组织的“打非”宣传月活动，当年活动首次将“打非”宣传与投资者教育基地宣传相结合，并充分利用投教基地平台专业资源优势开展“打非”宣传，将打击与防范非法证券活动作为投资者教育的重要内容，引导投资者认清非法证券活动本质特征和危害。2018 年中国证券业协会及“中证协投资者之家”投教基地联合几家地方协会和证券公司在北京、长沙、福州、武汉、成都、深圳等六座城市举行了“打非”接力式健康跑活动，共 3 800 余人参加了活动。

第四章
加强投资者保护工作建议

为持续贯彻执行《国务院办公厅关于进一步加强资本市场中小投资者合法权益保护工作的意见》，进一步落实《证券期货投资者适当性管理办法》，切实保护中小投资者合法权益，根据专项调查中证券公司提出的有关意见，建议行业从以下几个方面加强投资者保护工作：

一、加强投教基地建设

进一步加强投教基地建设，不断充实投教基地内容，完善投教基地服务功能，通过进社区、进校园、进企业等形式有针对性地开展投教宣传活动，充分发挥投教基地的教育推广与知识宣传作用，提升投教基地建设水平，扩大投教工作影响力和覆盖面。

二、持续推进投资者教育纳入国民教育体系

充分利用证券经营机构、行业协会等的专业优势在大、中、小学等开展投资者教育工作，通过现场授课、网络课堂、自媒体平台等多种形式开展投资者教育，帮助学生掌握投资理财基础知识，增强风险防范意识，依托学校社团活动，通过模拟交易、社会实践、实习实训等活动，拓宽学生了解、应用证券知识的渠道，传播普及证券市场基础知识，提高在校学生对资本市场的感性和理性的认识与理解，不断提升投资者教育纳入国民教育体系的深度和广度。

三、加强培训交流，注重培养投教人才队伍

加强投教工作业务培训，通过专题研讨、经验交流等方式，针对投教人员开展投教基本理念、投教产品制作、投教活动组织等方面的培训，适应投资者需求的转变，拓宽投教工作思路，进一步提升投教人员的工作技能。

四、采取措施推进投资者适当性管理工作

一是加强行业对存量客户的投资者适当性管理工作指导，为存量客户的投资者适当性管理提供工作标准及依据；二是加强行业对于资产证明文件真伪鉴别的相关培训与指导；三是根据业务条线分类，开展不同业务条线的投资者适当性管理培训，同时，加强行业交流及优秀经验推广；四是持续加强投资者适当性管理相关政策、法规知识的宣传推广，帮助投资者树立投资者适当性管理理念。

专题报告之五：2018 年中国证券业信息技术与服务发展综述

第一章 2018 年中国证券业信息技术与服务发展情况

第一节 2018 年中国证券业信息技术与服务发展特点

一、行业信息技术管理继续加强和完善

2018 年 12 月 19 日，为维护资本市场安全稳定运行，保护投资者合法权益，引导证券基金经营机构在依法合规、有效防范风险的前提下，持续强化现代信息技术对证券基金业务活动的支撑作用，中国证监会正式发布《证券基金经营机构信息技术管理办法》（以下简称《信息技术管理办法》），并定于 2019 年 6 月 1 日起实施。《信息技术管理办法》共 7 章 64 条，主要有以下内容：一是全面覆盖各类主体。明确信息技术监管安排，推动行业加大信息技术投入，提升竞争力。二是明确治理、安全、合规三条主线。在传统信息安全监管基础上，针对信息技术治理、数据治理、业务合规提出监管要求，明确经营机构应设立信息技术治理委员会及首席信息官，促进信息技术与业务、风控及合规管理深度融合。三是强化信息

技术管理的主体责任。按照“谁运行、谁负责，谁使用、谁负责”的理念，督促经营机构与服务机构守住信息安全底线，回归本位，共同维护证券市场稳定运行。四是支持经营机构应用信息技术提升服务效能。允许经营机构设立信息技术专业子公司，允许经营机构母子公司共享信息技术基础设施，针对信息技术应用领域新情况、新问题，明确监管要求。五是为督促各类市场主体切实履行自身信息技术管理职责，《信息技术管理办法》明确了相应处罚措施。[①]

二、设立科创板并试点注册制的相应技术准备有序进行

2018 年 11 月 5 日，国家主席习近平在首届中国国际进口博览会上宣布，将在上海证券交易所（以下简称“上交所”）设立科创板并试点注册制。为全力推进此项重大改革，中国证监会抓紧制定、修订相关制度规则，会同有关方面加强政策协同。上交所集中力量统筹推进规则、业务、监管、技术等重点工作，其中，在技术建设方面，正加快推进与科创板差异化交易机制相关的交易系统技术改造、发行上市电子化审核系统开发。

三、监管科技顶层设计促发展

2018 年 8 月，中国证监会正式印发《中国证监会监管科技总体建设方案》，该方案详细分析了中国证监会监管信息化现状、存在的问题以及面临的挑战，提出了监管科技建设的意义、原则和目标，明确了监管科技 1.0、2.0、3.0 各类信息化建设工作需求和工作内容，也明确了五大基础数据分析能力、七大类 32 个监管业务分析场景，提出了大数据分析中心建设原则、数据资源管理工作思路和监管科技运行管理“十二大机制”。《中国证监会监管科技总体建设方案》的发布标志着监管科技建设工作的顶层设计已完成，并进入全面实施阶段。

四、行业标准化进一步规范

2018 年，全国金融标准化技术委员会证券分技术委员会（简称“证标委”）制定发布《证券及相关金融工具金融工具分类（CFI 编码）》《证券及相关金融工具交易所和市场识别码》《证券及相关金融工具国际证券识别编码体系》三项国家标准，以及《证券期货业场外市场交易系统接口》《证券发行人行为信息内容格式》《证券期货业机构内部企业服务总线实施规范》《证券期货业数据分类分级指引》《期货市场客户开户数据接口》《证券期货业信息系统审计指南》等多项金融行业标准，这些标准的出台，进一步规范了国内证券及相

① 资料来源：中国证监会网站。

关金融工具识别与管理，有效降低了行业信息系统运行风险，提高了行业运行效率，提升了行业标准化水平。

五、数据治理重要性日益凸显

数据治理是证券公司建设现代化投资银行面临的重要挑战，也是数据价值充分发挥的前提。证券公司在落实和实践数据治理的过程中，依托数据治理组织架构，制订数据治理实施规划，针对数据安全、数据质量、数据标准制定并发布相关制度，同时，部分证券公司已经落地实施数据管理平台，针对数据管理机制、数据质量管控进行实质性管理，为数据价值发现提供基础保障和支撑。

中国证券业协会于 2018 年 7 月面向全行业证券公司就数据治理的现状和问题开展了问卷调研工作。总体来看，各家证券公司日益重视数据的作用，在数据治理方面开展了一系列探索和实践，大部分证券公司建立了数据治理组织架构、不同程度地对数据质量进行了管控、制订了公司层面的数据治理战略规划，并涵盖到子公司。但问卷调研结果也反映出证券公司在数据治理体系化建设方面存在的若干问题与不足，主要表现在：企业数据文化的缺乏，工作前期投入大、见效慢，信息系统庞杂且依赖外部信息技术服务机构，专业人才匮乏，企业级生命周期管理体系尚未形成，行业内缺乏可供参考的成熟案例等。

六、网络安全形势面临挑战

近年来，网络攻击呈现智能化、自动化、武器化，防御应与时俱进。一是人工智能等新技术结合社会工程学驱动网络攻击智能化发展，攻击手段在潜伏性、隐蔽性、定向性等方面的能力日益增强，智能分析使得快速绕过多重防御手段成为可能。二是相对于一般的恶意流量，高级别恶意机器流量通过使用模拟器、伪造流量器环境、变换 IP 地址等方式，实现更好的隐蔽性，通过机器实施的自动化攻击日益成为主流。三是网络武器攻击范围广、速度快、破坏性大，行动隐蔽性好、效费比高、非对称性强等特点，也将激发各种黑客组织加速对网络武器的融合利用，成为威胁网络空间安全的风险。目前，行业都在加强自身的事件深度分析能力，利用基础运维大数据实现对风险态势的预先感知。

移动 APP 安全的重要性更加凸显。随着移动互联网的快速发展，越来越多的机构都将其柜台业务、线下业务、传统 PC 业务等服务内容向移动互联网上转移，证券业 APP 市场也进一步扩大，在此过程中不可避免地会引入新的安全问题。中证信息提供的 2018 年移动 APP 监测数据显示，行业机构 APP 应用中最常见的五个高风险问题分别是：动态调试攻击风险、动态注入攻击风险、篡改和二次打包风险、HTTP 传输数据风险、Java 代码反编译风险。

第二节　2018年证券业IT投入与人员情况[①]

2018年底，中国证券业协会对证券公司2018年IT投入及人员情况进行了专项调查，收到有效调查反馈共计109份，调查结果显示，在2018年，证券公司IT总投入较2017年下降了约9.77%，IT人员总数（不含外包）较2017年减少约10.86%，其中，分支机构专职IT员工人数下降明显，同比下降约40.40%，与此同时，总部IT员工人数持续增加，同比上升约7.50%。

一、IT投入情况

2018年证券行业IT总投入为1 045 760万元，较2017年有所下降，同比减少9.77%，特别是在硬件投入方面同比下降24.40%，软件投入和通信费用也均有小幅回落。常驻外包人员的投入为77 647万元，较2017年增长94.78%，反映出在金融科技应用发展过程中，券商较多采用与外部信息技术服务机构合作的方式，一方面可借鉴外部成熟的技术、经验，快速落地、尽早布局，支持业务发展；另一方面也反映出行业内IT人员还比较匮乏，亟待补充（见表专5-1）。

表专5-1　2015—2018年证券行业IT投入情况　（单位：万元）

类别	2015年	2016年	2017年	2018年
IT总投入	892 254	1 037 453	1 159 030	1 045 760
硬件投入	305 369	290 836	293 249	221 698
软件投入	223 461	278 309	306 177	285 857
通信费用	173 837	198 486	230 052	221 427
常驻外包人员总费用	15 336	29 754	39 864	77 647
其他费用	174 251	240 067	289 688	239 131

从2018年证券行业IT投入各分项占比来看，除常驻外包人员总费用占总投入的7.42%外，硬件投入、通信费用和系统运维费用的占比基本均衡，为21%—23%，软件投入285 857万元，占比最大，约27.33%（见表专5-2）。

表专5-2　2018年证券行业IT投入各分项占比情况

2018年	硬件投入	软件投入	通信费用	常驻外包人员总费用	系统运维费用
投入金额（万元）	221 698	285 857	221 427	77 647	239 131
投入占比（%）	21.20	27.33	21.17	7.42	22.87

① 本节中的统计数据如无特殊说明，均来自2018年中国证券业协会组织的专项调查，数据未经审计。

各家证券公司对IT总投入存在较大差距。IT总投入达到亿元量级的有27家证券公司，其中，8家IT总投入超过3亿元。同时，IT总投入在6 000万元—1亿元之间的有28家证券公司，而IT总投入在6 000万元以下的共计54家（见图专5－1）。

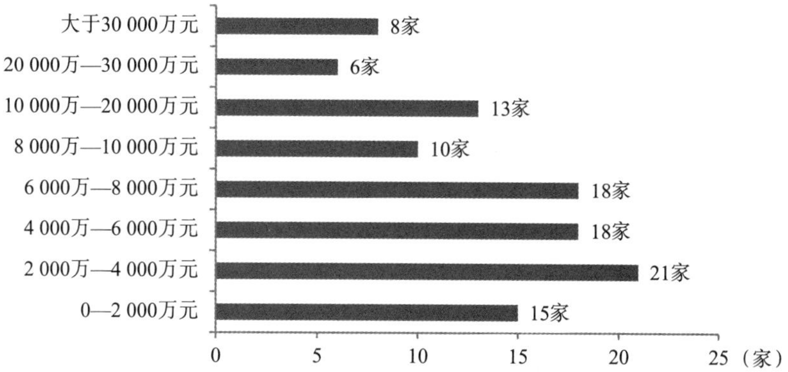

图专5－1　2018年证券公司IT投入分布

二、IT人员情况

2018年证券公司IT人员总数（不含外包）为11 713人，较2017年同比下降10.86%，主要因分支机构专职IT人员较2017年下降约40.40%所致，反映出随着证券交易从现场到非现场、从有线到无线、从PC到手机的逐步发展升级，分支机构的IT工作内容逐步弱化，因此，对分支机构IT人员的需求持续下降，是分支机构转型变革的必然趋势。但与此同时，2018年证券公司总部IT人员为8 711人，较2017年同比上升约7.50%，反映出随着金融科技与证券行业的不断深化融合，各家证券公司更加重视金融科技战略，争先加大对金融科技领域的投入和布局，特别是对掌握金融科技相关技术人员的招聘力度，持续加强总部IT人员的投入。2018年常驻外包人员持续增长，其中，常驻外包开发、测试人员为3 273人，较2017年同比上升15.57%，常驻外包运维人员为496人，较2017年同比上升5.08%，与前所述，2018年常驻外包人员总费用同比增长相一致（见表专5－3）。

表专5－3　2015—2018年证券行业IT人员情况　（单位：人）

类别	2015年	2016年	2017年	2018年
IT人员总数（不含外包）	10 306	12 022	13 140	11 713
总部IT员工人数	5 668	6 769	8 103	8 711
分支机构专职IT员工人数	4 638	5 253	5 037	3 002
常驻外包开发、测试人员数量	1 199	2 121	2 832	3 273
常驻外包运维人员数量	283	370	472	496

2018 年，各家证券公司的总部 IT 员工人数分化明显。总部 IT 员工人数超过 100 人的共 22 家证券公司，其中，2 家总部 IT 员工人数超过 600 人。同时，总部 IT 员工人数在 40—100 人之间的有 38 家，而总部 IT 人员不足 40 人的证券公司共计 49 家（见图专 5 -2）。

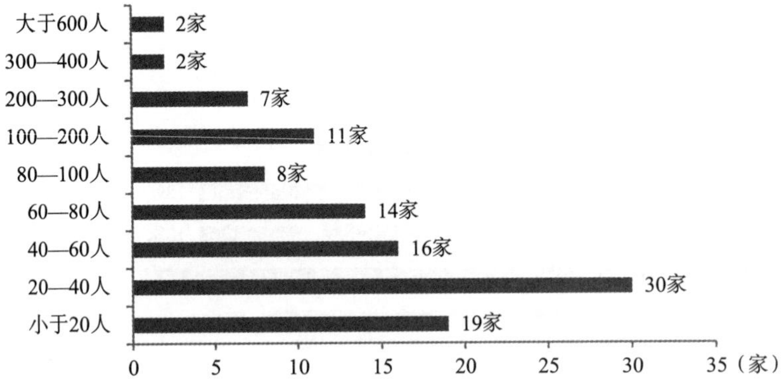

图专 5 -2　2018 年证券公司总部 IT 人员分布

第二章
2018 年金融科技在证券业信息技术中的应用与典型案例

第一节　金融科技在证券业信息技术中的应用概况[①]

随着新兴技术在金融行业的深入应用和融合发展，证券行业已进入一个崭新的金融科技时代。以 A——人工智能（Artificial Intelligence）、B——区块链（Block Chain）、C——云计算（Cloud Computing）、D——大数据（Big Data）为代表的新兴科技为证券行业的信息技术发展带来了新的机遇与挑战，其引发的创新、转型和变革也将对证券行业的发展格局产生深远影响。

2018 年底，中国证券业协会对金融科技在证券行业中的应用情况进行了专项调查，收到有效调查反馈共计 113 份，通过中文分词技术分析得到高频词列表，并通过词云图的方式对排名靠前的高频词进行呈现，即词的出现频率越高，其字号越大越醒目。由图专 5－3 可见，“智能”“数据”“客户”“交易”这些高频词的出现，反映出行业努力把握“提升科技创新能力的机遇”，以及对金融科技发展应用、与实际业务融合促进的高度重视和切实探索。

调查结果显示在 2018 年证券公司在人工智能、区块链、云计算、大数据上均有进一步的发展和应用，其中，79 家证券公司进行了四项科技中至少一项技术的落地应用（见表专 5－4）。

从四项科技的应用发展来看，2018 年人工智能得到长足发展，区块链处于刚起步阶段，云计算和大数据已得到普遍应用。

① 本节中的统计数据如无特殊说明，均来自 2018 年中国证券业协会组织的专项调查，数据未经审计。

图专 5－3　金融科技在行业中应用的高频词云图

表专 5－4　　2018 年证券行业新兴科技应用情况　　（单位：家）

类别	人工智能	区块链	云计算	大数据
应用此技术的证券公司数量	49	11	60	60

从科技案例应用的业务领域来看，人工智能主要应用于证券经纪业务，如算法交易的人工智能优化、人工智能云平台；区块链的应用尚处于探索阶段；云计算的应用集中于证券经纪业务和系统运维，如自动化构建和部署平台（Devops）；大数据在证券经纪业务中应用案例最多，在系统运维、风险管理和运营决策中也进行了积极应用，如数字化运营平台（见表专 5－5）。

表专 5－5　　2018 年四项科技应用在各业务领域的落地案例情况　　（单位：个）

业务领域	人工智能	区块链	云计算	大数据
证券经纪业务	46	8	45	45
系统运维	8	1	32	26
风险管理	8		15	24
运营决策	4		13	25
资产管理	4	3	17	7
固定收益	7	1	8	6
自营投资	4		11	5
投资银行	2	1	9	1
案例合计	83	14	150	139

从四项科技应用的落地方式（包括全部外购、合作开发、自主研发）来看，人工智能在三种落地方式的分布较均衡；区块链以自主研发为主；云计算案例中的大多数以全部外购方式进行建设落地；大数据在全部外购、合作开发、自主研发三方面占比约为 3:4:6（见表专 5－6）。

表专 5－6　　2018 年金融科技应用案例落地方式　　（单位：个）

金融科技应用	全部外购	合作开发	自主研发	案例合计
人工智能	34	25	24	83
区块链	1	3	10	14
云计算	93	28	29	150
大数据	31	44	64	139
案例合计	159	100	127	386

一、人工智能

人工智能在 8 项业务领域中均有应用，且多集中于经纪业务。从落地方式来看，人工智能案例中约 40. 96% 来自全部外购，约 30. 12% 采取合作开发的方式，自主研发约占 28. 92%（见表专 5－7）。

表专 5－7　　2018 年人工智能在各业务领域的应用案例分布　　（单位：个）

业务领域	全部外购	合作开发	自主研发	总计
证券经纪业务	22	18	6	46
风险管理	2		6	8
系统运维	4	3	1	8
固定收益	1		6	7
运营决策	2	2		4
资产管理	1	2	1	4
自营投资	1		3	4
投资银行	1		1	2
总计	34	25	24	83
占比（%）	40. 96	30. 12	28. 92	100. 00

在人工智能应用案例中，外部信息技术服务机构共计 36 家，其中参与过 4 个案例建设的有 2 家，参与过 3 个案例建设的有 3 家，参与过 2 个案例建设的有 6 家，参与过 1 个案例建设的有 25 家，反映出在人工智能领域中，外部信息技术服务机构竞争激烈，未出现占有绝对优势的 AI 技术服务机构。

二、区块链

区块链在证券经纪业务、资产管理、系统运维、固定收益和投资银行5项业务领域中均有初步的探索和应用，主要集中于证券经纪业务。从研发合作方式来看，区块链的落地应用以自主研发为主，约占71.43%（见表专5－8）。

表专5－8　　2018年区块链在各业务领域的应用案例分布　　（单位：个）

业务领域	全部外购	合作开发	自主研发	总计
证券经纪业务	1	1	6	8
资产管理		1	2	3
系统运维		1		1
固定收益			1	1
投资银行			1	1
总计	1	3	10	14
占比（%）	7.14	21.43	71.43	100.00

在区块链应用案例中，外部信息技术服务机构共计3家，其中，参与过2个区块链案例建设的有1家，参与过1个案例建设的有2家，反映出在区块链技术领域中，外部信息技术服务机构尚在发展的起步阶段。

三、云计算

云计算在8项业务领域均有应用，尤其是在证券经纪业务和系统运维领域。从落地方式来看，云计算案例中约62.00%来自全部外购，约18.67%采用合作开发的方式，自主研发约占19.33%（表专5－9）。

表专5－9　　2018年云计算在各业务领域的应用案例分布　　（单位：个）

业务领域	全部外购	合作开发	自主研发	总计
经纪业务	30	7	8	45
系统运维	19	6	7	32
资产管理	12	3	2	17
风险管理	10	2	3	15
运营决策	6	3	4	13
自营投资	7	2	2	11
投资银行	5	2	2	9
固定收益	4	3	1	8
总计	93	28	29	150
占比（%）	62.00	18.67	19.33	100.00

在云计算应用案例中，外部信息技术服务机构共计 35 家，其中，参与过 50 个以上案例建设的有 1 家，参与 10—20 个案例建设的有 3 家，参与案例建设不足 10 个的有 31 家，反映出在云计算领域中，外部信息技术服务机构的竞争已出现分化。

四、大数据

大数据在 8 项业务领域均有应用，主要集中在证券经纪业务，在系统运维、运营决策和风险管理领域中也得到长足发展。从落地方式来看，大数据案例中约 46.04% 由自主研发实现，约 31.66% 采用合作开发，全部外购约占 22.30%（见表专 5 - 10）。

表专 5 - 10　　2018 年大数据在各业务领域的应用案例分布　　（单位：个）

业务领域	全部外购	合作开发	自主研发	总计
经纪业务	8	18	19	45
系统运维	8	4	14	26
运营决策	7	8	10	25
风险管理	5	6	13	24
资产管理	1	3	3	7
固定收益	1	1	4	6
自营投资	1	3	1	5
投资银行		1		1
总计	31	44	64	139
占比（%）	22.30	31.66	46.04	100.00

在大数据应用案例中，外部信息技术服务机构共计 39 家，其中，参与过 8 个案例建设的有 1 家，参与过 2—4 个案例建设的有 10 家，仅参与过 1 个案例建设的有 28 家，反映出在大数据领域中，外部信息技术服务机构的竞争虽未出现显著分化，但个别信息技术服务机构表现出相对优势。

第二节　金融科技在证券业信息技术中的典型案例

一、人工智能典型案例：算法交易优化和云平台

（一）算法交易的人工智能优化

算法交易，指的是通过使用计算机程序来发出交易指令的方法。在交易中，程序可以决

定的范围包括交易时间的选择、交易的价格，甚至包括最后需要成交的证券数量。算法交易被对冲基金、养老基金、共同基金以及其他机构交易者广泛使用，他们将大额的交易分解为若干笔小额的交易，以便更好地管理市场冲击成本、机会成本和风险。

传统的算法交易主要侧重于时间成本、机会风险、交易完成度、撤单比、成交均价等某几个方面，无法满足客户对算法全方位的要求。而这些指标中部分指标存在一定冲突，需要根据算法执行场景进行权衡。如何综合优化执行目标，达到最优的执行效果，这对算法交易提出了更高的要求。

为了满足客户在交易过程中对算法的全方位诉求，部分证券公司尝试将深度学习和强化学习等人工智能实现方式结合到算法交易当中，通过对微观行情和盘口的学习，将时间成本、机会风险、交易完成度、撤单比、成交均价等执行目标与交易动作、执行过程相结合，统一优化执行目标，得到相对最优的执行路径，预测短期价格波动并指导算法交易，最终达到节约客户执行成本、降低交易风险、提高算法绩效的效果。同时，通过将多交易目标组合包装成不同算法风格，降低了客户的算法参数配置门槛。

某证券公司算法交易系统的人工智能优化概要设计如图专 5 –4 所示：

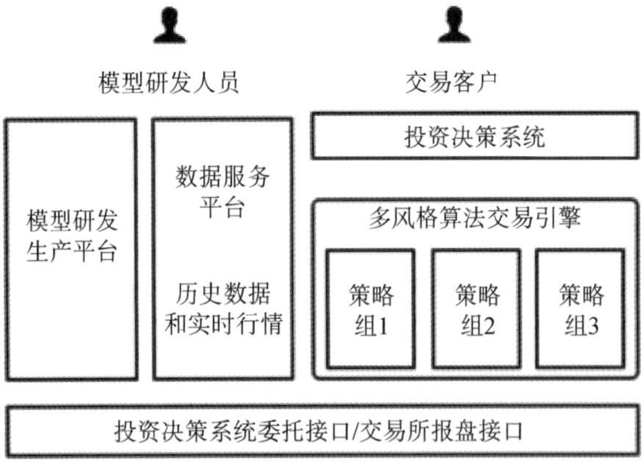

图专 5 –4　算法交易系统的人工智能优化概要设计

其中，数据服务平台提供历史回测所需数据和实时行情数据，模型研发生产平台采用分布式计算架构完成高效的模型训练、回测，算法交易引擎实现线上策略风格路由、生命周期管理和交易指令生成，投资决策系统实现投资决策并与算法交易引擎进行对接。

（二）人工智能云平台

人工智能技术已在证券行业多个业务场景中应用，人工智能应用依托海量数据，并采用机器学习、深度学习领域的主流技术来实现。在实施人工智能应用的过程中，算力、模型、数据的统一管理和合理调度，成为人工智能应用在证券公司快速落地实施的关键因素。证券公司通过建立人工智能云平台，在 IaaS 层面提供算力和存储能力，在 PaaS 层面提供统一的资源调度与隔离/多租户管理，在 SaaS 层面提供数据接口、可视化以及可编排的建模流程以及算法组件，为不同层次的用户和应用输出不同的 AI 能力，满足用户在人工智能应用开发与部署过程中不同阶段的需求，降低人工智能应用开发的门槛，节省建模时间，高效配置资源（见图专 5－5）。

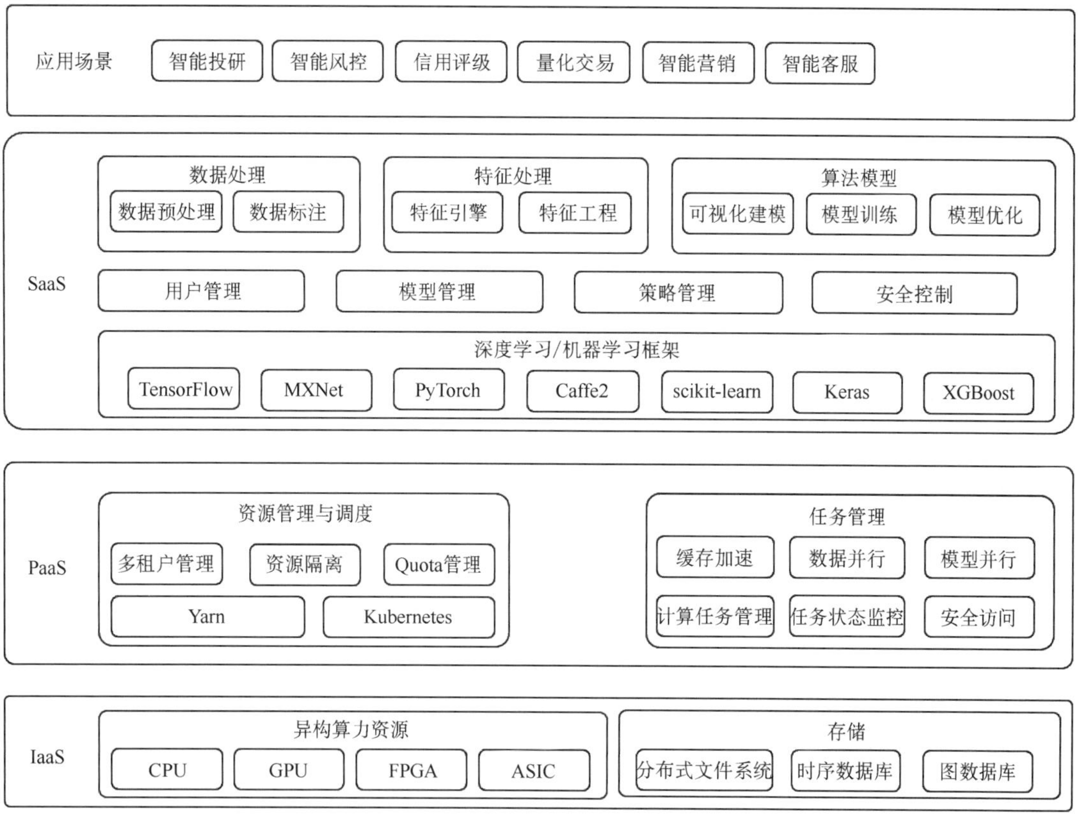

图专 5－5　人工智能云平台典型架构

二、云计算典型案例：自动化构建和部署平台（Devops）

目前，随着证券公司业务条线的不断丰富和快速创新，面对众多支撑业务开展的异构信息系统，如何实现持续、快速、可靠的部署交付，推进从开发测试到交付运维的规范化和标准化，向开发测试和运维人员提出了更高的要求。尽管已经有了代码管理工具及上线流程规范，但是在配置、构建以及部署上仍然缺乏统一的平台，以脚本加手工方式的部署操作，容易造成效率低下、质量不可控的情况。“Devops”一词是“Development”和“Operations”的组合，突出重视软件开发人员和运维人员的沟通合作，是一组流程、技术与工具的统称，用于促进开发、技术运营和质量保证部门之间的沟通、协作与整合。通过将各开发阶段自动化以及信息公开，帮助解决传统流程端到端（E2E）所产生信息不对称，以及协作不顺畅的问题，并且自动化开发流程的每个阶段，进而提升软件交付的速度。

通过使用 Devops 平台，提高了开发测试和生产部署的效率：开发和测试人员能够在统一的界面进行代码的提交、打包镜像、发布到测试环境；运维人员能够快速拉取镜像在生产环境下进行程序发布和版本回退。

图专 5－6 是 Devops 平台的组件架构。代码管理是用 Gitlab，CI/CD 过程使用 CI－Runner，它可以“跑”在容器里，也可以是虚拟机和物理机，根据需要构建，比如大量的代码进行编译，选择 IO 比较好的运行环境，如果跑测试，选择内存和 CPU 比较好的环境。镜像仓库使用 VMWare 开源的 Harbor，按照某种策略在生产和测试镜像库之间同步镜像文件。容器的监控和管理使用 Portainer。最后部署使用 Docker 单节点和 Docker Swarm 两种方式。

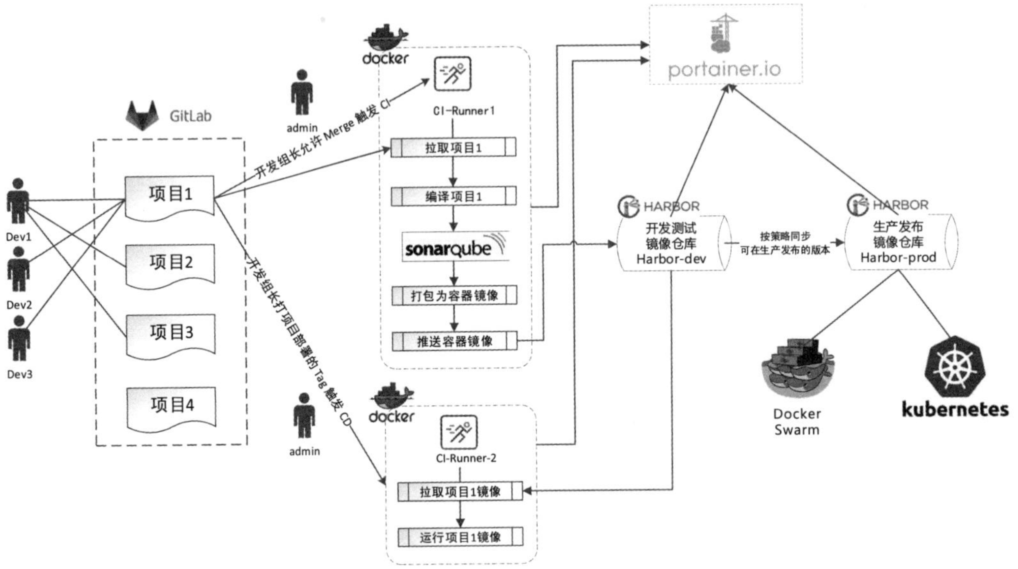

图专 5－6　Devops 平台的组件架构

三、大数据典型案例：数字化运营平台

近年来，证券行业在互联网思维和技术驱动下，原有的业务模式、准入门槛、信息传播机制、监管难度都在不断变化，推动证券业务格局重构。内外部压力迫使证券公司急需告别传统粗放式运营，通过精细化运营管理提升业务效能成为证券公司的迫切需要。传统运营管理存在脱离数据依靠“拍脑袋”决策、运营数据静态化、运营管理碎片化等问题。为解决传统运营管理存在的问题，进一步发挥数据价值，证券公司建设了数字化运营平台。

数字化运营平台旨在构建数字化运营管理体系，一方面通过大数据、云计算、人工智能等金融科技的技术应用，提升公司数据整合能力、数据管理能力和数据应用能力；另一方面通过数据在管理决策、业务办理、营销服务、风控合规等各方面的深化应用，驱动运营流程优化、运营效率提高、管理更加精细化和决策更加科学化，实现数据驱动的运营。

数字化运营平台采用分层技术架构，实现从数据采集、数据存储与计算、数据应用开发到数据交换、数据展现的数据服务全流程支持，平台的典型架构如图专 5－7 所示。

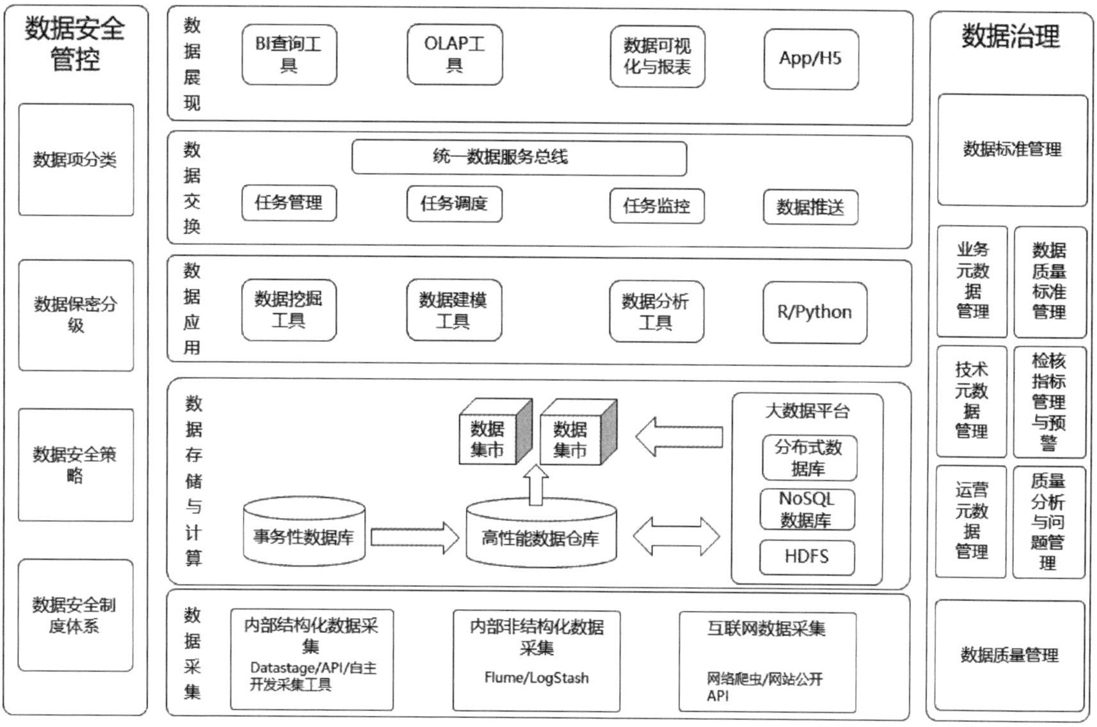

图专 5－7　数字化运营平台典型架构

（一）数据采集层

支持内、外部，结构化、非结构化，日终数据的采集、实时数据的同步，并对数据采集过程进行有效调度和监控。内部数据的采集：支持结构化数据的采集、非结构化数据的采集；外部数据的采集：互联网数据的采集（网络爬虫/网站公开 API 等）。

（二）数据的存储与计算层

支持结构化和非结构化数据的存储和处理，支持海量数据高效处理，需要包括基于关系型数据库的企业级数据仓库、面向业务主体的数据集市以及分布式大数据平台。

（三）数据分析层

完备的数据挖掘、分析与建模工具集，支撑完整的数据分析流程，包括数据挖掘工具、建模工具、分析工具等。

（四）数据交换层

对外提供统一的数据服务接口，具备数据推送功能，并对任务实现有效监控。

（五）数据展现层

通过 BI、H5 等工具实现数据可视化展现，涵盖 PC 端和移动端。

（六）数据安全管控与数据治理

从数据安全制度体系、数据安全策略、数据分级分类等几方面保障数据应用安全；从数据标准、元数据、数据质量等几方面进行数据治理。

依托数字化运营平台，证券公司在经营决策、日常运营过程中能够得到充分的数据支撑能力，提高运营效率和决策效率，探索营销活动的数字化运营，为各项业务提供基础数据服务。

第三章
2019 年中国证券业信息技术与服务展望

一、监管科技将进入快速发展阶段

2018 年 8 月底，中国证监会正式印发了《中国证监会监管科技总体建设方案》，指明监管科技 3.0 的工作核心是建设一个运转高效的监管大数据平台，综合运用电子预警、统计分析、数据挖掘等数据分析技术，围绕资本市场的主要生产和业务活动，进行实时监控和历史分析调查，辅助监管人员对市场主体进行全景式分析、实时对市场总体情况进行监控监测，及时发现涉嫌内幕交易、市场操纵等违法违规行为，履行监管职责，维护市场交易秩序。

监管科技建设将进一步推进信息系统的资源与数据整合，充分发挥科技在监管工作中的作用，有效提升资本市场监管效能，防范系统性金融风险，切实保护投资者合法权益。

未来在监管部门实施监管科技 3.0 的建设中，也将有越来越多的互联网厂商和传统厂商参与进来，在人才储备、技术创新等方面也将获得快速的发展。

二、证券公司交易系统在高可用、低延时等方面会更加突出

证券公司的交易系统将更加开放和多样化，投资者的选择会更加灵活。面向不同投资者、不同场景的交易系统将更加丰富，证券公司将逐渐向投资者开放更多的 API。证券公司对交易的事前、事中、事后风控将会作为一种重要的能力以满足监管的要求和客户的需求。

随着分布式计算、云计算、流计算、硬件加速等技术的逐渐成熟，核心交易系统的基础架构将出现新的变化，新的核心交易系统在高可用、高吞吐、低延时、水平扩展等方面表现会更加突出，出现故障时的处理效率会大大提高，此类新型交易系统很快会得以应用。

人工智能、量化交易、高速行情、大数据分析等会被越来越多的投资者所使用，证券公司的业务持续服务能力会越来越高，越来越多的服务能够支持非现场办理和 7 ×24 小时服务，并随着 5G、IPV6 等基础设施的提升，用户的体验会更加出色。

三、人工智能技术将在证券行业广泛应用

2018 年已经有越来越多的证券公司开始应用人工智能技术，传统证券公司在金融领域的智能化探索更加深入。目前，应用主要集中在智能客服、智能回访、智能投研、智能资讯、智能盯盘、智能选股等方面，已经将语音语义识别、机器视觉、自然语言处理等技术进行了一定的应用，但目前的应用深度和成熟度还有待提升，在很多方面和人相比还有较大差距。

未来，人工智能技术在证券行业的应用将会更加广泛和深入，成熟度也将进一步提升。随着基础数据的积累和基础技术的进步，未来几年人工智能技术将会在证券行业获得更大的增长，在各类业务领域都会有所应用，越来越多的证券公司将会构建自己的人工智能基础技术平台和基础数据集及模型，并在风险管理、公司运营、安全运维等领域进行更多的应用，在投资交易、客户服务、公司营运领域的应用也将进一步深化。

四、区块链技术将尝试应用并发展完善

目前，我国区块链技术已应用到供应链金融、征信、产品溯源、版权交易、数字身份、电子证据等多个领域，工信部信息中心 2018 年 5 月发布了《2018 年中国区块链产业白皮书》，系统分析了我国区块链产业发展现状、发展特点、典型领域案例，以及发展趋势。

区块链技术在证券清算结算、客户身份证书及电子合同保全、债券报价等领域都已经有证券公司在探索使用，但总体上应用不多且不深入，目前更多的还处在研究和尝试性应用阶段。

区块链本身技术还在不断发展完善，弱中心化的联盟链未来会优先获得应用。总体上，区块链将来的发展前景广阔，随着今后研究的发展，未来 5—10 年，区块链可能迎来发展的高峰期。

五、云计算将提供更加多样化服务

经过几年的发展，基础设施层的云计算应用已经比较普遍和成熟，虚拟化、私有云、混合云在证券公司中已经在大量应用。证券公司一般按照监管的要求，根据业务的差异性，将不同的应用部署在不同的云上，在保障安全运行的前提下，实现最优的资源配置和效率。不同厂商提供的云平台将会更加开放，通过统一的云管平台对不同的云进行管理的技术也将更加成熟。

未来平台即服务（PaaS）、软件即服务（SaaS）、数据即服务（DaaS）的部署和应用将会越来越多，数据库云、容器云、人工智能云平台、超融合、对象存储等不同层面、不同类

型的云计算服务将获得快速部署并实践。

六、大数据技术应用将逐渐普及

随着越来越多的证券公司开始建设大数据平台，并在大数据平台上建设各类应用，大数据技术将逐渐普及。目前，基于大数据技术，在客户管理、营销服务、风险管理、投研业务、投顾业务、企业运营、系统运维等领域已经应用得越来越多，各证券公司聚焦在不同业务领域精耕细作，尤其是在客户标签、用户画像、用户行为分析、账户分析、流失分析、精准营销、MOT、异常交易行为监控、运维日志分析等场景获得广泛应用。

未来，大数据技术将和人工智能、云计算紧密结合，为客户交易执行、用户体验提升、舆情分析、合规风险管理、安全态势感知、智能运维等领域获得更深更广的持续应用，数据的规范性、质量会得到更大的提升，证券公司对大数据带来的数据安全会更加关注，对大数据人才的需求越来越大，大数据技术应用在证券行业将逐渐普及。

七、数据治理将加快推进

随着《证券基金经营机构信息技术管理办法》的发布，证券基金行业的数据治理将会加快推进和落实。数据治理的制度、体系各证券公司都已经基本具备，未来数据治理会集中在对数据治理的实施和持续提升上。数据治理的落地是一项长期工程，预计各证券公司在未来几年会持续投入和提升，数据工程师的人数将会较快增长，以满足监管的要求和公司内部经营管理的需求。随着数据治理的推进，高质量的数据将逐渐成为证券公司的重要资产。

在实现方式上，将会更多地采用大数据、云计算等新技术来实现，数据治理会贯彻整个数据的生命周期，会有更多的公司采用自主可控的开发方式以满足公司的个性化需求。同时，随着数据质量的持续提升，高质量的数据将对行业机构的经营、监管、风险防控、客户体验等各方面发挥重要作用。

八、网络安全面临更大的挑战

在网络安全领域，将会更多地采用智能攻防，网络安全从业者将更多地由被动变主动，通过自动化及人工智能等技术实现更高水平的网络安全。目前，证券行业网络安全还是一个高度依赖个人经验和技术的领域，而人工智能攻防技术具有计算快、多任务、学习快、跨领域、不间断等特点。在中国证监会发布的《证券期货业信息系统运维管理规范》中，对可自动化工具进行了描述，发展人工智能化的网络安全技术有助于技术人员发掘各个业务系统中的未知漏洞，探索偏僻的安全隐患，推演未知风险，实现安全自动化。

证券行业对业务数据的保护是重中之重，个人隐私及数据保护将会被更加重视。为推动行业机构深入开展数据安全保护工作，中国证监会出台了《证券期货数据分类分级指引》和《证券期货业数据安全工作指引》等重要文件。在数据保护中，将会应用越来越多的现代密码技术，来保障数据的保密性、数据的完整性、数据的不可否认与抵赖等。

专题报告之六：2018 年中国证券公司国际业务发展综述

第一章 2018 年中国证券公司国际业务发展状况

第一节　中国证券公司国际业务发展特点

2018 年全球经济继续保持扩张态势，经济体增长态势、通胀水平和货币政策呈现分化。在发达经济体，消费者价格通胀水平仍然受到抑制，美国通胀水平小幅上升后回落，新兴市场大部分国家由于石油价格的下跌，通胀压力有所缓解。美国经济增长继续超过趋势水平，欧元区增速有所回落，主要新兴经济体经济实现不同程度的复苏，印度经济增长势头强劲，俄罗斯、巴西等能源和资源出口国经济保持复苏态势。主要国家和地区央行在 2018 年采取更为审慎的货币政策。美联储 2017 年继续推进“加息 + 缩表”的货币政策正常化进程，共加息三次，联邦基金利率提到 2%—2. 25% 的水平。2018 年，我国经济发展正处于重要战略机遇期，一年来中国政府紧扣重要战略机遇新内涵，加快经济结构优化升级，提升科技创新能力，深化改革开放，加快绿色发展，参与全球经济治理体系变革，加快推动经济高质量发展。

2018 年，中国金融市场的开放程度不断加大，国内金融市场与国际金融市场进一步接轨。一方面，2018 年中国积极推进与邻国及海外合作。如：沪、深证券交易所制定并发布《关于开展“一带一路”债券试点的通知》，深化债券市场对外开放；中国证监会与日本、法国、新加坡、哈萨克斯坦、伊朗等国签订多项合作谅解备忘录，推进相互在资本市场全面多层次互利务实合作。另一方面，不断推进国内制度变革开放。如 2018 年 4 月，中国证监会发布《外商投资证券公司管理办法》，加快证券业对外开放；7 月，中国证监会就相关账户管理制度修改正式向社会公开征求意见，拟修改相关账户管理制度以扩大外国投资者参与 A 股交易范围；中国证监会与香港证监会开展了进一步的合作，双方于 12 月就进一步完善沪深港通信息交换达成协议，完善沪深港通投资者看穿机制，加强两地股票市场互联互通机制下的信息共享。中国资本市场已在全球市场中占据重要地位，2018 年 9 月富时罗素宣布将 A 股纳入其全球股票指数体系，表明中国与全球的联通联动正不断加强。

2018 年 4 月 11 日，中国人民银行行长易纲在博鳌论坛上宣布将对沪港通、深港通进一步扩容，将互联互通每日的额度扩大 4 倍。Wind 数据显示，截至 2018 年末，沪港通交易总金额 10.72 万亿元人民币，其中北向沪股通累计交易金额 6.36 万亿元人民币，南向港股通累计交易金额 4.36 万亿元人民币。深港通累计交易金额 4.31 万亿元人民币，其中北向深港通累计交易金额 2.99 万亿元人民币，南向深股通累计交易金额 1.32 万亿元人民币。

纵观 2018 年，中国证券业的国际化发展呈现出以下特点。

一、对外开放进程加速，国际化业务重要性持续提升

2018 年对外开放自上而下有序推进。2018 年 4 月 10 日习近平主席在博鳌论坛上表示：“大幅度放宽市场准入制度，确保放宽银行、证券、保险行业外资股比限制的重大措施落地，同时加大开放力度，加快保险行业开放进程，放宽外资金融机构设立限制，扩大外资金融机构在华业务范围，拓宽中外金融市场合作领域。”2018 年 12 月 19 日中央经济工作会议召开，会议表示要推动全方位对外开放，要适应新形势、把握新特点，推动由商品和要素流动型开放向规则等制度型开放转变。要放宽市场准入，全面实施准入前国民待遇加负面清单管理制度，保护外商在华合法权益特别是知识产权，允许更多领域实行独资经营。监管层面，新的证券公司分类评级标准中纳入了境外子公司证券业务收入占营业收入比例这一考核指标。2018 年外商投资证券公司、基金公司和期货公司新规陆续出台，扩大了外资持股比例和投资业务范围，进一步促进了我国证券业对外开放程度。

在已有的基础上，2018 年对外开放的产品品种拓宽，交易机制不断完善。2018 年 3 月 26 日，原油期货在上海期货交易所子公司上海国际能源交易中心挂牌交易，成为我国首个对境外投资者开放的期货品种。交易所正式宣布将从 2018 年 5 月 1 日起，把互联互通每日的额度扩大 4 倍，即沪股通和港股通每日的额度从 130 亿元人民币调整为 520 亿元人民币，港股通每日额度从 105 亿元人民币调整为 420 亿元人民币。沪港通、深港通的此次扩容表明了国家坚定进行资本市场改革的态度，有利于推动国内资本市场的进一步完善。

二、证券公司国际化战略布局稳步推进，业务模式持续丰富

根据中国证券业协会 2018 年证券公司海外展业情况调查问卷，131 家证券公司中共有 85 家反馈问卷，其中 27 家开展海外业务，有 6 家新设海外机构或海外办事处。内地证券公司积极探索国际业务新模式，加快谋划国际业务新布局。

在国内外复杂多变的经济环境下，证券公司海外业务开展稳步推进。据 Wind 数据显示，截至 2018 年末，内地上市证券公司中共有 14 家取得海外业务收入，共计 172.79 亿元，同比下降 0.05%，占内地上市证券公司总营收比重为 6.39%，较 2017 年增长 0.54 个百分点。

海外经营业务模式持续丰富，体现在以下三方面：一是获批证券公司数量增加。2018 年跨境业务资格审批提速，截至 2018 年底，共有 9 家证券公司获批跨境业务资格。二是跨境业务范围实现突破。2018 年以来公司不仅可以开展境外自营业务，也可以开展跨境代客业务，新增跨境代客业务对证券公司财富管理业务产生积极影响。证券公司加大在境外业务的发展力度，有助于形成覆盖全球主要股票市场、以机构业务为主导的国际化平台。三是 D 股实现零突破。2018 年 10 月 24 日青岛海尔发行 D 股并在中欧国际交易所股市场上市，承销团队中内地机构与欧美机构合作推进。上交所表示将继续积极支持中欧国际交易所 D 股市场建设，为境内优质企业推进国际化战略、参与“一带一路”建设拓宽渠道。中国证监会表示将继续推动境外上市工作，支持符合条件的境内企业结合国家发展战略和自身发展需要“走出去”。随着业务资格的丰富及市场互联互通进程的推进，证券公司国际化业务模式将持续丰富。

三、海外业务渗透率有待提升，企业跨境并购规模稳步增长

2018 年香港市场并购总交易价值前 50 名有 4 家内地证券公司，共承销金额 235.98 亿美元，企业跨境并购规模趋于稳定。4 家证券公司合计占总市场份额 15.6%，较 2017 年底增长近 11 个百分点。内地证券公司在海外各类业务的市场占有率还比较低，从占有率水平来看，有比较大提升空间。

根据商务部、外汇局统计，2018 年我国对外全行业直接投资 8 591.4 亿元人民币，同比增长 2.1%（折合 1 298.3 亿美元，同比增长 4.2%）。其中，我国境内投资者共对全球 161 个国家和地区的 5 735 家境外企业进行了非金融类直接投资，累计实现投资 7 974 亿元人民币，同比下降 1.6%（折合 1 205 亿美元，同比增长 0.3%）。2018 年 3 月 1 日，《企境外投资管理办法》开始实行，企业境外投资监管将更加全面。新办法规范控制非理性并购，将加大引导敏感性行业的资金流动监管，严格限制其投资，加大力度规范资金流出。从跨境并购外部审核来看，海外审核机构对中国企业海外并购反垄断审查规则更加严厉，对中国企业

安全审查力度加强、周期延长。

第二节　2018年证券公司国际业务开展具体情况

一、投资银行业务

（一）股票发行与IPO业务

从全球股票承销市场来看，2018年全球股票发行市场承销商前50位共有9家国内证券公司上榜，与2017年持平；2018年共发行565.92亿美元，较2017年同期增长135%；9家证券公司合计占承销份额10.07%，比2017年同期提高6个百分点。全球股票发行市场承销商前10位见表专6－1。

表专6－1　　2018年全球股票发行市场承销商前10位

承销商	排行	金额（百万美元）	发行数（家）	排行榜份额（%）
摩根士丹利	1	51 392.16	320	9.14
高盛公司	2	46 522.26	271	8.27
摩根大通	3	40 533.87	295	7.21
花旗集团	4	39 580.03	283	7.04
美国银行美林	5	29 416.77	200	5.23
瑞士信贷集团	6	23 209.91	193	4.13
瑞士银行	7	19 105.31	141	3.40
德意志银行	8	16 711.13	135	2.97
巴克莱	9	14 681.81	132	2.61
中金公司	10	11 940.37	44	2.12

资料来源：BLOOMBERG。

2018年中国香港市场股票发行承销商排名中，前50位有16家国内证券公司，发行金额126.9亿美元，较2017年同期增长106%，16家证券公司占全部市场份额21.3%。香港市场股票发行承销商前10位见表专6－2。

表专6－2　　2018年中国香港市场股票发行承销商前10位

承销商	排行	金额（百万美元）	发行数（家）	排行榜份额（%）
摩根士丹利	1	7 323.83	26	12.27
花旗集团	2	4 344.83	15	7.28
美国银行美林	3	4 329.33	4	7.25

续表

承销商	排行	金额（百万美元）	发行数（家）	排行榜份额（%）
高盛公司	4	4 071.94	19	6.82
瑞士银行	5	3 529.56	23	5.91
招商银行	6	2 779.27	26	4.66
中金公司	7	2 200.68	20	3.69
建设银行	8	2 049.04	30	3.43
农业银行	9	2 047.14	34	3.43
招商证券	10	2 014.78	17	3.38

资料来源：BLOOMBERG。

2018年中国香港IPO市场承销商前50位中有18家为国内证券公司，比2017年增加3家，18家证券公司占总市场份额29.9%，同比增长0.32个百分点，发行金额为106.61亿美元，较2017年同期增长25%。排名前三位均是国内金融机构。2018年中国内地金融机构尤其是证券公司在香港股票IPO中市场份额较2017年有所增长（见表专6－3）。

表专6－3　　2018年中国香港市场IPO承销商前10位

承销商	排行	金额（百万美元）	发行数（家）	排行榜份额（%）
招商银行	1	2 146.70	23	5.82
农业银行	2	1 985.99	33	5.38
建设银行	3	1 936.34	27	5.25
高盛公司	4	1 910.34	12	5.18
招商证券	5	1 881.34	16	5.10
摩根士丹利	6	1 858.69	14	5.04
工商银行	7	1 767.94	16	4.79
瑞士银行	8	1 631.89	10	4.42
中金公司	9	1 608.81	16	4.36
海通证券	10	1 588.10	37	4.30

资料来源：BLOOMBERG。

（二）债券发行业务

1. 境外债券发行情况

2018年中国香港港元债券市场承销商前50位中，海通证券、国泰君安证券、中金公司分列第22位、第30位和第37位，市场份额占比为0.55%、0.17%和0.02%。总体来看海外债券承销业务中资证券公司市场份额占比还比较小，国内证券公司未来上升空间很大（见表专6－4）。

表专 6-4　　2018 年中国香港港元债券市场承销商前 10 位

承销商	排行	金额（百万港元）	发行数（家）	排行榜份额（%）
汇丰银行公共有限公司	1	67 716.17	156	22.56
交通银行	2	43 375.00	31	14.45
渣打银行	3	36 136.50	81	12.04
瑞穗金融集团	4	22 208.00	52	7.40
东方汇理	5	20 364.67	58	6.78
花旗集团	6	16 864.00	46	5.62
加拿大丰业银行	7	14 037.00	46	4.68
中国银行	8	11 064.50	19	3.69
法国兴业银行	9	10 450.00	24	3.48
瑞士银行	10	7 340.00	12	2.45

资料来源：BLOOMBERG。

2. 熊猫债券

2018 年我国共发行债券 58 期，同比上升 66%，发行总额 955.9 亿元，同比上升 33%。“债券通”极大地提高了境外投资人对于熊猫债券的热情，2018 年 2 月，中国银行间市场交易商协会批准渣打银行“境外非金融企业熊猫债券”主承销资格，渣打银行成为继汇丰银行之后第二家获得此项资质的外资银行。外资银行的参与有助于进一步推动熊猫债券发行人和投资者的多元化，促进熊猫债券市场的健康发展。“一带一路”债券的推出为熊猫债券市场发展带来契机，2018 年 3 月，上交所、深交所分别发布了《开展“一带一路”债券试点的通知》，鼓励“一带一路”沿线国家（地区）政府类机构、企业及金融机构等发行“一带一路”债券，安排专人负责“一带一路”债券的申报受理及审核，并鼓励国内外机构投资“一带一路”债券。菲律宾政府、新加坡托克集团先后在中国银行间债券市场成功发行了熊猫债券。2018 年 8 月 25 日，中国人民银行、财政部联合发布了《全国银行间债券市场境外机构债券发行管理暂行办法》。此次制度变动简化了境外机构在中国内地发行债券的发行管理，强化了发行主体的信息披露，强调信息披露的准确、完整和及时，同时完善投资者保护机制，以及完善熊猫债券发行的配套制度等。熊猫债券发行新规的出台将进一步降低境外主体发行熊猫债券的阻力，增强对境外潜在发行人的吸引力，并推动熊猫债券发行的规范化和制度化，有利于熊猫债券市场的长期健康发展。

（三）并购业务

2018 年中国香港并购市场中，总交易价值排名前 50 位的有 4 家内地证券公司，较 2017 年持平，合计占总市场份额 15.6%，较 2017 年同期增长近 11 个百分点（见表专 6-5）。

表专 6 -5　　2018 年香港市场并购业务前 10 位

承销商	排行	市场份额（%）	总交易价值（百万美元）	交易数目（笔）
花旗	1	16.1507	24 358.83	12
高盛	2	14.4889	21 852.43	11
摩根大通	3	14.0401	21 175.62	11
摩根士丹利	4	11.7371	17 702.09	9
中金公司	5	10.8028	16 292.95	6
德意志银行	6	9.9985	15 080	5
Moelis&Co	7	9.6676	14 580.84	6
LionTreeAdvisorsLLC	8	9.3812	14 148.92	1
中信证券	9	9.2825	14 000	1
汇丰银行	10	3.4742	5 239.87	7

资料来源：BLOOMBERG。

二、资产管理业务

（一）合格境内机构投资者（QDII）业务

截至 2018 年 12 月 29 日，共计 17 家内地证券公司获得合格境内机构投资者（QDII）业务资格，总计 QDII 业务额度为 107.6 亿美元，较 2017 年底增长 17.3%（见表专 6 -6）。

表专 6 -6　　证券公司获批 QDII 业务额度

机构名称	额度（亿美元）	批准日期
中国国际金融有限公司	22.0	2014 年 12 月 28 日
广发证券资产管理（广东）有限公司	17.0	2018 年 5 月 30 日
中信证券股份有限公司	10.8	2018 年 5 月 30 日
国信证券股份有限公司	10.0	2015 年 1 月 30 日
上海海通证券资产管理有限公司	8.0	2015 年 1 月 30 日
安信证券股份有限公司	6.5	2018 年 6 月 28 日
上海国泰君安证券资产管理有限公司	4.5	2014 年 12 月 28 日
招商证券股份有限公司	4.0	2014 年 11 月 27 日
申万宏源证券有限公司	4.0	2015 年 1 月 30 日
银河金汇证券资产管理有限公司	4.0	2013 年 1 月 24 日
华泰证券（上海）资产管理有限公司	3.0	2018 年 4 月 24 日
上海光大证券资产管理有限公司	3.0	2015 年 1 月 30 日
中银国际证券有限责任公司	3.0	2014 年 12 月 28 日

续表

机构名称	额度（亿美元）	批准日期
中信建投证券股份有限公司	2.6	2018年5月30日
兴证证券资产管理有限公司	2.2	2018年4月24日
太平洋证券股份有限公司	2.0	2014年4月30日
国金证券股份有限公司	1.0	2018年6月28日
合　计	107.6	

资料来源：国家外汇管理局。

（二）人民币合格境外机构投资者（RQFII）业务

人民币合格境外机构投资者（RQFII）业务的开展为境外人民币投资提供了渠道，在引进外资方面起到了积极的作用，也推动了人民币国际化进程；同时，为中资金融机构创造了业务机会，促进了国内资本市场的发展。

截至2018年12月29日，RQFII投资总额度已经达到了6 466.72亿元人民币。其中，中资证券公司总的额度为810.5亿元人民币，占RQFII总额度的12.5%（见表专6－7）。

表专6－7　　中资证券公司RQFII额度

机构名称	额度（亿元）	批准日期
海通国际控股有限公司	107.0	2014年8月26日
国元证券（香港）有限公司	73.0	2014年8月26日
国泰君安金融控股有限公司	69.0	2014年5月30日
中国国际金融（香港）有限公司	67.0	2017年11月29日
广发国际资产管理有限公司	39.0	2014年5月30日
申万宏源（国际）集团有限公司	39.0	2014年4月30日
光大证券金融控股有限公司	35.0	2014年5月30日
东方金融控股（香港）有限公司	35.0	2017年8月25日
财通国际资产管理有限公司	35.0	2017年11月29日
广发国际资产管理（英国）有限公司	30.0	2015年12月25日
华泰金融控股（香港）有限公司	29.5	2014年3月28日
广发控股（香港）有限公司	27.0	2014年4月30日
招商证券国际有限公司	27.0	2014年3月28日
安信国际金融控股有限公司	24.0	2014年7月30日
中信建投（国际）金融控股有限公司	20.0	2014年6月30日
申万宏源新加坡私人有限公司	20.0	2017年9月27日
中国光大资产管理有限公司	19.0	2014年5月30日
国信证券（香港）金融控股有限公司	17.0	2013年6月24日

续表

机构名称	额度（亿元）	批准日期
东吴证券中新（新加坡）有限公司	15.0	2016年11月28日
中信证券国际有限公司	14.0	2014年6月30日
兴证（香港）金融控股有限公司	13.0	2014年4月30日
中投证券（香港）金融控股有限公司	11.0	2014年5月30日
中国银河国际金融控股有限公司	11.0	2014年9月22日
国金证券（香港）有限公司	10.0	2014年1月22日
广发金融交易（英国）有限公司	10.0	2016年6月29日
中泰金融国际有限公司	8.0	2014年8月26日
国泰君安基金管理有限公司	4.0	2014年9月22日
长江证券控股（香港）有限公司	2.0	2013年11月27日
合　计	810.5	

资料来源：国家外汇管理局。

（三）合格境外机构投资者（QFII）投资顾问业务

我国资本市场开放深度近几年持续提升，外资对中国资本市场表现出较高的热情，2018年6月12日，中国人民银行、国家外汇管理局发布措施，对现行QFII、RQFII的相关外汇管理政策进行调整，取消相关资金汇出比例限制、本金锁定期要求，便利了境外投资者通过QFII渠道投资境内金融市场。外汇管理局先后5次提高QFII的额度上限。2019年1月14日，国家外汇管理局将QFII总额度由1 500亿美元增加至3 000亿美元。QFII投资顾问业务具有低风险、高收益的特征，预计未来将会给国内龙头证券公司带来丰厚收益，并且积累良好客户资源和口碑，提升自身品牌价值。预计未来QFII持续扩容，相关的投资顾问服务也将会得到长足发展。随着中国市场日渐发展成熟，QFII的额度上限每年逐步上升，投资机构的数量同步增加。截至2018年12月29日，共有10家证券公司获得QFII业务资格，与2017年持平。QFII累计额度为1 010.56亿美元，较2017年年底增长19.6%。其中，中资证券公司QFII业务投资额度合计50.5亿美元，占比4.9%（见表专6－8）。

表专6－8　　中资证券公司QFII业务投资额度

机构名称	额度（亿美元）	批准日期
中国国际金融香港资产管理有限公司	11.0	2017年2月24日
招商证券资产管理（香港）有限公司	7.2	2016年12月28日
中国光大证券资产管理有限公司	7.0	2016年11月28日
国泰君安资产管理（亚洲）有限公司	7.0	2017年8月25日
兴证国际资产管理有限公司	5.0	2017年9月27日
广发国际资产管理有限公司	3.3	2016年1月27日

续表

机构名称	额度（亿美元）	批准日期
中信证券国际投资管理（香港）有限公司	3.0	2014 年 4 月 30 日
广发资产管理（香港）有限公司	2.0	2015 年 3 月 26 日
申万宏源投资管理（亚洲）有限公司	2.0	2015 年 4 月 28 日
海通资产管理（香港）有限公司	1.0	2016 年 4 月 28 日
安信资产管理（香港）有限公司	1.0	2017 年 5 月 26 日
山证国际资产管理有限公司	1.0	2017 年 12 月 27 日
合　计	50.5	

资料来源：国家外汇管理局。

三、经纪业务

中资证券公司主要依托香港子公司开展国际化业务。香港证券市场是一个以机构投资者为主的市场，从投资者来源来看，虽然中国投资者迅速成长，但欧美投资机构依然在香港市场占据举足轻重的地位。外资投行大多在其本土就和这些机构投资者保持着持久的合作关系，因此获得长久可观的经纪业务份额。相较于海外国际大投行在香港市场开展经纪业务的历程中资证券公司进入香港较晚，但最近几年由于互联互通机制以及“港股通”的快速发展，中资证券公司在港经纪业务进入快车道，中资证券公司份额持续追赶。香港市场资金与信息自由流通，法制相对完善，在市场制度建设上有一定优势，未来资本市场双向开放的深度会进一步提升，这将为中资证券公司在港开展经纪业务注入新动能。

四、国内证券公司国际业务网络持续扩张

2018 年 6 月，中国证监会核准中信证券、海通证券以自有资金在境外交易场所参与金融产品交易，并与境外机构签署 ISDA 主协议、开展场外金融衍生产品交易。我国资本市场对外开放广度、深度持续提升，这将有利于证券行业长期发展，提升国际竞争力。据 Wind 数据统计，2018 年全年沪港通交易额 4.2 万亿元，同比增加 49.2%。其中，北向资金 2.7 万亿元，同比增加 102.5%；南向资金 1.5 万亿元，同比增加 2.2%。2018 年全年深港通交易额 2.9 万亿元，同比增加 102.3%。其中，北向资金 2.0 万亿元，同比增加 111.6%；南向资金 0.9 万亿元，同比增加 83.3%。

作为提升跨境债券投资市场效率的互联互通产品之一，债券通成立至今运行良好。债券通交易通过香港的结算账户进行，因此更便于投资者实现跨境投资资金流动，促进内地资本项目的开放和改善全球配置风险偏好。沪港通、深港通和债券通有望进一步深化 A 股市场对外开放、互联互通程度，促进中国证券市场的多边放开。

“一带一路”建设已得到 100 多个国家和国际组织的支持和响应，其中资本市场的持续创新是“一带一路”倡议的关键落脚点之一。“一带一路”打开了国内企业和机构投资者的国际视野，极大提升了客户跨境融资、并购、投资、风险管理等方面的需求。同时，由于汇率波动加剧，企业、居民和金融机构均存在规避汇率风险和全球配置资产的需求，国际业务的空间逐步扩大，“一带一路”沿线有望继续成为证券公司国际业务增长的潜力点。

2018 年证券公司国际业务网络持续扩张。多家证券公司通过设立或并购境外金融机构来实现海外机构扩容。作为根植中国的全球性投资银行，中金继续保持国际化业务领先地位，2018 年上半年，中金境外债业务持续增长，中金在中国公司投资级美元债承销额中继续保持中资证券公司第一位，完成成都兴城投资集团有限公司 5 亿欧元境外债券发行，成为首单登录德国法兰克福证券交易所和中欧国际交易所的中国非金融企业境外债券。中信证券海外业务完成境外平台整合，中信里昂证券已经于 2017 年完成了四阶段业务转型计划中的前两个阶段——整合和重组，2018 年的工作重心为后两个阶段——投资和多元化，尤其针对企业融资、资产管理和固定收益业务。海通证券依靠海通国际成为业内领先的国际业务平台；海通国际凭借其亚太地区先发优势以及欧美地区前瞻性的战略储备已成为内地证券公司开展国际业务的龙头。2018 年上半年，海通国际完成在美国市场的首单 IPO 项目，在亚洲（除日本外）高收益美元债券发行承销金额排名全球金融机构首位。与此同时，海通国际证券完成了对海通银行英国、美国子公司收购整合，在海外的战略布局进一步优化。截至 2018 年底共有 6 家内地证券公司新设机构或办事处，积极探索国际业务新模式，加快谋划国际业务新布局。

第二章
2018 年中国证券公司国际业务面临的问题与 2019 年展望

第一节 2018 年中国证券公司国际业务面临的问题

一、国际业务竞争激烈，佣金费率持续承压

目前内地证券公司国际业务主要集中在香港市场，香港证券联交所参与者众多，并且聚集着大量国际投行，竞争者数量和竞争激烈程度均远高于内地。外资投行受益于市场进入早及全球性布局策略，大多和机构投资者保持着持久的合作关系，市场份额较为可观。而大部分内地证券公司主要依托香港市场开展国际经纪业务，在欧洲、美洲和东南亚等地开展海外业务相对较少。香港证监会从 2003 年开始解除最低佣金收费制度。相较于内地市场，香港市场经纪业务的平均佣金水平较高，但最近几年随着国内证券公司加速国际业务布局以及互联网证券公司的崛起，经纪业务通道佣金率已经处于下滑的趋势，内资证券公司需通过增加服务产品的多样性和定制性来保持竞争力。大量非同质化产品构建了较高的竞争壁垒，成为中资证券公司赢得新的市场占有率的关键。

二、海外收入贡献较低，业务开展机遇与风险并存

加强海外业务布局已成为内地证券公司的共识，但海外业务收入占营业总收入比率仍然不高。Wind 数据显示，2018 年中资证券公司共实现海外业务收入 172.79 亿元，同比下降 0.05%，与 2017 年同期基本持平。从占比看，2018 年全年上市证券公司海外收入占总营收比重为 6.39%，较 2017 年全年上升 0.54 个百分点。

证券公司海外业务机遇与风险并存，海外收入是证券公司展业与业绩增长的潜在空间，各家香港子公司经过多年的积累不断拓展业务、建立新的事业部门、设立办事处或者收购兼并，涉足业务品种也逐渐扩展至外汇期货、财富管理产品和场外衍生品等。

2018 年国际贸易形势复杂多变，保护主义显现苗头，全球经济复苏步伐不确定性增强，中资证券公司海外业务布局风险多变。2018 年在国内外经济不确定因素波动下，部分证券公司因海外子公司业务问题计提大额减值，使业绩同比有所下滑。因此，中资证券公司在深耕国际业务同时需不断加强自身合规风控建设。

总体来看，中资证券公司开展海外业务风险主要体现为三个方面：一是市场风险加剧，世界范围内金融创新产品层出不穷，证券公司面临风险管理巨大压力，金融资产价格持续波动为海外并购资产定价和海外资产管理增加难度；同时，人民币国际化步伐加快，汇率制度改革加速推进使得汇率波动幅度增大，加大内地证券公司开展国际业务的汇率风险。二是经营环境多变，国际货币基金组织将 2019 和 2020 年的全球经济增长预期分别下调至 3.5% 和 3.6%，主要经济体增长出现分化、贸易体制面临挑战等因素使中资证券公司面临复杂的海外经营环境。三是跨境并购限制增多，《企业境外投资管理办法》的施行意味着监管机构将严控非理性并购、限制敏感性行业投资、加大力度规范资金流出，从跨境并购外部审核环境看，美国外资投资委员会和欧盟对中国企业跨境并购审核趋严，这都将限制中资证券公司开展海外并购业务。国际并购规则和市场运作差异化也为海外并购增加挑战，内地证券公司参与全球并购起步较晚，缺乏业务资源和并购经验，使得并购业务后期整合难度加大。

三、业务模式相对单一，多样经营亟须推进

目前中资证券公司主要依赖经纪业务、投行业务布局国际战略，但投行、资管、做市等业务起步较晚，难以匹配国际业务多样性要求。

外资投行进入中国香港市场较早，与中国香港公司业务开展广泛，因此积累下更优质、稳固的客户关系，客户储备资源也相对丰富。从 2018 年中国香港市场股票发行承销金额排名来看，排名前 5 位的均为外资机构，摩根士丹利、花旗、美银美林分列前 3 位。承销金额前 10 位中中资证券公司只有中金公司和招商证券。承销金额前 50 位中内地中资证券公司有 16 家上榜，占全部市场份额 21.3%。经纪、投行业务需要依托强大的海外分支机构进行，但目前中资证券公司无论从业务覆盖地区还是营业部海外数量来看均不足。中资证券公司主要在香港市场设立分支机构，全球潜力城市或地区布局较少，全球分支机构、营业部数量无法支撑投行业务开展，并且中资证券公司在精品投行和专业定制服务上开展缓慢，目前还未充分做大。

内地证券公司主要通过收购现有资管平台和自建平台发展资管业务。收购境外资管平台助力证券公司快速实现资源整合，但协同效应受制于文化、制度、购后管理等因素难以发挥。自建平台批准设立审查时间较长，需要培育资管人才以及客户资源，进展比较缓慢。资

产管理业务的发展需要内地证券公司积极寻找有发展潜力、资源储备丰富的优质资管平台。

受益于海外投资需求提升、中资机构客户和企业客户数量积累，中资证券公司债券做市业务开展良好，但债券做市业务品类较为单一。内地证券公司做市业务主要集中于信用债做市，而国际大投行做市品种丰富，如利率产品、货币产品、信用产品、抵押贷款、外汇和大宗产品均为做市对象，集中在这些品类的做市服务中资证券公司差距较大。中资证券公司的海外业务的资源整合能力需要进一步加强，各业务布局和收入需均衡发展，内地证券公司海外布局需坚持多样经营、均衡发展才能实现各业务联动效应，创造出“1 + 1 > 2”的业务价值。

第二节　2019 年中国证券公司国际业务展望

一、推动资本市场加速双向开放，国际化业务机遇与挑战并存

2018 年，中国资本市场在加强对外开放“走出去”的同时，也加快完善“迎进来”的制度与机制完善。根据 2018 年 4 月中国证监会发布的《外商投资证券公司管理办法》，外资持股非上市证券公司比例放宽为“可控”，持股上限放宽至 51%，三年后不再设限，并放宽全部境外投资者及单个境外投资者持股上市证券公司比例，逐步放开合资证券公司业务范围。目前，中国证监会已通过瑞银证券、野村控股和摩根大通三家增持或新设持股比例为 51% 的合资证券公司的申请。参考中国台湾地区和日本发展经验，外资持股比例放宽后，将有更多国际证券公司进驻中国大陆市场开展业务。考虑到资本市场的国际化程度是双向的，这也将加快国内金融机构全球网络布局的步伐，加快跨境业务的发展，提振跨境资产配置比例。

从行业市占率与收入格局看，在经纪、“两融”、自营、投行等传统业务，外资大行控股的合资证券公司目前并无优势，但立足于其母公司完善的全球网络、丰富的产品层次和多年的机构销售交易服务经验，未来可能在财富管理、衍生品等创新类业务中实现突破，并与各大中资证券公司的国际业务板块进行直接竞争。同时，随着更多的中国企业走向海外，中资证券公司资金支持能力和风控水平进一步提高，使得中资证券公司金融产品业务有望进入快速发展通道。随着国内原油期货上市、人民币定价权提升、FICC 标的品种增多，预期未来证券公司期货经纪、场外衍生品业务的发展将迎来新机遇。

二、海外资产配置需求不断增强，客户资源加速积累

海外资产双向配置需求正加速前进，内地客户海外资产配置需求持续提升。近几年中资

证券公司债券做市兴起，除了美元、港币高收益债券兴起的原因外，内地资本“出海”配置的投资需求也是一个重要因素。在中国内地对外投资开放持续推进的背景下，在香港管理的内地资产规模增长前景可期。

我国资本市场开放深度近几年持续增强，海外资本配置内地资产需求旺盛。2018 年 6 月，中国人民银行和国家外汇管理局取消相关资金汇出比例限制、本金锁定期要求，便利境外投资者通过 QFII 渠道投资境内金融市场。截至 2018 年 12 月 29 日，QFII 累计额度为 1 010.56 亿美元，较 2017 年底增长 19.6%。2019 年 1 月，国家外汇管理局将 QFII 总额度翻倍由 1 500 亿美元增加至 3 000 亿美元，以满足境外投资者对中国资本市场日益扩大的投资需求。2018 年 9 月富时罗素宣布将 A 股纳入其全球股票指数体系。首批纳入完成后，A 股占富时全球新兴市场基准指数权重为 5.5%。2019 年 3 月 1 日 MSCI 宣布将增加中国 A 股在 MSCI 的权重，从 5% 增加至 20%，作为全球重要的追踪指数引导大量海外资金进入 A 股市场。境外投资者扩容有望提升客户跨境融资、并购、投资、风险管理等方面的需求，中国企业到海外投资、发展的途径有所增加，这给证券公司带来了更多财务咨询、投资和融资的服务机会，证券公司可以充分发挥投行功能助力内地企业“走出去”以及海外企业“走进来”。而内地证券公司亦可以通过为境外投资者提供策略和投资建议接触境外机构客户，以此积累海外业务运营经验和优质客户资源。

三、多点布局海外市场，积极优化业务结构

目前中资证券公司布局国际化业务主要以设立香港全资子公司的方式为主，与此形成对比的是美国、欧洲、日本等地区的国际投行，不单是依靠中国香港资本市场而是全球多地区布局海外业务。内地证券公司需积极开发全球其他市场，增强全球地区业务覆盖能力。沪伦通作为连接中国与欧洲市场的桥梁即将落地，将为证券公司布局欧洲资本市场打开新的大门，预计将成为内地证券公司海外业务收入的新增长点。此外，证券公司应把握“一带一路”沿线机遇，通过“一带一路”对沿线国家设立或收购兼并网点等方式布局战略性网络，以经纪、投行、并购业务为着力点帮助沿线国家企业在华投融资，同时助力中国企业布局“一带一路”。

在全球多点布局业务下，证券公司应积极优化业务结构，探索衍生品、FICC 等创新业务的发展，运用信息技术、互联网思维对传统业务模式改造，加快投行业务分支建设，继续缩小业务差距，依靠与内地企业连通的天然优势，继续做强国际业务承揽端业务。资管平台建设方面，应加强风险管控，积累并购经验，依托收购兼并获取优质资产管理平台。此外，应优化业务层次，发挥各类业务协同效应，实现国际业务收入均衡发展。

专题报告之七：
2018 年证券公司固定收益业务发展综述

第一章
2018 年证券公司固定收益业务发展现状与建议

第一节　标准化债券发展现状

一、标准化债券一级市场现状与行业集中度

（一）标准化债券一级市场现状

债券一级市场的作用是将政府、金融机构及公司企业等为筹集资金向社会发行的债券分散发行到投资者手中。债券发行市场分为银行间市场、交易所市场、柜台市场等。各市场发行的品种见表专 7－1。

表专 7－1　　债券一级市场划分与对应债券品种

市场种类	发行品种
银行间市场	国债、地方政府债、同业存单、政策性金融债、金融债、企业债、中期票据、短期融资券、定向工具、国际机构债、政府支持机构债、交易商协会 ABN、银保监会主管 ABS、项目收益票据
交易所市场	国债、地方政府债、政策性金融债、证券公司债、其他金融机构债、企业债、公司债、证监会主管 ABS、可转债、可交换债
柜台市场	国债、政策性金融债、政府支持机构债

资料来源：Wind。

2018 年一级市场债券发行额保持稳步增长（见表专 7－2）。分市场来看，银行间市场为债券发行的主要市场，市场份额保持在 60% 以上；其次是交易所市场，发行占比在 22% 左右，柜台市场份额最低。从增速来看，交易所市场发展最快，2018 年同比增速达到 10.7%；其次是柜台市场，增速为 8.58%。银行间市场的扩展则较为平稳，增速 6.87%，低于平均水平 7.89%。

表专 7－2　　2017—2018 年债券一级市场发行额及占比

市场种类	2017 年		2018 年		
	发行额（亿元）	占比（%）	发行额（亿元）	占比（%）	同比增速（%）
银行间市场	376 867	67.66	402 762	67.02	6.87
交易所市场	123 463	22.17	136 670	22.74	10.70
柜台市场	56 648	10.17	61 506	10.23	8.58
合　计	556 978	100.00	600 938	100.00	7.89

资料来源：Wind。

从券种来看，发行额排名前五的依次为同业存单、金融债、地方政府债、国债以及短期融资券，同业存单占比最高接近 50%（见表专 7－3）。从发行增速来看，较为平稳的是同业存单以及金融债，分别保持 4.62% 以及 5.93% 的增长；发展较为迅速的为中期票据、公司债、资产支持债券以及短期融资券，增速分别达到 63.72%、50.38%、33.93% 以及 31.54%。与此同时，部分券种的发行规模有较为明显的下滑，可交换债下滑 60.38%，企业债下滑 35.18%，可转债下滑 16.35%。

企业债的发行量下滑与此前化解存量债券的违约风险有关，资质较低的企业债发行人发行条件有所收紧，特别是对市县（区）级主体评级在 AA 以下的企业债进行严格审核，并窗口指导要求第三方增信，债项级别需达到 AA+及以上。另外，2018 年信用债违约事件增加也对于企业债的发行带来了影响，市场投资者的风险偏好有所降低。

可交换债方面，虽然票面利率很低但赋予标的股票的看涨期权受到投资者的认可，发行规模逐年增多。但 2018 年市场环境发生了变化，可交换债的股票看涨期权价值的降低，紧信用背景下导致部分发行人经营业绩滑坡、现金流紧张使得可交换债的投资者面临较大的信用风险（见表专 7－3）。

表专 7 - 3 2017—2018 年债券一级市场各品种发行额对比

类别	2017 年		2018 年		
	发行额（亿元）	面额比重（%）	发行额（亿元）	面额比重（%）	同比增速（%）
同业存单	201 675. 70	49. 39	210 985. 60	48. 12	4. 62
金融债	49 521. 41	12. 13	52 459. 10	11. 96	5. 93
地方政府债	43 580. 94	10. 67	41 651. 67	9. 50	-4. 43
国债	40 041. 79	9. 81	36 670. 97	8. 36	-8. 42
短期融资券	23 775. 90	5. 82	31 275. 30	7. 13	31. 54
资产支持证券	15 030. 62	3. 68	20 131. 00	4. 59	33. 93
中期票据	10 369. 45	2. 54	16 977. 15	3. 87	63. 72
公司债	11 024. 74	2. 70	16 579. 15	3. 78	50. 38
定向工具	4 938. 13	1. 21	5 463. 87	1. 25	10. 65
政府支持机构债	2 460. 00	0. 60	2 530. 00	0. 58	2. 85
企业债	3 730. 95	0. 91	2 418. 38	0. 55	-35. 18
可转债	949. 37	0. 23	794. 12	0. 18	-16. 35
可交换债	1 172. 84	0. 29	464. 74	0. 11	-60. 38
国际机构债	60. 00	0. 01	54. 60	0. 01	-9. 00
合　计	408 331. 84	100. 00	438 455. 65	100. 00	7. 38

资料来源：Wind。

（二）行业集中度

结构上看，证券公司的承销份额在全部类型机构中占比越来越高。2014—2018 年，证券公司在债券一级市场的承销总额占比由 28. 94% 不断上升至 2018 年的 35. 52%。尽管 2018 年的占比较 2017 年略有 0. 6% 的下滑，整体仍然处于上升趋势中，说明证券公司在债券一级市场中的重要性在逐步增加（见图专 7 - 1）。

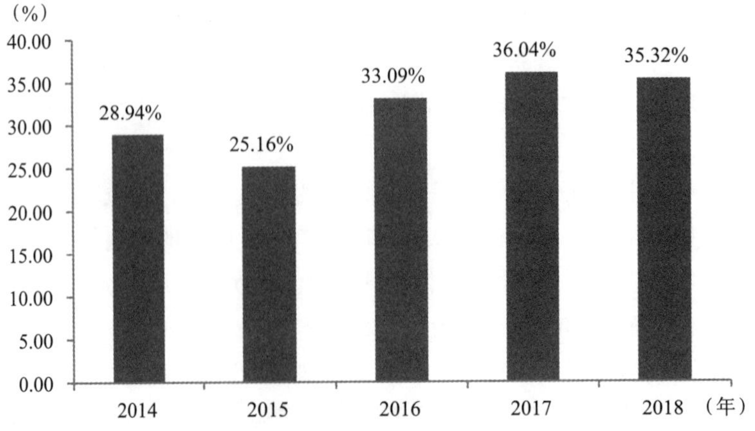

图专 7 - 1 2014—2018 年证券公司在债券一级市场承销总额占比

资料来源：Wind。

不仅证券公司整体占比增加，其内部的集中度也在不断上升，呈现强者愈强的格局。2014 年，按承销额统计的前五位以及前十位集中度分别为 30.67% 以及 53.8%，而 2018 年 CR5、CR10 已分别上升至 44.07% 和 63.74%，五年来增加 14% 以及 10%。分期间来看，集中度的提升并非均匀完成，尤其 CR10 经历了较大的波动，也反映了债券一级市场竞争较为激烈，格局仍在不断发生变化（见图专 7－2）。与 CR10 相比，CR5 相对较为稳定，并且五年来承销规模排名前五的券商也较为固定，头部效应明显。

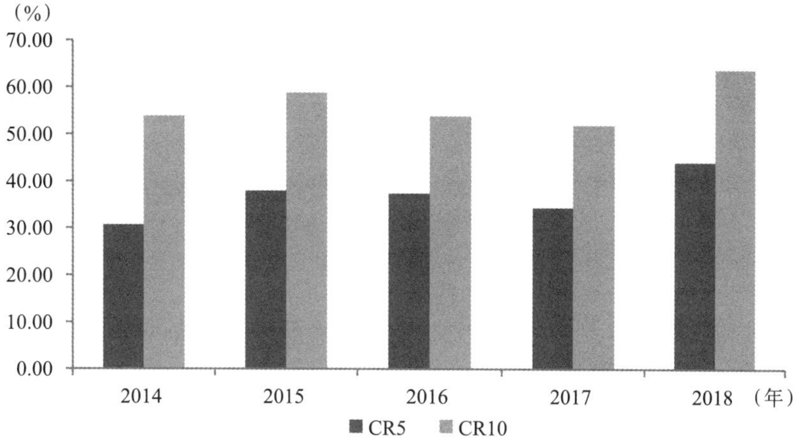

图专 7－2　2014—2018 年证券公司债券一级市场承销集中度（CR5、CR10）

资料来源：Wind。

不同券种的集中度也有较大差异。从 2018 年的数据来看，CR10 由高到低的券种依次为：短期融资券（91.68%）、中期票据（88.37%）、定向工具（87.96%）、政策性银行债（67.71%）、地方政府债（60.46%）。排名靠前的券种中，均有单家占比超高 20% 的情况，反映一些机构在特定的券种具有自身资源以及优势，提高了券种的集中度。

行业方面也展现出一定特点，2018 年，证券公司承销债券的所属行业按规模总额占比由高到低分别为：银行（26.59%）、金融（26.56%）、资本货物（16.79%）、房地产（7.07%）、运输（5.8%）。占比较高的行业多集中于传统以及资本密集型行业，而新兴产业占比相对较低（见图专 7－3）。

二、标准化债券二级市场现状与集中度

（一）二级市场

中国债券市场的交易量，一方面随着债券发行量和未清偿余额的增加而不断增加；另一方面，债券的交易量也随市场利率和债券价格的波动而有所起伏。2001—2017 年，中国债券市场的交易量稳步上升。2001 年，全市场的债券现券成交额仅为 5 278 亿元，但到 2017

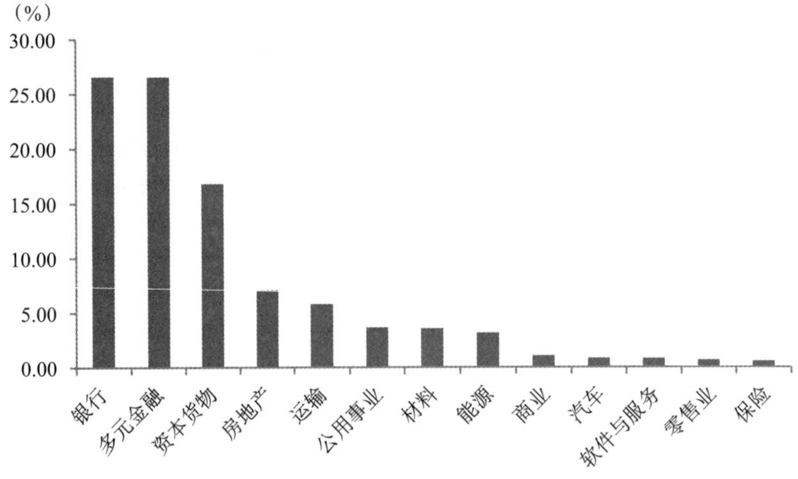

图专 7－3 各行业发行债券对比

资料来源：Wind。

年，现券交易额已达到99.3万亿元。随着债券交易额的增长，它与中国GDP之比也不断地上升。2001年债券现券成交额与GDP之比仅为4.8%，但到2018年，占比已上升到166.3%。2018年的债券市场与2017年相比有明显回暖，债券现券成交额与占GDP的比例都有所回升（见图专7－4）。

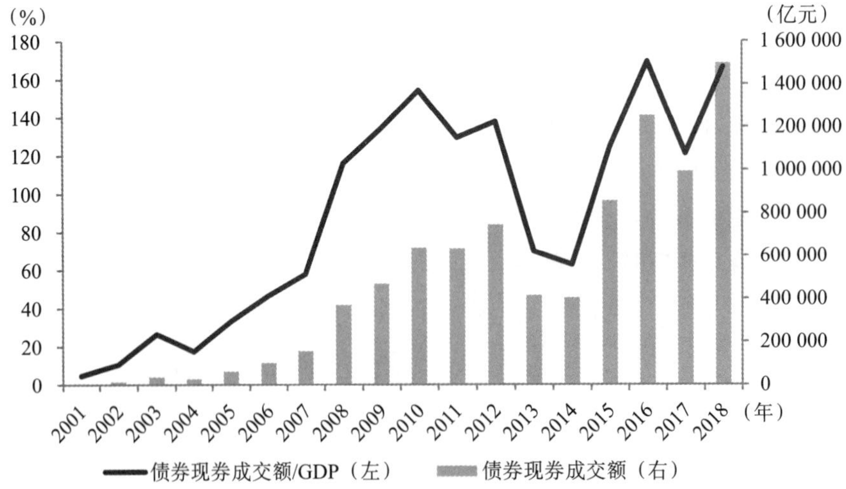

图专 7－4 债券现券成交额与占比

资料来源：Wind。

中国的债券交易在银行间市场与交易所市场之间的分布是不平衡的。无论是现券交易还是回购交易，都是如此（见表专7－4）。从现券交易看，银行间市场的成交额远远超过交易所市场，在总成交额中的占比近年来达到98%—99%，是中国债券市场的主体。但从回购交易看，银行间市场的占比在2018年为75.9%，比2017年提高5.4个百分比。综合考虑现券和回购交易，银行间市场的占比在 2018 年为 79%，比 2017 年提高 5 个百分比。

表专 7-4　　2017—2018 年各市场债券现券交易与回购交易比较

市场种类	2017 年					
	现券交易		回购交易		合计	
交易市场	总金额（亿元）	比重（%）	总金额（亿元）	比重（%）	总金额（亿元）	比重（%）
银行间债券市场	977 238.6	98.5	6 162 515.9	70.5	7 139 754.5	73.3
上海证券交易所	7 399.4	0.7	2 408 219.7	27.5	2 415 619.1	24.9
深圳证券交易所	7 975.1	0.8	173 184.4	2.0	181 159.5	1.8
合　计	992 613.1	100.0	8 743 920.0	100.0	9 736 533.1	100.0
市场种类	2018 年					
	现券交易		回购交易		合计	
交易市场	总金额（亿元）	比重（%）	总金额（亿元）	比重（%）	总金额（亿元）	比重（%）
银行间债券市场	1 481 268.3	98.9	7 223 610.4	75.9	8 704 878.7	79.0
上海证券交易所	7 953.8	0.5	2 101 085.7	22.1	2 109 039.5	19.1
深圳证券交易所	8 631.4	0.6	193 085.4	2.0	201 716.8	1.8
合　计	1 497 853.6	100.0	9 517 781.9	100.0	11 015 635.5	100.0

资料来源：Wind。

银行间市场，2018 年与 2017 年相比，由于市场环境的转暖，大部分债券品种交易量都有所增加（见表专 7-5）。其中，金融债的成交量增加最多，为 19.81 万亿元；其次为同业存单，成交量增加 19.01 亿元；国债以及地方政府债的成交量分别增加 67 272 亿元、35 091 亿元。成交量下滑的品种为企业债和公司债，分别减少 11 196 亿元以及 1 698 亿元。

综上，2018 年同业存单作为兼具流动性工具以及投资属性的债券品种，在债券市场中占据越来越重要的地位。利率债及信用债市场表现出分化的走势，各类利率债品种的成交量都较 2017 年同期有了明显增加，而以企业债为代表的信用债在信用环境的影响下，成交量较 2017 年有所萎缩（见表专 7-5）。

表专 7-5　　2017—2018 年债券各券种交易量统计　　（单位：亿元）

债券种类	2018 年			2017 年		
	银行间	交易所	合计	银行间	交易所	合计
国债	186 851	580	187 431	119 284	876	120 159
地方政府债	43 399	100	43 499	8 298	110	8 408
同业存单	548 633	0	548 633	358 307	0	358 307
金融债	524 203	1 515	525 717	327 023	531	327 553
企业债	15 792	325	16 117	26 506	807	27 313
公司债	0	7 979	7 979	0	9 677	9 677
中期票据	73 996	0	73 996	63 156	0	63 156

续表

债券种类	2018 年			2017 年		
	银行间	交易所	合计	银行间	交易所	合计
短期融资券	70 279	0	70 279	64 650	0	64 650
项目收益票据	17	0	17	22	0	22
定向工具	9 298	0	9 298	4 889	0	4 889
国际机构债	226	0	226	1 051	0	1 051
政府支持机构债	6 033	2	6 035	2 622	0	2 622
资产支持证券	2 558	2 032	4 590	1 452	242	1 694
可转债	0	4 424	4 424	0	2 243	2 243
可交换债	0	1 166	1 166	0	889	889
可分离转债存债	0	0	0	0	0	0
总　计	1 481 286	18 122	1 499 408	977 260	15 375	992 635

资料来源：Wind。

（二）行业集中度

与一级市场类似，债券二级市场中依然是商业银行为主要机构。2018 年，银行间债券市场成交中，银行占据 60% 的份额，其次是证券公司（20%）、基金类机构（10%）（见图专 7－5）。近五年来，证券公司在二级市场中的占比在逐步增加，2014 年时为 18.27%，到 2018 年时已达到 26.16%（见图专 7－6）。证券公司在银行间市场中的债券交易越来越活跃。

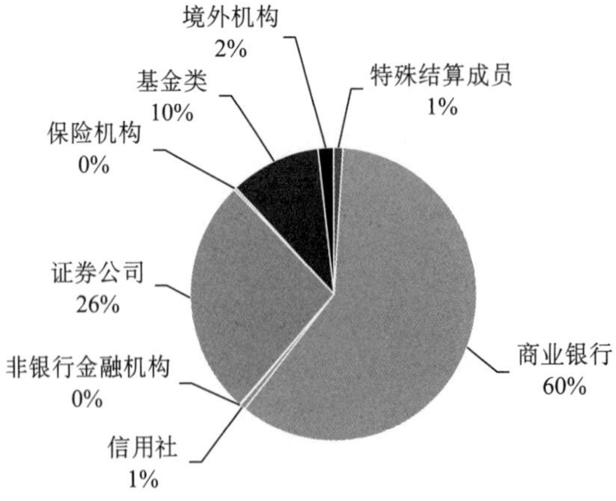

图专 7－5　债券二级市场各市场主体占比

资料来源：Wind。

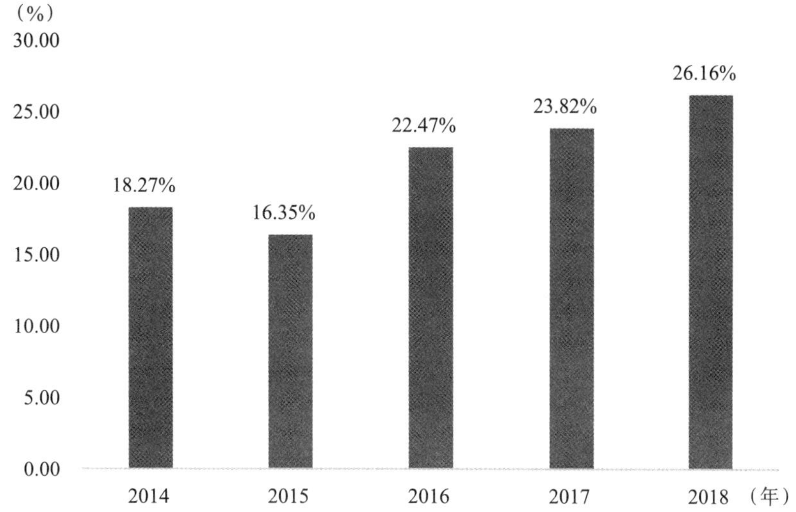

图专 7-6 2014—2018 年证券公司在债券二级市场占比变化

资料来源：Wind。

用 CR5 和 CR10 来表示在债券销售交易业务中，排名前 5 位和前 10 位证券公司的市场份额。2018 年，CR5 和 CR10 在证券公司债券销售交易业务集中度分别为 19.5% 和 32.2%，各项指标基本和 2017 年持平（见图专 7-7）。拉长周期看，从 2014 年开始，CR5 和 CR10 的市场份额逐年下降，说明证券公司债券销售交易业务竞争激烈，也说明该项业务是中小型证券公司发展特色业务实现弯道超车的机会。

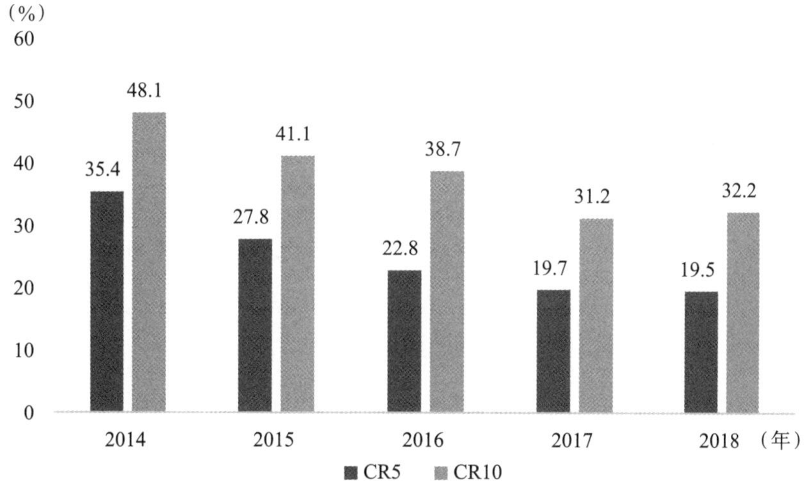

图专 7-7 2014—2018 年债券销售行业集中度变化情况

资料来源：Wind。

第二节　资产证券化发展现状

一、资产证券化一级市场发展现状

2018 年我国资产证券化市场保持了快速发展的态势，产品的设计逐渐多样化，信用卡贷款、企业债权、应收账款、消费性贷款等为基础资产的资产证券化产品都有着较快的发展。

2018 年，ABS 发行总规模为 1.88 万亿元，发行只数 2 479 只，同比增速分别为 6%、31%。从图专 7 - 8 可以看到，2015 年以来 ABS 的发行规模经历了快速扩张。2015 年企业 ABS 发行量仅为 6 100 亿元，而 2018 年的发行量是 2015 年的 3 倍多，明显扩容。

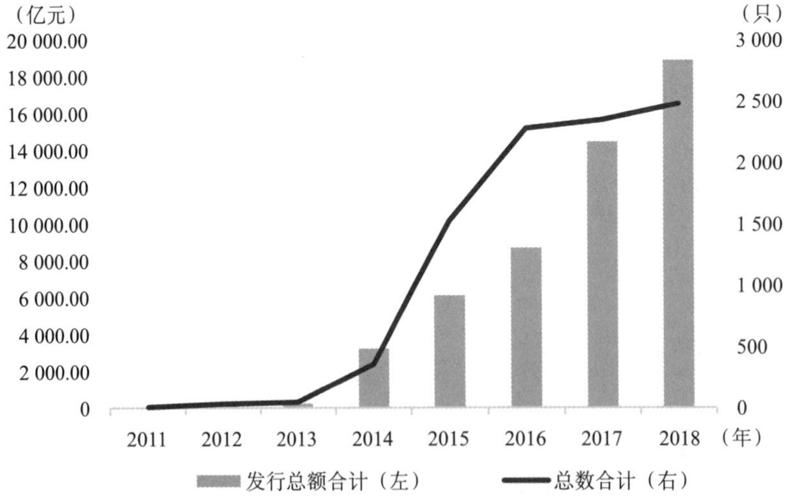

图专 7 - 8　ABS 发行总额与总数变动

资料来源：Wind。

从结构上看，ABS 中发行总额排名前 5 位的类型分别是个人住房抵押贷款、应收账款、企业贷款、租赁租金以及汽车贷款，发行量占比分别为 24.82%、11.35%、9.57%、7.97% 以及 5.9%，合计将近 60%（品种规模见图专 7 - 9）。个人住房抵押贷款类 ABS 占比提升较快，2017 年时发行量占比仅为 13.29%，位居企业贷款之后，而 2018 年占比增加 11.53%，占据了绝对的规模优势。

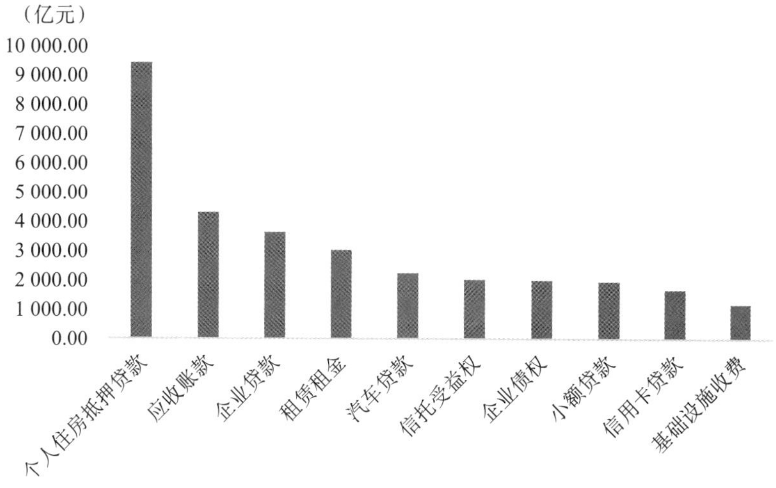

图专 7－9 ABS 各品种规模

资料来源：Wind。

从集中度来看，资产证券化产品发行量的集中度近年来呈现逐渐下降的趋势。2015 年的资产证券化发行量 CR5 及 CR10 为 52.39%、72.54%，2018 年则分别为 41.67%、56.33%，分别下降了 8.72%、16.31%（见图专 7－10）。随着资产证券化的发行日趋成熟，产品类型的多样化，市场竞争性逐渐增强，排名靠前的证券公司仍在发生变化，目前还没有形成稳定的市场格局。

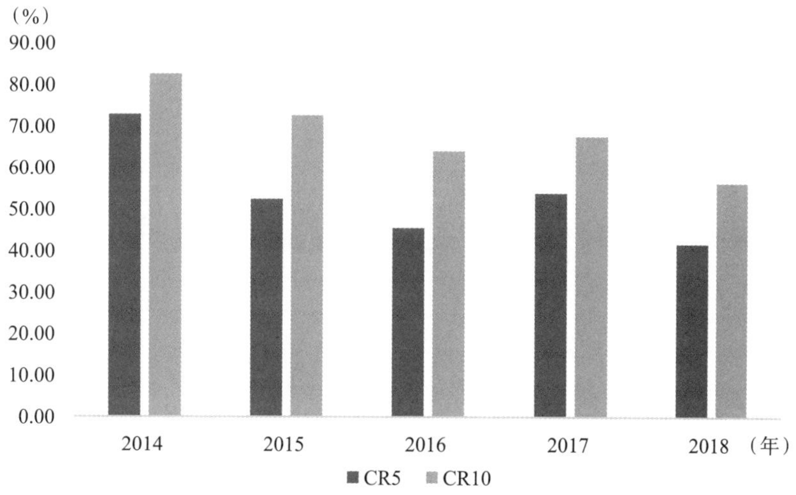

图专 7－10 2014—2018 年资产证券化产品发行量集中度变动情况

资料来源：Wind。

二、资产证券化二级市场发展现状

二级市场方面，在发行规模加速的背景下，二级市场成交量也在逐步扩大。虽然资产支持证券的成交量在全部券种中占比不高，但成交量的增速在上升。2018 年，资产支持证券在银行间市场的现券成交量为 2 142 亿元，交易所为 494 亿元，合计 2 637 亿元。资产支持证券成交量约占整个债券市场的 2%，而 2018 年的同比增速为 180% 左右，流动性的改善较为显著。

集中度方面，由于参与资产支持证券的机构尚不广泛，所以集中度相对较高。相较于 2017 年，2018 年资产支持证券成交规模的 CR5 由 60.31% 提升至 69.07%，CR10 由 80.06% 上升至 82.13%；成交收入的 CR5 由 62.3% 上升至 74.8%，CR10 由 80.03% 上升至 87.16%，成交收入的集中度上升更快（见图专 7－11）。

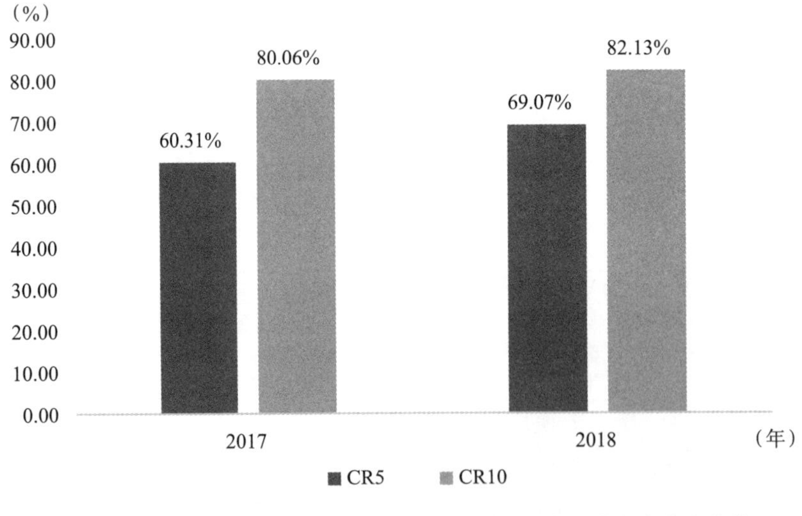

图专 7－11　2017—2018 年资产支持证券二级市场成交量集中度变化情况

资料来源：Wind。

第三节　固定收益创新业务发展现状

近年来，为满足不同的融资需求，许多区别于传统债券的创新工具发展较快，比如绿色债券、熊猫债券以及类 REITS 等。

绿色债券是政府、金融机构、工商企业等发行者向投资者发行，承诺按一定利率支付并按约定条件偿还本金的债务凭证，而且募集资金的最终投向应为符合规定条件的绿色项目。

绿色项目指的是那些气候、环境可持续发展的项目。绿色债券与普通债券的最大区别在于"绿色"的特性。募集来的资金需要用于环保、清洁能源等支持环境改善，应对气候变化的绿色项目新投放或其他绿色项目建设。

从绿色债券发行金额来看，2016 年之后绿色债券经历了快速的发展，2014 年、2015 年发行金额均只有 10 亿元；而到了 2016 年发行量快速增长至 1 979 亿元，2017 年发行规模增速达到 36%，2018 年虽然增速有一定回落但仍保持了较高的发行量（见图专 7 - 12）。绿色债券发行市场中，证券公司主承销规模占比为 58.64%，相比银行类主承销机构，证券公司在绿色债券承销领域保持了相对的优势地位。

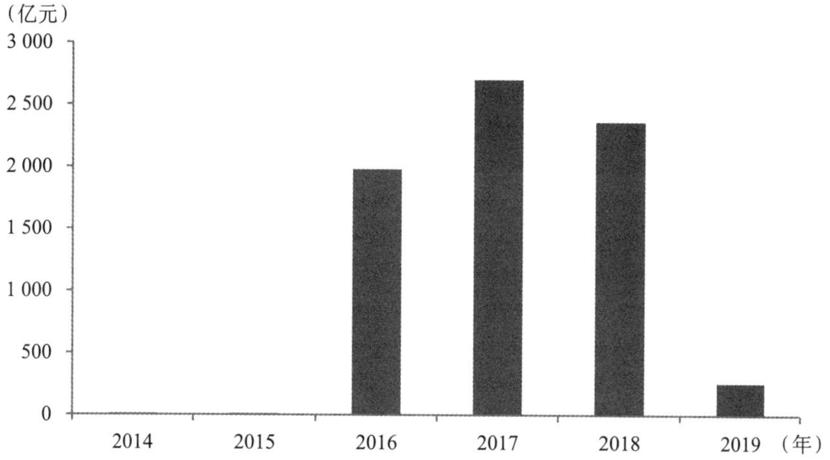

图专 7 - 12　绿色债发行总额变动

资料来源：Wind。

熊猫债券指境外和多边金融机构等在华发行的人民币债券。按照国际命名惯例，在一个国家的国内市场发行本币债券时，一般以该国最具特征的吉祥物命名。Wind 数据显示，截至目前，熊猫债总发行量已超过 2 700 亿元。2018 年以来，熊猫债券市场热度持续走高。境外发行人如阿联酋沙迦酋长国政府、三菱东京日联银行和瑞穗银行等均成功发行熊猫债券。

熊猫债券市场的发展有利于人民币国际化。债券市场具有独特的优势，产品标准化，交易对手广泛，二级市场活跃。熊猫债券的发行使境内债券市场为一国货币从贸易结算向资本项目的转型开拓了新的路径。另外，熊猫债的发行有助于借鉴国际债券市场的制度建设、基础体系、支付清算以及监管等方面的经验，同时也有利于完善债券市场品种结构，构建合理的收益率曲线。与绿色债券不同的是，证券公司主承销的熊猫债券比例在市场中低于银行。银行占比 56.60%，其余部分为证券公司。证券公司在熊猫债券市场中仍有发力空间。

第四节 证券公司固定收益业务发展建议

一、进行组织变革，以适应资本中介型业务发展

我国证券公司的固定收益业务分散在投行、销售交易、资产管理等各业务部门，由于按业务种类而不是客户划分部门，使得我国证券公司未形成面向机构投资者强有力的客户关系管理。虽然我国大部分证券公司也都成立了固定收益部，但由于债券承销业务、交易投资业务、零售柜台业务、资产管理业务、融资融券业务中，都有部分业务属于固定收益业务的范畴，还没有形成面向机构投资者的业务范围全面的全产业的固定收益业务链条。按照业务属性来划分部门，这与国外投行以客户需求为导向来划分业务部门和板块有着很大的区别。从海外投行的固定收益业务发展经验看，以客户为导向的组织模式，对应形成了交易驱动的资本中介业务模式，这既有利于为满足客户需求，也有利于证券公司增加收入。

目前，证券公司五大业务功能除投资和融资外，支付功能和托管功能被剥离到银行，交易功能大部分集中在交易所，与国外投行相比，我国证券公司在固定收益方面有着先天的缺陷，使得国内券商在固定收益产品的设计和创新方面步履维艰。相比之下，美国的投资银行具备了托管、交易、支付结算等基础金融职能，丰富的客户资源加上组合产品的自由空间，行业整体因此具有“多层次管理、多主体分散、多时点缓释”风险的能力，最终确保资本市场成为宏观经济中配置资源的中坚力量。未来应提升金融体系促进实体经济高质量发展的能力，在守住不发生系统性风险底线的同时，以更大的决心、更大的勇气和更大的力度来推动资本市场的改革和开放，建立规范、透明、开放、有活力和有韧性的资本市场，不断完善和发展证券公司的基础性业务功能尤为重要。

二、鼓励进行差异化竞争，为固定收益产品提供流动性

在证券业加大对外开放力度的新形势下，我国证券公司也面临三个重要的转变，即从同质化竞争转向差异化竞争；从以股为主的业务模式转向股债并重的多元化业务模式；从以产品为中心转向以客户为中心。

近年来，我国证券公司固定收益类资本中介业务逐渐起步并得到快速发展。借鉴海外投行的经验，国内证券证券公司的资本中介业务致力于构建由“客户 + 通道 + 资本”驱动，以“手续费 + 交易差价”实现收入的业务模式，摆脱同质化竞争。但由于我国证券公司的

销售交易能力，与国外同行相比差距甚远，特别是固定收益产品所依赖创新及做市交易能力缺失，导致盈利能力的不足。特别是由于我国交易所债券市场的换手率低、交易不活跃，导致市场流动性不高，未来就更需要证券公司发展主观能动性，通过不断完善大宗交易和做市商制度，为实体经济在交易所市场进行债券融资提供流动性服务。

第二章
2018 年证券公司固定收益业务风险分析与防范

第一节　2018 年债券信用风险分析与防范建议

一、2018 年债券违约情况分析

2018 年中国债券市场违约数量以及违约金额均创历年来最高纪录，债券信用风险越来越受到各界的关注。2018 年债券市场有 124 只债券违约，金额达 1 205.61 亿元（见图专 7－13）。其中，新增违约主体 43 家，新增违约主体违约金额 1 025.8 亿元。前十大违约主体违约金额为 738.37 亿元，占比达 71.97%。

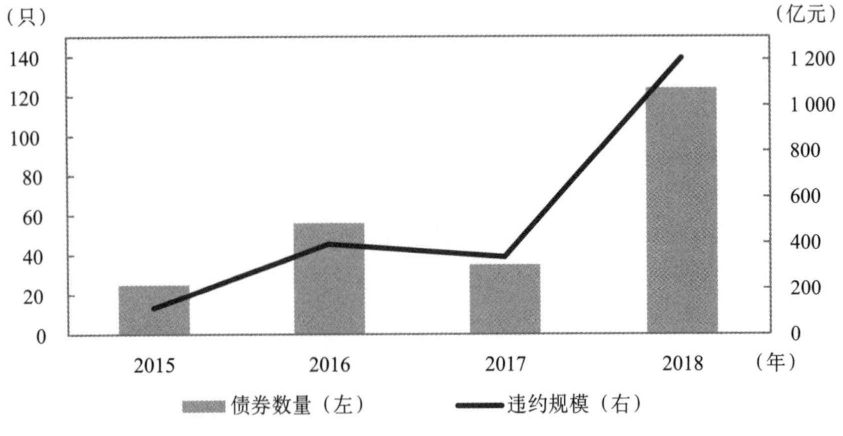

图专 7－13　2015—2018 年债券违约数量与金额

资料来源：Wind。

2018 年新增违约主体中，上市公司共 15 家，占比 34.88%；违约金额 296.46 亿元，占 28.90%。违约债券交易场所中，银行间市场与交易所相当，银行间市场占 48.98%。违约债券主体评级中，AAA 评级有 1 家，AA + 评级有 3 家，主体 AA 评级占据绝大部分。违约主体中，民营企业 31 家，占据 72.09%。从行业分布来看，批发和零售业违约金额占 35.21%，采矿业占 14.85%，制造业占 14.69%（见表专 7 – 6）。

表专 7 – 6　　2018 年债券违约企业分布

项　目	债券金额（亿元）	占比（%）	主体数量（个）	占比（%）
是否上市公司				
否	729.33	71.10	28	65.12
是	296.46	28.90	15	34.88
债券交易场所				
上海证券交易所	330.57	32.23	—	—
深圳证券交易所	192.76	18.79	—	—
银行间市场	502.47	48.98	—	—
债券主体评级				
AAA	171.00	16.67	1	2.33
AA +	251.40	24.51	3	6.98
AA	534.81	52.14	32	74.42
AA –	31.49	3.07	3	6.98
其他	37.09	3.62	4	9.30
企业属性				
地方国有企业	35.00	3.41	4	9.30
公众企业	34.37	3.35	1	2.33
民营企业	815.64	79.51	31	72.09
外商独资企业	28.80	2.81	1	2.33
外资企业	8.00	0.78	2	4.65
中外合资企业	35.49	3.46	2	4.65
中央国有企业	68.50	6.68	2	4.65
总　计	1 025.80	100.00	43	100.00

资料来源：Wind。

注：根据 Wind 分类，华阳经贸以及中城投六局为中央企业。

截至 2018 年 12 月 31 日，信用债存量 35.77 万亿元，其中非金融企业债券存量 17.79 万亿元。2018 年新增违约主体违约金额达 1 025.80 亿元，全市场非金融企业违约率为 0.58%。按评级划分，非金融企业 AAA 评级、AA + 评级、AA 评级违约率分别为 0.18%，0.66%，1.33%。根据中国银保监会统计，2018 年第四季度末商业银行贷款不良率为 1.83%。与贷款不良率相比，信用债市场整体的违约率仍处于较低水平（见表专 7 – 7）。

表专 7－7　　不同评级企业违约率（非金融企业）

主体评级	违约金额（亿元）	债券存量（亿元）	违约率（%）
AAA	171.00	93 156.51	0.18
AA +	251.40	38 372.43	0.66
AA	534.81	40 177.67	1.33
其他	68.59	6 171.81	1.11
合　计	1 025.80	177 878.42	0.58

资料来源：Wind。

从 2018 年违约企业特征来看，违约风险高度集中于低等级民企债。新增违约主体中，民企占比 72%，发行时评级为 AA 级及以下的主体占比 90.7%。违约频发使得投资者对低等级债券更为谨慎，商业银行风险偏好的下行同样体现于信贷投放，进一步加剧了弱资质民企的再融资难度，违约风险持续积累。

2018 年债券违约爆发是多方面因素导致的，其中重要的原因是金融监管加强，金融体系信用收缩，企业再融资出现困难，部分前期现金流依靠融资的企业出现较大的现金流问题。

二、债券信用风险应对措施与建议

债券市场参与者应该以发展的眼光看待债券信用风险。特别是在去杠杆的环境之下，债券违约有利于出清不良主体，降低杠杆率，提高发行人质量以及投资者风险管理水平。

从发行人角度来看，发行人应该加强与市场的沟通，提高信息披露质量，避免因信息不对称出现再融资困难。由于信用风险的频发，发行人特别是中低评级的发行人债券发行受阻，2018 年在企业正常经营的情况下，由债券市场融资环境的变化导致企业流动性紧张的情况并不少见，极端情况下很可能爆发信用风险事件。因此，发行人应该加强与债券市场的沟通，及时传达企业经营信息，提高债券投资者的投资信心，保证企业的正常融资。从 2018 年发生信用事件的企业来看，少数企业及时与投资者交流，主动应对融资困难，避免了违约事件的发生。

从投资人角度来看，投资人应该加强风险管理水平，真正从企业价值出发进行投资，加强债券投前审查与投后监控。2018 年违约事件表明，大部分违约企业在债券发行前都存在较多财务或者经营上的缺陷，严格的投前审查能够规避该类企业；大部分违约企业在违约前均出现较多舆情、司法等相关信息，若信息获取及时，则能够以较低成本完成债券处置。

证券公司作为资本市场中介，在债券信用风险防范中起到重要作用。证券公司作为债券承做方，需要做好债券尽职调查，将问题企业“堵在”债券发行之前。债券发行后，中介方需要起到发行人与投资者沟通桥梁的作用，加强对发行人信息披露的监督。在信用事件或者违约事件发生时，及时组织发行人与投资者进行沟通，协助解决债务问题，维护投资者利益。

第二节　2018 年资产证券化信用风险分析与防范建议

一、资产证券化违约情况分析

目前资产证券化产品面临的风险主要包括下调评级和实质性违约。2018 年下调评级的资产证券化产品数有 14 只，全部为中国证监会主管 ABS，涉及发行规模超过 70 亿元。从基础资产的类别上看，以基础设施收费、租赁租金类爆发风险事件最多。

根据在资产证券化过程中参与主体为不同的风险源，可以将风险来源大致概括为基础资产、原始权益人、资产服务机构、计划管理人几大方面。其中，基础资产引发风险的原因又包括行业风险、集中度风险、循环购买资产不足风险等；原始权益人引发的风险包括主体信用质量下降、经营恶化等风险；资产服务机构引发的风险包括关联方风险、资金混同风险、法律诉讼风险、变更减资风险等；计划管理人引发的风险包括存续期管理难度大、资金监管不力等风险。

二、ABS 信用风险应对措施与建议

根据过去风险案例的回顾，资产证券化主要的风险来源包括基础资产质量下降、原始权益人或差额补偿方主体信用质量下降、资产服务机构或管理人等主体未尽职、增信效果有限等方面，因此在应对信用风险时，需要政策层出台更清晰的事前审核标准和更严格的事后惩戒机制，引导业务各参与方勤勉尽责。政策层面，2018 年沪、深证券交易所陆续发布了针对融资租赁债权、基础设施、应收账款等 ABS 产品的挂牌条件确认指南及信息披露指南，同时发布的还有《资产支持证券存续期信用风险管理指引》及《资产支持证券定期报告内容与格式指引》。中国银行间交易商协会发布了《微小企业贷款资产支持证券信息披露指引（2018 版）》，连同 2017 年发布的 PPP 项目和应收账款挂牌条件确认指南及信息披露指南，逐步建立起大类基础资产 ABS 的信息披露和存续期管理体系，逐步完善市场基础建设。

管理人在整个项目进展中是连接原始权益人和投资者的关键角色，对信息掌握也更加全面，因而管理人应切实主动履行管理人职责，严格防范“通道类”业务泛滥，忽视项目实质管理。应行使勤勉义务，对信用风险可能发生的各个节点进行重点防范：（1）建立清晰的项目承接标准和独立的内控审核机制，防止简单收入导向带来业务无序发展；（2）发行时现金流预测应当合理、审慎。管理人应当在专项计划相关文件中对预测的假设和依据进行说明，并在初始信息披露文件中披露各期现金流预测结果和相应覆盖倍数。（3）存续期对

现金流进行监控。管理人应当定期检视预测结果与实际现金流情况的差异，在专项计划设立时向投资者披露专项计划存续期间现金流跟踪检查的频率，并在资产管理报告中披露及说明差异原因，并根据情况修正后续期限预测现金流量。（4）存续期在评级等机构的帮助下，对各参与主体的信用风险进行披露，防范重要债务人、差额支付承诺人、担保人的信用风险。（5）关注基础资产信用，确保主体风险与基础资产风险相隔离。原始权益人担任资产服务机构的，应当明确与其管理的其他自有资产或受托资产相隔离的措施，防范道德风险。（6）落实投资者适当性管理。此外，管理人还应建立合理的项目成本效费比经营制度，防止恶意竞价导致公司缺乏资源对项目进行持续管理。

投资人方面应对风险的措施应更加全面和细化，例如：（1）完善内评流程和框架，着重考核交易结构设计的法律合规性。（2）关注交易结构设计是否完善，各方责任是否明确，增加对原始权益人自持比例的要求。（3）关注基础资产的个体集中度、行业集中度、区域集中度，内部设置定量准入标准，选择周期性较弱、区域分散的基础资产。（4）对原始权益人同时为差额支付承诺人的，关注原始权益人将基础资产证券化后是否有其他足够资金以支撑其正常运营及差额支付实力；对于涉及抵质押的，要核实抵质押相关手续的完备性及真实性。（5）关注资产服务商及管理人尽职能力，防范操作风险和道德风险。资金归集频率要较高，比如按周归集或按月归集，谨防资金挪用的风险。

第三节 证券公司固定收益创新业务风险分析

一、绿色债券的风险分析

近年我国绿色债券发展较快，绿色债券在拓宽企业融资渠道、规范环境管理、引导绿色项目投资等方面发挥积极作用，但资金用途、信息披露等方面仍然存在不完善的地方，从而带来一定的风险。

第一，绿色债券可能存在借短投长、久期错配的风险。绿色产业涉及范围较广、项目期限较长，然而目前绿色债券的发行以 3 年期为主，资金来源和投向可能存在一定的久期错配。

第二，绿色债券流动性有待进一步提升。目前绿色债券的供需方都需要政策进一步推动，提升发行人发行热情和投资者参与热情，促进活跃绿色债券市场的建立。例如，降低发行人融资成本、探索吸引国际资本的互联互通交易机制、强化机构投资人的社会责任意识等。

二、熊猫债券的风险分析

首先，熊猫债券面临较大的汇率风险。由于熊猫债券为境外机构在我国发行的以人民币等货币计价的债券，发行人为境外机构，偿债需要以人民币偿还，因此债务偿付能力与债务人所在国的汇率政策、汇率稳定性有较大关联，如果债务人不具备有效的人民币计价现金流，那么债权人可能面临较大的风险敞口。

其次，投资熊猫债券需关注评级风险。对熊猫债券的评级，需要对发债主体进行外币评级，对债项进行人民币评级，从而更好地揭示信用风险。在这一过程中，要综合考虑发行人所在国的国家风险，加强国际宏观环境分析，并识别所在行业的国内外差别等。但目前国内针对熊猫债券缺乏有效的评级体系，国际上亦缺乏明确监管规则。

最后，投资者购买熊猫债券之后可能面临较大的流动性风险。这也与评级制度的不健全有关，如果评级不能形成有效区分，不同资质的发行主体就无法形成有效的信用利差，不利于形成完善活跃的二级市场。因此，迫切需要国际化监管，并建立有效的国际化评级体系。

三、类 REITs 业务的风险分析

不动产投资信托基金（Real Estate Investment Trusts）是一种创新型的房地产融资工具，主要兴盛于美国。国内尚未推出完全符合国际标准的 REITs 产品，而是在现有监管框架下推出了与 REITs 在功能上有一定相似性的类 REITs 产品。国内类 REITs 的典型结构是由基金管理人先设立契约型私募基金，该私募基金对物业持有方的项目收购股权，同时向项目公司或 SPV 发放委托贷款或信托贷款，私募基金持有项目公司或 SPV 的股权和债权，从而间接持有了标的物业的所有权，在这一结构中基础资产为基金的份额。

从风险的角度，首先需关注运营商的道德风险。如果和 CMBS 相对比来看，CMBS 是基于静态商业物业债权的证券化产品，因此需重点关注底层债权的稳定性；而 REITs 则以主动的物业运营管理和资产组合管理为基础，核心在于管理人的运营能力，因此首要需关注运营商的道德风险。国内的长租公寓采取“租赁 + 消费金融”模式，在托管模式下，运营商会代业主向租客收取租金，再定期和上游业主结算。运营商通过旗下租房分期平台向租客提供小额贷款业务，可提前收取半年到一年的租金，和上游业主结算可能存在时间差，这段时间资金存在被挪用的风险，因此需要关注地产运营商的主体信用。

其次，存在上游业主的违约风险。长租公寓经营商通过与物业业主签订租赁合同获取房源，若未来业主将房源用于其他目的，提前解除租约，将直接影响运营商与长租公寓住户的租约履行，进而影响基础资产的现金流。

最后，复杂的交易结构可能衍生出法律风险，例如住宅用途的法律合规风险、租赁权与抵押权顺位关系的风险等。

第三章
2019 年交易所债券市场发展展望

一、依法全面从严监管，保证风险总体可控

当前交易所债券市场信用风险总体可控，公司债券违约率不到 1%，与可比债券品种及银行贷款相比相对更低。在交易所债券市场总体风险可控的情况下，防控风险的任务依然艰巨。这是因为在经济下行压力、企业经营压力较大的情况下，2019 年交易所债券市场到期加上回售量较大，需要尽力提升交易所市场深度、广度，不断增强交易所债券市场自身吸收和消化信用风险的能力，包括稳步发展信用风险保护工具，建立违约债券和高风险债券转让机制，培育不同风险偏好投资者群体。同时，更进一步强化交易所债券市场法治化的比较优势，为各类市场主体解决违约纠纷主张权利，提供畅通的司法救济渠道。

二、积极支持民营企业进行债券融资

从存量来看，2018 年底全市场民营企业债券存量 1.8 万亿元，其中，交易所市场的民营企业债券占比 65%。因此，从上述数据上看，交易所市场已成为民营企业债券融资的“主战场”。积极纾解民企融资困境，通过积极与投资者沟通，延缓债务压力，推动地方政府对民营企业提供支持，推出‘纾困债’，支持符合条件的国资机构发行专项公司债券，募集资金专门用于纾解民营企业融资困境及化解上市公司股票质押风险。2019 年，交易所债券市场将继续采取措施，积极推动市场化化解股权质押风险，支持民营企业持续健康发展，中国证券业协会将大力支持鼓励证券公司发挥投资银行专业优势和组织交易的能力，积极寻求更多其他途径，化解民营企业融资困境。

三、进一步对外开放的潜力巨大

可以预期，2019 年中国规模巨大的资本市场在国际投资者的资产配置中，将日益受到

关注，这反映出国际市场对人民币资产作为可投资资产的接受和认可。在我国债券市场对外开放进程不断加速的大背景下，为满足境外投资者在投资模式上的多元化需求，预计未来“债券通”项目下的产品范围将进一步丰富，支持境外投资人的政策将不断优化，推动回购交易的开放和人民币衍生产品的创新也指日可待。债券市场互联互通方面，将研究推动债券ETF 等指数型产品发展、债券中央存管机构（CSD）互联互通。

专题报告之八：
2018 年区域性股权市场和柜台市场发展综述

第一章
2018 年中国区域性股权市场发展综述①

第一节　区域性股权市场发展现状

一、区域性股权市场运营机构情况

（一）区域性股权市场运营机构基本情况

1. 区域性股权市场制度框架更加完善

2017 年 1 月，国务院办公厅出台的《关于规范发展区域性股权市场的通知》（以下简称《通知》）明确区域性股权市场是主要服务于所在省级行政区域内中小微企业的私募股权市场，是多层次资本市场体系的重要组成部分，是地方人民政府扶持中小微企业政策措施的综

① 本章数据如无特殊说明，均来源于中国证监会清整办《区域性股权市场统计分析简报》（2017 年 12 月、2018 年 12 月）。

合运用平台。《通知》正式明确了区域性股权市场的法定定位，对区域性股权市场做出专门的制度安排，是规范发展区域性股权市场的纲领性文件。2017年5月，中国证监会发布《区域性股权市场监督管理试行办法》（以下简称《办法》）统一了区域性股权市场的业务和监管规则。《通知》和《办法》的出台为区域性股权市场的长期健康发展打下坚实基础。

2018年，区域性股权市场顶层设计和基础制度进一步完善细化，市场发展迎来了战略机遇期。2018年2月，中国证监会发布了《区域性股权市场信息报送指引（试行)》，对信息的日常备案、定期报送、规则报备、重大事件报告等内容做出明确规定。2018年7月，中国证监会成立的区域性股权市场信息系统规范工作领导小组召开第一次会议，在明确分工的同时，对区域性股权市场信息技术系统未来几年的建设目标给出“施工图”。2018年8月，中国证券业协会发布《区域性股权市场自律管理与服务规范（试行)》，从证券业行业角度进一步对区域性股权市场发展做出了定位，同时也重点对券商相关业务开展进行了指导。2018年11月，中共中央、国务院发布的《关于建立更加有效的区域协调发展新机制的意见》，提出促进资本跨区域有序自由流动，完善区域性股权市场。2018年12月5日召开的国务院常务会议要求区域性股权市场设置科技创新专板。

2. 召开区域性股权市场规范发展座谈会

2018年8月，中国证监会在四川成都组织召开区域性股权市场规范发展座谈会，这是中国证监会组织召开的区域性股权市场首次全国性会议，标志着区域性股权市场发展迈入了新的阶段。中国证监会党委委员、副主席阎庆民在会上总结了区域性股权市场近十年发展和实践的成果：一是初步搭建了区域性股权市场的制度框架；二是形成了系统有序的市场生态；三是发挥了扶持小微企业的作用；四是建立了协同监管工作机制。阎庆民同时指出，区域性股权市场要实现规范健康发展，要做到“六个着力”：一是着力做精股权融资业务；二是着力提升专业服务能力；三是着力发挥普惠金融功能；四是着力提升挂牌公司质量；五是着力搞好市场基础建设；六是着力发展合格投资者。

3. 成立区域性股权市场委员会

2018年8月，中国证券业协会区域性股权市场委员会成立大会及第一次全体委员会议在成都召开，首个区域性股权市场行业自律组织正式成立，为推动区域性股权市场规范发展提供了组织保障。

4. 区域性股权市场运营机构完成整合

2018年，根据《办法》中“各省、自治区、直辖市、计划单列市行政区域内设立的区域性股权市场运营机构不得超过1家”的规定，区域性股权市场和业务继续开展全面整顿。广西、广东、江苏、黑龙江、吉林、天津等省区市先后对行政区域内原有的多个交易场所进行了整合。

截至2018年12月底，广东、山东、浙江、福建、辽宁5省同时拥有省级市场1家、计划单列市1家，除云南、西藏外，全国各省、自治区、直辖市、计划单列市共设立区域性股权市场运营机构34家，全国区域性股权市场结构和布局得到进一步优化（见表专8-1)。

表专 8 – 1　　34 家区域性股权市场运营机构一览表

序号	地区	区域性股权市场运营机构名称
01	北京	北京股权交易中心有限公司
02	河北	石家庄股权交易所股份有限公司
03	内蒙古	内蒙古股权交易中心股份有限公司
04	辽宁	辽宁股权交易中心股份有限公司
05	上海	上海股权托管交易中心股份有限公司
06	江苏	江苏股权交易中心有限责任公司
07	安徽	安徽省股权托管交易中心有限责任公司
08	福建	海峡股权交易中心（福建）有限公司
09	江西	江西联合股权交易中心有限公司
10	湖南	湖南股权交易所有限公司
11	广西	广西北部湾股权交易所股份有限公司
12	重庆	重庆股份转让中心有限责任公司
13	四川	天府（四川）联合股权交易中心股份有限公司*
14	陕西	陕西股权交易中心股份有限公司
15	甘肃	甘肃股权交易中心股份有限公司
16	青海	青海股权交易中心有限公司
17	宁夏	宁夏股权托管交易中心有限公司
18	新疆	新疆股权交易中心有限公司
19	大连	大连股权交易中心股份有限公司
20	宁波	宁波股权交易中心有限公司
21	厦门	厦门两岸股权交易中心有限公司
22	天津	天津滨海柜台交易市场股份公司
23	浙江	浙江股权交易中心有限公司
24	山东	齐鲁股权交易中心有限公司
25	河南	中原股权交易中心股份有限公司
26	湖北	武汉股权托管交易中心有限公司
27	广东	广东股权交易中心股份有限公司
28	海南	海南股权交易中心有限责任公司
29	深圳	深圳前海股权交易中心有限公司
30	青岛	青岛蓝海股权交易中心有限责任公司
31	吉林	吉林股权交易所股份有限公司
32	黑龙江	哈尔滨股权交易中心有限公司
33	山西	山西股权交易中心有限公司
34	贵州	贵州股权交易中心有限公司

* 2017 年 6 月，成都（川藏）股权交易中心股份有限公司更名为天府（四川）联合股权交易中心股份有限公司，是川藏区域唯一合法的区域性股权市场运营机构。

（二）区域性股权市场总体概况

截至2018年底，全国设立34家区域性股权市场，共有挂牌企业24 808家（其中股份公司8 395家），展示企业98 647家，纯托管企业6 809家[①]；累计为企业实现各类融资9 063亿元，其中股权融资668亿元，债券融资2 596亿元，股权质押融资3 179亿元。其中，2018年累计实现各类融资1 783亿元。各区域性股权市场共有各类投资者86.98万户，中介机构6 933户。

2018年，34家区域性股权市场运营机构营业收入总计13.73亿元，平均每家4 037万元。其中，融资服务收入6.03亿元，挂牌服务收入3亿元，登记托管、转让及中介收入2.60亿元，其他服务收入2.11亿元。34家市场运营机构净利润总计1.58亿元，平均每家465万元。其中22家实现盈利，12家亏损（见图专8－1）。

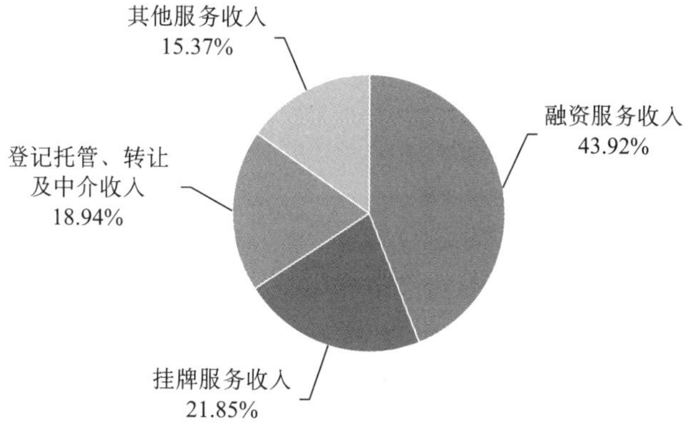

图专8－1　2018年34家区域性股权市场收入结构

二、区域性股权市场企业挂牌、托管、展示等情况

（一）挂牌公司情况

截至2018年底，全国34家区域性股权市场挂牌企业总计24 808家。[②] 其中，挂牌的股份公司8 395家，占比33.84%，有限责任公司16 413家。

---

① “挂牌企业”是指在区域性股权市场每日显示交易价格、股权集中登记托管，并履行持续信息披露义务的公司。“展示公司”是指在区域性股权市场仅进行融资或股权转让信息阶段性展示的企业。“纯托管企业”是指将股权（股份）登记托管在区域性股权市场，既不挂牌也不展示的企业。

② 根据中国证监会的定义，“挂牌企业”是指在区域性股权市场每日显示交易价格、股权集中登记托管，并履行持续信息披露义务的公司。本报告的挂牌数据有两个主要来源：一个是中国证监会清整办《区域性股权市场统计分析简报》（2017年12月、2018年12月），根据34家运营机构通过中央监管信息报送平台报送的数据整理而得；另一个是2018年底中国证券业协会组织的区域性股权市场问卷调查。两者均由运营机构自行报送，可能与实际挂牌数据略有差异。

（二）托管公司情况

截至 2018 年底，全国 34 家区域性股权市场共有托管公司 34 762 家，托管总股本 13 412.63 亿元。其中，托管的挂牌公司 21 211 家，占比 61.02%；托管的展示公司 6 742 家，占比 19.39%；纯托管企业家数 6 809 家，占比 19.59%。

（三）展示企业情况

截至 2018 年底，全国区域性股权市场展示企业达 98 647 家。

（四）服务其他企业情况

34 家区域性股权市场中，服务企业数量最多的 3 家为前海股交中心、广东股交中心、上海股交中心，三家股交中心服务的企业数量分别为 14 032 家、12 438 家、9 993 家。

三、融资业务情况

（一）总体情况

区域性股权市场融资产品主要是股票（股权）融资、可转换公司债和股权质押融资。截至 2018 年底，全国 34 家区域性股权市场累计为企业实现各类融资 9 063 亿元，其中股权融资 668 亿元，债券融资 2 596 亿元，股权质押融资 3 179 亿元。

（二）股权融资情况

截至 2018 年底，全国区域性股权市场实现股权融资 667.79 亿元，其中股票发行融资 545.27 亿元，有限公司增资扩股 122.52 亿元。

目前，上海、天津滨海、河北石家庄、安徽、湖南、山东齐鲁等区域性股权市场运营机构所提供的股权融资数量较大，占据全部股权融资总量的 60%。区域性股权市场在促进股权融资方面采取的措施主要有：（1）吸引优质企业资源，同时着力提高企业规范程度和质量，完善信息披露，促进投融双方成功对接。（2）积极与各类金融机构或准金融机构合作，建立行业上下游对接渠道和跨行业交流平台。（3）探索新型股权融资模式，如江西、重庆、前海、青海、北京等市场通过参与发起新四板基金，提升了股权融资功能。（4）完善股权融资附加服务。部分股交中心与研究机构合作，为挂牌企业出具研究报告，对专业投资机构参与市场投资免收佣金和印花税；同时，充分运用大数据、云计算等信息技术摸排挂牌公司风险事项并设置舆情预警机制，完善对融资企业的线上线下一体化监管措施。

（三）债券融资情况

截至 2018 年底，共有 31 家市场的企业累计实现债券融资 2 596.25 亿元，较上年同期增加 650.72 亿元（均为可转换公司债融资）。从存量情况看，全国区域性股权市场债券融资存量为 1 213.47 亿元，其中私募债存量 373.27 亿元，可转换债券存量 840.20 亿元，

（四）股权质押融资情况

截至 2018 年底，区域性股权市场累计实现股权质押融资 3 178.81 亿元。其中，湖南、重庆、武汉、辽宁、江西区域性股权市场运营机构所提供的股权融资数量较大，占据全部股权质押融资总量的 72%。

2018 年，部分市场在股权质押融资业务方面进行了有益探索。海南、重庆、武汉等 9 家市场股权质押融资规模均突破百亿元大关。主要有以下原因：一是部分市场的股权集中登记托管、股权质押获得地方政府或相关部门明确的政策支持，市场与工商部门对接较好；二是部分市场托管的地方商业银行较多，其股权价值较高，容易得到资金方认可。

四、转让情况

截至 2018 年底，区域性股权市场累计转让金额 1 113.95 亿元。其中，股权转让 561.86 亿元，占比 50.44%；私募可转换债券转让金额 4.78 亿元，占比 0.43%；其他产品转让 547.32 亿元，占比 49.13%。

转让业务表现突出的区域性股权市场主要有以下特点：一是挂牌托管企业基数大且股份公司占比较大；二是地区资本市场意识较强，挂牌托管企业股权较为活跃；三是纯托管企业主要为一非公司特别是商业银行，此类企业股权流通性较强；四是债券类产品存量较大，债券类产品转让活跃。

五、投资者情况

截至 2018 年底，全国区域性股权市场共有投资者 86.98 万户，比上年同期增加 9.98 万户。其中，合格投资者逾 7.6 万户，豁免投资者 29.12 万户，不符合规定的存量投资者数量 50.06 万户。合格投资者中，机构投资者 9 365 户，个人投资者 6.68 万户。与上年同期相比，机构合格投资者减少 1.09 万户，降幅 54%；个人合格投资者减少 68.49 万户，下降幅度较大。主要原因是《通知》《办法》出台后，合格投资者的门槛比原门槛有所提高。

六、中介机构情况

截至 2018 年底，区域性股权市场共有中介机构 6 933 家，较上年同期减少 2 836 家，降幅 28.95%。其中，推荐机构 2 987 家，较上年同期减少 1 474 家，降幅约 33.04%。

部分市场中介机构数较多的原因主要有：一是所在省份经济实力较强，市场整体业务量

大，促进了会员机构的发展；二是成立时间较早，会员机构发展历史较长，基数较大；三是会费较低，会员执业前置成本小；四是区域性股权市场的品牌作用。

七、信息披露和数据报送情况

根据中国证券业协会收到的23家区域性股权市场调查数据，挂牌企业中，披露2016年年报的企业共1 709家，信息披露率15.63%；披露2017年年报的企业共2 763家，信息披露率19.63%；披露2018年半年报的企业共2 583家，信息披露率19.31%。市场挂牌企业信息披露整体仍处于较低水平。大部分挂牌企业均无法持续履行信息披露义务。

根据中国证券业协会收到的23家区域性股权市场调查问卷，挂牌企业的信息披露难点具体有以下方面：一是企业规范运作意识不足，在财务和法律方面存在较多漏洞，对信息披露存在畏难情绪；二是企业内部专业人才匮乏，信息披露人员流动性较大，无法形成连贯的信息披露工作机制；三是企业财税信息数据保护需求；四是区域性股权市场对后续企业服务举措不足，导致企业缺乏后续信息披露动力，尤其是融资方面，无法形成正向带动信披的作用。另外，区域性股权市场中介机构多以民间投资公司、会计师事务所、律师事务所为主，银行、券商、保险、创投、私募、担保等主力专业金融机构参与还不多，中介机构整体实力不强，信息披露等持续督导服务能力有待加强。

八、信息系统建设情况

（一）区域性股权市场的信息化政策性要求与规范制度建设情况

信息技术系统规范工作是区域性股权市场的基础性工作，直接关系到市场的风险防范和长远发展。2017年发布的《通知》和《办法》明确规定：区域性股权市场的信息系统应符合有关法律法规和中国证监会制定的信息技术管理规范。2018年3月，中国证监会出台《区域性股权市场信息报送指引（试行）》（以下简称《报送指引》），对信息报送内容、报送方式、报送要求均进行了明确的规定，并于2018年7月1日起施行。2018年6月，九部委发布《“十三五”现代金融体系规划》，要求推进多层次股权交易场所后台一体化进。2018年7月，中国证监会成立的区域性股权市场信息系统规范工作领导小组召开第一次会议。会议明确了职责分工，确定于2019年上半年发布区域性股权市场信息技术管理规范；2020年6月底之前，争取完成各个区域性股权市场与证监会中央监管信息系统的对接；2020年底前，系统正式投入使用，并开展市场监测评估分析等工作。

（二）区域性股权市场信息系统特点与建设情况

区域性股权市场对信息系统的需求，主要分为四大方面：一是股份转让系统。股份转让系统是区域股权市场的核心系统，该系统主要包含了客户账户管理、股份报价转让、登记结算、投资者开户、网上行情、信息发布等。二是综合业务管理系统，是为区域性股权市场参与者包括挂牌企业、投资者、中介机构开展业务工作而开发的系统。该系统主要包括企业各类信息管理、挂牌项目管理、信息披露、企业监管、中介管理、中介监管、企业舆情监控、数据统计以及报送等功能。三是内部运营管理系统，即运营机构内部管理支撑的系统，主要包括如办公自动化、财务管理、人力资源管理、电子邮箱等。四是网络安全和数据备份。

在股份转让系统方面，中国证监会正在推动建立区域性股权市场信息系统标准。目前，各地股权市场基本沿用交易所模式来建设运营，普遍存在建设成本高、运营难、无法适应业务发展、数据孤岛等实际问题。全国34家区域性股权市场中，21家使用金证系统，9家使用顶点系统，其余4家为自主研发或其他解决方案。部分区域性股权市场在交易系统基础上扩展了综合业务管理模块。随着区域性股权市场的发展，齐鲁股交中心、上海股交中心、深圳前海股交中心等多家区域性股权市场开始探索对信息系统的自主研发，并取得了较好的应用效果。如齐鲁股交中心在研发了第一代区域性股权市场OTC交易系统的基础上，自主研发近20套相关系统，并进行数据整合，形成了大数据中心，逐步挖掘数据价值。上海股交中心扩展开发了手机远程开户、手机交易系统（场外赢家APP），以方便投资者开户和股份报价及转让。

第二节　区域性股权市场的发展特点

2018年，区域性股权市场加强市场自律建设，持续提升综合金融服务功能，在综合运用政策措施支持民营经济和中小微企业发展、深化与证券公司合作、构建可持续发展长效机制等方面取得了新进展，区域性股权市场服务实体经济高质量发展的能力稳步提升。2018年区域性股权市场呈现如下特点：

一、推动平台建设与创新，支持民营经济和中小微企业发展

2018年，区域性股权市场通过建立与地方各级政府的协作机制，开展了一系列特色创新，推动中小企业扶持政策地方立法和政策协调，促进了中小企业扶持政策落地运用和民营经济发展。

一是积极发挥省级人民政府批准和管理的交易场所的优势，推动地方政府通过立法落实对中小微企业挂牌融资、财税支持、创业扶持、创新支持等方面的相关规定，成为各地扶持小微企业的贴息、担保、专项扶持资金等优惠政策的集中平台。2017—2018年，上海、湖南、湖北、江西、安徽、河南、河北、甘肃及其他各省贯彻国家文件精神，纷纷出台政策支

持区域性股权市场规范创新发展，围绕区域性股权市场作为"省政府扶持中小微企业政策措施的综合运用平台"进行规范发展的信号较为明确。部分省区市成立了政府投资基金，专门投资区域性股权市场挂牌企业。部分省区市积极为区域性股权市场规范健康发展创造良好的环境，浙江、江西等省份明确支持拟上市的后备企业到沪、深证券交易所上市前先到区域性股权市场来规范培育。湖北、湖南、江西等省等建立了股交中心登记托管与工商登记的信息共享和工作对接机制。二是采用政府购买服务等形式，发挥财政资金的杠杆作用，与政府合作为企业提供免费挂牌、培训、路演等服务。如天津滨海柜台交易市场推出"新四板市场创通票"，采用"政府购买"模式，解决了企业挂牌费用。三是着力加强市场监管和市场风险防控，确保党和国家方针、政策在区域性股权市场的贯彻执行，保护挂牌企业和投资者合法权益。区域性股权市场设定了明确的小微企业挂牌门槛，在企业挂牌前清理不规范问题，帮助企业挂牌后有效地借力市场发展；明确企业挂牌后进行融资、召开股东大会、召开董事会、发生重大事项的信息披露要求，对企业持续督导企业信息披露等相关义务。

二、发挥证券公司重要作用，推动区域性股权市场高质量发展

证券公司参与区域性股权市场建设，具有人员、渠道、管理、风控等方面的优势。2018年8月，中国证券业协会出台《区域性股权市场自律管理与服务规范（试行）》（以下简称《规范》）。《规范》从证券业行业角度进一步对区域性股权市场发展做出了定位，明确了证券公司在区域性股权市场从事的业务范围，同时在部分条款上解除了原有的限制，明确证券公司分支机构只需公司批准即可就地展业，证券公司只需在事后报送协会即可，减轻了审核的复杂程度，增强了证券公司参与区域性股权市场业务的积极性。

2018年，证券公司作为区域性股权市场运营机构的重要股东，积极参与了区域性股权市场交易服务体系建设，在帮助中小微企业对接资本、落实金融服务实体经济方面取得了新突破。

证券公司是区域性股权市场运营机构的重要股东。截至2018年底，全国34家区域性股权市场的运营机构中，证券公司入股了其中的22家，并在其中13家作为第一大股东参与当地区域性股权市场的建设和发展，入股金额累计17.04亿元（见表专8-2）。证券公司以股东身份参与区域性股权市场建设的具体做法包括：一是向区域性股权市场派出管理人才和业务骨干，各证券公司向区域性股权市场派出的人员数量（中层及以上）累计30余人[①]；二是为区域性股权市场提供营业网点及业务拓展渠道支持；三是将区域性股权市场纳入公司人才培养体系；四是将证券公司合规风控等管理理念和制度输入区域性股权市场；五是将区域性股权市场挂牌企业与证券公司客户资源对接，为企业提供资金、技术等多方位支持；六是直接资金投入等。

---

① 根据2018年底中国证券业协会组织的区域性股权市场与证券公司合作情况问卷调查（有效问卷23份）。

表专 8－2　　部分证券公司入股区域性股权市场概况（截至 2018 年底）

证券公司	区域性股权市场	入股金额（亿元）	持股比例（%）	第一大股东	备注
华泰证券	江苏股权交易中心	1.04	52.00	是	
国联证券	江苏股权交易中心	0.24	12.00	否	
东吴证券	江苏股权交易中心	0.24	12.00	否	
南京证券	江苏股权交易中心	0.24	12.00	否	
东海证券	江苏股权交易中心	0.24	12.00	否	
招商证券	广东股权交易中心	0.37	12.02	否	
广发证券	广东股权交易中心	0.37	12.02	否	
中天证券	辽宁股权交易中心	0.02	2.00	否	
信达证券	辽宁股权交易中心	0.415	41.50	是	通过直投子公司信风投资入股
大通证券	辽宁股权交易中心	0.05	5.00	否	
华安证券	安徽省股权服务集团	0.37	4.28	否	
国元证券	安徽省股权服务集团	3.045	35.00	是	
长江证券	武汉股权托管交易中心	0.15	15.00	否	
天风证券	武汉股权托管交易中心	0.15	15.00	否	
财通证券	浙江股权交易中心	0.62	8.86	否	
浙商证券	浙江股权交易中心	0.1	1.43	否	
国信证券	前海股权交易中心	1.25	10.60	否	
国信证券	厦门两岸股权交易中心	0.3	33.33	是	
国信证券	青岛蓝海股权交易中心	0.1	20.00	否	
中信证券	青岛蓝海股权交易中心	0.12	24.00	是	
中信证券（山东）	青岛蓝海股权交易中心	0.08	16.00	否	
中信建投	中关村股权交易服务集团	0.50	10.00	否	
银河证券	中关村股权交易服务集团	0.20	4.00	否	
首创证券	中关村股权交易服务集团	0.30	6.00	否	
开源证券	陕西股权交易中心	0.10	8.33	否	
中投证券	陕西股权交易中心	0.13	10.83	否	通过直投子公司瑞石投资入股
华西证券	天府（四川）联合股权交易中心	0.35	35.00	是	
西南证券	重庆股份转让中心	0.828125	53.00	是	
兴业证券	海峡股权交易中心	0.45	21.43	是	
华龙证券	甘肃股权交易中心	0.75	17.12	否	
南京证券	宁夏股权托管交易中心	0.306	51.00	是	
中原证券	中原股权交易中心	1.225	35	是	

续表

证券公司	区域性股权市场	入股金额（亿元）	持股比例（%）	第一大股东	备注
申万宏源	新疆股权交易中心	0.05	4.55	否	通过在子公司宏源汇富创业投资有限公司入股
中信证券	新疆股权交易中心	0.6	54.55	是	
中投证券	青海股权交易中心	0.14	5.93	否	通过直投子公司瑞石投资入股
光大证券	青海股权交易中心	0.036	2	否	通过直投子公司光大投资入股
中泰证券	齐鲁股权交易中心	0.81	36.00	是	
山西证券	山西股权交易中心	0.1	10.00	否	
中航证券	江西联合股权交易中心	0.3	13.55	是	
安信证券	江西联合股权交易中心	0.2	9.03	否	
银河证券	江西联合股权交易中心	0.1	4.52	否	
国信证券	江西联合股权交易中心	0.05	2.26	否	

资料来源：全国企业信用信息公示系统及2018年中国证券协会组织的区域性股权市场问卷调查资料。

证券公司是推进企业挂牌区域性股权市场的重要力量。根据2018年底中国证券协会组织的区域性股权市场与证券公司合作情况问卷调查显示（有效问卷共23份），截至2018年12月底，证券公司累计推荐挂牌企业5 634家，为企业实现各类融资352.12亿元。

证券公司还在资金、技术、合规风控、人才等多方面为区域性股权市场挂牌企业提供支持。一是通过开展培训，提高企业家对资本市场的认识水平，对初创企业进行股份制改造和培育，完善治理结构，提升其管理水平和盈利能力；二是通过帮助企业挂牌区域性股权市场，促进企业完善公司治理结构，提升企业品牌效应，促进科技型创新企业融资发展；三是定期对项目企业走访、跟踪，报告企业运营情况，履行持续督导义务；四是深耕区域，发展县域金融促进县域经济发展。例如，银河证券作为江西联合股权交易中心的股东之一，相继与全国34家区域性股权市场签署战略合作协议，为各地企业提供推荐挂牌、上市培育、财务顾问、融资等服务；长江证券特别成立了专门从事四板市场业务的场外市场部和四板专项工作小组，与武汉股交中心联合设立专门投资于挂牌企业的“四板产业投资基金”。

三、区域性股权市场运营机构步入可持续发展阶段

（一）持续做好市场基础建设

2018年，在中国证监会和中国证券业协会的引导下，区域性股权市场紧跟监管动态和业务需求，积极完善内部管理制度，进一步加强市场基础建设，确保了市场合规稳健运营。根据《通知》和《办法》要求，大部分市场设立了专职的合规部门，从交易所市场主体监管和执业人员规范从业内外两方面强化了市场风险防控。

在自律管理方面，2018 年区域性股权市场更加注重运用大数据、云计算等信息技术，进行线上线下一体化监管，摸排挂牌公司、中介机构风险事项，并积极引导挂牌公司遵循各项业务规则，督促中介机构勤勉尽责地对挂牌公司履行持续督导义务。在问责举措方面，区域性股权市场更加注重对市场违规行为的自律监管措施及违规处分，进一步增强自律管理的有效性。

在投资者适当性管理方面，2018 年区域性股权市场继续根据《办法》的要求，对已开户投资者进行重新审查和分类，严格执行《办法》的各项要求。

（二）依托区域经济特色，构建多层次、多市场格局

为了更好地服务不同类型和成长周期的企业，各区域性股权市场推行板块分层建设，并针对信息披露质量和公司资质分成了不同的板块层次，对不同质地企业提供差异性服务，逐步完善内部转板机制，有效提升了整个市场的匹配性。

（三）整合产品服务和价值链，大力开展综合金融服务

2018 年，区域性股权市场以核心业务为基础，积极提升服务的协同效应，积极整合产品服务和价值链，探索完善业务构架。

1. 规范培育服务

在规范培育方面，部分区域性股权市场为挂牌企业量身定制专业化、系统化的培训服务，提升企业家资本运作能力。2018 年底中国证券协会组织的区域性股权市场问卷调查显示（有效问卷共 23 份），截至 2018 年底，23 家市场累计组织 2 983 次培训，培训企业 60 702 家，投入培训经费 1 387 万元。

区域性股权市场还积极探索培训服务形式、培训课题方面的多元化。一是推动培训服务形式的多样化，加强线上、线下形式相结合。二是推动培训服务课题的多样化。例如，齐鲁股交中心推出了人才战略、商业模式、市场营销、财税规划、股权激励培训，湖南股交推出“股改企业必修班”，天津股交所推出“天骄联盟路演训练营”“资本市场实战训练营”，中原股交与地方金融办联合承办了“资本市场巡回大讲堂”培训活动。

2. 资源对接服务

2018 年，区域性股权市场与银行、证券、保险、小贷、担保、融资租赁等机构加强对接，积极搭建服务于挂牌公司的综合金融服务平台，通过建立行业上下游产业对接渠道及跨行业交流平台，帮助挂牌公司在行业动态、产品研发、生产协作、渠道建立、顾客共享等各方面对接各类资源。根据 2018 年底中国证券协会组织的区域性股权市场问卷调查显示（有效问卷共 23 份），截至 2018 年底，区域性股权市场为挂牌企业举办了近 900 场投融资对接活动，其中路演活动 666 场，成功对接逾 300 个项目，融资金额 11 亿元。

3. 地方金融机构股权规范服务

2018 年初，中国银保监会出台《商业银行股权管理暂行办法》，要求商业银行应当建立

股权托管制度，将股权在符合要求的托管机构进行集中托管。2018 年下半年，中国银保监会就《商业银行股权托管办法》向各商业银行及区域性股权市场征求意见。2018 年，为推动城商行、农商行加快发展，区域性股权市场全面启动了城商行、农商行的股权集中登记托管工作，有多家区域性股权市场完成本省内未上市城商行、农商行的股权登记托管工作。目前，全国未上市城商行、农商行达数千家，股东人数多超过 200 人，且城商行、农商行股权流动性大、股权质押认可度高，预期可为区域性股权市场提供长期、稳定的业务和收入来源。

4. 并购重组服务

区域性股权市场拥有大量的中小企业资源，能够帮助拟上市企业寻求并购标的，帮助挂牌公司收购其他企业、与上市公司进行重组并购、引入战略投资者，促进企业改善经营、做大做强。2018 年底中国证券协会组织的区域性股权市场的问卷调查显示，截至 2018 年底，反馈问卷的 23 家市场共实现并购重组 41 项，总计 60. 31 亿元。其中，挂牌企业之间（含与其他区域性股权市场挂牌企业）并购重组 11 项，金额 3. 54 亿元；挂牌企业被上市公司并购重组累计 20 项，金额达 44. 90 亿元；挂牌企业与新三板企业间实现并购重组项目 10 项，金额 11. 88 亿元。

5. 宣传推广服务

在品牌宣传方面，各区域性股权市场探索与多媒体合作，帮助企业提升品牌形象和知名度，普及多层次资本市场理念、宣介相关利好政策，在舆论引导、凝聚共识等方面发挥出积极作用。

6. 转板服务

根据“OTC 在线”网站数据，截至 2018 年底，各区域性股权市场共有 391 家挂牌企业转板到新三板，较 2017 年底增加 41 家。随着我国多层次资本市场建设日益完善，推动区域性股权市场与新三板市场的互联互通具有重要意义，可以满足企业持续的融资需求，切实提高资本市场服务实体经济的能力。

（四）履行社会责任，坚持经济效益和社会效益互促共赢

在国家政策的积极推动下，区域性股权市场凝聚行业力量，积极履行社会责任，综合运用各种融资等金融服务手段，持续开展金融创新，助力扶贫攻坚。

一是对接县域金融工程，开展产业扶贫。2018 年，部分区域性股权市场运营机构强化对贫困地区企业的扶持力度，研究设立了贫困地区特色板块和专项融资产品，并对贫困地区企业实行挂牌、融资费用减免等优惠措施。如武汉股交中心，通过结合县域特色产业，持续加大了贫困地区金融服务力度。该中心在服务下沉方面探索对接县域金融工程，与省级重点贫困县通山县进行合作，专门设立了通山板块，帮助该县的小微企业对接投资机构。目前已有 15 家企业在武汉股交中心挂牌，实现股权融资 1. 5 亿元。武汉股交中心还培育了“黄冈大别山扶贫板块”、黄石市阳新县“农业科技贫板块”等多个扶贫产业板块，着力开展产业

扶贫，取得了显著成效。浙江股交中心与县域合作打造“一县一平台”的规划部署，建设“浙里凤凰”上市培育平台，形成股改挂牌、规范培育、投资融资、上市并购等一条龙、立体式的股权业务服务体系，成为县域经济发展的新引擎。

二是创新金融产品，推广普惠融资。如齐鲁股交中心创新推出“小微成长计划”“惠农计划”“新旧动能转换计划”等特色产品。目前成功落地 2 单“小微成长计划”产品共计 8 000 万元，首单“惠农计划”实现融资 6 500 万元，研发“支微支小计划”“民营企业融资支持计划”等特色融资产品，切实加强对民营企业、小微企业、“三农”和偏远地区的普惠金融服务。

三是充分发挥专项融资产品优势，支持绿色产业发展。如江西联合股权交易中心以绿色私募可转债产品为依托，着力创新绿色金融产品和服务，支持生态农业、观光旅游、新能源等江西绿色特色产业发展。目前累计发行绿色私募可转债 8 笔，发行规模 28. 5 亿元。

第三节　区域性股权市场存在的问题

目前，区域性股权市场是近年来资本市场的新层次，尚处于发展初期，仍面临一些问题。

一、政策方面

（一）政策的协调配套问题

虽然 2017 年国务院办公厅发布了《关于规范发展区域性股权市场的通知》（国办发〔2017〕11 号），中国证监会发布了《区域性股权市场监督管理试行办法》（证监会令第 132 号），但后续政策一直未配套出台，区域性股权市场对接较高层次的资本市场制度还有待健全。资本市场相关主体对区域性股权市场的发展定位、服务功能和成效还缺乏充分的了解，参与的积极性也不够高。

（二）法律制度缺失问题

在现行法律框架下，区域性股权市场在开展股权登记托管方面没有明确支撑文件，部分省份以省政府发文的形式鼓励企业和金融机构到区域性股权市场进行登记托管。非上市股份公司股权质押法定登记机关为工商部门，股权质押业务在各区域性股权市场并不能直接确立股权质权的法律效力，在登记确权环节面临较大的风险，阻碍了区域性股权市场的发展，增加了挂牌、托管企业及股东办理业务的成本。

（三）财税支持不到位

区域性股权市场挂牌企业、投资者涉及的股权转让、股息红利等税收问题，尚无政策文件提供税收优惠，无法形成统一的多层次资本市场税收政策体系。

二、自身方面

（一）缺乏开展综合服务的相关牌照

区域性股权市场作为中小微企业的综合性金融服务平台，由于缺乏开展综合服务的相关牌照，其服务中小微企业职能、扩展融资渠道、实现资产增值、提高股权流动性、促进公司规范发展的作用不能得到很好发挥，对后续挂牌企业的吸引力也逐渐下降。

（二）盈利模式不清晰，发展后劲不足

区域性股权市场目前主要依靠收取融资服务费、挂牌手续费、登记托管、转让及中介收入等实现盈利。然而上述盈利模式无法有效支撑区域性股权交易市场的发展，导致区域性股权市场的发展后劲不足，部分头部运营机构业绩下滑。

（三）中介机构质量和服务能力不足

区域性股权市场中的会员中介机构以民间投资公司、会计师事务所、律师事务所为主，银行、券商、保险、创投、私募、担保等主力专业金融机构参与还不多，会员整体实力不强，还不能满足快速增长的挂牌企业多样化、专业化的服务需求。目前，一方面，中央出台各项政策要求区域性股权市场大力支持中小微企业发展；另一方面，大部分证券公司因区域性股权市场业务风险较高，收益较低，不愿或较少参与相关业务，甚至个别公司从区域性股权市场退出。

第四节　区域性股权市场发展建议

一、从国家层面加强区域性市场发展的统筹规划

建议在国家层面加强统筹规划，逐步建立“先挂牌，后上市”培育转板机制，强化区域性股权市场在多层次资本市场体系中的孵化培育作用，推动原本围绕着“IPO”的各类金

融要素下移，确保各类金融要素推动新三板和区域性股权市场的发展。

二、建立区域性股权市场与证券交易所、全国股转系统的合作对接机制

建议加快建立区域性股权市场尤其是科技创新相关板块与中国登记结算系统证券账户对接机制，真正实现区域性股权市场互信互通，为科技创新型中小企业提供更加便利的融资、发展环境；利用资本市场统一证券账户体系，逐步实现多层次资本市场间的证券信息共享、证券账户互认；为投资者提供更多元的证券产品选择，吸引更多专业投资者参与区域性股权市场。推动上交所加强对区域性股权市场科创板建设、管理的指导，探索建立常态化的工作对接、业务对接、转板对接机制。

三、鼓励金融机构通过区域性股权市场更多落地中小微企业融资措施

建议出台相应考评性政策，鼓励各类银行、证券公司、信托公司等金融机构，在建立全面风控体系的情况下，积极探索区域性股权市场挂牌及托管企业的各类金融产品创新业务。引导各类金融机构利用理财、保险、信托和资管计划等各类金融工具投资区域性股权市场产品。探索建立区域性股权市场与证券公司客户资源、账户体系、信息系统的互联互通。鼓励私募股权投资基金通过区域性股权市场募集资金并进行份额登记托管、交易转让。支持运营机构与市场各类服务机构创新合作模式，向市场参与者提供系统化、产品化、定制化、专业化服务。

四、推出专门服务于区域性股权市场的小微证券公司试点

建议选择部分在区域性股权交易市场从事挂牌推荐、财务顾问、投资咨询业务，并经区域性股权交易市场出具相关意见的投资公司，经审查使之成为专门服务区域性股权交易市场的小微证券公司，推动区域性股权市场规范发展。

五、加大对区域性股权市场人才队伍建设的支持

建议从顶层建设方面协调政策及专项资金，用于对区域性股权市场人才队伍建设的支持。一是允许区域性股权市场创新激励和考核方式，加快形成层次结构合理的金融人才队伍体系；二是支持专业人才引进、培训和教育，针对产品研发、风险控制、科技金融等方面进行指导和支持；三是建立各级资本市场间人才交流机制，例如，挂职锻炼、派驻学习等，夯实区域性股权市场人才队伍的综合实力。

第二章
2018年中国证券公司柜台市场发展综述

为推动证券行业创新发展，2012年12月10日，中国证监会同意中国证券业协会在遵循“限定私募、先行起步”基本原则的基础上，开展柜台市场试点工作，距今已经6年多时间。证券公司柜台市场已是集证券公司交易、托管结算、支付、融资和投资等基础功能为一体的综合平台。证券公司根据客户的需求、资产状况及风险承受能力，在柜台市场向客户销售多样化的产品，并可提供做市服务和转让服务。

2018年是证券公司柜台市场制度及系统进一步优化与完善的一年。柜台市场的发展有助于证券公司基础功能的再造及整合，有效释放证券公司的业务空间，充分发挥证券公司的产品创设、风险管理以及定价能力，扩大证券公司的买方、卖方客户资源，丰富其收费模式和服务方式。同时，柜台市场的发展将有效促进基础功能的发挥，提高整个资本市场的效率和专业化程度，以及资本市场服务投资者和实体经济的深度和广度。

第一节　证券公司柜台市场的开展情况①

一、投资者账户和产品情况

中证机构间报价系统股份有限公司数据显示，截至2018年12月底证券公司柜台市场累计发行24 658只产品，同比增加51.8%，累计发行金额约7 356.22亿元；代销产品累计7 626只，代销金额累计为5 148.03亿元。

（一）发行、销售情况

柜台市场发行、代销产品数量及规模见表专8－3、表专8－4。

① 本节数据来源于中证机构间报价系统股份有限公司。

表专 8 –3　　柜台市场发行、代销产品数量　　（单位：只）

产品类型	2017 年		2018 年	
	发行数量	代销数量	发行数量	代销数量
资管计划	1 296	579	1 572	498
收益凭证	15 045	0	23 086	0
基金专户	0	48	0	34
私募基金	0	390	0	341
银行理财产品	0	3 917	0	3 928
信托计划	0	128	0	216
债券	5	2 011	0	2 609

注：各年发行、代销数量为该年度 1 月 1 日至 12 月 31 日期间发行、代销的产品数量。

表专 8 –4　　柜台市场发行、代售产品规模　　（单位：亿元）

产品类型	2017 年		2018 年	
	发行规模	代销规模	发行规模	代销规模
资管计划	3 137.02	617.55	3 163.85	545.37
收益凭证	4 688.57	0	4 192.37	0.00
基金专户	0	25.51	0.00	22.50
私募基金	0	187.94	0.00	139.57
银行理财产品	0	944.82	0.00	1 106.40
信托计划	0	46.65	0.00	120.45
债券	34.4	3 998.77	0.00	3 213.74

注：各年发行、代销数量为该年度 1 月 1 日至 12 月 31 日期间发行、代销的产品规模。

（二）场外衍生品交易情况

从场外衍生品交易场所来看，90% 以上的交易均在柜台市场开展。从规模来看，2018 年柜台市场衍生品规模总体稳定，较 2017 年略有减少。从交易对手方情况来看，商业银行、私募基金、期货公司风险管理子公司等机构投资者是场外衍生品主要买方机构（见表专 8 –5）。

表专 8 –5　　场外衍生品交易情况　　（单位：亿元）

业务类型	项目	2017 年		2018 年	
		柜台市场	报价系统	柜台市场	报价系统
互换	新增名义本金	2 451.44	26.68	2 000.46	53.30
期权		4 401.63	609.73	6 418.62	299.69
互换	存续规模	1 300.16	126.86	651.64	52.25
期权		2 105.37	133.34	2 669.98	92.83

（三）转让情况

柜台市场转让的产品主要以资产管理计划、收益凭证为主，占比达98%。由于柜台市场现仅1只资产支持证券挂牌，缺少非公开发行公司债品种，且大部分试点公司做市业务尚未开展，因此总体转让规模仍较小（见表专8－6、表专8－7）。

表专8－6　　柜台市场产品转让情况

产品类型	2017年累计		2018年累计	
	产品数量（只）	转让金额（亿元）	产品数量（只）	转让金额（亿元）
资管计划	4 579	227.81	7 555	150.60
收益凭证	1 073	18.58	2 575	16.83
基金专户	1	0.03	5	1.90
私募基金	49	3.04	44	7.14
银行理财	157	1.81	945	8.26
信托计划	4	0.61	7	1.55
资产支持证券	0	0.00	0	0.00

表专8－7　　柜台市场可转让产品情况

产品类型	截至2018年12月31日存续可转让产品数量（只）
资管计划	774
收益凭证	3 131
基金专户	4
私募基金	85
银行理财	76
信托计划	220
资产支持证券	6

注：柜台市场可转让产品情况：各年度统计值为各年度1月1日至12月31日期间，新增可转让产品的数量。

（四）账户情况

存续账户集中度较高，2018年排名第一位的公司有706.34万个，排名前三位的为1 642.99个，集中度略有提高。新增账户排名第一位的公司141.77万户，占比逐年下降（见表专8－8）。

表专8－8　　2018年度柜台市场投资者账户集中度　　（单位：万户）

存续账户数量排名	2017年存续账户	2018存续账户
排名第一位的试点公司	583.47	706.34
排名前三位的试点公司	1 368.21	1 642.99
排名前五位的试点公司	1 579.80	1 894.70

续表

新增账户数量排名	2017年新增账户	2018年新增账户
排名第一位的试点公司	191.66	141.77
排名前三位的试点公司	349.98	294.27
排名前五位的试点公司	390.50	319.94

注：(1) 2018年存续账户数量排名：截至2018年12月31日试点公司存续账户规模的排名；(2) 2018年新增账户数量排名：2018年1月1日—12月31日试点公司新开立账户排名。

二、业务发展情况

柜台市场经2012年开始试点以来，已有了一定的发展。首先，证券公司自建柜台可销售和转让产品种类齐全，覆盖了中国证监会、中国证券业协会许可的所有私募产品。其次，由于能够提供转让业务，相比传统直销、代销渠道，柜台市场对私募产品尤其是私募基金更具有吸引力。

证券公司针对产品引入、产品评估、产品销售、后继服务及风控等环节制度流程也更加完善。涉及的引入、评估、销售和售后管理遵从的法律法规、监管规定和规章制度包括《证券公司代销金融产品管理规定》及其他相关法律法规、自律规则、规章制度和其产品的业务管理办法。

证券公司设置产品决策委员会和产品审核委员会，组成产品委员会。产品中心设置规划引入单元、资产配置单元、营销管理单元、同业关系单元、质控运营单元、综合服务单元六个单元，分别开展各项相关工作。风险管理方面，产品业务应遵守公司风险管理相关制度规定，落实公司风险管理的相关要求。在公司整体风险管理体系下，通过风险识别、产品审核和决策、风险监测、处置和报告等，履行对产品业务风险偏好相一致的风险管理工作。产品业务应采取事前预防、事中控制、事后减轻损失的方式转移和化解操作风险。2018年8月取得场外期权衍生品交易商资质的证券公司，根据场外产品性质，分产品线对产品创设、产品评估、产品销售、后续服务及风控等环节分别建立完整的制度流程。

三、投资者适当性管理情况

（一）系统升级

为了进一步落实投资者分类管理的要求，证券公司加强业务系统的升级完善，将CRM业务系统从2.0升级到4.0，上线新版MOT系统，并对风险承受能力评估过期客户进行提醒。

（二）完善客户适当性数据库功能，集中管理客户适当性管理信息

产品分级机制方面，公募基金采用第三方评级机构的评级结果，并在公司官网公示基金

的评级方法及标准；其他金融产品由公司研究所依据新修订的《销售产品和服务风险评估管理办法》，开展尽职调查及产品风险等级初评工作，由风险管理部复评的管理流程强化管理。

（三）完善业务指引

针对包括金融产品销售在内的相关业务，制定专门的业务指引，强调适当性管理和考核要求，明确产品服务的适合推广对象及禁止对象，将适当性管理落实于具体的业务开展和管理过程中。

（四）开展投资者教育活动

通过完善投资者教育园地向投资者普及适当性管理相关知识；开展多项专项活动，向投资者尤其是中小投资者宣传知识、警示风险，加强对普通投资者特别保护；通过修订、完善分级基金、开放式基金代销、大宗交易、债券业务、债券融资、场外期权、主经纪商等业务的适当性管理细则，认真落实监管自律职责和法律责任。

第二节　证券公司柜台市场的特点

证券公司柜台市场是业务发展的重要平台，承担着非公募基金类金融产品相关的账户管理、交易管理、订单申报、数据收发等功能，对接中证报价系统、银行理财产品系统、私募基金外包服务系统等外部系统，主要提供登记、发行、交易、投资、融资五大基础功能。各证券公司也逐步推出登记、发行、转让等业务模式，逐步实现各项业务常态化。

柜台市场是证券公司对场内交易所市场功能的有效补充，经营多元化的证券交易业务，满足投资者多样的个性化的交易需求。柜台市场解决证券公司、专业投资者在交易所市场中的投融资痛点问题，利用柜台市场风险敞口易于隔离和管理的特点，积极试点创新产品和业务。

一、证券公司柜台市场的产品特点

证券公司柜台市场的产品以固定收益类产品为主，分为以下两类：一是公司自有的私募产品，以收益凭证、资管产品等为代表；二是公司之外其他金融机构发行的或将要发行的产品，如市场现有的私募产品。

在不断的积极探索中，场外基础金融产品、场外金融衍生产品也具有了一定的规模。证券公司开发的适合柜台交易的衍生产品主要包括基础权益类挂钩产品、可提前收回的挂钩产品、结构化产品、股票互换类产品及利率类衍生产品。

二、证券公司柜台市场客户群体的特点

与成熟资本市场不同，我国柜台市场的主要参与群体是个人投资者。截至 2018 年底，从柜台市场账户情况看，个人投资者账户数为 2 152.65 万户，占总账户数的 99.88%，而机构投资者账户数仅为 2.58 万户，占比 0.12%。以个人投资者为主是我国证券公司柜台市场客户群体的一大特点，目前仍然没有改变（见表专 8－9）。

表专 8－9　　2017 年、2018 年各年度柜台市场投资者账户开立情况　　（单位：万户）

项目	2017 年		2018 年	
	个人	机构	个人	机构
累计户数	1 769.96	2.17	2 152.65	2.58
新增	451.36	0.62	393.15	0.73
销户	29.33	0.07	9.00	0.17

注：（1）累计户数分别指截至 2017 年、2018 年 12 月 31 日存续的账户数；（2）新增、销户分别指 2017 年、2018 年内（1 月 1 日—12 月 31 日）新增和销户的数。

第三节　证券公司柜台市场的发展建议

为确保市场功能的有效发挥，柜台市场应当完善配套法律法规、自律规则，消除业务开展面临的制度性和政策性障碍，完善配套基础设施建设，降低交易成本，提高市场效率，引导行业构建业务良性发展的外部环境，真正发挥柜台市场的作用。具体建议如下：

一是推动证券公司规范开展各项业务。证券公司在柜台市场业务上应始终秉持勤勉尽责的态度，建立并执行一系列健全完善的柜台市场操作制度，自上而下建立明确的客户身份识别制度和实际操作规范，使场外柜台业务具体运作中有法可依，有据可循。同时，证券公司应加强对客户的身份识别和反洗钱调查的相关指导，增强其配合的主动性，制定专门的反洗钱、客户身份识别相关制度办法和工作流程，在对客户信息严密保护的同时充分了解客户的交易目的和交易性质，实现穿透管理，各业务条线在开展业务时均需要进行反洗钱核查和客户身份识别。

二是建立高效的客户信息管理系统。证券公司采集的客户信息字段往往繁多复杂，系统应在最大限度保护客户信息的同时，对其中核心信息字段进行穿透识别，定期检查更新。向机构间私募产品报价与服务系统报送客户开户数据时，参照同基金公司的接口规范，隐去客户联系方式，以便在机构间做到客户信息隔离保护。

三是建立反洗钱调查黑名单的信息共享机制。证券公司应就客户信息隔离保护、反洗钱等内容组织业务人员专题培训，分享成功案例，通过不断提升业务人员的风险意识和专业能力，促进柜台市场在互联互通等方面的持续健康发展。

四是明确各方职责与义务。证券公司柜台市场试点之初，只有《证券公司柜台交易业务规范》，后续才相继完善了配套的自律规则，出台了《证券公司柜台市场管理办法（试行）》，管理办法虽然填补了很多法规空白，但作为自律规则，层级较低，并不足够支撑证券公司柜台市场发展壮大。市场缺乏更高层级的行政监管来支撑备案办法的法律效力。因此，建议尽快通过更高层级的监管规则明确证券公司柜台市场功能定位和业务资格，消除市场参与主体的业务资格顾虑，引导证券公司规范开展柜台市场业务。

五是在完善顶层设计的基础上，统一标准，发布新规，并加强相关培训市场配套基础设施建设。当前，场外市场登记结算后台大量重复建设，呈现碎片化的格局，不仅未能有效利用现有场内市场登记结算基础设施并充分发挥其业务经验和优势，也不利于柜台市场的风险管理和规范化运作。柜台市场建设应当配套完善的基础设施，通过系统互联充分利用已有设施便利，提高资产权属确认的法律效力，改善资金结算效率，保证市场高效运转。

专题报告之九：2018 年机构间私募产品报价与服务系统发展综述

2018 年是贯彻党的十九大精神的开局之年，中证机构间报价系统股份有限公司（以下简称“中证报价”）在中国证监会及中国证券业协会的指导下，始终围绕着服务实体经济、防控金融风险、深化金融改革的总任务，坚持稳中求进的总基调，顺应市场变化，积极发挥机构间私募产品报价与服务系统（以下简称“报价系统”）平台功能，稳步推进各项业务健康有序发展。

第一章 2018 年报价系统发展的主要特点

一、充分发挥基础金融设施作用

作为中国多层次资本市场基础金融设施之一，报价系统秉持“多元、竞争、开放、包容”的发展理念，继续围绕私募市场、机构间市场、互联互通市场、互联网市场定位，不断完善私募产品报价、发行、转让及互联互通、登记结算、信息服务等核心功能，稳步推进私募债券、私募股权、场外衍生品等业务规范有序发展，为支持实体经济、小微初创企业、行业扶贫提供了有效的金融服务。

中证报价持续优化投资者教育、私募基金电子签约、互联互通、登记结算等基础性服务，在切实保护投资者利益、解决行业“痛点”、促进证券经营机构提升核心竞争力等方面发挥了积极作用。同时，中证报价积极发挥场外证券市场监测监控功能，协助监管部门开展场外证券市场监管与自律管理，推进场外市场平稳健康发展。

二、以服务实体经济为目标，打造直接融资平台

作为被国务院《关于促进创业投资持续健康发展的若干意见》《“十三五”国家战略性新兴产业发展规划》确认为支持直接融资服务、支持战略性新兴产业创业企业发展的机构，中证报价始终以服务实体经济为目标，服务国家发展战略，为实体企业进行直接融资提供平台。经过四年多的探索，目前报价系统的直接融资支持体系已涵盖资产证券化、私募债券、私募股权等私募产品，业务稳步发展，并推动了一批符合国家政策导向的项目落地。此外，中证报价坚持发展与规范并举，依据不同的应用场景提供投融资对接、产品路演、产品发行、信息披露等一系列服务，在解决青年初创小微企业融资困难、推动证券行业支持服务脱贫攻坚、提供场外衍生品精细化风险管理等方面进行了有益探索和有效补充，进一步增强了报价系统服务实体经济、服务直接融资的能力。

三、发挥优势功能，助力场外市场发展

报价系统已建立覆盖私募产品交易前中后全流程的服务体系，能够为市场参与人提供注册审核、产品询报价、定价估值、在线签约、交易监督、登记结算等一体化服务，系统整体功能框架完整，符合国际成熟市场发展电子化交易的发展趋势。此外，报价系统通过提供场外市场信息、行情、订单、后端产品登记、资金结算的互联互通服务，促进了证券公司柜台市场等场外市场的联通，在一定程度上解决了场外市场分散发展、信息“孤岛”等问题。推进私募基金电子签约系统建设，为私募基金开展业务过程中涉及的合同签署提供非交易型电子签约信息技术服务，努力培育私募基金运作流程的新业态。依托机构间市场投资者教育基地，开展投资者适当性管理和证券期货投资者教育，切实维护投资者利益，助力场外市场健康发展。

中证报价不断完善场外证券市场监测监控功能，建立科学化、规范化、电子化的监测机制，收集并管理场外业务数据，定期向监管机构和其他系统内单位报送，为监管部门及自律组织进行场外证券市场监管与自律管理提供了有力支持。

四、坚守风控底线，防控金融风险

中证报价坚决贯彻中国证监会依法从严全面监管的要求，始终将风险管理能力视为自身发展建设的重中之重和核心竞争力之一。认真围绕总体风险管理、应急管理及常规风控流程与业务操作三个层次开展全面风险管理制度体系建设；坚持单只产品监控和整体市场风险监控并重，不断完善风险动态监测预警指标体系；以风险防控为目标，全面开展加强风险排查与监督检查工作，为各项业务的平稳有序开展提供保障。

第二章
2018 年报价系统运营情况

一、参与人情况

（一）参与人数量持续增长，结构进一步优化

2018 年，报价系统参与人延续了 2017 年的快速增长趋势，全年新增参与人 1 011 家，增长幅度达 33.04%。新增参与人主要以银行、基金、保险、信托、综合性投资机构、实体企业等为主。截至 2018 年 12 月 31 日，报价系统参与人总共 4 036 家。在参与人数量保持增长的同时，参与人结构也不断优化，参与人活跃度不断提高。

（二）加强投资者适当性管理工作，督促参与人履行适当性义务

为了进一步落实监管部门关于投资者适当性管理的要求，中证报价依据《机构间私募产品报价与服务系统投资者适当性管理办法》加强投资者适当性管理工作。一是持续优化适当性信息服务平台；二是持续推动参与人投资者适当性制度报备工作。截至 2018 年底，共督促 193 家机构完成报备。

（三）积极推动投资者教育培训工作

中证报价积极推动投资者教育培训工作，开展线上投教活动 12 场，参与人数 776 183 人次；线下投教活动 18 场，参与人数 1 701 人次。同时，在推动投资者教育纳入国民教育方面取得突出成效。

二、私募产品发行与交易情况

（一）产品发行规模

自运营以来，报价系统产品发行数量和规模持续增长。截至 2018 年 12 月 31 日，报价

系统累计发行产品 23 756 只，累计募集资金 14 367. 94 亿元。

报价系统 2014 年正式上线，经过四年多的建设，报价系统发行的产品类型不断丰富，已涵盖收益凭证、资产管理计划、非公开发行公司债券、资产支持证券、私募股权投资基金、私募证券投资基金、信托产品等多元化品种。截至 2018 年 12 月 31 日，共 220 家参与人在报价系统发行产品。其中，22 568 只发行成功，1 162 只发行失败，26 只处于募集期（见图专 9 - 1）。

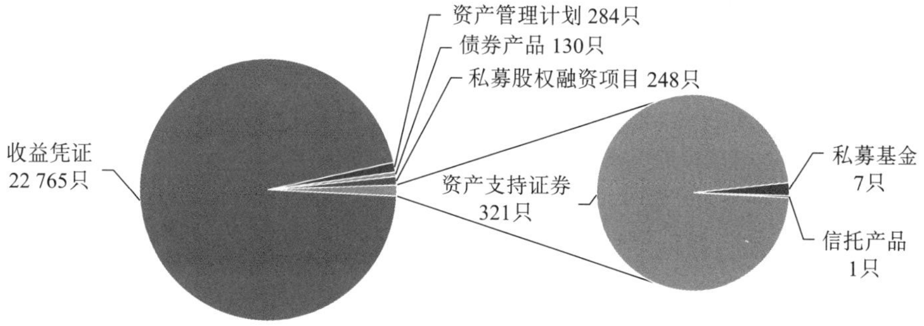

图专 9 - 1　报价系统私募产品累计发行数量

（二）产品交易规模

为满足私募产品转让需求，提高私募产品流动性，促进私募发行，报价系统积极构建基于互联网的开放式、全网运行的报价交易平台。

1. 转让市场交易稳步增长

报价系统支持证券公司资管计划、私募基金、非公开发行公司债券、资产支持证券、收益凭证、私募股权等私募产品在线转让，提供协议转让、做市转让、拍卖竞价和标购竞价等多元化转让方式。2014 年转让交易金额为 310. 01 万元；2015—2017 年报价系统转让交易规模连续三年高速增长，交易金额分别达到 49. 23 亿元、262. 68 亿元和 595. 78 亿元；2018 年转让交易增长已趋于平稳，截至 2018 年底，报价系统累计交易金额共计 1 389. 8 亿元。

从产品类型上来看，截至 2018 年 12 月 31 日，共 3 818 只私募产品在报价系统挂牌转让，其中非公开发行公司债产品转让成交金额达到 85. 63%，成为报价系统转让交易最为活跃的产品（见图专 9 - 2）。

2. 完善做市商机制，提供流动性支持

为进一步提高报价系统私募产品流动性，满足投资者交易需求，中证报价积极推进报价系统做市商机制建设，着力培育私募产品做市商队伍。报价系统支持做市商采用双边报价做市、回应询价做市等做市方式。截至 2018 年 12 月 31 日，报价系统共有 13 家做市商，在报价系统对收益凭证、资产管理计划等 98 只产品提供双边报价；做市交易累计成交 1 072 笔，交易金额 37 561. 78 万元。

3. 申购与赎回

截至 2018 年 12 月 31 日，共计 28 只产品在报价系统进行申购与赎回业务。报价系统共

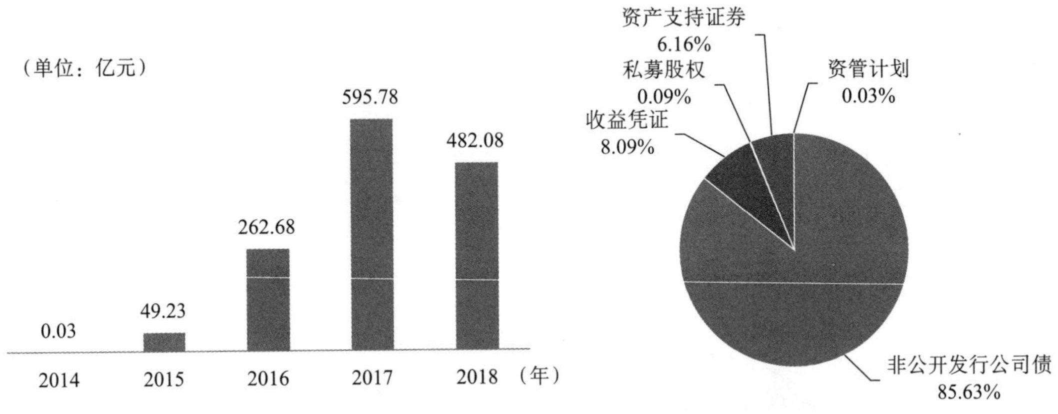

图专9－2　报价系统年度转让交易金额与各类产品转让成交金额占比

收到申购申请304笔，申购金额共计39.99亿元；共收到赎回申请587笔，赎回金额共计32.17亿元。

（三）行业首创私募基金电子签约服务平台

为促进私募基金行业规范高效发展，降低行业运营成本，提高行业运营效率，为行业提供基础设施服务，中证报价建设了中证电子签约平台（以下简称"签约平台"），为私募基金开展业务过程中涉及的合同签署提供非交易型电子签约信息技术服务。签约平台专注服务于私募基金、资管计划、场外柜台私募产品等领域，用可靠的电子合同替代传统纸质合同，用可靠的电子签名替代传统手写签章，满足私募类产品全生命周期的签约需求，提供适当性管理、在线录音录像、电子合同在线签署及管理等全流程功能支持，适配多方签约场景，便利私募类产品合同报备。签约平台致力于为市场提供高效、低成本、安全的签约服务，为监管部门提供监测监控、穿透监管、数据统计等辅助工具。

签约平台自2018年6月28日上线以来，已正式合作托管人有8家，已正式合作管理人有26家，其中已正式合作托管人名单有中信证券、海通证券、中泰证券、恒泰证券、平安银行、广发证券、兴业证券、中金公司。中信证券作为托管人与美港资本作为管理人在签约平台完成了首单电子签约业务并成功在中国证券投资基金业协会完成电子合同备案。截至2018年12月31日，已有5家托管人及多家私募基金管理人在签约平台开展了电子签约业务。签约平台服务为私募行业机构提供了极大便利，有效解决了合同签约及管理的痛点问题，提升了合同运营管理电子化水平，方便了私募产品后续备案工作。

三、固定收益业务规范发展，助推经济高质量发展

2018年固定收益持续发展，在推进增量的同时加强了对存续产品的风险管理，维护市场稳定。

（一）持续完善债券类产品市场监管，自觉维护债券市场稳定

报价系统始终围绕防范债券市场信用风险，切实扛起一线监管职责，坚持市场化、法治化的改革方向，不断完善市场监管体系和制度，强化风险防控机制，夯实市场运行基础。一是进一步完善以风险为导向的信息披露及监管机制，加强信息披露审核和风险监测监控。二是切实加强存续期信息披露管理与信用风险管理的协作，认真开展落实以付息兑付为重点的风险排查，防范流动性风险。截至2018年底，报价系统私募债券信用风险评价指标、集中度指标等均持续保持在极低风险水平内，整体风险可控。

（二）稳步发展资产证券化业务，提升服务国家战略能力

中证报价认真贯彻落实党和国家战略部署，稳妥推动应收账款和供应链金融资产证券化业务，助推企业转型升级。2018年资产证券化的受理规模316.63亿元，已出具无异议函的资产证券化产品15单，拟募集资金总额136.09亿元，已发行13单，募集资金106.41亿元。

中证报价积极响应服务绿色发展和脱贫攻坚战略，鼓励绿色能源企业和贫困地区企业开展证券化融资。2018年5月，首单具有扶贫、绿色两大特色的ABS项目——恒安电力绿色水电资产支持专项计划在报价系统成功发行。该项目是云南省第一单绿色扶贫项目，对绿色能源发展起到良好的示范效应。

中证报价积极推动企业应收账款资产证券化业务。银河金汇－钰泰蓝石－冀中能源物流2018第1期应收账款资产支持专项计划等项目以应收账款盘活形式丰富了实体企业融资渠道，优化了财务结构，推动了企业发展。

四、股权市场场景丰富，业务整体平稳运行

2018年，中证报价始终积极主动开展私募股权各项工作，落实国家创新创业、脱贫攻坚等政策要求，持续深化市场服务，夯实报价系统基础设施建设，加强各种资源协调配合及市场规范管理，稳扎稳打推进报价系统私募股权业务，完善多层次资本市场体系，促进实体经济发展。

（一）深化“双创”平台综合金融服务，多维度支持“双创”事业

为支持青年创新创业，中国证券业协会与共青团中央合作搭建中国青年创新创业金融综合服务平台（以下简称“双创平台”），一方面联结各级地方政府扶持“双创”企业发展，另一方面对接推荐机构、孵化器、投资机构等深入参与“双创”业务。2018年，依托报价系统私募融资功能及参与人体系，“双创”平台深度参与各项大赛，通过区域中心、青创训练营、挂牌路演、线上评选、大众投票等活动和环节服务“双创”企业，促进“双创”企

业发展，发掘优质创业企业，组织开展路演、创业培训辅导、企业咨询等多元服务，为“双创”企业在品牌营销、合作渠道、投融资对接等方面提供支持。

截至2018年12月31日，“双创”平台累计上线企业及项目573个，其中“双创”展示企业428个，股权融资项目101个，“双创”展示项目44个，通过孵化器机构联盟与119个孵化基地建立联系，覆盖全国35个主要城市。

（二）夯实扶贫平台功能，多种方式服务脱贫攻坚

为推动证券行业实施精准扶贫，促进贫困地区发展，在中国证券业协会指导下，中证报价依托报价系统建立中国金融扶贫综合服务平台（简称“扶贫平台”）。2018年，扶贫平台联合证券公司、扶贫杂志社等扶贫机构，组织开展资本市场培训及路演活动，为贫困县企业与私募基金、证券公司等金融机构搭建对接平台，促进企业与资本市场对接；定期发布扶贫动态，拓宽证券行业扶贫宣传渠道，提高社会对证券行业扶贫的关注度及影响力。

截至2018年12月31日，扶贫平台组织开展扶贫活动6场，已有64家贫困地区企业通过扶贫平台进行投融资对接，其中33家在扶贫平台进行展示。2018年8月，在由新浪财经、新浪公益和微公益联合举办的2018金融企业扶贫论坛暨创新评选颁奖典礼中，扶贫平台荣获“2018金融企业扶贫组织动员奖”。

（三）持续提供多种增值服务，促进企业融资发展

为更好地服务报价系统私募股权市场上线企业，提高市场资源配置效率，中证报价积极拓展业务合作机构，在持续夯实与各级政府合作基础的同时，推动政府补贴奖励等政策落地，降低中小微企业融资成本。目前已有江苏、陕西等九个地方政府出台相关补贴政策。成立中证创新学院，充分发挥孵化器机构联盟的作用，持续提供路演、宣传、培训、投融资对接等多种增值服务，为挂牌企业提供全方位发展支持，促进企业融资发展。

截至2018年12月31日，报价系统私募股权市场累计上线企业和项目835个，其中2018年新增企业和项目407家，累计实现融资13.69亿元。上线企业主要集中在信息技术、智能科技、先进制造、农林牧渔等与国家发展、社会民生相关的行业。

五、完善衍生品市场合规风控体系，严控业务风险

（一）参与人结构优化，交易平稳

2018年，在报价系统场外衍生品市场开展过交易的参与人机构共计349家，参与交易机构类型丰富，有效满足参与人机构对交易对手方机构多元化的需求。2018年，报价系统场外衍生品市场新增主协议1 224笔，新增交易确认书5 061笔，合计新增初始名义本金352.99亿元，其中场外期权新增299.69亿元，收益互换新增53.30亿元。

（二）风险管控持续加强

中证报价持续完善合规风控体系建设，确保报价系统场外衍生品市场合规运营、风险可控。一是加强事前合规管理，做好参与人准入，确保证券公司及其他机构符合场外衍生品业务相关注入要求，针对非证券公司参与人，严控各类涉嫌场外配资或其他违法违规行为的机构进入场外衍生品平台交易。二是加强交易的事中管理，对场外个股期权重点监测监控，持续对场外期权交易结构、挂钩标的、对手方适当性、交易期限、单一股票存续规模占流通市值比例等进行监测监控。三是持续开展场外衍生品交易的事后合规性分析，对报价系统场外衍生品市场的全量交易进行事后合规分析，关注对手方适当性、交易结构、对手方交易目的、条约条款合规性等方面的情况。

（三）充分发挥风险管理功能，服务实体经济

为充分发挥场外衍生品的风险管理功能，推动场外衍生品市场服务实体经济。中证报价积极开展相关交易组织工作，推动涉农企业、产业客户、保险公司、期货风险管理子公司等通过平台开展以农产品、工业原材料为标的的场外衍生品交易，有效满足了农户、产业客户等风险管理需求。截至2018年底，报价系统场外衍生品市场挂钩商品类标的的交易，合计涉及初始名义本金额34.05亿元。

六、场外市场登记结算服务稳中有进

2018年报价系统登记结算运营管理从防控风险、完善服务、优化流程及业务创新等方面着手，稳中求进，为各类业务的开展提供了有力支撑。

一是持续完善报价系统登记结算制度体系，进一步夯实登记结算业务开展的制度基础。2018年8月，《机构间私募产品报价与服务系统账户业务指南（试行）》《机构间私募产品报价与服务系统登记业务指南（试行）》《机构间私募产品报价与服务系统资金结算业务指南（试行）》正式发布，进一步提高了报价系统登记业务规则体系的指导性与可操作性。

二是积极优化账户管理，稳步推进参数管理及清算交收等工作。截至2018年12月31日，报价系统累计为参与人开立产品账户3 131个、资金结算账户3 993个；累计收到参与人报送的合格投资者账户9 279 000个。

三是以业务需求为导向，统筹推进登记结算相关系统建设，持续优化系统功能，为报价系统登记结算业务提供有力的系统支撑。2018年9月，报价系统完成T+0清算功能升级，支持产品认购、成立及清盘业务的T+0清算确认，在兼顾证券公司合规性需求的前提下显著提高了报价系统清算效率。

四是持续拓展资金结算渠道，强化结算渠道管理，提升结算资金管理的时效性及稳定性。截至2018年12月31日，报价系统结算渠道共计16家，包括14家结算银行、1家三方

支付机构以及中国证券登记结算有限公司深圳分公司。

五是内部试点开展报价系统估值业务。2018 年 10 月，报价系统在初步搭建发行人信用风险评价体系的基础上，以报价系统真实交易数据和参与试点机构的每日报价为基础，自建模型，试点编制了 AAA、AA +、AA、AA -、A 五个信用等级的固定收益型收益凭证的收益率曲线，为正式推出报价系统估值业务打下了坚实基础。

第三章
2018 年报价系统风险监测与风险管理情况

风险监测与风险管理是中证报价建设和发展的重中之重。一方面，中证报价受协会委托，进行场外证券业务的风险监测监控，为监管与自律管理提供支持，确保场外证券业务稳步规范发展；另一方面，在严控业务风险的前提下稳步推进各项业务发展，严守风险防控底线，努力更好地支持和服务实体经济发展。

一、完善场外证券业务报告系统，加强场外证券业务监测监控

2018 年，中证报价持续加强对场外证券业务监测监控。一是优化场外证券业务报告系统。完成场外证券业务报告系统升级，提升报送义务人的操作友好度体验，完善数据接收、审核管理、风险监测、统计分析等功能，新上线场外债券投资交易监测业务系统，满足场外债券交易监测的需求。二是加强重点业务监测监控。中证报价依托场外证券业务报告数据，对场外衍生品、收益凭证、非公开发行公司债券加强业务监控，协助规范场外衍生品业务。三是进行场外证券分析与研究。中证报价挖掘场外证券业务数据，追踪市场动态，向全市场发布《场外证券业务开展情况报告》，成为市场了解场外证券业务发展的重要途径，增强了场外证券业务市场的透明度。

二、完善报价系统风险管理体系，有力管控支持业务发展

2018 年，报价系统在严控风险的前提下，推进业务发展，整体业务平稳运行，未出现实质性违约事件。一是完善了报价系统的风险监测指标体系。中证报价建立了收益凭证、资产支持证券及非公开发行公司债券等三类产品的风险监测指标体系。为提升风险监测指标的灵敏性、前瞻性、易用性和稳定性，对三类产品的风险监测指标进行了进一步地优化完善。引进对存续期产品风险影响灵敏度更高的指标，增加了对发行人产品到期兑付风险的监测，增强了风险监测与预警的能力；完善风险监测指标打分规则，科学地反映风险动态变化。以风险监测指标体系为基础，定期编制风险监测报告，为业务管理提供参考。二是建设风险管

理系统。为推动报价系统自身风险管理过程的电子化，中证报价开展风险管理系统建设，并于 2018 年底正式上线投入使用。风险管理系统集合并同步报价系统主要固收类产品和业务的数据信息，自主配置风险监测指标和相关风险测算模型并实现指标的自动化计算和产品的舆情监测，集合风险管理业务相关的规则、动态和报告等文件资料，实现了风控业务的可视化、一站式展示和管理，为风险管理工作的开展提供了重要支撑。

专题报告之十：2018 年中国证券投资咨询公司发展综述[①]

第一章 证券投资咨询机构经营现状

2018 年证券投资咨询机构平稳发展，行业发展进入调整巩固期，行业集中度较高，行业专业水平有所提高，服务能力进一步提升，行业领先企业竞争力凸显。在防控金融风险、保护投资者及服务实体经济等方面，证券投资咨询机构回归证券投资咨询业务本源，聚焦证券投资咨询主业，同时积极寻求行业发展的新机会。

一、行业平稳发展，进入调整巩固期

2018 年在证券行业全面从严监管政策环境下，证券投资咨询机构积极防控金融风险，证券投资咨询等传统业务进入收缩调整巩固期，新业务继续积极探索新的发展路径。根据中国证券业协会 2018 年专项调查统计，2018 年度证券投资咨询行业总体经营状况发展良好，资产规模与上年基本持平，净资产规模、营业收入有不同程度的增长，净利润下滑。行业业务规模相对稳定，员工规模有所收缩，专业团队持续扩张，分支机构业务收缩调整，合规风

① 本报告中的数据均基于 2018 年中国证券业协会专项调查统计，参与调查的证券投资咨询公司共计 80 家，数据截至 2018 年 12 月 31 日。

控管理水平进一步提升，证券投资咨询主业发展平稳，新业务发展有进有退有待突破。其中，传统业务中的证券投资咨询业务、证券资讯（平台）服务业务均进入收缩调整阶段；新业务发展仍然缓慢，其中财务顾问业务持续萎缩，私募基金管理、基金销售业务、智能咨询业务虽然有一定发展但体量较小，对行业贡献有限。在发展的过程中，行业整体经营也有不足之处，证券投资咨询机构面临着提升经营水平、投研能力、证券服务能力，进一步规范行业发展，拓展新业务等一系列挑战。

截至 2018 年 12 月 31 日，参与问卷调查的 80 家证券投资咨询机构 2018 年实现行业营业收入总计 87.94 亿元，同比增长 0.56%；行业净利润总计亏损 0.22 亿元，同比下降 103.41%；行业总资产总计 112.77 亿元，同比下降 1.02%；行业注册（实缴）资本总计 49.67 亿元，同比增加 18.97%（见表专 10－1）。

表专 10－1　　证券投资咨询机构基本情况

基本情况（亿元）	2018 年	2017 年	同比增减（%）
总资产	112.77	113.92	－1.01
注册资本	49.67	41.75	18.97
营业收入合计	87.94	87.45	0.56
净利润	－0.22	6.46	－103.41

二、行业发展分化，专业化水平提升

为了更好地服务投资者、服务资本市场和提升盈利能力，2018 年证券投资咨询机构进行了业务调整，通过收缩分支机构、提升专业人员比例、提高专业能力、强化风控合规管理等措施，深化行业发展。这使得证券投资咨询机构行业专业化水平提升，为证券投资咨询机构传统的证券投资咨询业务奠定了未来发展基础，新业务方面积极探索多元化发展路径，积累了一定的经验。不足的是新业务受到法律法规的限制，证券投资咨询机构业务类型仍然相对单一，行业集中度依然较高，新业务探索仍十分艰难，新业务收入行业占比依然较低，收入主要来源依然是传统的证券投资咨询业务。

（一）行业集中度高，分化逐渐显现

近年来证券投资咨询机构注册资本、资产规模、收入规模呈现逐年增长的态势。2018 年资本市场不景气，咨询机构行业业务发展有所收缩，但行业资本实力进一步增强，行业资产规模和收入规模保持相对稳定。截至 2018 年 12 月 31 日，参与问卷调查的 80 家证券投资咨询机构注册（实缴）资本、总资产、总收入分别为 49.67 亿元、112.77 亿元和 87.94 亿元，较 2017 年分别增长 18.97%、－1.02% 和 0.56%。相比证券公司，证券投资咨询机构行业资本、资产和收入规模依然不大，行业集中度有提升空间，行业分化明显。根据问卷调

查统计，行业注册资本 49.67 亿元，行业平均注册资本为 6 208.53 万元，其中 21 家机构注册资本达到 1 亿元以上，大多数机构注册资本低于平均水平，12 家机构注册资本低于 500 万元；行业总资产 112.77 亿元，行业平均资产为 14 096.59 万元，其中 22 家高于行业平均值，8 家机构总资产超过 3 亿元，30 家机构总资产低于 5 000 万元；行业净资产总额为 65.55 亿元，行业净资产平均值为 8 193.52 万元，9 家机构净资产超过 2 亿元，41 家机构净资产低于 3 000 万元，其中有 1 家机构净资产为零，14 家机构净资产为负；行业营业总收入 87.94 亿元，收入排名前 10 位的咨询机构总收入为 40.06 亿元，占行业总收入 45.69%；全行业净利润亏损 0.22 亿元，其中 45 家咨询机构实现盈利，合计净利润为 5.30 亿元，净利润排名前 5 位的咨询机构合计净利润为 3.25 亿元，占行业实现盈利的咨询机构净利润总额的 61.29%，1 家咨询机构净利润为零，34 家咨询机构亏损，合计亏损为 5.52 亿元；员工总数超过 500 人的有 11 家机构，员工总数少于 10 人的有 7 家机构。

从数据上看，证券投资咨询机构的注册资本、总资产、净资产、营业收入、净利润、员工规模等综合实力悬殊。大型咨询机构数量较少、业务量增长较快、盈利能力较强，小型咨询机构数量较多、业务竞争能力较弱、盈利能力较差。综上，证券投资咨询机构行业集中度相对较高，行业分化明显。

（二）传统业务为主，新业务任重道远

证券投资咨询机构通过多年的发展，已经逐渐探索出以证券投资咨询业务主业为核心，财务顾问、基金销售、私募基金管理、其他业务等创新业务多元化发展的业务模式。2018 年证券投资咨询机构收入与 2017 年相当，行业收入增长放缓，行业集中度依然较高。同时行业收入结构没有明显改善，传统业务收入占比依然较高，新业务收入占比小幅攀升，但由于体量较小对收入的影响有限。

2018 年证券投资咨询机构总收入 87.94 亿元。其中，证券投资咨询业务收入 74.79 亿元，新业务收入 13.15 亿元，分别占总业务收入的 85.05% 和 14.95%。证券投资咨询业务收入当中占比最高的是证券投资顾问业务，收入 70.03 亿元，占比约 93.63%；发布证券研究报告业务收入为 3.28 亿元，占比约 4.39%；其他证券投资咨询业务收入为 1.48 亿元，占比约 1.98%（见图专 10－1）。新业务当中，证券资讯平台服务收入为 2.19 亿元，占总业务收入的比例为 2.49%；财务顾问业务收入为 0.94 亿元，占总业务收入的比例为 1.06%；其他证券服务业务收入 1.89 亿元，占总业务收入的比例为 2.15%；其他业务收入 8.13 亿元，占总业务收入的比例为 9.25%，其包括房屋租赁、广告发布、私募基金管理、基金销售业务等收入（见图专 10－2）。参与问卷调整的 80 家证券投资咨询机构约 78% 的公司开展投资顾问业务，有 4 家公司开展发布研究报告业务，行业业务集中度依然较高。

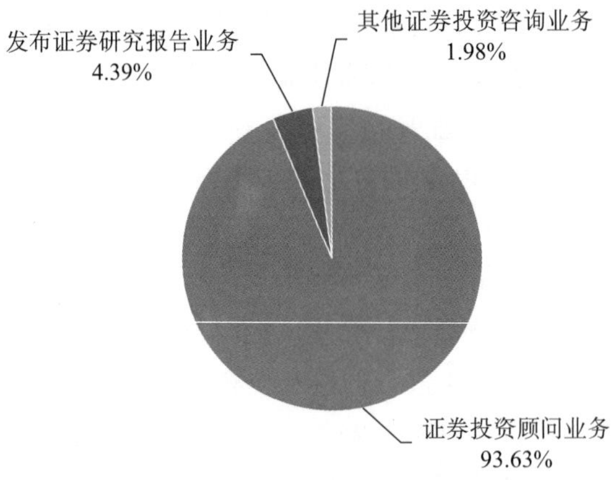

图专 10－1　2018 年证券投资咨询业务收入

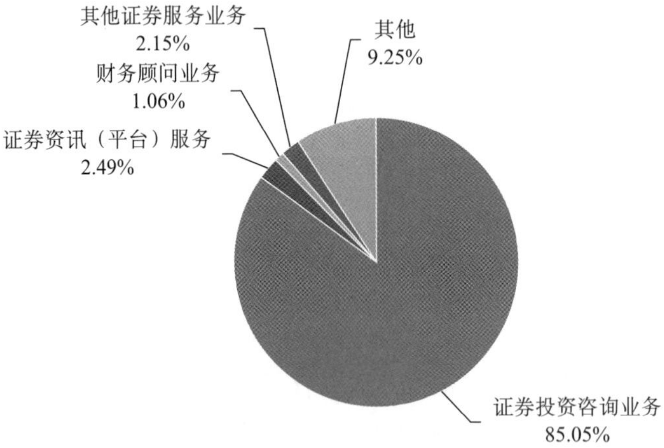

图专 10－2　2018 年投资咨询行业总业务收入

从以上收入结构来看，证券投资咨询业务的收入占比依然较高，绝大多数证券投资咨询机构的业务收入主要来源于证券投资咨询业务收入。其主要原因是证券投资咨询机构业务范围过窄，咨询机构将主要资源集中在证券投资咨询业务上，而一些新开展的业务整体发展相对缓慢，对证券投资咨询机构的收入贡献较少。

从营收增长情况来看，2018 年证券投资咨询机构业务总收入增长将近停滞。其中，证券投资咨询业务、证券资讯平台服务业务、其他证券服务业务同比分别下降 2.61%、12.71%、19.19%，其他证券服务业务及其他业务收入分别增长 211.29%、27.55%（见表专 10－2）。

表专 10－2　　证券投资咨询机构行业总体业务收入基本情况

行业总业务收入基本情况（亿元）	2018 年	2017 年	比 2017 年增减（%）
证券投资咨询业务	74.79	76.80	－2.61
证券资讯平台服务	2.19	2.51	－12.71

续表

行业总业务收入基本情况（亿元）	2018 年	2017 年	比 2017 年增减（%）
财务顾问业务	0.94	1.16	-19.19
其他证券服务业务	1.89	0.61	211.29
其他业务	8.13	6.38	27.55
合　计	87.94	87.45	0.57

现阶段证券投资咨询业务是咨询机构的核心业务，且业务集中度较高；证券资讯平台服务业务行业体量较小，增长空间有待提升；其他证券服务业务大幅增长，业务发展有待拓展；财务顾问业务市场空间大，对人员素质要求较高，对该项业务的能力要求也较高，但咨询机构相对于证券公司的竞争优势不明显，同时由于该项业务一直未能获得独立的业务资格，因此该业务未能取得突破，陷入停滞状态。

（三）专业人员比例提升，专业服务能力增强

2018 年度证券投资咨询机构的员工人数大幅减少，但专业人员大幅增长，专业能力大幅提升，合规人员小幅增长，合规水平进一步提升。2018 年度证券咨询机构员工总数为 18 331 人，较上年减少 3 253 人，减少幅度为 15.07%，但专业人员人数显著增长。其中，具有一般证券业务资格的人数为 5 445 人，较上年增加 1 365 人，增长幅度为 33.46%；投资顾问人数为 2 150 人，较上年增加 15 人，增长幅度为 0.70%；分析师人员总数为 159 人，较上年增加 20 人，增长幅度为 14.39%；通过从业考试但未取得从业资格的人数为 1 654 人，较上年减少 967 人，下降幅度为 36.89%；合规人员为 874 人，较上年增加 86 人，增长幅度为 10.91%；其他人员为 8 049 人，较上年减少 3 521 人，下降幅度为 30.43%。

证券投资咨询机构的员工分布呈现两极分化的态势，业务体量较大的少数咨询机构员工人数较多，业务体量较小的多数咨询机构员工人数极少。员工超过 500 人以上的咨询机构有 13 家，占行业 16.25%，其员工人数为 9 530 人，占行业员工总数的 51.99%。其中，员工人数超过 1 000 人的有 1 家，比上年减少 4 家；员工人数介于 200—999 人的有 31 家，和上年持平；员工人数介于 100—199 人的咨询机构有 10 家，比上年多 1 家；员工数量少于 100 人的咨询机构有 38 家，比上年多 1 家（见图专 10-3）。

专业人员配置比例较上年有一定提高，咨询机构行业总体专业能力有了一定提升。96% 的咨询机构都配置有投资顾问，其中有 12 家机构的投顾占比超过（含）50%；11% 的咨询机构配置有专业的分析师人员；94% 的机构都配置了一般证券业务资格的员工，其中一般证券业务资格的员工占员工总数的比例超（含）50% 的咨询机构有 34 家；90% 的咨询机构都配置了合规人员。从这些数据来看，证券投资咨询机构员工专业素质有所提高，专业能力显著提升。

（四）证券投资咨询机构分支机构收缩调整

证券投资咨询机构因业务发展需要在全国分别设置分支机构 182 家和子公司 42 家。全

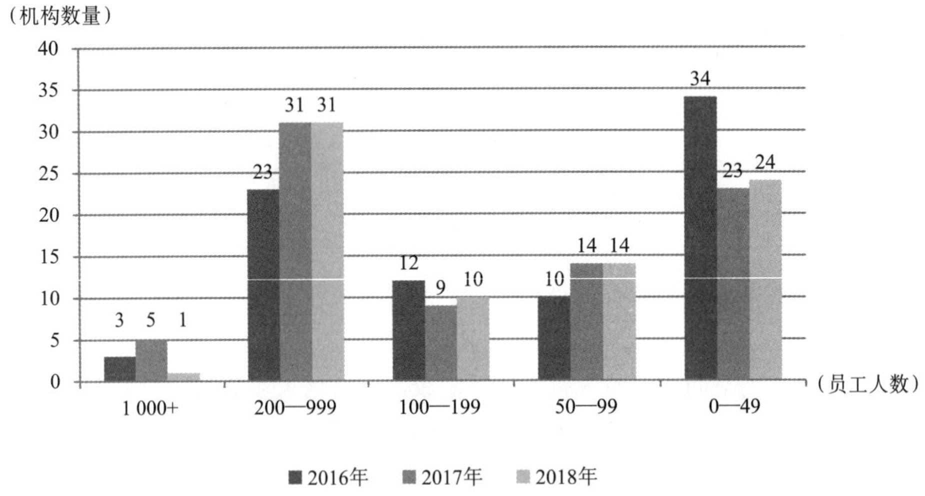

图专 10 -3　咨询机构近三年员工总人数情况（单位：家，人）

行业设置了分支机构和子公司的咨询机构分别为 45 家和 16 家，分别占咨询机构行业的 56.25% 和 20.00%。2018 年在全面从严监管的政策背景下，咨询机构分支机构规模收缩，部分咨询机构裁撤分支机构，咨询机构分支机构数量较 2017 年的 222 家减少 40 家。证券咨询机构子公司因基数较小，较上年的 36 家增加 6 家（见表专 10 -3）。

表专 10 -3　证券投资咨询机构分支机构及子公司分布情况

公司数量（家）	含分支机构的咨询机构数量（家）	占比（%）	含子公司的咨询机构数量（家）	占比（%）
10 +	1	1.25	1	1.25
5—9	16	20.00	1	1.25
1—4	28	35.00	14	17.50
0	35	43.75	63	80.00
合　计	80	100.00	80	100.00

三、主业突出，新业务发展有待突破

2018 年证券投资咨询机构立足证券投资咨询业务，探索多元化发展方向，分别开展了私募基金管理、基金销售、财务顾问、智能化咨询业务等。目前这些新业务有的取得了一定成绩并积累了一定的经验，有的新业务却因行业环境的影响，发展受到诸多因素的制约，咨询机构在业务多元化探索的道路上依然困难重重。

（一）证券投资咨询业务

目前在中国证监会备案监管的有 84 家证券投资咨询公司。2018 年和 2017 年绝大多数咨询机构的业务收入主要来源于证券投资咨询收入，此类业务主要包括证券投资顾问业务和发布证券研究报告业务等需要资质许可经营的业务。

2018 年证券投资咨询业务收入占营业收入的比例为 85.05%，较 2017 年的 87.82% 有所下降，但业务收入占比仍然较高；投资顾问业务收入依然是咨询业务收入的主要来源，其收入较 2017 年略有减少，这也是 2018 年证券投资咨询业务收入减少的主要原因。发布证券研究报告业务和其他证券投资咨询业务收入虽有增长，但由于体量较小，对证券投资咨询业务的收入贡献有限（表专 10－4 和表专 10－5）。

表专 10－4　　证券投资咨询机构主营业务收入基本情况

主营业务收入基本情况	2018 年	2017 年	比 2017 年末增减（幅度）
证券投资咨询业务收入合计（亿元）	74.79	76.80	－2.01
营业收入合计（亿元）	87.94	87.45	0.49
咨询业务占营业收入比例（%）	85.05	87.82	－2.77

表专 10－5　　证券投资咨询机构证券投资咨询业务收入基本情况

证券投资咨询业务收入基本情况（亿元）	2018 年	2017 年	比 2017 年增减（幅度）
证券投资顾问业务	70.03	73.21	－3.18
发布证券研究报告业务	3.28	3.11	0.17
其他证券投资咨询业务	1.48	0.48	1.00
合　计	74.79	76.80	－2.01

2018 年投资顾问业务收入增长停滞，全行业收入规模达到 1 亿元（含）以上的咨询机构 23 家，收入达到 2 亿元以上的咨询机构有 13 家，均较上年减少 1 家。从以上行业数据来看，咨询机构的投资顾问业务发展进入调整期。

（二）智能化投资咨询服务

金融科技革新证券服务业，智能化投资咨询业务通过大数据技术、人工智能可以提升证券服务各环节的效率，为投资者提供更精准、更高效的智能化证券服务。目前，证券投资咨询机构借助人工智能，开始发展智能化证券投资咨询服务。2018 年有 23 家咨询机构分别从业务的不同角度为切入点，开展了智能化投资咨询服务。这些咨询机构分别开发了智能化客服、智能化咨询、智能化理财规划、智能化金融研究、智能化风控体系、智能化服务等系列产品。智能化咨询业务相关的从业人员数量达到 812 人，智能化咨询服务的收入规模为 5.33 亿元，较上年的 2 亿元增长 3.33 亿。智能化咨询作为咨询机构转型发展的新探索方向之一，未来有望帮助咨询机构转型布局发展并获得良好收益。

（三）私募基金管理及基金销售业务

目前，80 家咨询机构已有 19 家在中国证券投资基金业协会注册为私募基金管理人（截至 2018 年 12 月 31 日)，并参与私募基金管理业务。59 个基金项目已设立，其中 47 个私募基金已成功发行，发行的基金总额达到 20.61 亿元。此外，17 家咨询机构总共投资基金总额 17.47 亿元。在投资方向上，二级市场投资方向（投资沪、深证券交易所市场和证券投资基金等）金额为 15.47 亿元，较 2017 年的 18.00 亿元小幅下降 2.53 亿元，股权投资方向（投资新三板市场、上市公司定增、未挂牌上市股权等）金额约 1.53 亿元，较 2017 年的 2.5 亿元下降 0.97 亿元。咨询机构在私募基金管理业务上未有进一步拓展。

在基金销售方面，截至 2018 年 12 月 31 日，已有 9 家咨询机构取得基金销售业务资格，3 家咨询机构开展了私募基金代销业务（含信托计划、资产管理计划等)。2018 年咨询机构基金销售业务整体大幅增长。其中，代销公募基金金额 286.60 亿元，比 2017 年增长 146.26%；代销私募基金金额 11.48 亿元，与 2017 年基本持平（见表专 10 -6)。

表 10 -6　　证券投资咨询机构基金销售业务开展情况　　（单位：亿元）

基金销售业务开展情况	2018 年	2017 年	2016 年
公募基金代销金额	286.60	116.38	58.55
私募基金（含信托计划、资产管理计划等）金额	11.48	11.81	35.69

（四）财务顾问业务

2018 年 4 家咨询机构开展了财务顾问业务，主板及创业板并购重组财务顾问项目数共计 8 个，正在进行项目 7 家，拟签约项目 1 家。新三板并购重组财务顾问项目数共计 7 个，正在进行项目 4 家，拟签约项目 3 家。仅剩 3 家机构配套有并购重组财务顾问业务承揽及承做项目人员。2 家咨询机构开展了场外市场业务，全年无新三板挂牌项目，区域股权市场挂牌项目数共计 21 个，仅剩 2 家机构配套有区域股权市场挂牌业务承揽及承做项目人员。2018 年全年财务顾问业务收入共 3 296.97 万元，较 2017 年大幅下降。

（五）其他证券服务业务

其他证券服务业务是指无须资质许可就可以经营的各项业务，主要包括证券资讯平台服务业务、财务顾问业务、其他证券服务业务及报价系统业务等。2018 年咨询机构共 5 家开展了证券资讯平台服务业务，6 家其他证券服务业务，11 家企业担任财务顾问业务，26 家企业通过其他业务收入提升了营收状况。

第二章 证券投资咨询行业发展面临的问题

一、行业规范发展水平有待提升

近年来随着证券投资咨询业务增长，证券投资咨询机构的分支机构、销售人员、服务人员等均不断增长，在业务增长的同时，证券投资咨询机构分支机构在经营上有待进一步规范，证券投研投入相对业务规模相对不足，证券服务能力需要进一步提升。未来证券投资咨询机构将面临提升经营水平、投研能力、证券服务能力，规范行业发展等一系列挑战。

二、研究报告业务拓展困难，高端人才培养不足

证券投资咨询机构开展发布研究报告业务需要具备相应的业务管理制度和内部控制机制，并由注册地证监局按照审慎监管要求对其开展发布证券研究报告业务出具无异议函后才能开展该项业务。目前 84 家证券投资咨询公司中，仅 7 家可开展发布研究报告业务，拥有证券分析师研究团队，其他多数证券投资咨询机构只能设置证券投资顾问岗位。证券投资咨询机构经过多年的发展，在内控建设、人才积累等方面都有较大提升，一些机构具有发布研究报告的能力，开展研究报告业务可以提升证券投资咨询机构服务证券市场的能力。证券研究报告业务服务的主要对象为专业的机构投资者，他们对证券专业服务的水平要求更高，该业务的开展将与投顾业务相呼应，这样可以提升证券投资咨询机构的投资顾问等业务的服务能力。

证券行业是人才密集型行业，需要不断引进人才和培养人才，才能为行业持续不断地输送人才。目前证券投资咨询机构只有开展了发布研究报告业务，才可以在协会注册证券分析师，而多数证券投资咨询机构没有发布研究报告业务的资格，无法申请注册分析师岗位。这导致多数证券投资咨询机构难以吸引优秀的证券投研人员，也难以通过内部培养优秀的投研人员。但多数证券投资咨询机构未能获得开展研究报告业务的行政许可，大多数证券投资咨询机构只能注册投资顾问人员，系统全面的高端人才结构难以形成。

三、行业发展面临法律法规等制度制约

1997年国务院发布《证券、期货投资咨询管理暂行办法》，在我国证券市场早期对规范证券投资咨询业务健康发展起到了重要作用。但随着证券投资咨询行业多年的发展，证券投资咨询的内涵、形式、载体等发生了巨大变化，同时居民理财需求也逐渐多样化。证券投资咨询机构想要持续发展，需要适应新的市场环境，拓展新的业务方向才能满足市场需求。然而该法规很多规定已经不适应证券投资咨询业务、证券投资咨询机构和行业发展创新的需要，持续发展面临挑战。

四、证券投资咨询本源业务深度发展受限

随着我国居民财富增长和证券市场发展，投资者投资理财服务需求不断深化，越来越多的个人投资者希望证券期货经营机构和其专业人员为其提供证券投资顾问服务时，不仅能为其提供投资建议，而且能为其提供账户管理服务，代理其执行账户投资或交易管理。证券期货经营机构也希望适应投资者财富管理需要，能够为投资者提供账户管理服务，推动业务转型发展，提升盈利水平。从国际惯例看，账户管理业务属于证券投资咨询业务一种基本业务形式，为投资咨询的本源业务。但是按照现行《证券法》规定，证券投资咨询公司在开展投资咨询业务的过程中，还不能为投资者提供账户管理中的证券买卖操作服务，因此证券投资咨询本源业务深度发展受限。

五、投资者教育市场布局不足

成功的证券投资理财需要系统科学的证券投资知识作为支持，只有建立在科学的证券投资知识体系下的投资才可能持久地保持资产保值增值。这要求投资者需要掌握必要的金融、财务、企业管理等专业知识。我国证券市场普通中小投资者较多，缺乏一定的专业知识，更加缺乏系统科学的投资知识体系。一方面是因为在前些年证券投机市场氛围下，对价值投资认同度低；另一方面，各证券经营机构的投资者教育服务多数是免费的基础性的，涵盖金融、财务、企业管理等专业知识体系内容的投资者教育服务相对不足。

六、非法证券投资咨询冲击行业健康发展

目前非法证券投资咨询业务种类繁多，主要包括：互联网公司开展证券投资咨询业务，假借智能化投资咨询的幌子从事非法证券咨询业务，其他类非法证券咨询业务等。这些非法证券咨询业务通过互联网、社交软件（微信、QQ等）、新媒体等方式从事非法证券投资咨询活动，方式隐蔽，损害持牌证券投资咨询机构的声誉，冲击行业健康发展。

第三章
证券投资咨询行业发展展望

一、行业经营将更加规范

为了适应证券行业政策及市场环境变化，促进行业高质量发展，证券投资咨询机构将会积极规范经营。同时，在中国证券业协会的牵头下，证券投资咨询机构专业委员会拟讨论并制定证券投资咨询机构执业规范，包括投资顾问业务、发布研究报告业务、基金销售业务、私募基金管理业务及机构间私募产品报价系统业务、机构合作业务等方面。在行业规范经营方面，证券投资咨询机构在分支机构设置上全面严格执行相关制度规则。在合规管理方面，证券投资咨询机构成立合规部门和设置合规岗位，全面落实规范经营管理的要求。

二、证券投资咨询机构业务多路径转型发展

2018 年证券经营机构积极向财富管理转型，未来证券投资咨询机构也将尝试探索财富管理的转型之路。虽然面临较大的困难，但证券投资咨询机构仍然在尝试探索多条适合证券投资咨询机构转型发展的路径。一方面，证券投资咨询机构积极申请基金销售、私募资金管理等牌照；另一方面，探索与中小证券公司开展合作，提供第三方投资咨询服务、资产配置等综合化金融理财服务模式。

三、投资顾问业务模式由卖方向买方投顾转换

随着互联网的普及，投资顾问服务逐渐从传统投资顾问服务向互联网化的投资顾问投资组合产品化方向转变，这使得投资顾问服务逐渐由卖方向买方投顾发展成为行业发展的趋势。这种变化对投资顾问的专业化水平的要求进一步提高。它需要投资顾问提升各行业研究的深度，提高专业水平，逐渐向买方投顾业务模式转换。

四、证券投资咨询服务向科技化、智能化发展

机器人投资顾问（简称“机器人投顾”）是近年来在全球金融科技热潮中快速发展的一种新型金融服务形态。随着国内外新兴机构与传统金融机构先后积极发展机器人投顾，财富管理业务正孕育着一场数字化、智能化、普惠化的新变革。在互联网金融时代，机器人投顾是融合互联网、大数据、人工智能等技术嫁接各类投资者的新型财富管理模式，也是证券经营机构介入金融科技最具可行性的领域之一。

以人工智能为代表的高新技术正积极推动海内外的金融科技创新发展。与传统的投资顾问或基金经理相比，人工智能技术在筛选投资标的、处理大规模实时信息等方面具有相当大的优势。人工智能资产管理（投资顾问）有助于降低业务成本，开拓广阔的市场，促进行业结构升级。在新时代的行业发展趋势下，证券投资智能化成为一个重要创新方向。

五、投资者教育服务市场前景较好

近两年来价值投资成效显著，价值投资理念深入人心，越来越被年轻的投资者所接受，但价值投资需要在金融、财务及企业管理等方面有一定专业知识的积累，而我国证券期货市场参与者中个人投资者占比高，其中大部分为中小投资者，投资知识、投资经验不足，缺乏系统全面的专业知识的积累。随着我国教育水平的提高，年轻投资者的学习意识和学习能力逐渐提高，全面系统的学习专业投资知识的意愿较高，付费学习系统的专业投资知识的观念也逐渐被接受。因此，未来证券投资者教育服务市场前景较好。

附录：

2018 年中国证券行业重要制度规范

1 月 12 日	上海证券交易所、深圳证券交易所发布《股票质押式回购交易及登记结算业务办法（2018 年修订）》
1 月 15 日	中国证券业协会发布《证券公司参与股票质押式回购交易风险管理指引》
1 月 18 日	中国证监会发布《证券期货业场外市场交易系统接口》
1 月 26 日	上海证券交易所发布《上海证券交易所上市公司股份协议转让业务办理指引》
2 月 11 日	中国证监会发布《养老目标证券投资基金指引（试行）》
2 月 12 日	中国证监会发布《区域性股权市场信息报送指引（试行）》
2 月 12 日	深圳证券交易所发布《关于进一步加强债券存续期信用风险管理工作有关事项的通知》
3 月 1 日	中国证监会发布《上市公司创业投资基金股东减持股份的特别规定》
3 月 2 日	上海证券交易所发布《上海证券交易所上市公司创业投资基金股东减持股份实施细则》
3 月 2 日	深圳证券交易所发布《深圳证券交易所上市公司创业投资基金股东减持股份实施细则》
3 月 2 日	上海证券交易所、深圳证券交易所发布《关于开展“一带一路”债券试点的通知》
3 月 8 日	中国证监会发布《关于修改〈中国证券监督管理委员会行政许可实施程序规定〉的决定》
3 月 14 日	中国证监会发布《证券期货投资者教育基地监管指引》
3 月 23 日	中国证监会发布《证券公司投资银行类业务内部控制指引》
3 月 23 日	上海证券交易所发布《上海证券交易所自律管理听证实施细则》
3 月 23 日	上海证券交易所发布《上海证券交易所纪律处分和监管措施实施办法（2018 年修订）》
3 月 23 日	深圳证券交易所发布《深圳证券交易所上市公司信息披露直通车业务指引（2018 年修订）》
3 月 28 日	中国证监会发布《证券期货市场诚信监督管理办法》
4 月 20 日	深圳证券交易所发布《深圳证券交易所股票上市规则（2018 年修订）》
4 月 20 日	深圳证券交易所发布《深圳证券交易所创业板股票上市规则（2018 年修订）》
4 月 20 日	深圳证券交易所发布《H 股“全流通”试点业务实施细则（试行）》
4 月 23 日	深圳证券交易所发布《深圳证券交易所自律监管听证程序细则》
4 月 23 日	深圳证券交易所发布《深圳证券交易所上诉复核委员会工作细则（2018 年修订）》
4 月 24 日	上海证券交易所发布《上海证券交易所　中国证券登记结算有限责任公司债券质押式三方回购交易及结算暂行办法》
4 月 27 日	深圳证券交易所发布《关于加强重点监控账户管理工作的通知》
4 月 28 日	中国证监会发布《外商投资证券公司管理办法》
5 月 11 日	上海证券交易所发布《关于债券质押式三方回购业务交易经手费有关事项的通知》

续表

5 月 11 日	上海证券交易所发布《关于发布实施〈上海证券交易所资产支持证券存续期信用风险管理指引（试行）〉有关事项的通知》
5 月 14 日	上海证券交易所发布《关于债券质押式三方回购业务交易经手费有关事项的通知》
5 月 18 日	中国证券业协会发布《非公开发行公司债券项目承接负面清单指引》
5 月 20 日	中国证监会发布《资本市场交易结算系统核心技术指标》（JR/T 0145 - 2016）
5 月 30 日	中国证监会发布《关于进一步规范货币市场基金互联网销售、赎回相关服务的指导意见》
6 月 1 日	上海证券交易所发布《关于中国铁路建设债券上市交易有关事项的通知》
6 月 6 日	中国证监会发布《保荐创新企业境内发行股票或存托凭证尽职调查工作实施规定》
6 月 6 日	中国证监会发布《试点创新企业境内发行股票或存托凭证并上市监管工作实施办法》
6 月 6 日	中国证监会发布《中国证监会科技创新咨询委员会工作规则（试行）》
6 月 6 日	中国证监会发布《关于试点创新企业实施员工持股计划和期权激励的指引》
6 月 6 日	中国证监会发布《关于试点创新企业整体变更前累计未弥补亏损、研发费用资本化和政府补助列报等会计处理事项的指引》
6 月 6 日	中国证监会发布《关于修改〈首次公开发行股票并上市管理办法〉的决定》
6 月 6 日	中国证监会发布《关于修改〈首次公开发行股票并在创业板上市管理办法〉的决定》
6 月 6 日	中国证监会发布《存托凭证发行与交易管理办法（试行）》
6 月 8 日	深圳证券交易所发布《深圳证券交易所基础设施类资产支持证券挂牌条件确认指南》和《深圳证券交易所基础设施类资产支持证券信息披露指南》
6 月 14 日	中国证监会发布《创新企业境内发行股票或存托凭证上市后持续监管实施办法（试行）》
6 月 14 日	中国证监会发布《存托凭证存托协议内容与格式指引（试行）》
6 月 15 日	中国证监会发布《关于商业银行担任存托凭证试点存托人有关事项规定》
6 月 15 日	中国证监会发布《关于修改〈证券发行与承销管理办法〉的决定》
6 月 15 日	上海证券交易所发布《上海证券交易所试点创新企业股票或存托凭证上市交易实施办法》
6 月 15 日	上海证券交易所发布《上海市场首次公开发行股票网上、网下发行实施细则（2018 年修订）》
6 月 15 日	上海证券交易所发布《上海证券交易所证券发行上市业务指引（2018 年修订）》
6 月 19 日	中国证券业协会发布《首次公开发行股票承销业务规范》
6 月 19 日	中国证券业协会发布《首次公开发行股票网下投资者管理细则》
6 月 19 日	中国证券业协会发布《首次公开发行股票配售细则》
6 月 27 日	中国证监会发布《证券期货经营机构及其工作人员廉洁从业规定》
6 月 27 日	中国证监会发布《关于加强证券公司在投资银行类业务中聘请第三方等廉洁从业风险防控的意见》
6 月 27 日	中国证监会发布《证券基金经营机构使用香港机构证券投资咨询服务暂行规定》
6 月 29 日	上海证券交易所发布《关于交易型开放式指数基金网上现金认购业务有关事项的通知》
7 月 3 日	中国证监会发布《关于修改〈中国证券监督管理委员会上市公司并购重组审核委员会工作规程〉的决定》
7 月 10 日	中国证监会发布《〈中国证券监督管理委员会行政许可实施程序规定〉第十五条、第二十二条有关规定的适用意见——证券期货法律适用意见第 13 号》

续表

7 月 13 日	深圳证券交易所发布《深圳证券交易所　中国证券登记结算有限责任公司债券质押式三方回购交易及结算暂行办法》
7 月 13 日	深圳证券交易所发布《深圳证券交易所债券质押式三方回购交易业务指南》
7 月 20 日	深圳证券交易所发布《深圳证券交易所章程》
7 月 27 日	中国证监会发布《关于修改〈关于改革完善并严格实施上市公司退市制度的若干意见〉的决定》
8 月 6 日	上海证券交易所发布《关于修订〈上海证券交易所交易规则〉的通知》
8 月 6 日	上海证券交易所发布《关于新股上市初期交易监管有关事项的通知》
8 月 6 日	上海证券交易所发布《上海证券交易所章程（2018 年修订）》
8 月 7 日	深圳证券交易所发布《深圳证券交易所公司债券业务办理指南第 4 号——公司债券优化审核程序》
8 月 15 日	中国证监会发布《关于修改〈证券登记结算管理办法〉的决定》
8 月 15 日	中国证监会发布《关于修改〈上市公司股权激励管理办法〉的决定》
8 月 17 日	中国证券业协会发布《区域性股权市场自律管理与服务规范（试行）》
8 月 24 日	中国证监会发布《外商投资期货公司管理办法》
9 月 7 日	中国证监会发布《关于进一步加强期货经营机构客户交易终端信息采集有关事项的公告》
9 月 7 日	深圳证券交易所发布《关于修改〈深圳证券交易所深港通业务实施办法〉第二十四条、第一百零九条的通知》
9 月 20 日	中国证券业协会发布《证券公司金融工具估值指引》
9 月 20 日	中国证券业协会发布《非上市公司股权估值指引》
9 月 20 日	中国证券业协会发布《证券公司金融工具减值指引》
9 月 25 日	中国证监会发布《证券公司和证券投资基金管理公司境外设立、收购、参股经营机构管理办法》
9 月 30 日	中国证监会发布《上市公司治理准则》
10 月 12 日	中国证监会发布《关于上海证券交易所与伦敦证券交易所互联互通存托凭证业务的监管规定（试行）》
10 月 16 日	上海证券交易所发布《上海证券交易所债券担保品处置平台服务指引》
10 月 22 日	中国证监会发布《证券期货经营机构私募资产管理计划运作管理规定》
10 月 22 日	中国证监会发布《证券期货经营机构私募资产管理业务管理办法》
10 月 26 日	中国证监会发布《〈非上市公众公司重大资产重组管理办法〉第十八条、第十九条有关规定的适用意见——证券期货法律适用意见第 14 号》
11 月 2 日	上海证券交易所发布《上海证券交易所与伦敦证券交易所互联互通存托凭证上市交易暂行办法》
11 月 2 日	上海证券交易所发布《上海证券交易所与伦敦证券交易所互联互通中国存托凭证上市预审核业务指引》
11 月 2 日	上海证券交易所发布《上海证券交易所与伦敦证券交易所互联互通存托凭证跨境转换业务指引》
11 月 2 日	上海证券交易所发布《上海证券交易所与伦敦证券交易所互联互通中国存托凭证做市业务指引》
11 月 2 日	上海证券交易所发布《上海证券交易所与伦敦证券交易所互联互通中国存托凭证交易风险揭示书必备条款》
11 月 2 日	上海证券交易所发布《上海证券交易所与伦敦证券交易所互联互通中国存托凭证上市公告书内容与格式指引》
11 月 6 日	中国证监会发布《关于完善上市公司股票停复牌制度的指导意见》

续表

11月9日	中国证监会发布《关于支持上市公司回购股份的意见》
11月16日	上海证券交易所发布《上海证券交易所退市公司重新上市实施办法（2018年11月修订）》
11月16日	上海证券交易所发布《上海证券交易所上市公司重大违法强制退市实施办法》
11月16日	上海证券交易所发布《上海证券交易所股票上市规则（2018年11月修订）》
11月16日	深圳证券交易所发布《深圳证券交易所退市公司重新上市实施办法（2018年修订）》
11月16日	深圳证券交易所发布《深圳证券交易所上市公司重大违法强制退市实施办法》
11月16日	深圳证券交易所发布《深圳证券交易所股票上市规则（2018年11月修订）》
11月16日	深圳证券交易所发布《深圳证券交易所创业板股票上市规则（2018年11月修订）》
11月22日	中国证监会发布《中国证监会关于落实证明事项清理工作取消相关事项的决定》
11月23日	上海证券交易所发布《上海证券交易所上市公司高送转信息披露指引》
11月27日	中国人民银行、中国银保监会、中国证监会联合发布《关于完善系统重要性金融机构监管的指导意见》
11月28日	中国证监会发布《证券公司大集合资产管理业务适用〈关于规范金融机构资产管理业务的指导意见〉操作指引》
12月7日	上海证券交易所发布《上海证券交易所非公开发行公司债券挂牌转让规则》
12月7日	上海证券交易所修订《上海证券交易所公司债券上市规则》
12月7日	深圳证券交易所发布《深圳证券交易所非公开发行公司债券挂牌转让规则》
12月7日	深圳证券交易所发布《深圳证券交易所公司债券上市规则（2018年修订）》
12月14日	上海证券交易所发布《上海证券交易所上市基金流动性服务业务指引（2018年修订）》
12月19日	中国证监会发布《证券基金经营机构信息技术管理办法》
12月27日	深圳证券交易所发布《中国证券期货市场衍生品交易主协议（信用保护合约专用版）》
12月28日	上海证券交易所发布《上海证券交易所上市公司筹划重大事项停复牌业务指引》
12月28日	上海证券交易所发布《上海证券交易所上市公司可转换公司债券发行实施细则（2018年修订）》
12月28日	深圳证券交易所发布《深圳证券交易所可转换公司债券业务实施细则（2018年12月修订）》和《深圳证券交易所上市公司可转换公司债券发行上市业务办理指南（2018年12月修订）》
12月28日	深圳证券交易所发布《关于持续规范和完善可交换公司债券发行业务事项的通知》

后 记

《中国证券业发展报告（2019）》由中国证券业协会组织编撰，由中国证券业协会和13家单位组成的写作组共同完成。报告分为总报告、分报告及专题报告，撰稿单位情况如下：海通证券股份有限公司负责撰写“总报告：2018年中国证券业发展回顾与展望”“专题报告之一：2018年中国证券公司合规发展综述”及“专题报告之二：2018年中国证券公司风险管理综述”；国泰君安证券股份有限公司负责撰写“分报告之一：2018年中国证券经纪业务发展回顾与展望”；中信建投证券股份有限公司负责撰写“分报告之二：2018年中国投资银行业务发展回顾与展望”；申万宏源证券有限公司负责撰写“分报告之三：2018年中国证券公司资产管理业务发展回顾与展望”；中信证券股份有限公司负责撰写“分报告之四：2018年中国证券公司融资类业务发展回顾与展望”和“分报告之五：2018年中国证券公司投资业务发展回顾与展望”；联合信用评级有限公司负责撰写“分报告之六：2018年证券市场资信评级业务发展回顾与展望”；中国证券业协会会员管理部负责撰写“专题报告之三：2018年证券行业履行脱贫攻坚社会责任综述”；中国证券业协会证券纠纷调解中心负责撰写“专题报告之四：2018年中国证券公司投资者保护发展综述”；民生证券股份有限公司负责撰写“专题报告之五：2018年中国证券业信息技术与服务发展综述”；广发证券股份有限公司负责撰写“专题报告之六：2018年中国证券公司国际业务发展综述”；第一创业证券股份有限公司负责撰写“专题报告之七：2018年证券公司固定收益业务发展综述”；中国银河证券股份有限公司和齐鲁股权交易中心负责撰写“专题报告之八：2018年区域性股权市场和柜台市场发展综述”；中证机构间报价系统股份有限公司负责撰写“专题报告之九：2018年机构间私募产品报价与服务系统发展综述”；海南港澳资讯产业股份有限公司负责撰写“专题报告之十：2018年中国证券投资咨询公司发展综述”。按报告顺序，各写作组负责人分别为：李明亮、朱志雄、贾新、蒋健蓉、张玲、常丽娟、王建业、杜洪波、王晓慧、谈志琦、王海航、陈福、李怀军、高鹏飞、刘锋、刘洋、乔光豪。

在本报告编写过程中，得到了中国证监会证券基金机构监管部、公司债券监管部、发行监管部的大力支持。初稿完成后，中国证监会证券基金机构监管部、中国证监会打击非法证券期货活动局、中国证券金融股份有限公司、中国证券业协会证券经纪业委员会、投资银行委员会、资产管理业务委员会、投资业务委员会、融资类业务委员会、合规管理委员会、风险管理委员会、国际战略委员会、场外市场委员会、固定收益委员会、信息技术委员会、资信评级委员会、证券投资咨询委员会、区域性股权市场委员会的专家及资产证券化业务专家对报告内容进行了认真审阅并提出了宝贵的修改意见和建议。此外，本报告的完成也得到了上海证券交易所、深圳证券交易所、中国证券投资基金业协会及广大会员单位的支持，在此一并表示感谢！

《中国证券业发展报告（2019）》编委会

2019 年 6 月